Informationstechnik
und
Datenverarbeitung

Reihe „Informationstechnik und Datenverarbeitung"

M. M. Botvinnik: Meine neuen Ideen zur Schachprogrammierung. Übersetzt aus dem Russischen von A. Zimmermann. X, 177 S., 42 Abb. 1982.

K. L. Bowles: Pascal für Mikrocomputer. Übersetzt aus dem Englischen von A. Kleine. IX, 595 S., 107 Abb. 1982.

W. Kilian: Personalinformationssysteme in deutschen Großunternehmen. Ausbaustand und Rechtsprobleme. Unter Mitarbeit von T. Heissner, B. Maschmann-Schulz 2. XV, 352 S. 1982.

A. E. Çakir (Hrsg.): Bildschirmarbeit. Konfliktfelder und Lösungen. XI, 256 S., 75 Abb. 1983.

W. Duus, J. Gulbins: CAD-Systeme. Hardwareaufbau und Einsatz. IX, 107 S., 41 Abb. 1983.

H. Niemann, D. Seitzer, H. W. Schüßler (Hrsg.): Mikroelektronik - Information - Gesellschaft. XI, 213 S., 80 Abb. 1983.

J. Kwiatkowski, B. Arndt: Basic. 2., korr. Auflage. XI, 179 S., 1984.

E. E. E. Hoefer, H. Nielinger: SPICE. Analyseprogramm für elektronische Schaltungen. 223 S., 162 Abb., 36 Tab. 1985.

W. Junginger: FORTRAN 77 – strukturiert. XIII, 451 S., 75 Abb. 1988.

F. J. Heeg: Empirische Software-Ergonomie. Zur Gestaltung benutzergerechter Mensch-Computer-Dialoge. X, 227 S., 79 Abb. 1988.

H. Lochner: APL 2-Handbuch. X, 331 S., 19 Abb. 1989.

G. Staubach: UNIX-Werkzeuge zur Textmusterverarbeitung. Awk, Lex und Yacc. X, 157 S., 1989.

J. A. Brown, S. Pakin, R. P. Polivka: APL 2 – Ein erster Einblick. XIV, 373 S., 1989.

James A. Brown
Sandra Pakin
Raymond P. Polivka

APL2

Ein erster Einblick

Springer-Verlag Berlin Heidelberg New York
London Paris Tokyo Hong Kong

Autoren:

James A. Brown
IBM Santa Teresa J98/B25
555 Bailey Ave.
San Jose, CA 95141, USA

Sandra Pakin
6007 N. Sheridan Road
Chicago, IL 60660, USA

Raymond P. Polivka
Mid-Hudson Education Center
60 Timberline Drive
Poughkeepsie, NY 12603, USA

Übersetzer:

Heinz Albert Badior
Gutenbergstraße 6
7552 Durmersheim 2

Die englische Originalausgabe ist erschienen unter dem Titel *APL2 at a Glance*
© 1988 Prentice Hall Inc., Englewood Cliffs, NJ 07632, USA
Einbandmotiv: James A. Brown

ISBN 978-3-540-51611-8   ISBN 978-3-642-52438-7 (eBook)
DOI 10.1007/978-3-642-52438-7

CIP-Titelaufnahme der Deutschen Bibliothek
Brown, James A.: APL2: Ein erster Einblick / James A. Brown; Sandra Pakin; Raymond P. Polivka. –
Berlin; Heidelberg; New York; London; Paris; Tokyo; Hong Kong: Springer, 1989
   (Reihe Informationstechnik und Datenverarbeitung)
   Einheitssacht.: APL2 at a glance <dt.>

NE: Pakin, Sandra:; Polivka, Raymond P.:

Geleitwort

Vor zwanzig Jahren, im Jahre 1966, führten Kenneth E. Iverson und Adin Falkoff in aller
Stille APL\360 ein, die erste interaktive Implementierung der Programmiersprache APL.
Auf der Grundlage eines früheren interpretierenden Systems, das von Phil Abrams und
Larry Breed in ihrer Studienzeit an der Universität Stanford geschaffen worden war, stellte
APL\360 die erste *Time Sharing* Implementierung der Iverson-Notation dar, die er in sei-
nem Buch **A Programming Language** (Wiley, 1962) entwickelt hatte. Der Name APL wurde
aus den Anfangsbuchstaben der drei Worte des Buchtitels gebildet.

Nach vielen, zum Teil unterschiedlichen Implementierungen von APL durch die Firma
IBM und andere Anbieter, gab IBM APL2 als Programmprodukt frei. Die Verallgemeinerung und Erweiterung von APL zu APL2 betrifft drei wesentliche Punkte: die zulässigen
Datentypen in einer Strukturgröße, die Möglichkeit, daß eine Strukturgröße Bestandteil
einer Strukturgröße sein kann, und die Behandlung von Operatoren.

In APL2 kann eine Strukturgröße sowohl Zahlen als auch Zeichen enthalten; damit entfällt
eine der früheren Einschränkungen von APL. APL2 gestattet geschachtelte Strukturgrößen
- ein Bestandteil kann beliebige andere Bestandteile enthalten - und erweitert dadurch die
zulässigen Datenstrukturen der Sprache. Schließlich erlaubt APL2, daß jede elementare
oder jede definierte Funktion als Operand in einem Operator vorkommen kann und daß
auch definierte Operatoren zulässig sind. Das Ergebnis dieser Verallgemeinerung und Erweiterung ist eine Programmiersprache auf sehr hohem Niveau. Mit APL2 können schnell
vollständige Anwendungen und Modelle für Anwendungsentwürfe erstellt werden. APL2
eröffnet neue Möglichkeiten der Programmierung, die es in APL nicht gab.

Dieses Buch führt APL2 als eigenständige Programmiersprache ein. Die Kenntnis von
APL2 wird nicht vorausgesetzt, und deshalb werden die beiden Sprachen und ihre Programmiertechniken auch nicht miteinander verglichen. Dieses Buch stellt APL2 vor, indem
es sich auf die Datenstrukturen und Programmiertechniken konzentriert, die man zur
Problemlösung mit APL2 benötigt. Die Leser, die APL kennen, sollten dieses Buch lesen, um
zu erkennen, wo APL2 und APL Unterschiede aufweisen. Probleme, die mit APL nur schwer
zu lösen waren, können oft erstaunlich einfach mit APL2 bewältigt werden.

Die Autoren dieses Buches sind mit der Anwendung, der Ausbildung und der Implementierung von APL und APL2 vertraut. Seit den frühen Tagen von APL\360 bis heute ist Jim
Brown mit der Implementierung und Entwicklung von APL und APL2 eng verbunden. Er
arbeitete in der APL Design Group, während er seine Doktorarbeit aus dem Gebiet Computer and Information Science (später 'Systems and Information Science') an der Univer-

sität von Syracuse schrieb. Seine Dissertation, *A Generalization of APL*, basiert auf den Arbeiten von Trenchard More über die Theorie der Strukturgrößen und bildet die Grundlage von APL2.

Sandra Pakin ist die Autorin des Buches *APL\360 Reference Manual*. Sie schrieb zusammen mit Ray Polivka das Buch *APL: The Language and Its Usage* und zusammen mit dem Stab von Computer Innovations das Buch *APL: A Short Course*. Sandra Pakin lieferte auch wichtige Beiträge zum *APL2 Language Reference Manual* von IBM.

Seit vielen Jahren arbeitet Ray Polivka im Mid-Hudson Education Center von IBM in Poughkeepsie, New York, wo er maßgeblich an der Gestaltung von Lehrmaterial und der Durchführung interner Kurse über APL und APL2 mitwirkt.

Die Autoren haben ihr Wissen und ihre Erfahrung mit APL2 in dieses Buch eingebracht, das mehr als nur einen kurzen Einblick bietet.

Syracuse, New York
November 27, 1986[1]

Garth Foster

---

[1] Dr. Foster datierte dieses Geleitwort auf den Tag, an dem APL zwanzig Jahre alt wurde.

Vorwort

Warum sollte man APL2 lernen ?

Computer führen genau das aus, was ihnen in Form von Programmen vorgegeben wird. Wenn man diesen Vorgang steuern will, braucht man eine Möglichkeit, dem Computer zu sagen, was man von ihm erwartet. Ebenso wie Menschen die natürlichen Sprachen erfanden, um miteinander zu sprechen, erfanden sie auch Programmiersprachen zur Kommunikation mit dem Computer; mit ihrer Hilfe sagen sie den Rechnern, was sie tun sollen.

APL2 (A Programming Language-2) ist eine Sprache, die entworfen wurde, um diese beiden Arten der Kommunikation zu vereinfachen. Sie ist eine präzise und prägnante Schreibweise zur Darstellung von Ideen. Sie ist bestens geeignet für unterschiedliche Einsatzgebiete, wie kommerzielle Datenverarbeitung, Systementwürfe, mathematische und wissenschaftliche Probleme, Datenbankanwendungen, Künstliche Intelligenz und Ausbildung. Sie leidet nicht unter den Ungenauigkeiten und Unbestimmtheiten der natürlichen Sprachen wie z.B. Englisch. APL2 kann als Werkzeug zur Problemlösung eingesetzt werden, aber im Unterschied zur Mathematik oder anderen Werkzeugen, kann man den Computer direkt zur Bearbeitung der Aufgaben heranziehen.

Im Kreis der vielen Programmiersprachen zeichnet sich APL2 durch folgende Punkte aus:

- **Wenige Regeln.** Wenn man Kapitel 1 gelesen hat, kennt man bereits die meisten Regeln von APL2. Die Regeln von APL2 sind einfach und man lernt schnell, wie man korrekte Ausdrücke schreibt.

- **Strukturgrößen.** APL2 bearbeitet in einem Schritt viele Daten. Strukturgrößen sind in APL2 die Grundlage für alle Berechnungen.

- **Großer Funktionsvorrat.** Die APL2-Sprache enthält viele verschiedene Funktionen. Jede von ihnen wirkt gleichzeitig auf gesamte Strukturgrößen.

- **Operatoren.** APL2 enthält Operatoren, die Funktionen modifizieren und damit eine große Zahl von abgeleiteten Funktionen bilden; diese werden dann in einheitlicher Weise angewendet. Dadurch kann man Funktionen als Parameter von Programmen verwenden.

- **Vom Anwender definierte Operationen.** Wenn man APL2-Programme schreibt, erstellt man eigene Funktionen und Operatoren, die sich ebenso verhalten wie die Elementarfunktionen und Elementaroperatoren, die Teil der APL2-Sprache sind.

APL2 - Ein erster Einblick ist eine Einführung in APL2 und demonstriert diese unterschiedlichen Bestandteile. Es wird keine Erfahrung mit APL vorausgesetzt; trotzdem ist dieses Buch auch für erfahrene APL-Programmierer wertvoll, da besondere Betonung auf die APL2-Datenstrukturen und den Programmierstil mit den neuen Funktionen und Operatoren gelegt wird.

APL2 - Ein erster Einblick ist sowohl für das Selbststudium, als auch für den Klassenunterricht geeignet; es enthält acht Kapitel, in denen die grundlegenden Eigenschaften von APL2 gezeigt werden:

- Kapitel 1 *„Arbeiten mit* APL2 *"* führt in APL2 ein und zeigt, wie APL2 Daten behandelt und Operationen durchführt. Wichtige APL2-Begriffe werden definiert und es wird erklärt, wie man auf Fehlermeldungen reagiert.

- Kapitel 2 *„Arbeiten mit Vektoren"* erläutert die grundlegenden Strukturgrößen von APL2 und beschreibt einige Operationen, die man auf Vektoren anwenden kann.

- Kapitel 3 *„Arbeiten mit Programmen"* beschreibt die Möglichkeiten, mit denen man die Menge der verfügbaren APL2-Elementaroperationen erweitern kann. Die Verwendung von Operatoren wird gezeigt und es wird in die APL2 Programmierung eingeführt.

- Kapitel 4 *„Arbeiten in der* APL2-*Umgebung"* stellt die Systemanweisungen zum Sichern, Laden und Kopieren sowie zum Anzeigen von Variablen und Programmen vor.

- Kapitel 5 *„Arbeiten mit Strukturgrößen"* wendet das Wissen aus Kapitel 2 auf alle Strukturgrößen an und stellt Operationen zur Messung, Strukturierung und Behandlung vor.

- Kapitel 6 *„Der Umgang mit Daten"* führt in die Operationen zum Vergleichen, Rechnen, Auswählen, Suchen und Sortieren von Daten ein.

- Kapitel 7 *„Arbeiten mit Programm-Steuerung"* beschreibt die Verzweigungsmöglichkeiten, das Testen vom Programmen, die Eingabeanforderung, die Steuerung der Ausgabe, die Iteration und die Rekursion.

- Kapitel 8 *„Arbeiten mit Anwendungen"* demonstriert die Entwicklung von APL2-Anwendungen an drei Beispielen - der Verwaltung einer Zeitschriften-Sammlung, der Simulation eines Vektorrechners und der Künstlichen Intelligenz zur Lösung eines Spielproblems.

Jedes Kapitel enthält viele Beispiele zur Erläuterung der vorgestellten Ideen sowie Übungen zur Vertiefung und eigenen Anwendung durch den Leser.

Falls möglich sollte der Leser beim Durcharbeiten des Buches die Beispiele am Computer ausprobieren. Dazu ist es erforderlich, daß man sich informiert, wie man Zugang zum APL2-System erhält, wie man das Terminal oder die Tastatur zur Anzeige und Eingabe von APL2-Zeichen benutzt und wie man die anderen Möglichkeiten einsetzt; sie können bei den einzelnen APL2-Implementierungen unterschiedlich sein.

Über das Ausprobieren der Beispiele hinaus kann man das Verständnis für APL2 dadurch verbessern, daß man die Übungen bearbeitet. Es gibt zwei Arten von Übungen: erstens des Erwerbs praktischer Fähigkeiten bei der Auswertung von APL2-Ausdrücken und zweitens solche, die sich mit der Formulierung von APL2-Ausdrücken und Programmen beschäftigen. Zu den geradzahligen Aufgaben in den einzelnen Übungen findet der Leser am Ende des Buches die zugehörigen Lösungen.

In **APL2 - Ein erster Einblick** werden die wesentlichen Grundlagen von APL2 behandelt. Der letzte Abschnitt, *„Nachtrag: Erweitern Sie Ihr* APL2-*Wissen"* , stellt summarisch weitere APL2-Einrichtungen und Fähigkeiten dar.

Das Buch schließt mit mehreren Anhängen, einem Glossar, einem Literaturverzeichnis und einem Stichwortverzeichnis ab.

Danksagung

Ohne die Ermutigung, die sorgfältige Durchsicht des Konzepts und die kritischen Kommentare von Kollegen, der Familie und der Freunde wäre das vorliegende Buch nicht das geworden, was es ist. Unser Dank und unsere Anerkennung gelten insbesondere: Doug Aiton, Ev Allen, Luanne H. Amos, Anne Baldwin, Yonathan Bard, Phil Benkard, Norman Brenner, Karen Brown, Gary Burkland, Bill Buscher, Thomas W. Conrad, Dick Dunbar, Ed Eusebi, Sylvia Eusebi, Kenneth Fordyce, Bill Frank, Erik S. Friis, John Gerth, Julie Gerth, Jon Goodblatt, Sandra K. Gomez, Alan Graham, Brent Hawks, Björn Helgason, Bill Hillman, Evan Jennings, Howard Kier, M. J. Kingston, Joseph W. Lacenere, Jr., Stephen M. Mansour, Claudio Marescotti, Theodoro Marinucci, Blair R. Martin, Jonathan McCathy, Tom McCleskey, Jon McGrew, Yutaka Morita, Dan H. Norton, Jr., Richard Oates, Scott Pakin, William C. Rodgers, James P. Russell, Bob Sayles, David Selby, Cory Skutt, Darryl O. Smith, Richard C. Stitt, Norman Thomson, Beth Rush Tibbitts, Jean-Luc Verspieren, Russ Washburne, Nancy Wheeler, Ron Wilks, Sheryl Winton, Karen Youmans, und Marty Ziskind. Für alle Fehler und Auslassungen sind jedoch nicht die oben erwähnten Personen, sondern die Autoren verantwortlich.

Unser Dank gilt auch der Firma International Business Machines Corporation (IBM) und Sandra Pakin & Associates, Inc. (SP&A) für die Unterstützung und Zusammenarbeit. Unsere besondere Anerkennung ist Jon McGrew für die Herstellung von *The APL Gazette* und für seine außergewöhnliche Hilfe bei der Produktion dieses Buches auszusprechen.

Inhaltsverzeichnis

Einleitung

Warum sollte man APL2 lernen ?

Computer führen genau das aus, was ihnen in Form von Programmen vorgegeben wird. Wenn man diesen Vorgang steuern will, braucht man eine Möglichkeit, dem Computer zu sagen, was man von ihm erwartet. Ebenso wie Menschen die natürlichen Sprachen erfanden, um miteinander zu sprechen, erfanden sie auch Programmiersprachen zur Kommunikation mit dem Computer; mit ihrer Hilfe sagen sie den Rechnern, was sie tun sollen.

APL2 (A Programming Language-2) ist eine Sprache, die entworfen wurde, um diese beiden Arten der Kommunikation zu vereinfachen. Sie ist eine präzise und prägnante Schreibweise zur Darstellung von Ideen. Sie ist bestens geeignet für unterschiedliche Einsatzgebiete, wie kommerzielle Datenverarbeitung, Systementwürfe, mathematische und wissenschaftliche Probleme, Datenbankanwendungen, Künstliche Intelligenz und Ausbildung. Sie leidet nicht unter den Ungenauigkeiten und Unbestimmtheiten der natürlichen Sprachen wie z.B. Englisch. APL2 kann als Werkzeug zur Problemlösung eingesetzt werden, aber im Unterschied zur Mathematik oder anderen Werkzeugen, kann man den Computer direkt zur Bearbeitung der Aufgaben heranziehen.

Im Kreis der vielen Programmiersprachen zeichnet sich APL2 durch folgende Punkte aus:

- **Wenige Regeln.** Wenn man Kapitel 1 gelesen hat, kennt man bereits die meisten Regeln von APL2. Die Regeln von APL2 sind einfach und man lernt schnell, wie man korrekte Ausdrücke schreibt.

- **Strukturgrößen.** APL2 bearbeitet in einem Schritt viele Daten. Strukturgrößen sind in APL2 die Grundlage für alle Berechnungen.

- **Großer Funktionsvorrat.** Die APL2-Sprache enthält viele verschiedene Funktionen. Jede von ihnen wirkt gleichzeitig auf gesamte Strukturgrößen.

- **Operatoren.** APL2 enthält Operatoren, die Funktionen modifizieren und damit eine große Zahl von abgeleiteten Funktionen bilden; diese werden dann in einheitlicher Weise angewendet. Dadurch kann man Funktionen als Parameter von Programmen verwenden.

- **Vom Anwender definierte Operationen.** Wenn man APL2-Programme schreibt, erstellt man eigene Funktionen und Operatoren, die sich ebenso verhalten wie die Elementarfunktionen und Elementaroperatoren, die Teil der APL2-Sprache sind.

APL2 - Ein erster Einblick ist eine Einführung in APL2 und demonstriert diese unterschiedlichen Bestandteile. Es wird keine Erfahrung mit APL vorausgesetzt; trotzdem ist dieses Buch auch für erfahrene APL-Programmierer wertvoll, da besondere Betonung auf die APL2-Datenstrukturen und den Programmierstil mit den neuen Funktionen und Operatoren gelegt wird.

APL2 - Ein erster Einblick ist sowohl für das Selbststudium, als auch für den Klassenunterricht geeignet; es enthält acht Kapitel, in denen die grundlegenden Eigenschaften von APL2 gezeigt werden:

- Kapitel 1 *„Arbeiten mit* APL2 *"* führt in APL2 ein und zeigt, wie APL2 Daten behandelt und Operationen durchführt. Wichtige APL2-Begriffe werden definiert und es wird erklärt, wie man auf Fehlermeldungen reagiert.

- Kapitel 2 *„Arbeiten mit Vektoren"* erläutert die grundlegenden Strukturgrößen von APL2 und beschreibt einige Operationen, die man auf Vektoren anwenden kann.

- Kapitel 3 *„Arbeiten mit Programmen"* beschreibt die Möglichkeiten, mit denen man die Menge der verfügbaren APL2-Elementaroperationen erweitern kann. Die Verwendung von Operatoren wird gezeigt und es wird in die APL2 Programmierung eingeführt.

- Kapitel 4 *„Arbeiten in der* APL2-*Umgebung"* stellt die Systemanweisungen zum Sichern, Laden und Kopieren sowie zum Anzeigen von Variablen und Programmen vor.

- Kapitel 5 *„Arbeiten mit Strukturgrößen"* wendet das Wissen aus Kapitel 2 auf alle Strukturgrößen an und stellt Operationen zur Messung, Strukturierung und Behandlung vor.

- Kapitel 6 *„Der Umgang mit Daten"* führt in die Operationen zum Vergleichen, Rechnen, Auswählen, Suchen und Sortieren von Daten ein.

- Kapitel 7 *„Arbeiten mit Programm-Steuerung"* beschreibt die Verzweigungsmöglichkeiten, das Testen vom Programmen, die Eingabeanforderung, die Steuerung der Ausgabe, die Iteration und die Rekursion.

- Kapitel 8 *„Arbeiten mit Anwendungen"* demonstriert die Entwicklung von APL2-Anwendungen an drei Beispielen - der Verwaltung einer Zeitschriften-Sammlung, der Simulation eines Vektorrechners und der Künstlichen Intelligenz zur Lösung eines Spielproblems.

Jedes Kapitel enthält viele Beispiele zur Erläuterung der vorgestellten Ideen sowie Übungen zur Vertiefung und eigenen Anwendung durch den Leser.

Falls möglich sollte der Leser beim Durcharbeiten des Buches die Beispiele am Computer ausprobieren. Dazu ist es erforderlich, daß man sich informiert, wie man Zugang zum APL2-System erhält, wie man das Terminal oder die Tastatur zur Anzeige und Eingabe von APL2-Zeichen benutzt und wie man die anderen Möglichkeiten einsetzt; sie können bei den einzelnen APL2-Implementierungen unterschiedlich sein.

Über das Ausprobieren der Beispiele hinaus kann man das Verständnis für APL2 dadurch verbessern, daß man die Übungen bearbeitet. Es gibt zwei Arten von Übungen: erstens des Erwerbs praktischer Fähigkeiten bei der Auswertung von APL2-Ausdrücken und zweitens solche, die sich mit der Formulierung von APL2-Ausdrücken und Programmen beschäftigen. Zu den geradzahligen Aufgaben in den einzelnen Übungen findet der Leser am Ende des Buches die zugehörigen Lösungen.

In **APL2 - Ein erster Einblick** werden die wesentlichen Grundlagen von APL2 behandelt. Der letzte Abschnitt, *„Nachtrag: Erweitern Sie Ihr* APL2-*Wissen"* , stellt summarisch weitere APL2-Einrichtungen und Fähigkeiten dar.

Das Buch schließt mit mehreren Anhängen, einem Glossar, einem Literaturverzeichnis und einem Stichwortverzeichnis ab.

Kapitel 1 - Arbeiten mit APL2

„Arbeiten mit APL2" führt in einige der wesentlichen Konzepte von APL2 ein. Wir lernen, wie Daten dargestellt und Berechnungen auf Datenstrukturen - auch *Strukturgrößen* genannt - ausgeführt werden. Der Umgang mit APL2 erfordert eine APL- oder APL2-Tastatur, wie sie unten abgebildet ist. Diese Tastatur enthält die alphabetischen Zeichen und die speziellen APL2-Symbole.

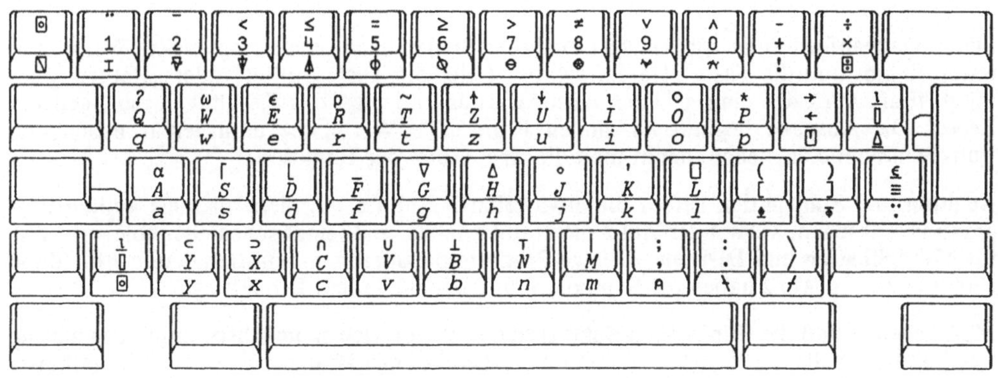

Tastatur für APL2

Die arithmetischen Symbole, die im Abschnitt 1.1 benutzt werden, liegen alle auf der oberen Reihe der Tastatur.

1.1 Gewöhnliche Arithmetik

In diesem Abschnitt lernen wir, wie man Zahlen eingibt und wie APL2 Zahlen darstellt. Wir beschäftigen uns auch mit einfachen arithmetischen Operationen. Mit den Informationen dieses Abschnitts sind wir in der Lage, APL2 wie einen Taschenrechner einzusetzen.

Probieren wir am Terminal die folgenden Beispiele aus.

Einfache Arithmetik

Zu den fundamentalen APL2-Operationen gehören die *Funktionen*. Eine Funktion wird auf Daten angewendet und erzeugt neue Daten.

Die folgenden fünf arithmetischen Funktionen sind in APL2 enthalten:

```
      10+5        ←Addition
15

      10-5        ←Subtraktion
5

      10×5        ←Multiplikation
50

      10÷5        ←Division
2

      -2          ←Vorzeichen umkehren
 ¯2
```

Die Eingabeanforderung von APL2 ist um sechs Stellen nach rechts eingerückt. Wenn man etwas eingibt und die Taste „Datenfreigabe" (oder die Taste „Enter" oder „Return") betätigt, führt APL2 den eingegebenen Ausdruck aus und zeigt das Resultat in der nächsten Zeile. Die Ausgabe beginnt am linken Rand. Die Werte, die unmittelbar neben den Funktionssymbolen stehen, nennt man die *Argumente* der Funktion.

Addition und **Subtraktion** liefern die erwarteten Resultate. Anders als viele andere Programmiersprachen, verwendet APL2 die traditionellen mathematischen Symbole × und ÷ für **Multiplikation** und **Division**. (Einige Programmiersprachen benutzen * und / für diese Funktionen. In APL2 haben die Symbole * und / eine andere Bedeutung).

Man beachte, daß die Funktionen **Subtraktion** und **Vorzeichen umkehren** durch das gleiche Symbol dargestellt werden. Die meisten APL2-Funktionen können mit einem oder mit zwei Argumenten verwendet werden.

Zahlen

APL2 hat einige einfache Regeln für die Eingabe und Anzeige von Zahlen.

Ganze Zahlen werden durch eine Folge von Ziffern dargestellt, wie z.B.:

```
1
25
```

Gebrochene Zahlen werden so dargestellt, daß ein Dezimalpunkt den ganzzahligen vom gebrochenen Teil der Zahl trennt, wie z.B.:

```
.1
2.3500
95.6372287356
```

Die Ausgabe von Zahlen durch APL2 muß nicht unbedingt mit der Form übereinstimmen, in der sie eingegeben wurden. Wenn nur der Dezimalpunkt und der gebrochene Teil eingegeben werden, dann fügt APL2 eine führende Null hinzu. APL2 läßt alle Nullen am Ende des gebrochenen Teils einer Zahl weg.

Das folgende Beispiel zeigt die Eingabe von drei Zahlen und deren Ausgabe durch APL2.

```
      .1
 0.1
      2.3500
2.35
      95.6372287356
95.63722874
```

Man beachte, daß APL2 die letzte Ausgabe in der zehnten Stelle gerundet hat.

Einige Zahlen erfordern zu ihrer Darstellung in dezimaler Schreibweise eine unendliche Anzahl von Ziffern (z.B.: der Bruch $1/_3$). Wenn eine Zahl aus mehr als zehn signifikanten Ziffern besteht, gibt APL2 nur zehn Ziffern aus.

Sehr große oder sehr kleine Zahlen können in halblogarithmischer Darstellung eingegeben werden; Mantisse und Exponent einer Zahl werden dann durch den Buchstaben E getrennt. Der Buchstabe E steht für: „mal 10 hoch ...". Die Zahl 123 gefolgt von 45 Nullen hat in halblogarithmischer Darstellung folgendes Aussehen:

```
    123E45
```

APL2 gibt derartige Zahlen mit einer Stelle vor dem Dezimalpunkt und - wenn erforderlich - mit einem veränderten Exponenten aus, wie z.B.:

```
    123E45
 1.23E47
```

Negative Zahlen werden so dargestellt, daß der Zahl ein Oberstrich (⁻) vorangestellt wird:

```
    ⁻1
    ⁻25
    ⁻95.6372287356
```

Abweichend von der mathematischen Schreibweise verwendet APL2 nicht das gleiche Symbol zur Darstellung des negativen Vorzeichens und für die Operationen **Vorzeichen umkehren** und **Subtrahieren**. Der Oberstrich (⁻) vor einer Zahl sagt aus, daß es sich um eine negative Zahl handelt. Der Mittelstrich (-) vor einer Zahl bedeutet, daß eine Operation mit dieser Zahl durchgeführt wird, nämlich die Funktion **Subtrahieren**, wenn auch links vom Symbol eine Zahl steht, oder **Vorzeichen umkehren**, wenn dies nicht der Fall ist.

```
    ⁻25        ←Die negative Zahl 25
    -25        ←Das Vorzeichen der positiven Zahl 25 umkehren
    100-25     ←Die positive Zahl 25 von der positiven Zahl 100 subtrahieren
    -⁻25       ←Das Vorzeichen der negativen Zahl 25 umkehren
```

In APL2 werden einige Konventionen bei der Eingabe von Zahlen nicht unterstützt. So sind z.B. folgende Darstellungen bei der Eingabe der Zahl 123456789.123 in APL2 unzulässig:

```
123,456,789.123
```
Kommas dürfen nicht zur Gruppierung des ganzzahligen
Teils verwendet werden.

```
123.456.789,123
```
Diese europäische Darstellung von Zahlen ist
bei der Eingabe nicht möglich.

```
123 456 789.123
```
Leerzeichen zwischen den Ziffern einer Zahl dürfen bei
der Eingabe nicht zur Gruppierung verwendet werden.

In der Ausgabe hingegen kann man die obigen Darstellungen mit Hilfe der APL2 - Formatierungsfunktionen erzeugen; diese Funktionen werden in Kapitel 7 behandelt.

Übungen zu 1.1

1. Werten Sie die folgenden Ausdrücke aus:

    a. `100+20`
    b. `1.3+2.7`
    c. `100-90`
    d. `45-145`
    e. `100×1.3`
    f. `.01×314`
    g. `100÷20`
    h. `1÷3`
    i. `-30`
    j. `-‾30`

2. Schreiben Sie die folgenden Zahlen ohne Verwendung der halblogarithmischen Darstellung:

    a. $1E2$
    b. $1E1$
    c. $1E0$
    d. $1E\,{}^{-}1$
    e. $1.4E3$
    f. ${}^{-}3.14159E5$

3. Im Jahr 1987 schlief eine Frau im Durchschnitt sieben Stunden täglich. Schreiben Sie einen Ausdruck der bestimmt, wieviele Stunden sie im gesamten Jahr schlief.

1.2 Strukturgrößen-Arithmetik

Der beste Weg zum Verständnis, wie mit APL2 Probleme gelöst werden können, ist es, diese Fähigkeit in einer Anwendung zu sehen. In diesem Buch werden viele APL2 - Eigenschaften auf der Basis von zu lösenden Aufgaben dargestellt. Betrachten wir z.B. ein Problem, in dem der gleiche Rechenvorgang immer wieder auf eine Menge von Zahlen angewendet wird.

Ein Schallplattengeschäft verkauft Langspielplatten zu $6.95, Musikkassetten zu $7.95 und CD's zu $12.95. In dieser Woche gibt es ein Sonderangebot mit 10% Nachlaß auf alle Artikel.

Wieviel kostet jeder der drei Artikel ?

Ein Nachlaß von 10% bedeutet, daß man nur noch 90% des ursprünglichen Preises zu zahlen hat. Die Berechnung der Preise kann in drei aufeinander folgenden Berechnungen geschehen:

```
      .9×6.95
6.255
      .9×7.95
7.155
      .9×12.95
11.655
```

Diese schrittweise Lösung ist korrekt, aber die wohl wichtigste Eigenschaft von APL2 besteht darin, daß man eine Berechnung mit einer Menge von Daten gleichzeitig ausführen kann. So ist es möglich, die obige Berechnung mit einem Ausdruck auszuführen und alle Resultate gleichzeitig zu erhalten.

```
      .9×6.95 7.95 12.95
6.255 7.155 11.655
```

Beachten Sie, daß die Zahl .9 mit jeder der Zahlen des rechten Arguments multipliziert wird.

Das Denken in Strukturgrößen

Die gleichzeitige Anwendung einer Funktion, wie z.B. der **Multiplikation** auf alle Bestandteile von Strukturgrößen ist ein fundamentales Stilelement von APL2. Es ist wichtig, daß man das Denken in Strukturgrößen übt, wenn man mit APL2 effizient Probleme lösen will.

Betrachten wir ein anderes Beispiel für die Anwendung einer Funktion auf Strukturgrößen; nehmen wir an, daß das Schallplattengeschäft für die unterschiedlichen Artikel auch verschiedene Rabatte einräumt. Die Abgabepreise für Langspielplatten liegen bei 90%, die für Musikkassetten bei 80% und die für CD's bei 70% des Listenpreises. Wieviel hätte man nun für jeden Artikel zu zahlen ?

Wenn man nicht in Strukturgrößen denkt, muß man die Resultate in drei aufeinanderfolgenden Schritten berechnen. Denkt man jedoch in Strukturgrößen und nutzt die Möglichkeiten von APL2, erhält man das Ergebnis in einem Schritt:

```
      .9 .8 .7 × 6.95 7.95 12.95
6.255 6.36 9.065
```

Auf jeder Seite des Multiplikationssymbols werden drei Zahlen eingegeben und das Resultat besteht aus drei Zahlen. Man kann sich die Ausführung des Ausdrucks auch wie folgt vorstellen:

```
      (.9×6.95) (.8×7.95) (.7×12.95)
6.255 6.36 9.065
```

Tatsächlich kann man den Ausdruck in dieser Form eingeben und von APL2 ausführen lassen.

Bleiben wir noch ein wenig bei dem Beispiel unseres Schallplattengeschäfts. Nehmen wir an, daß neben den Langspielplatten mit 10% Rabatt auch Plattenreiniger zum Normalpreis von $2.50 mit dem gleichen Rabatt von 10% angeboten werden. Zusätzlich zu den bespielten Kassetten werden auch Leerkassetten zum Normalpreis von $3.55 und Kassettenrecorder zum Normalpreis von $295 mit 20% Rabatt angeboten. Die einzige Artikelgruppe mit 30% Rabatt sei die der CD's. Mit einem einzigen Ausdruck lassen sich alle Discountpreise errechnen:

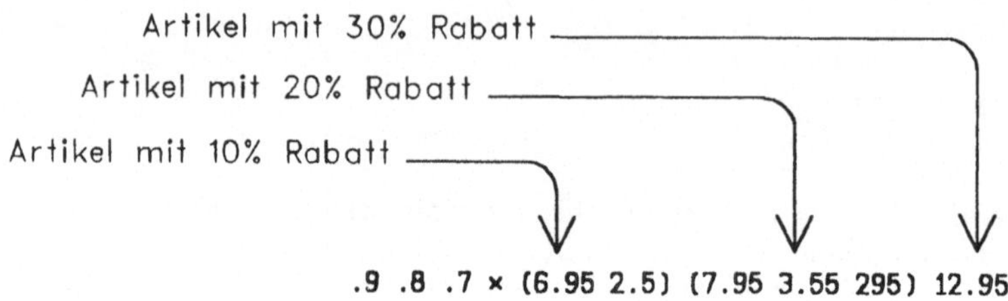

Erkennen Sie, wie APL2 die Berechnung durchführt ? Auf der einen Seite des Multiplikationssymbols stehen die drei Rabattsätze und drei Gruppen von Preisen stehen auf der anderen Seite; das Resultat sind drei Gruppen von Zahlen. Man kann sich die Durchführung der Berechnung auch wie folgt vorstellen:

```
      (.9×6.95  2.5)  (.8×7.95  3.55  295)  (.7×12.95)
   6.255  2.25   6.36  2.84  236   9.065
```

Beachten Sie, daß APL2 keine runden Klammern bei der Ausgabe des Ergebnisses verwendet, statt dessen werden Leerzeichen zur Darstellung der Gruppierung benutzt. Durch zwei Leerzeichen werden die Gruppen im Resultat voneinander getrennt, durch ein Leerzeichen dagegen die Zahlen innerhalb einer Gruppe.

Die Addition von Zahlen

Nehmen wir an, daß Sie diese Woche eine Langspielplatte, drei Musikkassetten und zwei CD's kaufen.

Der Preis für alle drei Artikelgruppen sei 90% des Normalpreises:

```
      .9×6.95  7.95  12.95
   6.255  7.155  11.655
```

Da Sie nicht nur einen Artikel aus jeder Artikelgruppe kaufen, müssen Sie noch die Preise mit der Anzahl der gekauften Artikel multiplizieren, um den Betrag für jede Gruppe zu erhalten:

```
      1  3  2  ×  .9  ×  6.95  7.95  12.95
   6.255  21.465  23.31
```

Wenn Sie nun die Summe der Rechnung wissen möchten, müssen Sie die drei Einzelbeträge addieren:

```
      6.255+21.465+23.31
51.03
```

Es ist nicht nötig, die Zahlen noch einmal einzugeben und zu addieren, statt dessen verwenden wir die **Reduktion** (/) zusammen mit der **Addition** (+) zur Bildung der Summe wie
folgt:

```
      +/1  3  2  ×  .9  ×  6.95  7.95  12.95
51.03
```

Die **Summation** (+/) wird nach den beiden Multiplikationen durchgeführt.

Die **Reduktion** (/) ist ein APL2-*Operator*. Die **Reduktion** setzt die zugehörige Funktion wie
z.B. **Addition** zwischen die einzelnen Elemente des rechten Arguments und führt dann den
Ausdruck aus. Die folgenden Ausdrücke führen zum gleichen Ergebnis:

```
      +/10  15  20          ←Summation
45

      10+15+20              ←Addition
45
```

Übungen zu 1.2

1. Werten Sie die folgenden Ausdrücke aus:

```
a.   1  2  3  +  4  5  6
b.   10  ×  1  2  3
c.   8  16  24  ÷  8
d.   -  2  3  ¯4  5
e.   1+( 2  3) ( 10  20  30)
f.   10  20  ×  ( 2  3) ( 10  20  30)
```

2. Werten Sie die folgenden Ausdrücke aus:

```
a.   +/  1  2  3  +  4  5  6
b.   +/  2  3  ×  ( 10  20)( 30  40)
c.   ×/1  2  3  +  4  5  6
```

3. Im Jahr 1987 schlief eine Frau im Durchschnitt 7 Stunden täglich, eine zweite 7.5
   Stunden und eine dritte 8 Stunden. Geben Sie einen Ausdruck an, der ermittelt, wieviele Stunden jede der Frauen 1987 schlief.

4. Nehmen Sie an, daß sich ein Objekt mit der Geschwindigkeit X und ein anderes mit
   der Geschwindigkeit Y bewegt.

   a. Schreiben Sie einen Ausdruck auf, der die relative Geschwindigkeit der Objekte
      angibt (d.h. wie schnell sich ein Objekt vom anderen entfernt), wenn sie sich in
      verschiedene Richtungen bewegen.

   b. Nehmen Sie an, daß X größer sei als Y. Geben Sie einen Ausdruck an, der die
      relative Geschwindigkeit errechnet, wenn beide Objekte sich in die gleiche Rich-
      tung bewegen.

5.   Angenommen Sie haben 10 Bände der Zeitschrift „*APL2-Welt*" im Bücherregal. Jeder Band ist 4 Zentimeter dick, einschließlich 0.25 Zentimeter für jeden Einband.

   a.   Berechnen Sie, wieviel Platz die 10 Bände im Regal beanspruchen.

   b.   Zwischen dem Einband und der ersten Seite des ersten Buches befindet sich ein Bücherwurm; er frißt sich durch alle Bände bis er die letzte Seite des letzten Buches erreicht hat. Wie lang ist der Gang, den er gefressen hat ?   (Achtung: Scherzfrage)

1.3 Daten speichern

Das Schallplattengeschäft verändert die Rabatte von Woche zu Woche. Man kann etwas Zeit sparen, wenn man sich die Originalpreise merkt (die tatsächlich keiner zahlt). Man braucht dann nur die Rabattsätze zu kennen, um die tatsächlichen Preise bestimmen zu können. In diesem Abschnitt wird dargestellt, wie APL2 Namen verwendet, um sich Daten zu merken.

Die Zuweisung

Einer beliebigen Gruppe von Daten kann ein Name zugeordnet werden; so kann z.B. der Name *PRICE* mit allen Einzelpreisen verbunden werden.

```
PRICE←(6.95 2.5) (7.95 3.55 295) 12.95
```

Einem Namen, dem Werte zugewiesen werden, nennt man eine *Variable.* Eine Verbindung eines Namens mit Werten wird als *Zuweisung* bezeichnet; der Pfeil nach links ist der *Zuweisungspfeil.* Beachten Sie, daß nach der Eingabe des Ausdrucks APL2 keine Zahlen ausgibt. Wenn man den Namen der Variablen eingibt, antwortet APL2 mit der Anzeige der Zahlen:

```
PRICE
6.95 2.5   7.95 3.55 295   12.95
```

Nachdem einmal die Preise der Variablen *PRICE* zugewiesen sind, kann man die Preise der letzten Woche wie folgt ermitteln:

```
.9 .8 .7 × PRICE
6.255 2.25   6.36 2.84 236   9.065
```

und auch die Preise der laufenden Woche lassen sich berechnen:

```
.9×PRICE
6.255 2.25   7.155 3.195 265.5   11.655
```

Diese Berechnungen beeinflussen nicht den Inhalt der Variablen *PRICE*. Nur eine Zuweisung kann einer Variablen Werte zuordnen oder diese verändern.

Überall, wo in Ausdrücken Werte verwendet werden, können statt dessen Namen auftreten, denen zuvor Werte zugewiesen wurden. Die Verwendung eines Namens anstelle der Werte verringert die Gefahr, daß fehlerhafte Daten eingegeben werden.

Man kann verschiedenen Datenmengen unterschiedliche Namen zuordnen und diese dann
einzeln oder in Kombinationen verwenden, wie z.B.:

```
     DISCOUNT←.9 .8 .7
     DISCOUNT × PRICE
6.255 2.25  6.36 2.84 236  9.065
```

Ein Name wie *DISCOUNT* oder *PRICE* wird nicht deshalb als Variable bezeichnet, weil
sich sein Inhalt laufend ändert, sondern weil die Variable zu verschiedenen Zeitpunkten
unterschiedliche konstante Werte haben kann. Zu jedem beliebigen Zeitpunkt können einer
Variablen neue Werte zugewiesen werden:

```
     DISCOUNT←.7 .5 .7
     DISCOUNT × PRICE
4.865 1.75  3.975 1.775 147.5  9.065
```

Namen

Wie Sie im vergangenen Abschnitt gesehen haben, kann man Namen Werte zuweisen und
Namen in Ausdrücken verwenden.

Im täglichen Leben werden die Namen von Menschen aus einer Zeichenkette des Alphabets ihrer Sprache gebildet. So ist z.B. „Caesar" ein Name, der aus Groß- und Kleinbuchstaben lateinischer Zeichen besteht.

In APL2 gibt es Regeln, die festlegen wie gültige Namen zu bilden sind. Innerhalb eines
Namens darf kein Leerzeichen vorkommen. Leerzeichen trennen Namen voneinander.
Daher betrachtet APL2 den vollständigen Namen des römischen Führers als zwei Namen,
die voneinander durch ein Leerzeichen getrennt sind:

```
     Julius Caesar
```

Der Aufbau von Namen in APL2 folgt diesen Regeln:

1.   Das erste oder einzige Zeichen ist aus folgendem Zeichenvorrat zu nehmen:

```
     ABCDEFGHIJKLMNOPQRSTUVWXYZ
     abcdefghijklmnopqrstuvwxyz
     Δ⍙
```

2.   Die darauf folgenden Zeichen können, fall erforderlich, aus dem obigen Zeichensatz
     und den folgende Zeichen entnommen werden:

```
     0123456789¯_
```

3.   APL2 unterscheidet zwischen Groß- und Kleinbuchstaben. Die folgenden Zeichenket-
     ten sind verschiedene Namen:

```
         Caesar
         CAESAR
         caesar
```

In einigen APL2 Versionen gibt es an Stelle von Kleinbuchstaben unterstrichene Großbuchstaben. In diesem Buch werden, mit Ausnahme dieses Abschnitts, keine Kleinbuchstaben und keine unterstrichenen Großbuchstaben verwendet:

Es folgen einige Beispiele für gültige Namen:

```
A
ABC
Julius
L1011
This¯is¯a¯long¯name
```

Nun noch zwei Beispiele, in denen mehr als ein Name vorkommt:

```
A+B             ←Zwei Namen, die durch ein Funktionssymbol
                  getrennt sind.
GENGHIS KHAN    ←Zwei Namen, die durch ein Leerzeichen getrennt
                  sind.
```

Zum Schluß noch ein Beispiel für einen ungültigen Namen:

```
3ABC            ←Das erste Zeichen ist unzulässig.
```

Zu verschiedenen Zeitpunkten können Namen mit verschiedenen Objekten verbunden sein
oder überhaupt keine Objekte enthalten.

Die Namen kann man mit der Anweisung)NMS sichtbar machen:

```
      )NMS
PRICE.2 DISCOUNT.2
```

Die .2 am Ende jedes Namens bedeutet, daß es sich um eine Variable handelt. Später
werden wir sehen, daß Namen von Programmen mit .3 oder .4 am Ende gekennzeichnet
werden.

Übungen zu 1.3

1. Welche der folgenden Zeichenfolgen sind gültige APL2-Namen ? (Bei ungültigen Na-
    men geben Sie bitte die Begründung an)

    a. PART3
    b. 3RD
    c. ROW_3
    d. COLN 4
    e. _DEPT
    f. R2D2
    g. A_B
    h. A B
    i. A-B
    j. DEPT,NUMBER
    k. A¯B

2. Ändert sich der Inhalt der Variablen in folgenden Ausdrücken ? Wenn ja, welches ist
    der neue Wert ?

    a. $X \leftarrow 3$
    b. $X + 3$
    c. $Y \leftarrow 4$
    d. $X + Y$
    e. $Y \leftarrow X$

1.4 Die Auswertung von Ausdrücken

Man muß wissen, wie APL2 einen Ausdruck auswertet, wenn man den Sinn des Ausdrucks
verstehen will.

Der folgende Ausdruck liefert das gleiche Resultat, unabhängig davon, welche der **Multiplikationen** zuerst ausgeführt wird.

```
      3×10×4
120
```

3×10 multipliziert mit 4 führt zum gleichen Ergebnis wie 3 multipliziert mit 10×4.

Das Ergebnis des folgenden Ausdrucks hängt jedoch davon ab, ob zuerst die **Addition** oder
Multiplikation ausgeführt wird.

```
      3+4×5
```

Wenn zuerst die **Addition** von 3 und 4 erfolgt, lautet das Ergebnis 35. Wenn jedoch 4 und
5 zuerst multipliziert werden, ist das Resultat 23. APL2 liefert die Zahl 23. Dieser Abschnitt stellt dar, wie APL2 diesen und andere Ausdrücke auswertet.

Die Reihenfolge der Auswertung

Die Reihenfolge der Auswertung spielt keine Rolle, wenn die Funktionen im Ausdruck nur
Multiplikationen oder **Additionen** sind, weil die Funktionen assoziativ sind. In den meisten
Fällen ist die Reihenfolge der Auswertung von Bedeutung und beeinflußt den Aufbau der
Ausdrücke. Betrachten wir den Ausdruck, der zur Lösung des folgenden Problems erfor-
derlich ist:

> Sie möchten ein Hemd zu $10.00 und eine Jacke zu $20.00 kaufen. Auf den
> Kaufpreis wird eine Steuer von 5% erhoben. Wieviel haben Sie zu zahlen ?

Die Kleidung kostet $10 plus $20 (das ergibt $30). Darauf wird die Steuer berechnet, das
ist 1.05 mal $30. Der folgende Ausdruck stellt diesen Vorgang dar:

```
      1.05×10+20
31.5
```

Erkennen Sie, wie APL2 vorgeht? In Ausdrücken mit Zahlen und Funktionen, wie dem
vorangegangenem, führt APL2 die am weitest rechts stehende Funktion zuerst aus, unabhängig davon, um welche Funktion es sich handelt.

Diese Auswertung kann wie folgt dargestell werden:

1.05 X 10 + 20

Diese Art der Auswertung unterscheidet sich von der in der Arithmetik üblichen, wo die Multiplikation immer vor der Addition ausgeführt wird und zwar unabhängig von der Anordnung der Funktionen im Ausdruck. APL2 besitzt mehr als 80 Funktionen und es würde das Erinnerungsvermögen überfordern, wenn man jeweils wissen müßte, welche Funktion vor einer anderen ausgeführt wird. Deshalb gibt es in APL2 eine einfache Regel: *Die Funktionen werden von rechts nach links ausgeführt.* Somit ist das rechte Argument von × das Resultat der gesamten Berechnung dessen, was weiter rechts steht.

Sie werden die *Rechts-Links-Regel* nützlich und einfach anwendbar finden, da sie unabhängig von den verwendeten Funktionen ist. Zur Verdeutlichung der *Rechts-Links-Regel* betrachten wir die folgende Variante des obigen Beispiels:

> Nehmen wir an, daß der Artikel zu $20 nicht der Steuer unterliegt. Wie verhindert man die Multiplikation mit 1.05 ?

Ordnen wir den Ausdruck wie folgt um:

```
    20+1.05×10
30.5
```

Die Auswertung von rechts nach links läuft wie unten dargestellt ab:

20 + 1.05 X 10

Die Benutzung der runden Klammern

APL2 nutzt eine allgemein bekannte Möglichkeit, die Reihenfolge der Ausführung zu steuern: die runden Klammern. Wir haben die runden Klammern bereits kennengelernt, um Daten zu gruppieren. Man kann die runden Klammern auch zu Gruppierung von Berechnungen wie im folgenden Beispiel einsetzen:

```
    (2×5) + (3×6)
28
```

Die Auswertung dieses Ausdrucks kann wie folgt dargestellt werden:

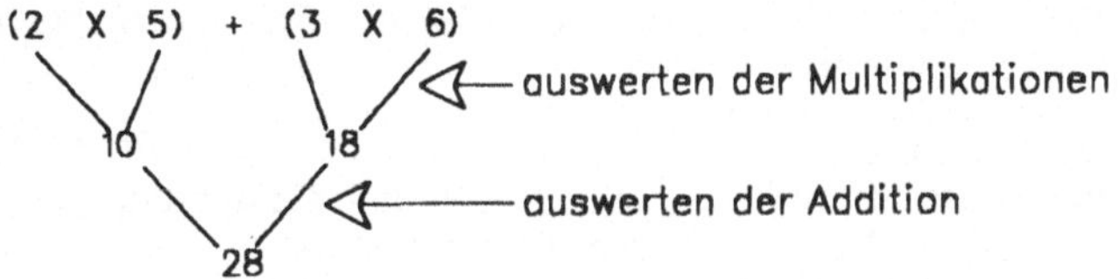

Wenn man die Reihenfolge der Auswertung in einem Ausdruck ändern will, setzt man die runden Klammern zur Gruppierung ein.

Man kann runde Klammern auch dann verwenden, wenn sie zwar nicht nötig sind, den Ausdruck aber klarer darstellen. Runde Klammern, die weggelassen werden können ohne die Auswertung zu beeinträchtigen, bezeichnet man als *redundante runde Klammern*. Das rechte Paar der runden Klammern in dem Ausdruck $(2\times5)+(3\times6)$ ist redundant, da nach der Rechts-Links-Regel die rechte Multiplikation in jedem Fall zuerst ausgeführt wird. Der Ausdruck kann kürzer dargestellt werden, indem die redundanten runden Klammern entfernt werden:

$$(2\times5)+3\times6$$
$$28$$

Redundante runde Klammern haben keine Auswirkung auf die Reihenfolge der Auswertung oder auf das Resultat. Wenn redundante runde Klammern zum besseren Verständnis eines Ausdrucks beitragen, sollte man sie benutzen.

Die Benutzung von Leerzeichen

Wir haben bereits gesehen, daß Leerzeichen eingesetzt werden, um Zahlen voneinander getrennt darzustellen. Keine Leerzeichen sind erforderlich, um Zahlen von Funktionssymbolen abzugrenzen, können aber dafür eingesetzt werden, wenn man möchte. So erzeugen die folgenden Ausdrücke identische Ergebnisse:

$$2-3$$
$$\bar{1}$$
$$2 \quad - \quad 3$$
$$\bar{1}$$

Anstelle eines einzigen Leerzeichens zur Trennung von Namen, Konstanten oder Symbolen kann man auch mehrere Leerzeichen eingeben. Aus diesem Grund produzieren die folgenden Ausdrücke das gleiche Resultat:

$$2\ 3$$
$$2\ 3$$
$$2 \qquad 3$$
$$2\ 3$$

APL2 entfernt alle unnötigen Leerzeichen, die in einer Eingabe vorkommen.

Die Vektor-Schreibweise

Eine Liste von Daten bezeichnet man als einen *Vektor*. Wir haben bereits mehrere Beispiele von Vektoren kennengelernt.

Man gibt Vektoren der Länge zwei oder größer ein, indem man die Werte der einzelnen Bestandteile nebeneinander schreibt. Diese Darstellung nennt man *Vektor-Schreibweise*. Das folgende Beispiel ist ein Vektor mit zwei Bestandteilen:

```
      3 5
3 5
```

Zur Darstellung dieses Vektors schreibt man die Konstante 3 neben die Konstante 5 und trennt sie durch ein Leerzeichen, um die Verwechslung mit der Zahl 35 zu vermeiden.

Man kann die Zahl 5 auch erzeugen, indem man einen Ausdruck eingibt, der, von runden Klammern eingeschlossen, die Zahl 5 ergibt, wie z.B.:

```
      3 (1+4)
3 5
```

Die runden Klammern sind nicht überflüssig; läßt man sie weg, ändert sich die Bedeutung des Ausdrucks:

```
      3 1+4
7 5
```

Auf den ersten Blick scheint dieser Ausdruck aus zwei Bestandteilen zu bestehen, der Zahl 3 und dem Ausdruck 1+4. APL2 ist jedoch eine Strukturgrößen - orientierte Sprache und bearbeitet Mengen von Daten auf einmal. Daher ist es wichtiger, zuerst die Strukturgröße (3 1) zu bilden und erst danach die Funktion auszuführen. Aus diesem Grund faßt APL2 erst 3und 1 zu einer Gruppe zusammen, bevor die Addition ausgeführt wird. APL2 geht daher bei der Auswertung des Ausdrucks wie folgt vor (die runden Klammern sind überflüssig):

```
      (3 1)+4
7 5
```

Der Vektor, der sich aus 3 (1+4) ergibt, hat den gleichen Wert wie 3 5 und kann in einem Ausdruck auftreten.

```
      3 5 × 10
30 50
      3 (1+4) × 10
30 50
```

Ebenso kann man den gleichen Vektor erzeugen, wenn man einer Variablen zuerst den Wert 5 zuweist und die Variable danach in einem Ausdruck verwendet:

```
      AS←5
      3 AS
3 5
      3 (AS+2)
3 7
```

Auch innerhalb eines Ausdrucks ist eine Zuweisung erlaubt.

```
      3 AS←5
 3 5
```

Wenn die Zuweisung ganz links in einem Ausdruck auftritt, wird das Ergebnis nicht angezeigt:

```
      AS←5
```

Wenn die Zuweisung nicht ganz links in einem Ausdruck auftritt, kann der Inhalt für
weitere Berechnungen benutzt werden.

```
      2+AS←5
 7
```

Die Zuweisung erfolgt nur auf den Namen, der unmittelbar links vom Zuweisungssymbol
steht:

```
      AT←3
      AT AS←5
 3 5
```

Die Zuweisung auf mehr als einen Namen ist dann in einem Schritt möglich, wenn die
Namen von runden Klammern eingeschlossen werden:

```
      (AT AS)←3 5
      AT
 3
      AS
 5
```

Es ist auch möglich, mehreren Namen den gleichen Wert zuzuweisen:

```
      (AT AU)←10
      AT
 10
      AU
 10
```

Auch hier gilt, daß das Ergebnis der Zuweisung der Wert rechts vom Zuweisungssymbol
ist und dieser nicht angezeigt wird, wenn die Zuweisung ganz links im Ausdruck auftritt.

Wenn die Zuweisung *nicht* ganz links im Ausdruck auftritt, kann der Inhalt für weitere
Berechnungen benutzt werden, ganz so, als ob die Zuweisung nicht vorhanden wäre:

```
      3+(AT AU)←10
 13
```

Man kann Vektoren erzeugen, die aus Vektoren bestehen, indem man jeden Vektor in
runde Klammern einschließt:

```
      (1 2 3) (4 5)
 1 2 3  4 5
```

Dies ist ein Vektor aus zwei Bestandteilen, jeder Bestandteil ist selbst ein Vektor. Die runden Klammern gruppieren die Bestandteile. In der Ausgabe wird durch die Anzahl der Leerzeichen angezeigt, daß es sich nicht um einen Vektor mit fünf Bestandteilen handelt. Obwohl APL2 in der Anzeige Leerzeichen zur Darstellung der Gruppierung verwendet, können diese bei der Eingabe nicht dafür eingesetzt werden; dazu müssen die runden Klammern verwendet werden.

Die Bestandteile eines Vektors von Vektoren können verschiedenen Namen zugewiesen werden.

```
      (AA  BB)←(1  2  3)  (4  5)
      AA
 1  2  3
      10+BB
 14  15
```

Die wesentlichen Punkte der Vektor - Schreibweise sind:

- Wenn man die Vektor - Schreibweise wählt, können nur Vektoren der Länge zwei oder größer erzeugt werden.

- Jeder Bestandteil eines Vektors kann eine Konstante, ein Name oder ein Ausdruck innerhalb von runden Klammern sein.

- Zur Gruppierung der Eingabe werden runde Klammern verwendet. Sie haben weder die Bedeutung der Multiplikation, noch eine andere.

- Vektoren haben Vorrang vor Funktionen. Wenn man einen Ausdruck betrachtet, der sowohl Vektoren als auch Funktionen enthält, so bilde man zuerst die Vektoren und wende darauf die Funktionen an.

Die Funktion *DISPLAY*

APL2 verwendet Leerzeichen zur Darstellung der Struktur eines Vektors. Wenn man ein Resultat betrachtet und sich über die Struktur Klarheit verschaffen will, sollte man die Funktion *DISPLAY* verwenden.

Die Funktion *DISPLAY* ist in vielen APL2-Systemen vorhanden. Im Anhang A stehen die Definition der Funktion und Hinweise, wie man sie im APL2-System finden kann.

Man gibt den Funktionsnamen *DISPLAY* gefolgt von einem Ausdruck als rechtem an, wenn man mit *DISPLAY* arbeiten will:

```
      DISPLAY 2  4  6
.+----.
|2  4  6|
'~----'
```

DISPLAY zeigt einen numerischen Vektor innerhalb eines Rahmens; der Pfeil oben links gibt an, daß die Daten in einer Richtung geordnet sind (ein Vektor). Das ~ Zeichen in der unteren Rahmenkante sagt aus, daß es sich um numerische Daten handelt.

Wenn einige Bestandteile eines Vektors selbst Vektoren sind, werden sie auch von *DISPLAY* eingerahmt:

```
      DISPLAY (3 4 6) 5 (9 7)
  .+-----------------------.
  |                        |
  | .+----.      .+--.     |
  | |3 4 6|  5   |9 7|     |
  | !~----!      !~--!     |
  |                        |
  ! € ---------------------!
```

Das Symbol ϵ erscheint in der unteren Rahmenlinie jedes Rahmens, der einen Bestandteil enthält, der nicht aus einer einzelnen Zahl oder einem einzelnen Zeichen besteht.

In Kapitel 5 wird die Funktion $DISPLAY$ näher beschrieben.

Übungen zu 1.4

1. Geben Sie für jeden Ausdruck die Reihenfolge der Ausführung an. Schreiben Sie dazu auf die Linien unterhalb der Ausdrücke eine Zahl (eine 1 für die zuerst ausgeführte Funktion u.s.w.), wenn diese Funktion zuerst ausgeführt wird:

a. 54 - 17 × 10 - 12 + 3

    ———   ———   ———   ———

b. (54 - 17 × 10) - 12 + 3

    ———   ———   ———   ———

c. (54 - 17) × 10 - 12 + 3

    ———   ———   ———   ———

d. (54 - 17) × (10 - 12) + 3

    ———   ———   ———   ———

2. Werten Sie folgende Ausdrücke aus. Zeigen Sie, welche Klammerpaare überflüssig sind, falls es solche gibt:

a. 5 × 3 × 2
b. 5 × 3 - 2
c. 5 - 3 × 2
d. 5 × (3 - 2)
e. (5 × 3) - 2
f. 10 + 5 × 4 - 2
g. (10 + 5) × 4 - 2
h. (10 + 5) × (4 - 2)
i. 10 + (5 × 4) - 2
j. (10 + 5 × 4) - 2
k. (((10 + 5) × 4) - 2)

3. Werten Sie die folgenden Ausdrücke aus:

a. 10 20 30 + 5 8 4
b. 10 20 30 + 5
c. 30 + 5 8 4
d. 2 + 3 4 + 5
e. 2 + 3 - 4 + 5
f. 2 + 3   4 + 5
g. 2 + 3 4 - 5 6
h. 2 + 3 4 - 5

```
i.   ( 2 + 3   ¯4 )- 5
j.   4 10 + 5   5 + 2 6
k.   4 10 + 5 5 + 2
l.   4 10 + 5 + 2 6
m.   10 + 5 5 + 2
n.   10 + 5 ¯5 + 2 6
```

4. Werten Sie die folgenden Ausdrücke aus. Schreiben Sie die Resultate mit runden
    Klammern, um die Gruppierung darzustellen.

```
a.   .1 .2 .5 + 10
b.   .1 .2 .5 + 10 20 30
c.   .1 .2 .5 + (10 20) 30 (40 50 60)
d.   (.1 .2) .5 + (10 20) 30
e.   .1 (.2 .5) + 10 (20 30)
f.   .1 (.2 .5) + (10 20) 30
```

5. Geben Sie die Werte folgender Ausdrücke an und auch, ob das Ergebnis angezeigt
    wird. Nehmen Sie an, daß eine Zuweisung bis zum Ende der Aufgabe erhalten bleibt.

a. $X \leftarrow 3$
b. $1 + X \leftarrow 3$
c. $X + X$
d. $X + X \leftarrow 4$
e. $X - 1$
f. $X + X$
g. $(X \leftarrow 5) - 3$

6. Gegeben seien fünf Variablen:

$$A \leftarrow 2\ 3$$
$$B \leftarrow 4$$
$$C \leftarrow (1\ 5)(6\ 7)$$
$$D \leftarrow A\ B\ C$$
$$E \leftarrow A\ B$$

Werten Sie folgende Ausdrücke aus:

a. D
b. $(A+1)\ A$
c. $A\ 10$
d. $A\ 10-1$
e. $A(10-1)$
f. $B+0\ 1\ 2$
g. $B(B+1)(B+2)$
h. $C\ 2\ C$
i. $E+10$
j. $E+E$

7.   Ein Polyeder ist ein solider dreidimensionaler Körper, der von flachen Oberflächen
     begrenzt wird. Dort, wo zwei Oberflächen zusammenstoßen, entsteht eine gerade Li-
     nie (Kante). Wo sich drei oder mehr Linien treffen, entsteht ein Punkt, der *Vertex*
     genannt wird. Schreiben Sie einen Ausdruck, der die Summe der Vertex-Punkte und
     Oberflächen errechnet und davon die Anzahl der Kanten subtrahiert:

     a.   Für eine Pyramide mit 4 Vertex-Punkten, 6 Kanten und 4 Oberflächen.
     b.   Für einen Oktaeder mit 6 Vertex-Punkten, 12 Kanten und 8 Oberflächen.
     c.   Für einen Polyeder mit 12 Vertex-Punkten, 30 Kanten und 20 Oberflächen.

8.   Ein Lichtjahr ist die Entfernung, die das Licht in einem Jahr zurücklegt.

     a.   Geben Sie einen Ausdruck an, der in Meilen (1 Meile = 1.6 Km) angibt, welche
          Entfernung das Licht in ein, zwei oder drei Jahren zurücklegt. (Das Licht legt
          eine Entfernung von 186281 Meilen pro Sekunde zurück.)

     b.   Geben Sie die Entfernung für die Aufgabe a. in Kilometern an.

9.   Die Temperatur in Fahrenheit ergibt sich aus 32 plus neun fünftel der in Celsius; ge-
     ben Sie Ausdrücke an, die:

     a.   die Temperatur von Fahrenheit *FEH* in Celsius umrechnet.
     b.   die Temperatur von Celsius *CEL* in Fahrenheit umrechnet.

10. Im Jahr 1984 schliefen drei Frauen 7, 7.5 und 8.2 Stunden täglich. Errechnen Sie den
     Prozentsatz, den jede Frau im Laufe des Jahres schlief.

11. Angenommen, Sie haben sich gemerkt, wieviele Minuten pro Tag Sie geschlafen ha-
     ben, z.B.:

          WEEK1←480 400 360 380 400 350 500

     Geben Sie einen Ausdruck an, der ermittelt, welchen Prozentsatz der Woche Sie
     schliefen.

12. Schreiben Sie einen Ausdruck , der die Gesamtkosten *TCOST* für mehrere Artikel
     errechnet, wenn die folgenden Variablen gegeben sind:

     •   *PRICES* — ein Vektor der Artikelpreise.
     •   *QTY* — die Menge jedes eingekauften Artikels.
     •   *STAX* — die Steuer als ein Prozentsatz.

13. Ein Zahnarzt erbrachte folgende Leistungen:

     •   Untersuchen und Röntgen der Zähne für zwei Ihrer Kinder.
     •   Füllen von zwei Zähnen Ihrer Frau.
     •   Untersuchen und Röntgen Ihrer eigenen Zähne und Füllen eines Zahns.
     Eine Untersuchung mit Röntgen kostet $45 pro Person; jede Füllung kostet $15. Ge-
     ben Sie einen Ausdruck an, der Ihre Kosten ermittelt, wenn die Krankenkasse 80%
     der Kosten über $25 für jede Einzelperson übernimmt.

14. Schreiben Sie einen Ausdruck, der die Werte der Variablen *A* und *B* vertauscht.

1.5 Das Sichern der Arbeit

Zu Beginn einer APL2 - Sitzung gibt es keinen Namen, der einen Wert enthält. Während Ihrer Arbeit können Sie einigen Namen Werte zuweisen. Sie möchten nicht, daß diese nach Beendigung der Sitzung verloren sind. In Kapitel 4 wird der beste Weg aufgezeigt, wie die Arbeitsergebnisse bei Sitzungsende gesichert und bei Beginn der nächsten Sitzung wieder verfügbar gemacht werden.

Bis auf weiteres reicht es aus, zu wissen, daß mit der folgenden Anweisung APL2 die bisherige Arbeit sichert und dann endet:

```
     )CONTINUE
 1988-05-01 18.22.43 CONTINUE
```

Diese Anweisung sichert die Sitzungsergebnisse und beendet die APL2 - Sitzung. Es kann vorkommen, daß einige weitere Beendigungsmitteilungen gemacht werden; das ist von der jeweiligen APL2-Implementierung abhängig. Zu Beginn der nächsten APL2 - Sitzung sollte die folgende Nachricht erscheinen:

```
 SAVED 1988-05-01   18.22.43
```

Alle Namen, die in der vorherigen Sitzung definiert wurden, sind wieder verfügbar.

Die Systemanweisung)CONTINUE ist nicht der empfehlenswerte Weg, um die Arbeit zu sichern. Wenn man mit dem APL2 - Bibliothekssystem vertraut ist, werden dazu andere Systemanweisungen verwendet - diese werden in Kapitel 4 behandelt. Bis dahin reicht die Kenntnis der Systemanweisung)CONTINUE aus.

1.6 Fehler

Wenn Sie die Beispiele dieses Kapitels am Terminal ausprobiert haben, können Ihnen dabei eine Reihe von Fehlern unterlaufen sein. So können Sie z.B. einen Namen falsch geschrieben, oder eine Zahl fehlerhaft eingegeben haben. Sie können auch versucht haben, einen Vektor mit zwei Zahlen zu einem Vektor mit drei Zahlen zu addieren, Sie gebrauchten einen Namen, bevor Sie ihm einen Wert zugewiesen haben u.s.w.

Hier ist ein Beispiel, in dem die Datenfreigabe-Taste gedrückt wurde, bevor das rechte Argument eingegeben war:

```
     2+
 SYNTAX ERROR
     2+
     ^ ^
```

APL2 speichert intern diese Fehler; durch die Eingabe von → wird der Fehler im APL2 - Speicher gelöscht:

```
     →
```

Fehlertypen

Nachfolgend sind einige Fehler beispielhaft aufgeführt. Zu jedem Fehler wird ein kurzer Text ausgegeben, der auf den Fehlertyp hinweist. Zu jedem Beispiel wird am Schluß → benutzt, um den Fehler aus dem APL2 - Speicher zu löschen:

- Eingabe eines Namens, der keinen Wert enthält:

```
            PRICF
    VALUE ERROR
            PRICF
            ∧
            →
```

- Eingabe einer Funktion ohne rechtes Argument:

```
            2+
    SYNTAX ERROR
            2+
            ∧∧
            →
```

- Der Versuch, Vektoren unterschiedlicher Länge zu addieren:

```
        1  2  3  +  4  5
    LENGTH ERROR
        1  2  3+4  5
        ∧      ∧
        →
```

- Die Benutzung einer Funktion mit einem ungültigen Argument :

```
        (X←5)÷0
    DOMAIN ERROR
        (X←5)÷0
        ∧     ∧
        →
```

Auf den ersten Blick scheinen die Fehlermeldungen ziemlich knapp, aber man lernt schnell, wie man den ausgewiesenen Fehler lokalisieren kann. Immer wenn APL2 zwei Einschaltungszeichen (∧) in einer Fehlermeldung ausgibt, weist das rechte auf die Funktion hin, in der APL2 den Fehler entdeckte. Das linke Einschaltungszeichen zeigt, wie weit APL2 unter Anwendung der Rechts-Links-Regel den Ausdruck bearbeitet hat. In der Darstellung des obigen *DOMAIN ERROR* zeigt das rechte Einschaltungszeichen auf die Funktion **Dividieren**, bei der der Fehler auftrat (die in APL2 unzulässige Division durch Null). Das linke Einschaltungszeichen zeigt, daß die Zuweisung auf *X* bereits durchgeführt wurde.

Wenn APL2 nur ein Einschaltungszeichen in einer Fehlermeldung zeigt, bedeutet das, daß beide Einschaltungszeichen zusammenfallen.

Das Löschen von Fehlern

Nehmen wir an, Sie begehen folgende Fehler und löschen die Fehler nicht mit → aus dem
APL2 - Speicher

```
        1  2  3  +  4  5
LENGTH. ERROR
        1  2  3+4  5
        ^        ^


        2+0
DOMAIN  ERROR
        2+0
        ^^
```

Mit der Systemanweisung)SIS kann man die Fehler im APL2 - Speicher anzeigen, die
man noch nicht mit → entfernt hat:

```
        )SIS
*    2+0
     ^^

*    1  2  3+4  5
     ^        ^
```

Die Liste der nicht entfernten Fehler ist die Anzeige des *Statusindikators*. Der Statusindikator zeichnet alle Ausdrücke und Programme auf, deren Ausführung begonnen aber
nicht beendet wurde. SIS steht für *State Indicator with Statements*, was soviel bedeutet
wie Statusindikator mit Anweisungen.

In Kapitel 7 wird gezeigt, wie man sich den Inhalt des Statusindikators zunutze machen
kann. Bis dahin sollte man es sich zu eigen machen, ihn immer zu löschen. Dazu gibt man
den Pfeil nach rechts (→) so oft ein, wie das Symbol * in der Anzeige des Statusindikators
enthalten ist.

```
        →
        →
```

Danach gibt man erneut)SIS ein, um sicherzustellen, daß der Statusindikator völlig gelöscht wurde.

```
        )SIS
```

Als Alternative zu wiederholten Eingabe von → kann man auch die Systemanweisung
)$RESET$ verwenden, die alle Fehlereinträge auf einmal löscht.

```
        )RESET
```

Obwohl)$RESET$ sehr bequem ist, besonders dann, wenn man es versäumte, viele Fehlereinträge zu löschen, so ist es doch der beste Weg, jeden Fehler sofort nach seiner Entste-
hung zu löschen.

Wenn man nicht alle Fehlereinträge löschen will, kann man)*RESET* gefolgt von einer Zahl eingeben, um genau diese Zahl von Fehlern von oben aus dem Statusindikator zu entfernen:

)*RESET* 3

Diese Anweisung entfernt die ersten drei Einträge aus der)*SIS* - Anzeige.

Übungen zu 1.6

1. Welche Fehlernachricht, wenn überhaupt, erzeugt APL2, wenn die folgenden Ausdrücke in der angegebenen Reihenfolge eingegeben werden ? Beschreiben Sie den Grund des Fehlers. Mögliche Antworten sind:

> Kein Fehler — der Ausdruck wird ausgeführt.
> *SYNTAX ERROR* — der Ausdruck ergibt keinen Sinn.
> *VALUE ERROR* — der Name hat keinen Wert.
> *LENGTH ERROR* — die Längen stimmen nicht überein.
> *DOMAIN ERROR* — die Funktion kann nicht berechnet werden.

    a.   2+3 4
    b.   1 2 3 + 3 4
    c.   2
    d.   10÷0
    e.   10÷0+2
    f.   *ZZZZ*-2
    g.   *A*←10
         B←20
         C←*AB*
    h.   123+(4 5)(6 7 8)
    i.   1 2 3+(4 5)(6 7 8)

2. Der Statusindikator habe folgendes Aussehen :

```
        )SIS
 *    2+
      ^^
 *    10÷0
      ^  ^
 *    2 3+4  5  6
      ^    ^
 *    PRICF
      ^
```

Welches Aussehen hat der Statusindikator nach jeder der folgenden Anweisungen? Es wird vorausgesetzt, daß jeweils vom ursprünglichen Zustand ausgegangen wird.

    a. →
    b. →
        →
    c.)*RESET* 4
    d.)*RESET*

1.7 Terminologie

In diesem Kapitel wurden viele neue Ideen eingeführt - einige mit Namen, andere wurden nur in Beispielen dargestellt. Man lernt schneller, wenn alle wesentlichen Ideen einen Namen haben. Wahrscheinlich sind die Konzepte schon gut erkennbar; sie wurden schon in Beispielen dargestellt. In diesem Abschnitt erhalten die Konzepte nun Namen.

Die Begriffe zur Beschreibung von Daten sind die wichtigsten. Diese sind wesentlich für das weitere Verständnis von APL2. Die Begriffe, die zur Beschreibung von Funktionen und Operatoren gebraucht werden, sind besonders wichtig zu Verständnis von anderen APL- oder APL2-Büchern oder Handbüchern.

Datenbegriffe

In APL2 wird eine Ansammlung von Daten als *Strukturgröße* bezeichnet. Die Strukturgröße kann eine einzige Zahl oder ein einziges Zeichen sein, sie kann auch tausende Zahlen und Zeichen enthalten. Eine einzige Zahl oder ein einziges Zeichen ist ein *einfacher Skalar*. Nachstehend einige einfache Skalare:

```
              5
   5
             37
   37
```

Man beachte, daß 37 eine einzige Zahl und somit ein einfacher Skalar ist, obwohl sie aus mehr als einer Ziffer besteht.

Eine Liste von Daten, die in einer Zeile angeordnet sind, nennt man einen *Vektor*, und die einzelnen Datenelemente in irgendeiner Anordnung nennt man *Bestandteile*.

Wenn jeder Bestandteil eines Vektors ein einfacher Skalar ist, dann ist dieser Vektor ein *einfacher Vektor*. Dieses sind einfache Vektoren:

```
         2  3  4
   2  3  4
         2 (2+1) 4
   2  3  4
```

Wenn irgendein Bestandteil eines Vektors kein einfacher Skalar ist, dann ist dieser Vektor ein *geschachtelter Vektor*. Das folgende Beispiel stellt einen geschachtelten Vektor dar:

```
   (6.95 2.5) (7.95 3.55 2.95) 12.95
   6.95 2.5  7.95 3.55 2.95   12.95
```

Die ersten zwei Bestandteile dieses Vektors sind einfache Vektoren, der dritte Bestandteil ist ein einfacher Skalar.

Begriffe für Operationen

Eine *Operation* nimmt eine Eingabe entgegen und erzeugt eine Ausgabe. Eine Operation kann eine Funktion oder ein Operator sein.

Funktionen

Eine *Funktion* ist eine Operation, die aus gegebenen Daten neue Daten erzeugt. Einige Funktionen wurden in diesem Kapitel vorgestellt und im weiteren Verlauf diese Buches werden noch viele andere behandelt.

Die Funktionen, die APL2 bereitstellt nennt, man *Elementarfunktionen*. Die Elementarfunktionen werden normalerweise durch Symbole dargestellt. Im Anhang E sind diese Symbole mit ihren Namen aufgelistet. Sie sind jederzeit verfügbar. Wenn man später beginnt, in APL2 zu programmieren, erstellt man *definierte Funktionen*, die sich wie Elementarfunktionen verhalten, mit dem Unterschied, daß man ihre Definitionen selbst festlegt und sie mit eigenen Namen versieht.

Die Strukturgrößen, auf die eine Funktion angewendet wird, nennt man die *Argumente* der Funktion. Die Strukturgröße, die von der Funktion erzeugt wird, ist das *explizite Resultat* (oder - etwas weniger präzise ausgedrückt - das *Resultat*).

Es folgt ein Beispiel, in dem diese Begriffe an der Funktion **Subtrahieren** erläutert werden.

```
        17-5
  12
```

Subtrahieren (-) ist eine Elementarfunktion.   17 und 5 sind ihre Argumente. Die Differenz (12) ist das explizite Resultat. Dieses explizite Resultat kann als Argument einer anderen Funktion benutzt werden:

```
        1+17-5
  13
```

Die *Subtraktion* erfordert zwei Argumente, eins auf der linken und eins auf der rechten Seite. Eine Funktion, die auf zwei Strukturgrößen angewendet wird, nennt man eine *zweistellige Funktion*.

Andererseits wirkt die Funktion *Vorzeichen umkehren* (-) nur auf eine Strukturgröße (ihr Argument) und erzeugt eine Strukturgröße (explizites Resultat).

```
        - 2 3 ‾5
  ‾2 ‾3 5
```

Eine Funktion, die nur auf ein rechtes Argument wirkt, ist eine *einstellige Funktion*.

Eine zweistellige Funktion benötigt sowohl ein linkes, als auch ein ein rechtes Argument und eine einstellige Funktion hat nur ein rechtes Argument.

Das Minuszeichen (-) kann sowohl die zweistellige Funktion **Subtrahieren**, als auch die einstellige Funktion **Vorzeichen umkehren** bedeuten. Im allgemeinen sind in APL2 einem Funktionssymbol zwei Funktionen zugeordnet - eine einstellige und eine zweistellige.

Wenn in einem Ausdruck ein linkes Argument für eine Funktion vorhanden ist, dann wird immer die zweistellige Form der Funktion angewendet.

Operatoren

Ein *Operator* ist eine Operation, die eine neue Funktion erzeugt. Bisher haben wir nur einen Operator kennengelernt: **Reduktion**. Die in APL2 enthalenen Operatoren bezeichnet man als *Elementaroperatoren*, sie werden durch Symbole dargestellt. Operatoren, die man selbst festlegen kann, bezeichnet man als *definierte Operatoren*. Die Funktionen oder Strukturgrößen, auf die ein Operator wirkt, sind die *Operanden* und die Funktion, die daraus vom Operator erzeugt wird, ist die *abgeleitete Funktion*.

Operatoren können einstellig oder zweistellig sein, je nachdem, ob sie für einen oder zwei Operanden definiert sind. Der Operand eines einstelligen Operators steht immer links von der Operation. Ein APL2-Operatorsymbol stellt immer nur einen Operator dar und dieser ist von seiner Definition her - und nicht im Kontext - einstellig oder zweistellig.

Im folgenden Beispiel wird gezeigt, wie die Begriffe auf den Operator **Reduktion** angewendet werden:

```
      +/ 10 20 30
  60
```

Die **Reduktion** (/) ist ein einstelliger Elementaroperator und erzeugt eine einstellige Funktion. Sein Operand ist die Funktion **Addition** (+). Auf die Funktion **Addition** angewendet, erzeugt die **Reduktion** die abgeleitete Funktion **Summieren** (+/). Diese abgeleitete Funktion wird dann auf ihr Argument, wie jede andere einstellige Funktion, angewendet.

Anweisungen

Eine Zeile, die mit einer runden Klammer rechts beginnt, wird als Systemanweisung bezeichnet. Bisher haben wir vier Systemanweisungen kennengelernt:)*NMS*,)*CONTINUE*,)*SIS* und)*RESET*. Eine Systemanweisung ist kein APL2-Ausdruck oder eine Operation. In einem Programm können keine Systemanweisungen ausgeführt werden. Sie sind ein Mittel, mit dem Informationen aus dem APL2-System oder Aktionen des APL2-Systems angefordert werden können.)*NMS* fordert die Anzeige der gegenwärtig definierten Namen an.)*CONTINUE* fordert das APL2-System auf, die laufende Sitzung zu beenden und dabei die Definition aller Namen für die nächste Sitzung zu speichern.

Kapitel 2 - Arbeiten mit Vektoren

APL2 sammelt Daten in Strukturgrößen. Jede Funktion in APL2 wird auf Strukturgrößen angewendet und erzeugt als Resultat eine Strukturgröße. Die einfachsten Strukturgrößen stellen die einfachen Skalare dar. Sie enthalten eine einzige Zahl oder ein einziges Zeichen. Andere Strukturgrößen enthalten Zahlen oder Zeichen oder eine Mischung aus Zahlen und Zeichen. Dieses Kapitel stellt die Grundlagen im Umgang mit Strukturgrößen dar und konzentriert sich dabei auf Vektoren - lineare Anordnungen von Daten. In Kapitel 5 wird die Diskussion auf andere Strukturgrößen erweitert.

APL2 stellt Funktionen zur Verfügung, um Vektoren zu messen oder zu erzeugen, die Zahlen oder Zeichen oder die keinerlei Daten enthalten können. APL2 erweitert den Umfang der arithmetischen Funktionen und dehnt sie auf Vektoren aus.

2.1 Funktionen zur Erzeugung von Vektoren

Ein Vektor ist die einfachste Datenstruktur, die mehr als einen Bestandteil enthalten kann. In diesem Abschnitt werden drei Funktionen zum Messen und Erzeugen von Vektoren vorgestellt:

- **Dimension zeigen**
- **Indexvektor bilden**
- **Verketten**

Messen der Länge eines Vektors: Dimension zeigen

Die einstellige Funktion **Dimension zeigen** (ρ) liefert, auf einen Vektor angewendet, die Anzahl der Bestandteile, aus denen der Vektor besteht. Die Anzahl der Bestandteile ist die *Länge* des Vektors:

```
      ρ 10 20 30 40
4
      PRICE←(6.95 2.5) (7.95 3.55 295) 12.95
      ρPRICE
3
```

Die Dimension der Dimension ist der *Rang* einer Strukturgröße. Die Dimension eines Vektors ist ein Vektor mit einem Bestandteil und ein Vektor hat den Rang 1.

```
      ⍴⍴ 10 20 30 40
1
      ⍴⍴PRICE
1
```

In Kapitel 5 wird der Begriff Rang für alle Strukturgrößen behandelt.

Das Erzeugen von fortlaufend aufsteigenden Ganzzahlen: Indexvektor bilden

Das folgende Beispiel zeigt eine Funktion, die einen Zahlenvektor aus einer einzigen Zahl erzeugt:

```
      ⍳6
1 2 3 4 5 6
```

Diese Funktion hat den Namen **Indexvektor bilden** und erzeugt einen Vektor, dessen Bestandteile eine lückenlose Folge von ganzen Zahlen sind und der mit 1 beginnt und der angegebenen Zahl endet. Die Dimension des Resultats von **Indexvektor bilden** ist der gleiche Wert wie das rechte Argument.

```
      ⍴⍳6
6
```

Der Mathematiker Gauß sollte als Schüler die Zahlen von 1 bis 100 addieren. Er bemerkte, daß $100+1=101$ und $99+2=101$ ergibt und daß es 50 derartiger Paare gab. Er schrieb sofort die Antwort hin - $50×101$ oder 5050 - und setzte den Lehrer damit in Erstaunen. In APL2 muß man nicht so klug sein. Man braucht nur einzugeben:

```
      +/⍳100
5050
```

Man kann jede Folge von Zahlen erzeugen, die den gleichen Abstand voneinander haben, indem man einen einfachen Ausdruck benutzt, in dem **Indexvektor bilden** vorkommt. Das Argument von **Indexvektor bilden** legt die Länge der Folge fest. Man multipliziert mit der Differenz zweier Zahlen und addiert danach eine Konstante, um den Beginn der Folge festzulegen.

Konstante + Inkrement × ⍳ Länge

Eine solche Zahlenfolge bezeichnet man auch als *Arithmetische Progression*. Der folgende Ausdruck erzeugt die ersten sechs geraden Zahlen:

```
      2×⍳6
2 4 6 8 10 12
```

Um die ersten sechs geraden Zahlen einer Folge zu erhalten, die mit 10 beginnt, gibt man folgenden Ausdruck an:

```
      8+2×⍳6
10 12 14 16 18 20
```

Die Multiplikation mit einer negativen Zahl führt zu einer negativen Folge:

```
      ‾1×ι6
‾1  ‾2  ‾3  ‾4  ‾5  ‾6

      7+‾1×ι6
 6  5  4  3  2  1
```

Das Verbinden von Vektoren: Verketten

APL2 stellt die Funktion **Verketten** zum Verbinden von zwei Strukturgrößen bereit. Das folgende Beispiel zeigt, wie **Verketten** arbeitet und wie man mit dieser Funktion Zeitaufwand sparen und die Gefahr von Fehlern verringern kann.

RETAIL ist der Namen der Variablen, die die Verkaufspreise für Langspielplatten, Musikkassetten und CD's enthält:

```
RETAIL←6.95 7.95 12.95
```

Nun vertreibt das Plattengeschäft noch Videoplatten und Videobänder; *RETAIL* muß nun fünf Bestandteile anstelle von drei enthalten. Man kann alle Werte der Variablen neu eingeben:

```
RETAIL←6.95 7.95 12.95 25.95 15.95
```

Wenn jedoch *RETAIL* bereits Hunderte von Zahlen enthält, ist es nicht realistisch, jedesmal alle Zahlen eingeben zu müssen, nur weil einige neue Preise hinzukamen. Diese Vorgehensweise ist ineffizient und fehleranfällig.

Die Funktion **Verketten** (,) verwendet zwei Strukturgrößen und verbindet sie an ihren Enden miteinander zu einer neuen Strukturgröße. So kann man im Fall der Variablen *RETAIL* die neuen Zahlen einfach mit den bestehenden Werten verbinden, ohne die Werte von *RETAIL* noch einmal eingeben zu müssen. Zuerst stellen wir den Ausgangszustand von *RETAIL* wieder her. Danach setzen wir **Verketten** ein, um die neuen Werte anzuhängen:

```
RETAIL←6.95 7.95 12.95
RETAIL←RETAIL,25.95 15.95
```

Nun enthält *RETAIL* die gewünschten Werte:

```
RETAIL
6.95 7.95 12.95 25.95 15.95
```

Verketten contra Vektorschreibweise

Zwischen der Funktion **Verketten**, die Zahlen an eine Liste anfügt und der Vektorschreibweise muß sorgfältig unterschieden werden.

In einfachen Fällen führen **Verketten** und die Vektorenschreibweise zu den gleichen Resultaten, wie im folgenden Beispiel:

```
        5,7
  5  7
        5  7
  5  7
```

Die Ergebnisse dieser einfachen Ausdrücke dürfen nicht zu der falschen Annahme verleiten, daß die Vektorenschreibweise die Verkettung einschließt. Ein etwas schwierigeres Beispiel soll diesen Unterschied aufzeigen:

```
        5,7+10
  5  17
        5  7+10
  15  17
```

Diese beiden Ausdrücke unterscheiden sich nur durch ein Komma. In APL2 stellt das Komma jedoch eine Funktion dar und kein Interpunktionszeichen. Das linke Argument der Addition ist der Skalar 7 im ersten Fall und der Vektor 5 7 im zweiten Fall. Wenn immer möglich, bildet APL2 zuerst mit Hilfe der Vektorschreibweise Vektoren und wendet danach die Funktionen an.

Als weiteres Beispiel sollen die folgenden Ausdrücke betrachtet werden, wobei die Variable *RETAIL* ihre ursprünglichen Werte enthält:

```
      RETAIL←6.95  7.95  12.95

      RETAIL,25.95  15.95
  6.95  7.95  12.95  25.95  15.95

      ρRETAIL,25.95  15.95
  5

      RETAIL  25.95  15.95
  6.95  7.95  12.95   25.95  15.95

      ρRETAIL  25.95  15.95
  3
```

Der Ausdruck mit **Verketten** verbindet die drei Werte von *RETAIL* mit zwei neuen Werten und erzeugt ein Resultat mit fünf Bestandteilen. In der Anzeige sind die einzelnen Bestandteile jeweils durch ein Leerzeichen voneinander getrennt.

Der Ausdruck mit der Vektorschreibweise erzeugt ein Resultat mit drei Bestandteilen, der erste Bestandteil ist der Inhalt von *RETAIL*, der zweite und der dritte Bestandteil sind die angegebenen Zahlen. In der Anzeige dieses Resultates stehen zwei Leerzeichen zwischen der Gruppe der drei Bestandteile von *RETAIL* und den beiden anderen Zahlen.

Mit der Hilfe der Funktion *DISPLAY* werden diese Unterschiede klar dargestellt:

```
        DISPLAY RETAIL,25.95 15.95
.+-------------------------------.
|6.95 7.95 12.95 25.95 15.95|
'~-------------------------------'

        DISPLAY RETAIL   25.95 15.95
.+-------------------------------------.
|  .+-------------------.                |
|  |6.95 7.95 12.95|  25.95 15.95    |
|  '~-------------------'                |
'  €--------------------------------------'
```

Übungen zu 2.1

1. Führen Sie die folgenden Ausdrücke aus:

    a.   ι5
    b.   ι5+2
    c.   2+ι5
    d.   ¯2+ι5
    e.   -2+ι5
    f.   2×ι5
    g.   .5×ι5
    h.   ¯2+.5×ι5
    i.   -2+.5×ι5

2. Führen Sie die folgenden Ausdrücke aus:

    a.   20 30 + 4 5
    b.   20 30 + 4,5
    c.   20,30 + 4 5
    d.   20,30 + 4,5
    e.   20,30 + (4,5)
    f.   (20,30) + 4 5
    g.   (20,30) + (4,5)
    h.   (10 20 + 30) + 4 5
    i.   (10,20 + 30) + 4 5

3. Schreiben Sie jeweils einen Ausdruck unter der Verwendung von **Indexvektor bilden**, der die folgenden Resultate liefert:

    a.   7 12 17 22 27 32
    b.   ¯1.7 ¯1.4 ¯1.1 ¯.8 ¯.5 ¯.2
    c.   ¯1.5 ¯.75 0 .75 1.5 2.25

4. Schreiben Sie einen Ausdruck, der die ersten zehn ungeraden Zahlen liefert.

5. Schreiben Sie arithmetische Progressionen, die folgendes erzeugen:

    a.   Einen einfachen Vektor der ersten fünf geraden Zahlen, gefolgt von den ersten fünf ungeraden Zahlen.

    b.   Einen Vektor mit zwei Bestandteilen, von denen der erste die ersten fünf ungeraden Zahlen enthält und der zweite aus den ersten fünf geraden Zahlen besteht.

6. Die Variable *MONTHS* enthalte die maximalen Temperaturen der ersten drei Monate in Celsius.

        MONTHS← 9 13 18

Die Maximaltemperatur für April sei 65 Grad Fahrenheit. Schreiben Sie einen Ausdruck, der die Apriltemperatur in Grad Celsius an *MONTHS* anhängt.

7. Führen Sie die folgenden Ausdrücke aus:

    a. ρ(ι5),10 20
    b. ρ(ι5) 10 20
    c. ρ(ι5),(10 20)
    d. ρ(ι5) (10 20)

2.2 Zeichendaten

Zeichen werden als Symbole, die von Hochkommas eingeschlossen sind, eingegeben. Während für eine Zahl mehrere Darstellungsarten zur Verfügung stehen, gibt es zur Darstellung eines Zeichens als einer Konstanten nur eine Möglichkeit: das Zeichen wird in Hochkommas eingeschlossen. Die Eingabe des Buchstaben F muß wie folgt aussehen:

        'F'
    F

Die Hochkommas in der Eingabe sind Interpunktionszeichen und weisen auf das Vorhandensein eines Zeichens hin. Die Hochkommas sind nicht Teil der Daten und werden daher nicht angezeigt, wenn APL2 Zeichendaten ausgibt.

Ein Leerzeichen wird dargestellt, indem man es zwischen Hochkommas eingibt:

        ' '

Ein einziges Zeichen ist ein einfacher Skalar.

Zeichenvektoren

Zur Erzeugung eines Zeichenvektors kann man die einzelnen Zeichen in Hochkommas einschließen und, von Leerzeichen getrennt, eingeben. Der folgende Ausdruck stellt einen Zeichenvektor mit drei Bestandteilen dar:

        'A' 'B' 'C'
    ABC

Ein einfacher Vektor, der nur Zeichen enthält, ist eine *Zeichenkette*.

Wenn jeder Bestandteil eines Vektors ein einfacher Zeichenskalar ist, kann man eine kürzere Schreibweise zur Darstellung des Vektors wählen. Der Vektor:

        'A' 'B' 'C'

kann auch so eingegeben werden:

        'ABC'

Diese kompakte Schreibweise ist solange zulässig, wie die drei Zeichen nicht Teil eines
längeren Vektors sind, z.B.:

        'A' 'B' 'C' 'D'

ist nicht

        ('A' 'B' 'C') 'D'

oder

        'ABC' 'D'

Der erste Ausdruck ist nicht gleichwertig zu den beiden anderen. Der erste Ausdruck ist
ein einfacher Zeichenvektor mit vier Bestandteilen (der auch durch 'ABCD' dargestellt
werden kann). Der zweite und dritte Ausdruck sind gleichbedeutend.

Die Regel für die kompakte Darstellung von einfachen Zeichenvektoren kann auch auf die
Schreibweise für Vektoren von Zeichenvektoren erweitert werden:

        ('J' 'I' 'M') ('J' 'O' 'H' 'N')
  JIM JOHN

Das kann auch so geschrieben werden:

        'JIM' 'JOHN'
  JIM JOHN

Zur Erzeugung einer Zeichenkette, die selbst ein Hochkomma enthält, muß man dieses
Hochkomma innerhalb der Zeichenkette zweimal direkt nebeneinander eingeben. Wenn
man z.B. der Variablen W die Zeichenkette DON'T zuweisen will, muß die Eingabe wie
folgt aussehen:

        W←'DON''T'
        W
  DON'T

Die Variable W enthält fünf Zeichen:

        ρW
  5

In dem Ausdruck, der die Zuweisung auf W durchführte, begrenzen die äußeren Hochkommas die Daten und das innere Paar von Hochkommas stellt ein einziges Hochkomma
dar.

Wie stellt man also eine skalare Konstante dar, die ein einziges Hochkomma enthält? Jedes
andere skalare Zeichen wird, von Hochkommas begrenzt, eingegeben:

        'A'
  A

Wenn das Zeichen nun ein einfaches Hochkomma ist, muß ein Paar von Hochkommas, wiederum vorn und hinten in Hochkommas eingeschlossen, eingegeben werden. Es müssen also vier Hochkommas in der Eingabe stehen, das doppelte Hochkomma als Zeichen umgeben von zwei Hochkommas als Begrenzungen:

```
        ' ' ' '
   '
```

Vektoren aus Zahlen und Zeichen

Zeichen und Zahlen können in derselben Strukturgröße vorkommen. Hier sind zwei solcher Vektoren, die zur Verbesserung der Darstellung mit Hilfe der Funktion *DISPLAY* ausgegeben wurden:

```
        DISPLAY 'LPS',6.95
.+-------.
|LPS 6.95|
'+-------'
        DISPLAY 'LPS' 6.95
.+-----------.
|  .+--.      |
|  |LPS| 6.95 |
|  '---'      |
' ε----------'
```

Der erste Ausdruck ist ein Vektor mit vier Bestandteilen; die ersten drei sind Zeichen, der vierte ist eine Zahl. Das + in der unteren Linie des Rahmens weist darauf hin, daß es sich um einen gemischten Vektor aus Zahlen und Zeichen handelt. Das zweite Beispiel ist ein Vektor mit zwei Bestandteilen, der erste ist ein Zeichenvektor, der zweite ist eine Zahl. Der Rahmen um den Zeichenvektor enthält in der unteren Linie kein Symbol.

Durch die Verwendung von Zeichen und Zahlen in einer Strukturgröße kann das Schallplattengeschäft die Produktbezeichnungen und die Preise in einer Strukturgröße speichern:

```
        PRD←('LPS' 6.95)('TAPES' 7.95)('CDS' 12.95)
        PRD
LPS 6.95      TAPES 7.95      CDS 12.95

        DISPLAY PRD
```

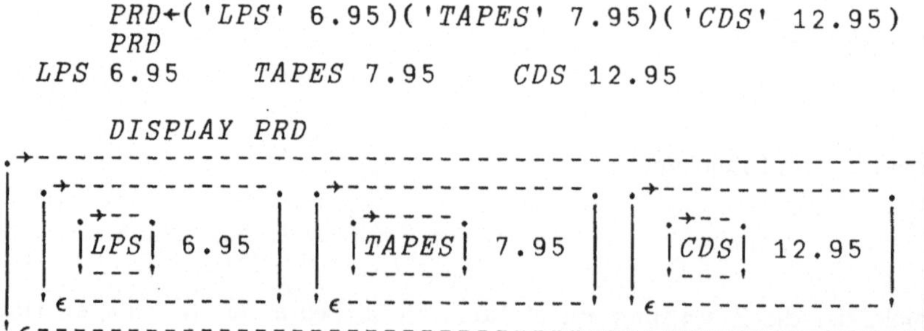

Funktionen, die auf Zeichen wirken

Auf Zeichen können keine Funktionen angewendet werden, die Berechnungen durchführen. So kann z.B. die Funktion **Verketten** zwei beliebige Vektoren verbinden. Im folgenden Beispiel verbindet **Verketten** zwei Zeichenvektoren:

```
      CV1←'BILLY'
      CV2←'JOE'
      CV1,CV2
BILLYJOE
```

Das Resultat ist eine Zeichenkette, die acht Zeichen enthält.

Rechenoperationen können auf Zeichen nicht angewendet werden:

```
      ι'A'
DOMAIN ERROR
      ι'A'
      ∧
      ←
```

Übungen zu 2.2

1. A, B, und C sollen wie folgt definiert sein:

```
      A←'CAT'
      B←'DOG'
      C←'MOUSE'
```

Bestimmen Sie die Dimension der Vektoren, die aus den folgenden Ausdrücken gebildet werden (Beachten Sie: bilden Sie zuerst Vektoren, bevor Sie Funktionen anwenden):

```
a.   A B C
b.   A,B,C
c.   A B,C
d.   A,B C
e.   (A B) C
f.   (A,B),C
g.   (A B),C
h.   (A,B) C
```

2. Schreiben Sie einen Ausdruck, der folgenden einfachen Zeichenvektor erzeugt:

```
      I'VE GOT IT!
```

3. Schreiben Sie einen Ausdruck, der folgenden Vektor mit vier Bestandteilen erzeugt: „I'VE“, „GOT“, „IT“, „!“.

4. Werten Sie die folgenden Ausdrücke aus:

    a. $\rho\,'ABC'\ 'WXYZ'$
    b. $\rho\,'ABC',\,'WXYZ'$
    c. $\rho\,'ABC'\ (\iota 4)$
    d. $\rho\,('ABC')\ 'WXYZ'$
    e. $\rho\,'ABC',(\iota 4)$
    f. $\rho\,('J'\ 'I'\ 'M')('J'\ 'O'\ 'H'\ 'N')$
    g. $\rho\,'JIM'\ 'JOHN'$
    h. $\rho\,'JIM''JOHN'$
    i. $\rho\,'JIM','JOHN'$

5. Angenommen, die Variablen J, S, und W enthalten Namen und Kontostände der
    Herren J. Jones, S. Smith, und W. White. Schreiben Sie einen Ausdruck, der die ein-
    zelnen Variablen in einer Variablen mit dem Namen $DEPOSITS$ zusammenfaßt.

2.3 Leere Vektoren

Alle bisher dargestellten Vektoren enthielten einen oder mehrere Bestandteile. Es ist auch
möglich, daß ein Vektor keine Daten enthält und somit die Länge Null hat. Ein solcher
Vektor heißt *Leervektor*.

Erzeugen eines Leervektors

Wir kennen bereits die Funktion **Indexvektor bilden**, die einen Vektor von fortlaufend
aufsteigenden positiven ganzen Zahlen bildet. Der Vektor beginnt mit 1. Der Ausdruck
ιN erzeugt einen Vektor der Länge N.

Dieser Ausdruck ergibt einen Vektor mit drei aufeinanderfolgenden ganzen Zahlen:

```
      ι3
 1 2 3
```

Dieser Ausdruck führt zu einem Vektor mit nur einer ganzen Zahl:

```
      ι1
 1
```

Obwohl die Ausgabe wie ein einfacher Skalar aussieht, ist es tatsächlich ein Vektor:

```
    DISPLAY ι1
.→.
│1│
'~'
```

Dieser Ausdruck erzeugt einen Vektor mit Null fortlaufenden ganzen Zahlen:

```
    ι0
```

$\iota 0$ ist ein numerischer Leervektor.
In der Ausgabe erscheint der Leervektor wie eine Leerzeile.

Man kann einen leeren Zeichenvektor erzeugen, indem man zwei Hochkommas direkt nebeneinander schreibt:

```
      ''
```

Die Anwendung der Funktion *DISPLAY* auf einen numerischen Leervektor und einen leeren Zeichenvektor ergibt:

```
      DISPLAY ι0
 .θ.
 |0|
 '~'

      DISPLAY ''
 .θ.
 | |
 '_'
```

Das Symbol θ am oberen Rand des Rahmens zeigt an, daß es sich um einen leeren Vektor handelt. Die Null innerhalb des Rahmens weist auf einen numerischen Leervektor hin und das Leerzeichen im Rahmen auf einen leeren Zeichenvektor.

Die Länge eines Leervektors ist immer Null:

```
      ρι0
 0
      ρ''
 0
```

Der Gebrauch von Leervektoren

Leervektoren enthalten keine Daten, aus diesem Grund glaubt man zuerst kaum, daß man sie sinnvoll einsetzen kann. Sie gestatten es jedoch Variablen zu definieren, die erst zu einem späteren Zeitpunkt nicht-leere Werte aufnehmen.

Wir haben die Variable *RETAIL* kennengelernt, um die Preise des Plattengeschäfts zu speichern. Wenn man weitere Preise zu den bereits gespeicherten hinzufügen will, verkettet man sie mit den bestehenden.

Ein guter Ansatz beim Entwurf derartiger Anwendungen besteht darin, festzulegen welche Variable man benötigt und für jede einen Namen zu vergeben. Dann wird jeder dieser Namen mit einem Leervektor als Anfangswert initialisiert:

```
      WHAT←''
      RETAIL←ι0
      DISCOUNT←ι0
```

Wenn man nun Daten erhält, kann man **Verketten** einsetzen, um sie mit der entsprechenden Variablen zu verbinden:

```
      WHAT←WHAT,'LPS' 'TAPES' 'CDS'
      RETAIL←RETAIL,6.95 7.95 12.95
      DISCOUNT←DISCOUNT,.9 .9 1
```

Skalare sind Strukturgrößen ohne Dimension. Daher kann die Funktion **Dimension zeigen**, wenn sie auf einen Skalar angewendet wird, nur einen numerischen Leervektor erzeugen:

```
        ρ 5

        ρ 'A '

        DISPLAY  ρ 5
 .⊖.
 | 0 |
 '~'

        DISPLAY  ρ 'A '
 .⊖.
 | 0 |
 '~'
```

Der Rang eines Skalars ist Null:

```
        ρρ 'A '
 0
```

Häufig ist es wichtig, daß man weiß, ob es sich bei einer Strukturgröße um einen Skalar oder einen Vektor mit einem Bestandteil handelt. Das Resultat der Funktion **Dimension zeigen** - angewendet auf einen Vektor - ist ein Vektor mit einem Bestandteil. Wendet man darauf erneut die Funktion **Dimension zeigen** an, erhält man 1 - den Rang des Vektors. Wenn das Resultat von **Dimension zeigen** dagegen „numerischer Skalar" ergeben hätte, würde die folgende Anwendung von **Dimension zeigen** zu einen Leervektor geführt haben.

Die Diskussion von Funktionen in diesem und den folgenden Kapiteln beschäftigt sich mit dem Aufbau von Strukturgrößen, die von Funktionen erzeugt wurden.

Übungen zum 2.3

1.   Werten Sie folgende Ausdrücke aus:

```
     a.   ρ ι 2
     b.   ρ ι 1
     c.   ρ ι 0
     d.   ρ ' '
     e.   ρ '  '
     f.   ρ 'AB '
     g.   ρ 'A B '
     h.   ρ 'A ' 'B '
```

2.   Angenommen die Funktion P ist eine einstellige Funktion, die als rechtes Argument eine Liste von Daten hat. Schreiben Sie einen Ausdruck, der P aufruft, wenn das Argument leer ist.

2.4 Funktionen, die Vektoren bearbeiten

Es wurden bereits einige Möglichkeiten dargestellt, wie man Daten in die Form von Vektoren bringt. Im allgemeinen bearbeiten APL2 - Funktionen alle Bestandteile von Strukturgrößen gleichzeitig. Manchmal möchte man jedoch nur mit Teilen von Strukturgrößen umgehen. In diesem Abschnitt werden fünf APL2 - Funktionen, mit denen man Daten aus Vektoren extrahieren kann, gezeigt. Es wird eine Möglichkeit vorgestellt, mit der man Bestandteile in Vektoren ersetzen kann:

- **Bestandteil auswählen**
- **Ersten Bestandteil entnehmen**
- **Entnehmen**
- **Entfernen**
- **Klammer-Indizierung**
- **Selektive Zuweisung**

Die Auswahl von Bestandteilen aus einem Vektor: Bestandteil auswählen

Angenommen, daß im Vektor *PRD* nur der Bestandteil, der die Kassetten (Tapes) enthält, von Interesse ist.

```
PRD←('LPS' 6.95)('TAPES' 7.95)('CDS' 12.95)
```

Der folgende Ausdruck benutzt die Funktion **Bestandteil auswählen** zur Auswahl des zweiten Bestandteils aus *PRD*:

```
      2⊃PRD
TAPES 7.95
```

Das Resultat ist ein Vektor mit zwei Bestandteilen, der selbst der zweite Bestandteil von *PRD* ist.

Wenn man nur den Namen des zweiten Produkts benötigt, kann man die Funktion **Bestandteil auswählen** zweimal nacheinander anwenden.

```
      1⊃2⊃PRD
TAPES
```

Wenn man als linkes Argument einen Vektor angibt, kann man diese Auswahl in einem Schritt ausführen:

```
      2 1⊃PRD
TAPES
```

Das linke Argument bedeutet: Wähle zuerst den zweiten Bestandteil aus (*'TAPES'* 7.95) und daraus dann den ersten (*'TAPES'*).

Ein linkes Argument mit drei Bestandteilen dringt noch tiefer in den Vektor *PRD* ein und wählt ein Zeichen des Produktnamens aus:

```
      2 1 4⊃PRD
E
```

Diese Auswahl, in einzelnen Schritten dargestellt, läuft wie folgt ab:

Zuerst wird der zweite Bestandteil aus dem Vektor *PRD* ausgewählt und daraus der erste Bestandteil (das Resultat ist *'TAPES'*). Schließlich wird daraus der vierte Bestandteil - der Buchstabe *'E'*- ausgewählt.

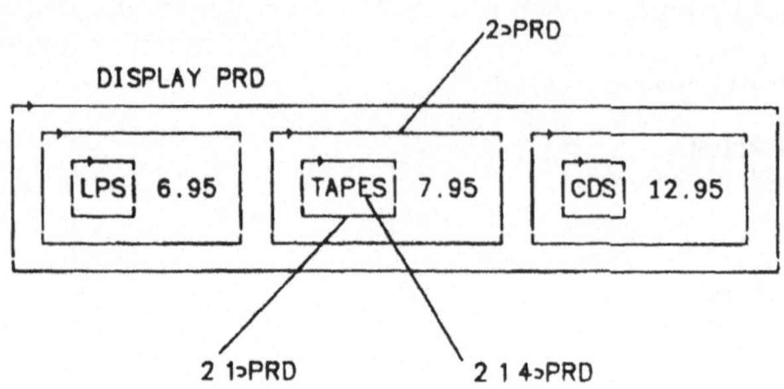

Die Auswahl von Bestandteilen aus einem Vektor: Ersten Bestandteil entnehmen

Die einstellige Funktion **Ersten Bestandteil entnehmen** (↑) wählt den ersten Bestandteil ihres Arguments aus. Man kann die Funktion **Ersten Bestandteil entnehmen** als Spezialfall der Funktion **Bestandteil auswählen** ansehen. Die folgenden Ausdrücke zeigen die Beziehung zwischen diesen beiden Funktionen Das Symbol ↔ (kein APL2-Symbol) steht in diesem Buch für „äquivalent".

$$(\uparrow V) \quad \leftrightarrow \quad (1 \supset V)$$

Vergleicht man die beiden folgenden Ausdrücke, stellt man fest, daß sie die gleichen Resultate liefern:

```
      ↑PRD
LPS  6.95

      ρ↑PRD
2

      1⊃PRD
LPS  6.95

      ρ1⊃PRD
2
```

Die Funktion **Ersten Bestandteil entnehmen** hat eine weitere interessante Eigenschaft. Wenn man sie auf Leervektoren anwendet, liefert sie eine Strukturgröße, die den Datentyp identifiziert, der zum Aufbau des Leervektors verwendet wurde, wie z.B.:

```
      ↑ι0
0
      ↑''
←(Leerzeichen)
```

Man könnte meinen, daß die Funktion **Ersten Bestandteil entnehmen** unnötig sei; in Kapitel 5 wird ihr Nutzen sichtbar, wenn sie auf komplexere Datenstrukturen als Vektoren angewendet wird.

Die Auswahl von Bestandteilen aus einem Vektor: Entnehmen

Wenn das Symbol ↑ sowohl ein linkes als auch ein rechtes Argument hat, heißt die Funktion **Entnehmen**. Um aus einem Vektor nebeneinanderstehende Bestandteile auszuwählen, gibt man im linken Argument die Anzahl der auszuwählenden Bestandteile an, die aus dem rechten Argument entnommen werden; dazu zwei Beispiele:

```
      4↑'TAPES'
TAPE

      3↑5 7 9 11 13
5 7 9
```

Ein negatives linkes Argument entnimmt die Bestandteile vom Ende des Vektors:

```
      ¯4↑'TAPES'
APES
      ¯3↑5 7 9 11 13
9 11 13
```

Durch wiederholte Anwendung von **Entnehmen** kann man Bestandteile aus der Mitte des Vektors auswählen:

```
      3↑¯4↑'TAPES'
APE
      2↑¯3↑ 5 7 9 11 13
9 11
```

Wenn man aus einem einfachen Vektor mehr Bestandteile entnimmt, als er enthält, fügt APL2 Leerzeichen oder Nullen ein, je nachdem, ob der erste Bestandteil des rechten Arguments ein Zeichen oder eine Zahl ist:

```
      ¯8↑'TAPES'
   TAPES
      7↑5 7 9 11 13
5 7 9 11 13 0 0
```

Wenn man aus einem geschachtelten Vektor mehr Bestandteile entnimmt, als er enthält, wird das Resultat mit Bestandteilen aufgefüllt, die die Struktur des ersten Bestandteils des rechten Arguments haben, wobei Zahlen durch Nullen und Zeichen durch Leerzeichen ersetzt werden:

```
      3↑(2 'A' 3) (19 'B' 21)
  2 A 3  19 B 21  0    0

        DISPLAY 3↑(2 'A' 3) (19 'B' 21)
.+---------------------------.
| .+----. .+------. .+----.  |
| |2 A 3| |19 B 21| |0    0| |
| '+----' '+------' '+----'  |
'∈-------------------------'
```

Die Funktion **Entnehmen**, auf einen Vektor angewendet, erzeugt immer einen Vektor:

```
      1↑'APPLE'
A
      ρ1↑'APPLE'
1
```

Zwischen **Entnehmen** und **Ersten Bestandteil entnehmen** gibt es einen wesentlichen Unterschied. Die Funktion **Ersten Bestandteil entnehmen** liefert den Inhalt des ersten Bestandteils seines Arguments, der eine beliebige Strukturgröße sein kann. **Entnehmen** liefert die Anzahl von Bestandteilen, die im linken Argument spezifiziert wurde; so erzeugt 1↑ einen Vektor mit einem Bestandteil, dem ersten seines rechten Arguments:

```
      ↑'LPS' 'TAPES' 'CDS'
LPS
      ρ↑'LPS' 'TAPES' 'CDS'
3
       DISPLAY ↑'LPS' 'TAPES' 'CDS'
.+---.
|LPS|
'---'
```

```
      1↑'LPS' 'TAPES' 'CDS'
  LPS
      ρ1↑'LPS' 'TAPES' 'CDS'
1
       DISPLAY 1↑'LPS' 'TAPES' 'CDS'
.+--------.
| .+---.  |
| |LPS|   |
| '---'   |
'∈------'
```

Die Auswahl von Bestandteilen aus einem Vektor: Entfernen

Mit der Funktion **Entfernen** kann man aufeinanderfolgende Bestandteile aus Vektoren entfernen; die Funktion kann sowohl die ersten als auch die letzten Bestandteile eines Vektors entfernen:

```
      3↓'TAPES'
ES
      3↓5 7 9 11 13
11 13
```

Ein negatives linkes Argument gibt an, wieviele Bestandteile von rechts aus dem rechten
Argument entfernt werden sollen:

        ‾2↓'TAPES'
    TAP
        ‾3↓5 7 9 11 13
    5 7

Die wiederholte Anwendung der Funktion gestattet es, Bestandteile aus der Mitte des
Vektors auszuwählen:

        ‾1↓2↓'TAPES'
    PE

Wenn man mehr Bestandteile entfernt, als der Vektor enthält, ist das Resultat ein Leervektor.

        10↓'TAPES'

        ρ10↓'TAPES'
    0
        16↓ 5 7 9 11 13

        ρ16↓ 5 7 9 11 13
    0

Die Anwendung der Funktion auf einen Skalar oder einen Vektor erzeugt immer einen
Vektor.

Die Auswahl von Bestandteilen aus einem Vektor: Klammer-Indizierung

Man kann Bestandteile aus einem Vektor auswählen, indem man deren Position innerhalb
des Vektors angibt. Die Operation, die diese Art der Auswahl durchführt, heißt **Klammer-Indizierung**. Innerhalb eines Paares eckiger Klammern gibt man die Positionsnummern
der auszuwählenden Bestandteile an:

        'TAPES'[2]
    A

        (5 7 9 11 13)[4]
    11

Die Funktionen **Entnehmen** und **Entfernen** liefern immer einen Vektor als Resultat, wenn
sie auf Vektoren angewendet werden. Bei der **Klammer-Indizierung** bestimmt die Struktur
der Indexangabe die Struktur des Resultats. Im vorangegangenen Beispiel ist der Index
ein Skalar und somit ist das Resultat auch ein Skalar.

Die Dimension des Resultats entspricht immer der Dimension des Index. Diese Regel gilt auch für geschachtelte Strukturgrößen. Im nächsten Beispiel ist das Ergebnis ein Skalar, weil der Index ein Skalar ist. Das Resultat ist ein geschachtelter Skalar, da die indizierte Strukturgröße kein einfacher Skalar ist:

```
      ('SCOTT' 'STACY')[2]
STACY
      ρ('SCOTT' 'STACY')[2]

        DISPLAY ('SCOTT' 'STACY')[2]
.- - - - - - - - - .         .
|  .→- - - - .      |
|  |STACY|          |
|  '- - - - '       |
'  ε - - - - - - - -'         '
```

Betrachten wir nun einige Beispiele, in denen der Index ein Vektor ist:

```
      'TAPES'[3 2 5 1 4]
PASTE

      'TAPES'[1 4 2]
TEA

      (5 7 9 11 13)[4 2 1]
11 7 5
```

Wenn der Index ein Vektor ist, dann ist das Ergebnis auch ein Vektor und hat die gleiche Länge wie der Index.

Man beachte, daß die runden Klammern erforderlich sind, wenn man eine numerische Vektorkonstante indizieren will. Das ist deshalb nötig, weil **Klammer-Indizierung** auf diejenige Strukturgröße wirkt, die unmittelbar links von der Klammer steht. **Klammer-Indizierung** wird angewendet, bevor der Vektor gebildet wird. Aus der Anwendung dieser Regel folgt, daß der nächste Ausdruck das erwartete Resultat liefert:

```
      A1← 5 7 9 11 13
      A2← 10 20 30
      A1[2] A2[3] A1[4]
7 30 11
```

Man kann einen Bestandteil mehrfach auswählen, indem man den Index mehrfach angibt:

```
      'TAPES'[5 4 4 3]
SEEP
```

Innerhalb der eckigen Klammern können Rechenoperationen ausgeführt werden; diese müssen nicht negative ganze Zahlen liefern. Angenommen ein Vektor von Einsen und Nullen stellt einen Code dar, dann kann man diesen Vektor in das Morsealphabet auf die beiden folgenden Arten umwandeln (*DOT* steht für einen Punkt und *DASH* steht für Strich):

```
      CODE←0  0  1  0  1  1
      ('DOT'  'DASH')[1+CODE]
DOT  DOT  DASH  DOT  DASH  DASH

      '.-'[1+CODE]
..-.--
```

Das Resultat von **Klammer-Indizierung** ist eine Strukturgröße und deshalb kann man das explizite Ergebnis der Operation für weitere Berechnungen verwenden:

```
      RETAIL←6.95  7.95  12.95
      2  4  ×  RETAIL[1  3]
13.9  51.8
```

Auf den ersten Blick scheinen **Klammer-Indizierung** mit einem Skalar und **Bestandteil auswählen** auf die gleiche Weise auszuwählen. Die Funktion **Bestandteil auswählen** liefert die Strukturgröße der angegebenen Position. **Klammer Indizierung** mit einem Skalar liefert einen Skalar, der die Strukturgröße der angegebenen Position enthält. Das folgende Beispiel zeigt diesen Unterschied:

```
      ('DOT'  'DASH')[1]
 DOT
      ρ('DOT'  'DASH')[1]

      DISPLAY ('DOT'  'DASH')[1]
.----------.
| .+--.    |
| |DOT|    |
| '---'    |
'∈--------'

      1⊃'DOT'  'DASH'
 DOT
      ρ1⊃'DOT'  'DASH'
 3
      DISPLAY 1⊃'DOT'  'DASH'
.+--.
|DOT|
'---'
```

Ersetzen von Bestandteilen in einem Vektor: Selektive Zuweisung

Jeder Ausdruck, der Bestandteile aus einer Strukturgröße auswählt, kann auch links vom Symbol des Zuweisungspfeils stehen; damit können ausgewählte Bestandteile durch andere ersetzt werden. Es folgen einige Beispiele, die die bereits bekannten Selektionsfunktionen benutzen.

```
      PRD←('LPS' 6.95)('TAPES' 7.95)('CDS' 12.95)

      2 1⊃PRD
TAPES

      (2 1⊃PRD)←'SPOOLS'

      PRD
LPS 6.95      SPOOLS 7.95      CDS 12.95

      W←'TAPES'

      4↑W
TAPE

      (4↑W)←'-'

      W
----S

      W[1 3]←'□⊞'
      W
□-⊞-S
```

Die Selektive Zuweisung wird in Kapitel 6 ausführlicher behandelt.

Übungen zu 2.4

1.   Gegeben sei folgende Strukturgröße:

```
      A← 'ABCD' (10 20 30) ((2 4) (1 3 5))
```

Werten Sie folgende Ausdrücke aus:

```
a.   ρA
b.   ↑A
c.   ρ↑A
d.   1⊃A
e.   ρ1⊃A
f.   A[1]
g.   ρA[1]
h.   ¯1↑A
i.   1↓A
j.   ↑2↓A
k.   ↑↑2↓A
l.   ↑↑↑2↓A
```

m. $\uparrow\uparrow\uparrow\uparrow2\downarrow A$

2. Verwenden Sie die Strukturgröße A aus Aufgabe 1 und geben Sie das linke Argument an, so daß das gezeigte Ergebnis erzeugt wird:

a. $\underline{\qquad}\supset A$
10 20 30

b. $\underline{\qquad}\supset A$
D

c. $\underline{\qquad}\supset A$
30

d. $\underline{\qquad}\supset A$
2 4

e. $\underline{\qquad}\supset A$
1

3. Gegeben sei ein numerischer Vektor V; schreiben Sie Ausdrücke, die folgendes bewirken:

a. Verschieben Sie V um zwei Stellen nach links und füllen Sie rechts mit Nullen auf.
b. Verschieben Sie V um drei Stellen nach rechts und füllen Sie links mit Nullen auf.

Überprüfen Sie die Ausdrücke an folgendem Vektor:

$$V\leftarrow 10 \quad 4.1 \quad 7 \quad {}^-3.6 \quad 5.2 \quad {}^-23.6$$

Die Resultate der Ausdrücke sollten wie folgt aussehen:

a. 7 ${}^-$3.6 5.2 ${}^-$23.6 0 0
b. 0 0 0 10 4.1 7

4. Gegeben sei der Vektor $DATA$:

$$DATA\leftarrow('ABC' \; 25) \; ('DE' \; 463) \; ('FGHI' \; 87 \; 12)$$

Werten Sie die folgenden Ausdrücke aus:

a. $2\supset DATA$
b. $2 \; 2\supset DATA$
c. $3 \; 2\supset DATA$
d. $3 \; 1\supset DATA$
e. $3 \; 1 \; 2\supset DATA$
f. $\uparrow DATA$
g. $\uparrow\uparrow DATA$
h. $(\uparrow DATA)[2]$
i. $DATA[3]$

5. Der Vektor $DIRECTORY$ enthält mehrere Bestandteile. Jeder dieser Bestandteile besteht selbst aus zwei Bestandteilen.

Die ersten beiden Bestandteile von $DIRECTORY$ können wie folgt aussehen:

```
      DISPLAY  2↑DIRECTORY
.+----------------------------------------------------.
| .+--------------------------. .+-------------------. |
| | .+--. .+------------. | | .+-. .+----------. | |
| | |ITO| |212 555 1234| | | |EX| |312 555 9797| | |
| | '---' '~-----------' | | '--' '~----------' | |
| '€------------------------' '€------------------' |
'€--------------------------------------------------'
```

Schreiben Sie Ausdrücke, die folgendes ergeben:

a.   Namen und Telefonnummer des zweiten Bestandteils.
b.   Die Gebietsvorwahl des ersten Bestandteils, die Zahl 212
c.   Den Namen des ersten Bestandteils (ITO).
d.   Den Namen des zweiten Bestandteils (EX).

6.   Geben Sie einen Ausdruck an, der BUT aus der Zeichenfolge TRIBUTARY aus-
     wählt.

7.   Gegeben seien die Variablen:

```
CH←'AAABCDEF'
DAT←'ABC' (ι4) 'DEFG' (10 20 30) 'IJ' (7 9)
```

Werten Sie die folgenden Ausdrücke aus:

a.   `CH[3]`
b.   `CH[3 1 2]`
c.   `CH[¯1+2×ι3]`
d.   `DAT[3 4]`
e.   `DAT[2+ι4]`

2.5 Skalarfunktionen

APL2 wendet eine *Skalarfunktion* auf jeden einfachen Skalar in ihrem oder ihren
Argument(en) an. Einige Skalarfunktionen sind uns bereits bekannt: **Addition**,
Subtraktion, Vorzeichen umkehren, Multiplizieren, und **Dividieren**. Die anderen behandel-
ten Funktionen — **Indexvektor bilden, Verketten, Bestandteil auswählen, Ersten Bestandteil
Entnehmen, Entfernen,** und **Klammer-Indizierung** — sind keine Skalarfunktionen.

In diesem Abschnitt werden die Skalarfunktionen im allgemeinen behandelt und zusätzlich
folgende Skalarfunktionen eingeführt:

- **Potenzieren**
- **Maximum bilden**
- **Minimum bilden**
- **Abrunden**
- **Aufrunden**
- **Absolutbetrag**
- **Richtung**
- **Divisionsrest bilden**
- **Kehrwert bilden**

Skalare Gleichartigkeit und skalare Erweiterung

In APL2 sind Skalarfunktionen zuerst für einfache skalare Argumente definiert. In folgendem Beispiel wird **Addieren** zwischen zwei einfachen Skalaren angewendet:

```
      2 + 5
7
```

Wenn man eine Skalarfunktion auf Argumente anwendet, die nicht einfache Skalare sind, zerlegt APL2 die Operation zuerst in einfache Fälle, bis es schließlich die Funktion auf einfache Skalare anwendet.

Wenn die Argumente die korrekte Dimension für die Funktion haben (im Gegensatz zum korrekten Inhalt) sind die Argumente *konform*. Für eine dyadische Skalarfunktion sind die Argumente konform, wenn sie dieselbe Länge haben. Im nächsten Beispiel wird **Addieren** zwischen zwei konformen Vektoren angewendet und das Resultat stimmt in der Dimension mit der Dimension der Argumente überein:

```
      2 3 4 + 5 6 7
7 9 11
```

APL2 wertet **Addieren** zwischen zwei konformen Vektoren so aus, daß die Funktion zwischen den korrespondierenden Bestandteilen der Argumente angewendet wird:

```
      (2+5) (3+6) (4+7)
7 9 11
```

Der vorangegangene Ausdruck reduziert die vektorielle Addition auf drei Additionen einfacher Skalare.

Wenn keines der Argumente ein Skalar ist, müssen die beiden Argumente die gleiche Länge haben; sonst gibt APL2 die Fehlermeldung *LENGTH ERROR* aus:

```
      3 5+2 1 7
LENGTH ERROR
      3 5+2 1 7
      ^   ^
```

Betrachten wir nun ein Beispiel, in dem die Funktion **Subtrahieren** zwischen zwei konformen Vektoren angewendet wird und APL2 trotzdem eine Fehlermeldung ausgibt:

```
      'ABC' - 1 2 3
DOMAIN ERROR
      'ABC' - 1 2 3
      ^       ^
```

Die Meldung *DOMAIN ERROR* wird ausgegeben, weil nicht alle Bestandteile der Vektoren numerisch sind, obwohl die Längen übereinstimmen.

Das nächste Beispiel zeigt die Anwendung der Funktion **Subtrahieren** zwischen zwei konformen numerischen Vektoren:

```
      9 8 6 ¯5 - 4 ¯2 8 ¯3
5 10 ¯2 ¯2
```

Man kann sich die Ermittlung des Resultats auch so vorstellen, als ob die Funktion zwischen den korrespondierenden einfachen Skalaren der Argumente angewendet wird:

```
      _(9-4) (8-‾2) (6-8) (‾5-‾3)
 5 10 ‾2 ‾2
```

Alle Argumente sind für einstellige Skalarfunktionen konform. Die Dimension des Resultats ist die gleiche, wie die Dimension des Arguments:

```
         ‾2 3 4
 ‾2 ‾3 ‾4
```

Die Funktion **Vorzeichen umkehren** wird auf jeden einzelnen Bestanteil des Arguments angewendet; die Ausführung läuft wie folgt ab:

```
         (-2) (-3) (-4)
 ‾2 ‾3 ‾4
```

Bei zweistelligen Skalarfunktionen ist es zulässig, daß ein Argument ein Skalar und das andere Argument kein Skalar ist.

In diesem Fall sind beide Argumente konform, weil der Skalar mit jedem Bestandteil des nicht-skalaren Arguments kombiniert wird. Im folgenden Ausdruck wird die 1 auf jeden Bestandteil des Vektors addiert:

```
      1 + 2 3 4
 3 4 5
```

Die Dimension des Resultats ist die des nicht-skalaren Arguments. Das skalare Argument wird jedem Bestandteil des nicht-skalaren Arguments verbunden:

```
      (1+2) (1+3) (1+4)
 3 4 5
```

Die Verbindung eines Skalars mit einer Strukturgröße wird *skalare Erweiterung* genannt.

Die skalare Erweiterung gilt auch dann, wenn die nicht-skalare Strukturgröße leer ist. Die Addition der Zahl 2 mit einem leeren Vektor ergibt einen Leervektor mit der Dimension Null.

```
      2+ι0

      ρ2+ι0
 0
      DISPLAY 2+ι0
   .θ.
   |0|
   '~'
```

Wenn eines der Argumente einer nicht-skalaren Funktion eine leere Strukturgröße ist, hängt das Resultat von der Definition der Funktion ab. So ist z.B. **Verketten** eine nicht-skalare Funktion. Die Verkettung eines Skalars mit einem Leervektor ergibt einen Vektor mit einem Bestandteil:

```
        3,''
3
        ρ3,''
1
```

Skalarfunktionen und geschachtelte Strukturgrößen

Wenn Skalarfunktionen auf geschachtelte Strukturgrößen angewendet werden, zerlegt APL2 die Operation so, daß die Skalarfunktion auf einfache Strukturgrößen wirkt. Das nächste Beispiel zeigt, wie **Multiplizieren** auf zwei geschachtelte Strukturgrößen wirkt:

```
        1 (2 3) × 10 (20 30)
10    40 90
```

Man kann diesen Ausdruck auch in Form von einfachen Strukturgrößen darstellen:

```
        (1×10) (2 3×20 30)
10    40 90
```

Und aus dieser Darstellung kann man die Anwendung auf einfache Skalare ableiten:

```
        (1×10) ((2×20)(3×30))
10    40 90
```

Die skalare Erweiterung wirkt auf geschachtelte Strukturgrößen in der gleichen Weise, wie auf einfache Strukturgrößen:

```
        1+(2 3) (4 5 6)
3 4    5 6 7
```

Das skalare Argument wird wie folgt mit jedem Bestandteil der geschachtelten Strukturgröße verbunden:

```
        (1+2 3) (1+4 5 6)
3 4    5 6 7
```

Zusammenfassend kann man feststellen, daß in APL2 die skalaren Funktionen auf einfache skalare Argumente definiert sind; diese Definition wird dann auf andere Strukturgrößen erweitert, indem die Operationen auf alle einfachen Strukturgrößen angewendet werden.

Weitere Skalarfunktionen

Zur Darstellung der Definition einer Skalarfunktion reicht es völlig aus, zu zeigen, daß die Funktion auf einfache skalare Argumente wirkt; jede Skalarfunktion arbeitet letztendlich mit einfachen skalaren Bestandteilen in den Strukturgrößen. Wenn man Vektoren als Argumente von Skalarfunktionen benutzt, kann man demonstrieren, wie ein einziger Ausdruck gleichzeitig auf viele Fälle wirkt.

Die Skalarfunktion: Potenzieren

Wahrscheinlich kennen Sie die Geschichte des indischen Königs Schirham, der seinen Großwesir Sissa Ben Dahir für die Erfindung des Schachspiels belohnen wollte (Gamow 1947). Dahir wünschte sich ein Weizenkorn auf dem ersten Feld des Schachbretts, zwei Körner auf dem zweiten, vier auf dem dritten, acht auf dem vierten und so fort, bis das Feld 64 die doppelte Anzahl von Feld 63 enthielt.

Dieser Wunsch scheint vernünftig, und man könnte die Menge der Körner wie folgt berechnen:

```
1+2+( 2×2 )+( 2×2×2 )+( 2×2×2×2 )+  ...
```

Derartige Operationen erzeugen sehr große Zahlen. In diesem Fall ist das exakte Ergebnis 18.446.744.073.709.551.615 Körner und stellt in etwa die Menge dar, die der weltweiten Weizenernte von 2000 Jahren entspricht. Die Zahl ist wahrscheinlich größer, als sie Ihr Computer exakt darstellen kann.

Die Funktion **Potenzieren** bildet das Produkt von sich wiederholenden Zahlen. Der Zahl, die mit sich selbst multipliziert werden soll, wird eine hochgestellte Zahl zugeordnet; diese sagt aus, wie oft die Multiplikation ausgeführt werden soll. Der mathematische Ausdruck 2^3 (oder auch $2 \times 2 \times 2$) hat in APL2 die Form:

```
      2*3
8
```

Das rechte Argument der Funktion **Potenzieren** wird als Exponent bezeichnet. Die Funktion **Potenzieren** wird in APL2 durch das Symbol $*$ dargestellt, während das Symbol $\times$ für die Funktion **Multiplizieren** steht.

Die Anzahl der Körner auf dem letzten Feld des Schachbretts läßt sich mit **Potenzieren** wie folgt ermitteln:

```
      2*63
9.223372037E18
```

Man beachte, daß APL2 die ersten 10 signifikanten Ziffern einer Zahl ausgibt, solange nichts anderes festgelegt wird. Das exakte Ergebnis des obigen Ausdrucks ist die Zahl 9223372036854775808.

Mit dem folgenden Ausdruck kann die Zahl der Körner auf allen Feldern errechnet werden - man sollte es jedoch nicht probieren:

```
      1+( 2*1 )+( 2*2 )+( 2*3 )+( 2*4 )+  ...  +( 2*63 )
1.8446744407E19
```

Wesentlich kürzer kann man den Ausdruck darstellen, wenn man die **Reduktion** verwendet:

```
      1++/2*ι63
1.8446744407E19
```

Beachtet man die folgenden Eigenschaften der Potenzen, kann man den Ausdruck noch wesentlich kompakter darstellen:

```
                1+(2*1)           ↔     3     ↔    ¯1+2*2
              1+(2*1)+(2*2)       ↔     7     ↔    ¯1+2*3
          1+(2*1)+(2*2)+(2*3)     ↔    15     ↔    ¯1+2*4
    1+(2*1)+(2*2)+(2*3)+(2*4)     ↔    31     ↔    ¯1+2*5
```

Daraus folgt:

```
1+(2*1)+(2*2)+(2*3)+(2*4)+ ... +(2*63)  ↔  ¯1+2*64
```

Dieser Ausdruck führt zum erwünschten Ergebnis:

```
      ¯1+2*64
1.8446744407E19
```

Die Skalarfunktionen: Maximum bilden und Minimum bilden

Die Funktion **Minimum bilden** (L) gibt als Resultat das kleinere der beiden Argumente und die Funktion **Maximum bilden** (Γ) das größere der beiden Argumente zurück:

```
        5L3
3
        5  8  3  ¯6  ¯2L6  2  3  ¯7  4
5  2  3  ¯7  ¯2

        5Γ3
5
        5  8  3  ¯6  ¯2Γ6  2  3  ¯7  4
6  8  3  ¯6  4
```

Die Skalarfunktionen: Abrunden und Aufrunden

Die Funktion **Abrunden** (L) erzeugt die größte ganze Zahl, die nicht größer als die Zahl des rechten Arguments ist. Die Funktion **Aufrunden** (Γ) erzeugt die kleinste ganze Zahl, die nicht kleiner ist als die Zahl im rechten Argument:

```
      L7.3  7.9  ¯7.2  7
7  7  ¯8  7
      Γ7.3  7.9  ¯7.2  7
8  8  ¯7  7
```

Keine der beiden Funktionen hat eine Auswirkung auf das Resultat, wenn das Argument ganzzahlig ist. Die Funktion **Abrunden** rundet Zahlen nicht unter Berücksichtigung der Nachkommastellen auf oder ab:

```
      L6.35  6.45  6.55  6.65
6  6  6  6
```

Wenn man im obigen Beispiel die Zahlen so runden möchte, daß jede Zahl die größer oder gleich 6.5 ist, auf 7 gerundet wird, muß man auf jede Zahl 0.5 addieren und danach **Abrunden** verwenden:

```
    L.5 + 6.35 6.45 6.55 6.65
 6  6  7  7
```

Im Umgang mit Währungen, die auf dem dekadischen System beruhen, muß häufig gerundet werden und diese Operation erfordert etwas mehr Aufwand, als in dem letzten Beispiel. Die US-Währung, der Dollar, kennt als kleinste Größe den Penny, also 0,01 Dollar.

Angenommen die Variable *AMOUNT* enthalte drei Kontostände:

```
AMOUNT←150.20 331.35 331.25
```

Zu einem bestimmten Stichtag sollen 5% Zinsen gutgeschrieben werden; diese errechnen sich wie folgt:

```
    AMOUNT×.05
7.51 16.5675 16.5625
```

Der neue Kontostand ergibt sich aus:

```
    AMOUNT+AMOUNT×.05
157.71 347.9175 347.8125
```

Man kann diesen Ausdruck vereinfachen:

```
    AMOUNT×1.05
157.71 347.9175 347.8125
```

Die Bank rundet die Ergebnisse auf den nächsten Penny. Man kann zwar 0,005 auf jede Zahl addieren, aber man kann danach nicht direkt **Abrunden** einsetzen, um die überflüssigen Nachkommastellen zu entfernen. Ein Weg zum gewünschten Resultat ist der folgende: Alle Zahlen werden mit 100 multipliziert, danach wird 0,5 addiert und die Funktion **Abrunden** eingesetzt. Durch Multiplikation mit 0,01 werden danach die Beträge wieder in Dollar und Penny umgerechnet. Daraus ergibt sich der Ausdruck:

```
    .01×L.5+100×AMOUNT×1.05
157.71 347.92 347.81
```

Man beachte, daß der erste Betrag unverändert, der zweite Betrag aufgerundet und der dritte Betrag abgerundet ist.

Im Umgang mit dieser Rundungsmethode erscheinen zwei warnende Hinweise angebracht. Erstens wird eine Bank nicht in der dargestellten Weise runden, da sie zu Verlusten für die Bank führen kann, wenn eine große Zahl von Beträgen aufgerundet wird. Aus diesem Grund wird diese Methode von US-Banken nicht verwendet. Sie gehen stattdessen so vor, daß die Summe der einzelnen Kontostände gerundet wird und danach eine Verteilung der gerechneten Zinsen auf die Einzelkonten erfolgt. Betrachten wir ein Beispiel, das für die Bank ungünstig ist:

```
AMTR← 136.557 121.406 380.816 149.777 721.566
```

Nach der Rundung ergibt sich:

```
        .01×⌊.5+100×AMTR
  136.56  121.41  380.82  149.78  721.57
```

Es wurde korrekt gerundet; vergleicht man jedoch die Summe der ursprüngliche Werte mit
der Summe der gerundeten Werte, stellt man fest, daß die Bank zwei Penny einbüßt:

```
      +/.01×⌊.5+100×AMTR
  1510.14
      +/AMTR
  1510.122
```

Der zweite warnende Hinweis betrifft die interne Genauigkeit des Rechners, mit dem man
arbeitet. Die meisten Rechner liefern für ganzzahlige Berechnungen exakte Ergebnisse,
während Rechenoperationen mit gebrochenen Zahlen nur annähernd genau sind. Selbst
wenn ein Computer auf der Basis des dekadischen Systems arbeiten würde, könnte er beim
Umgang mit gebrochenen Zahlen keine exakten Resultate liefern. (Wie lautet z.B. das exakte Ergebnis von 1÷3?) Aus diesem Grund empfiehlt es sich, wenn man kritische Rech-
nungen durchführen will (und viele Menschen halten den Umgang mit Geld für kritisch),
daß man dies auf der Basis von ganzen Zahlen durchführt. Es ist vorteilhafter, einen Dol-
larbetrag in Pennies darzustellen und nicht als gebrochene Zahl von Dollars und Pennies.
Dadurch werden die Rechnungsprobleme vereinfacht und Fehler, die durch die interne
Zahlendarstellung entstehen, werden verringert.

Der nächste Ausdruck rundet auf der Basis von Pennies:

```
      AMOUNT1←15020  33135  33125
      ⌊.5+AMOUNT1×1.05
  15771  34792  34781
```

Das Ergebnis ist hier gleich dem Resultat, das sich aus der Rundung auf der Basis gebrochener Zahlen ergeben hat. Dieser Fall kommt häufig vor und läßt den Umgang mit der
nur näherungsweisen Genauigkeit gebrochener Zahlen zu einem tückischen Problem werden.

Die Skalarfunktionen: Absolutbetrag und Richtung

Die einstellige Funktion **Absolutbetrag** (|) liefert als Resultat immer eine nicht-negative
Zahl. Wenn man sich die reellen Zahlen auf einem Zahlenstrahl mit der Null in der Mitte
vorstellt, berechnet die Funktion **Absolutbetrag** die Entfernung zwischen einer Zahl und
Null. Die Menge der negativen Zahlen wird auf die Menge der positiven Zahlen abgebildet, wie es die folgende Darstellung zeigt:

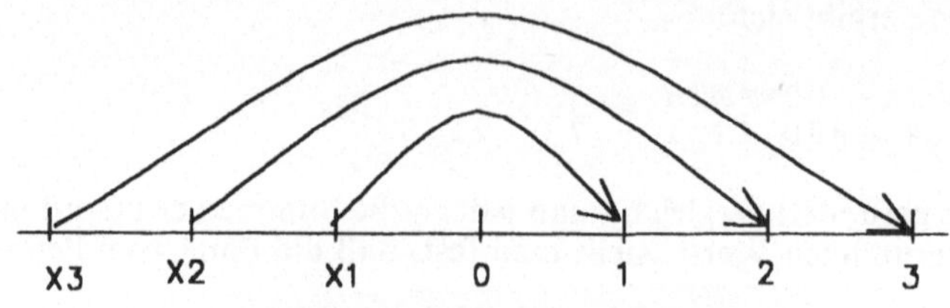

Absolutbetrag bilden

**Bildet negative Zahlen auf die entsprechenden
positiven Zahlen ab**

```
          | ¯3  3  0
  3  3  0
```

Die einstellige Funktion **Richtung** (×) prüft das Vorzeichen einer Zahl. Das Ergebnis ist 1
für eine positive Zahl, ¯1 für eine negative Zahl und 0 für die Zahl Null:

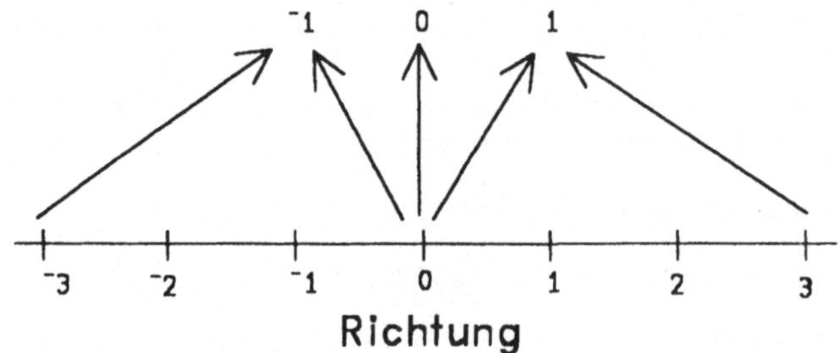

Richtung

**Bildet negative Zahlen auf ¯1, Null auf 0
und positive Zahlen auf 1 ab**

```
           × ¯3  3  0
  ¯1  1  0
```

Richtung und **Absolutbetrag** sind zueinander komplementär und es gilt die Identität:

$$A \;\leftrightarrow\; (\times A) \times (\,|A)$$

Die Skalarfunktionen: Divisionsrest bilden und Kehrwert bilden

Die zweistellige Funktion **Divisionsrest bilden** (|) liefert den Divisionsrest als Resultat:

```
            2|3  0  4  5
  1  0  0  1
            10|35.4
  5.4
            1.1|3.6
  0.3
```

Eine interessante Anwendung der Funktion **Divisionsrest bilden** ergibt sich, wenn das linke
Argument 1 ist. Der Divisionsrest ergibt dann den gebrochenen Teil der Zahl:

```
      1|13.5  29  3.45
  0.5  0  0.45
```

In der Mathematik wird die Funktion **Divisionsrest bilden** auch häufig *Modulo* genannt.

Divisionsrest bilden und **Abrunden** stehen derart in Beziehung zueinander, daß für die ge-
gebene Zahl N, $\lfloor N$ den ganzzahligen Teil der Zahl liefert und $1\,|\,N$ den gebrochenen Teil
der Zahl. Diese Beziehung kann durch folgende Identität dargestellt werden:

$$N \quad \leftrightarrow \quad (\lfloor N)+1\,|\,N$$

Die Funktion **Divisionsrest bilden** liefert für negative Zahlen ein Resultat, das man zu-
nächst nicht erwartet:

```
      10|23  ‾17
   3   3
```

Warum entsteht für die beiden Zahlen des Arguments das gleiche Ergebnis ? Ein Blick auf
den Zahlenstahl, der in Intervalle der Länge 10 geteilt ist, bringt uns der Lösung näher.
$10\,|\,N$ für ein beliebiges N wird in eine Zahl im Intervall zwischen 0 und 10 überführt
(einschließlich 0, aber ausschließlich 10). Daher ergibt $10\,|\,23$ die Zahl 3; wenn das In-
tervall zwischen 20 und 30 auf das Intervall 0 bis 10 abgebildet wird, liegt die Zahl 23 über
der Zahl 3. Jede Zahl, die um ein Mehrfaches von 10 von der Zahl 23 entfernt ist, wird
auf die Zahl 3 abgebildet.

```
       23-10×‾1+ι6
   23  13  3  ‾7  ‾17  ‾27

       10|23-10×‾1+ι6
   3   3   3   3   3   3
```

Diese Abbildung erläutert die Wirkung der Funktion:

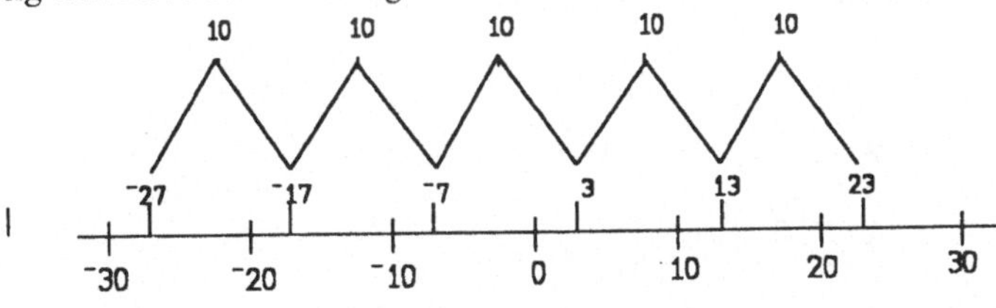

Abbildung der Zahlen auf das Intervall
zwischen 0 und 10

Für eine gegebene Zahl N könnte man erwarten, daß die Division der Zahlen N und $-N$
den gleichen Quotienten und den gleichen Rest, mit Ausnahme des Vorzeichens, ergibt.
Betrachten wir das Gegenbeispiel:

```
      V←‾35.4  35.4
       10|V
   4.6  5.4
```

Wenn man ⁻35.4 in die Gleichung einsetzt, die **Abrunden** und **Divisionsrest bilden** verbindet, stellt man fest, daß **Divisionsrest bilden** das korrekte Ergebnis für negative Zahlen liefert.

Wenn man sich ansieht, wo ⁻35.4 und 35.4 auf dem Zahlenstahl liegen, sieht man, daß die **Divisionsrest bilden** beide Zahlen gleichartig behandelt. In beiden Fällen ergibt das Resultat, wenn man es von dem Argument subtrahiert, ein Vielfaches von 10.

Wenn man unabhängig vom Vorzeichen das gleiche Resultat erhalten will, muß man **Divisionsrest bilden** auf positive Zahlen anwenden:

```
      10||V
 5.4  5.4
```

Wenn man das Vorzeichen beibehalten will, muß man noch mit dem Ergebnis der Funktion **Richtung** multiplizieren:

```
      (×V)×10||V
 ⁻5.4  5.4
```

Die einstellige Funktion **Kehrwert bilden** (÷) steht mit der Division in engem Zusammenhang. Sie liefert das Resultat von 1 dividiert durch das Argument:

```
      ÷5 10
 0.2 0.1
      ÷ι5
 1 0.5 0.3333333333 0.25 0.2
```

Obwohl **Kehrwert bilden** kaum weniger schwierig ist als die Schreibweise 1÷..., ist sie doch nützlich genug, um auf vielen Taschenrechnern als eigene Taste vorzukommen.

Übungen zu 2.5

1.   Werten Sie die folgenden Ausdrücke aus:

```
a.   16*2
b.   2*4
c.   2 3 4 * 2
d.   4 * 1 2 3
e.   2 3 4 * 1 2 3
f.   ( 2 3 ) 4 * 2 ( 1 2 3 )
g.   25 ⌈ 6
h.   25 ⌊ 6
i.   25 5 ⌈ 6
j.   25 ⌊ 35 ⁻37
k.   10 ⁻12 5 ⌈ 4 ⁻8 0
l.   ⁻10 12 ⁻5 ⌊ 4 ⁻8 0
m.   13 15 ⌈ ( 11 14 ) ( 16 10 14 )
n.   2 ( 3 5 ) ⌈ ( 1 4 )( 6 4 )
o.   ( 2 3 ) 5 ⌈ ( 1 4 )( 6 4 )
p.   ( 2 3 ) 4 * 2
q.   ( 2 3 ) 4 * 2 3
r.   ( 2 3 ) 4 * ( 2 3 ) 1
```

    s.   (2 3) 4 * (2 3) (1 2 3)

2. Schreiben Sie einen Ausdruck, der sicherstellt, daß ein Vektor keine positiven Zahlen enthält.

3. Werten Sie die folgenden Ausdrücke aus:

    a.   5,''
    b.   (ι0) 5
    c.   5 ''
    d.   ι0+5
    e.   5+ι0
    f.   ''+5
    g.   5+''

4. Geben Sie den Wert und die Dimension für jeden der folgenden Ausdrücke an:

    a.   2+1 0
    b.   2+10
    c.   2+ι0
    d.   10×ι2
    e.   10×ι1
    f.   10×ι0
    g.   10×1

5. Schreiben Sie einen Ausdruck, der negative Zahlen im Vektor A auf Null setzt und die nicht-negativen Werte unverändert läßt.

6. Die meisten Menschen über 15 Jahren geben ihr Alter in einer ganzen Zahl an. Das gilt auch für eine 80-jährige Frau, die ihr Alter gerne niedriger angibt als es tatsächlich ist:

    a.   Wie alt ist sie, wenn man die Wochenenden nicht mitzählt?

    b.   Einige Menschen leben nur für das Wochenende. Wie alt ist die Frau, wenn man nur die Wochenenden zählt?

    c.   Wenn sie in Fahrenheit 80 Jahre alt ist, wie alt ist sie in Celsius?

7. Ein Pakettransporteur berechnet folgende Gebühr: 15 Cents pro Kubikfuß, jedoch mindestens 50 Cents für jedes Paket.

    Schreiben Sie unter der Voraussetzung, daß der Vektor *DMEN* die Abmessungen in Zoll enthält, einen Ausdruck, der die Transportkosten ermittelt. (Hinweis: ein Fuß sind 12 Zoll)

8. Eine Bank berechnet für den Umtausch der Währung X in die Währung Y 2% des Betrags der Währung Y, mindestens jedoch 2,50 Einheiten der Währung Y. Geben Sie einen Ausdruck an, der für 100 Einheiten von X die Gebühr errechnet, wenn gilt, daß $Y = 1.51 \times X$.

9. Zeigen Sie drei Arten, den Skalar 5 in einen Vektor mit einem Bestandteil umzuformen.

10. Der Betrag, den man für ein Darlehen insgesamt zu zahlen hat, ergibt sich aus dem Anfangsbetrag und den periodischen Zinsen nach folgender Formel:

$$F = P \times (1 + R)^n$$

worin:

- P der Anfangsbetrag
- R der periodische Zinssatz als Dezimalzahl (z.B. 0,09 für 9%)
- n die Anzahl der Perioden

ist.

a. Schreiben Sie einen Ausdruck, der den Gesamtbetrag F bei einer Gesamtlaufzeit von 2 Jahren und vierteljährlicher Verzinsung bestimmt, wobei der Anfangsbetrag $1500 und der Zinssatz 9% pro Jahr beträgt.

b. Geben Sie einen Ausdruck an, der den gesamten Zinsbetrag berechnet, wenn der Anfangsbetrag $5000, der Zinssatz 12% pro Jahr und die Laufzeit 3 Jahre beträgt. Die Abrechnung erfolgt vierteljährlich.

11. Die folgende Formel stellt die Berechnung der monatlichen Raten (MR) für einen Hypothekarkredit dar:

$$MR = KREDIT \times \frac{MIR \times (1 + MIR)^{Y \times 12}}{(1 + MIR)^{Y \times 12} - 1}$$

worin:

- KREDIT der Anfangsbetrag
- MIR der monatliche Zinssatz
- Y die Laufzeit in Jahren

ist.

Geben Sie einen Ausdruck an, der die Summe der monatlichen Zahlungen ermittelt, wenn die Laufzeit 30 Jahre, der Zinssatz 12% pro Jahr und der Anfangsbetrag $600000 beträgt.

12. Schreiben Sie einen Ausdruck, der das tatsächliche und das angenommene Alter von Jack Benny in Beziehung setzt, wobei das Ergebnis nie größer als 39 werden soll.

13. Das Symbol f stehe für eine zweistellige Skalarfunktion; ermitteln Sie die Resultate folgender Ausdrücke:

a.   ρ 2 4 5 f 1 3 6
b.   ρρ 2 4 5 f 1 3 6
c.   9 6 4 3 f 4 5

14. Markieren Sie in den folgenden Ausdrücken die einstelligen Funktionen:

    a.   ¯3+4
    b.   3--7
    c.   3||12 ¯1113 10
    d.   ≠≠4
    e.   ¯3 4 7 9⌈9 2 3,⌊6.7
    f.   -3 9 6×× ¯2 7 0

15. Angenommen, daß ein Kartenspiel mit 52 Karten auf 7 Spieler verteilt wird; wieviele Spieler erhalten eine Karte mehr als die anderen ?

16. Ein Satz elektrischer Widerstände sei parallel geschaltet, wie es die folgende Abbildung zeigt:

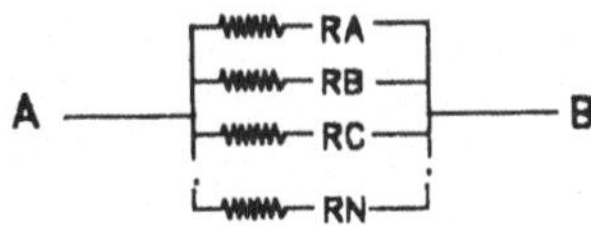

Der effektive Widerstand zwischen A und B wird wie folgt errechnet:

$$\frac{R1 \times R2 \times R3 ... \times Rn}{R1 + R2 + R3 + ... + Rn}$$

    a.   Schreiben Sie einen Ausdruck, der den gesamten Widerstand für zwei Widerstände mit den Werten $R1$ und $R2$ errechnet.

    b.   Geben Sie einen Ausdruck an, der den effektiven Widerstand ermittelt, wenn die Werte der einzelnen Widerstände im Vektor R stehen.

Kapitel 3 - Arbeiten mit Programmen

In Kapitel 1 wurden zwei wichtige Konzepte der Programmierung vorgestellt:

* Funktionen wirken auf Daten
* Daten werden in Variablen gespeichert

Dieses Kapitel erweitert diese Konzepte um zwei weitere, die für das effiziente Programmieren benötigt werden:

* Operatoren wirken auf Funktionen
* Ausdrücke werden in Programmen gespeichert

Im letzten Teil diese Kapitels wird erklärt, wie man Programme erstellt.

3.1 Operatoren wirken auf Funktionen

Jede APL2-Funktion wirkt in einer ganz bestimmten Weise auf ihre Argumente. Operatoren steuern die Art, in der Funktionen auf Argumente wirken. In Kapitel 2 wurde z.B. gezeigt, daß der Ausdruck $+/\iota 10$ die Summe der ersten 10 ganzen Zahlen ermittelt. In $+/$ wirkt der Operator **Reduzieren** (/) auf die Funktion **Addieren** (+) und leitet daraus die Funktion **Summieren** ab. Diese abgeleitete Funktion wird danach auf die ersten zehn ganzen Zahlen angewendet und ermittelt die Summe. Der Operator wendet die Funktion neunmal an:

$$+/\iota 10 \quad \leftrightarrow \quad 1+2+3+4+5+6+7+8+9+10 \quad \leftrightarrow \quad 55$$

Operatoren sind eine mächtige Einrichtung zur Schaffung ganzer Familien neuer Funktionen. So ist z.B. **Addieren** nur eine der Funktionen, mit der der Operator **Reduzieren** eine abgeleitete Funktion bilden kann. In diesem Abschnitt wird am Beispiel des Operators **Reduzieren** dargestellt, wie abgeleitete Funktionen gebildet und verwendet werden; zusätzlich wird der Operator **Für jeden Bestandteil** (auch **Komponentenoperator** genannt) eingeführt.

Reduzieren von Vektoren

Man kann **Reduzieren** mit jeder zweistelligen Funktion verwenden. Einige dieser abgeleiteten Funktionen, die mit **Reduzieren** gebildet werden können, sind sehr nützlich; andere haben nur einen eingeschränkten Anwendungsbereich. Alle von ihnen wirken jedoch in der gleichen Weise auf Vektoren. In Wirklichkeit wird bei Anwendung von *fn/ Vektor* die Funktion *fn* zwischen alle Bestandteile des Vektors gesetzt und danach dieser Ausdruck ausgeführt; das Ergebnis der Reduktion eines Vektors ist ein Skalar.

Die abgeleitete Funktion ×/ liefert das Produkt eines numerischen Vektors. Angenommen die Variablen *HEIGHT*, *DEPTH*, und *WIDTH* enthalten die Höhe, Tiefe und Breite eines Quaders, dann liefert der folgende Ausdruck den Rauminhalt des Quaders:

```
      HEIGHT←5
      DEPTH←6
      WIDTH←4
      ×/HEIGHT DEPTH WIDTH
120
```

Ein anderes Beispiel ist die abgeleitete Funktion, mit der man errechnen kann, wieviele Sekunden fünf Tage ausmachen:

```
      ×/5 24 60 60
432000
```

In zwei weiteren Beispielen wird **Reduzieren** mit den Funktionen **Minimum bilden** (L) und **Maximum bilden** (Γ) eingesetzt. Die **Maximum-Reduktion** (Γ/) liefert den größten Wert eines numerischen Vektors. Wenn z.B. fünf Testergebnisse vorliegen, kann man den größten und den kleinsten Wert wie folgt ermitteln:

```
      SCORES←88 75 99 67 92
      Γ/SCORES
99
      L/SCORES
67
```

Die Differenz zwischen dem größten und dem kleinsten Wert ist dann:

```
      (Γ/SCORES) - (L/SCORES)
32
```

Die Namen abgeleiteter Funktionen

In der Mathematik gibt es zu +/ etwas Entsprechendes, nämlich Σ; in APL2 wird diese abgeleitete Funktion **Summieren** genannt. Im allgemeinen haben die abgeleiteten Funktionen keine besonderen Namen und sie werden nur deshalb mit Namen belegt, um die Verbindung von Funktionen und Operatoren sprachlich herzustellen, wie z.B. **Multiplikation-Reduktion** (×/), **Division-Reduktion** (÷/) und **Entnehmen-Reduktion** (↑/).

Die Verwendung abgeleiteter Funktionen

Bei einem einstelligen Operator steht der Operand links vom Operator (im Gegensatz zu
einer einstelligen Funktion, bei der das Argument rechts von der Funktion auftritt). Der
Ausdruck `+/ι10` ist eine **Summation** und ι ist eine einstellige Funktion, die auf die Zahl
10 wirkt.

Ein Operator ist bei der Anwendung seiner Funktion auf eine Untermenge der möglichen
Datenargumente begrenzt. Die zulässigen Daten für eine abgeleitete Funktion sind an die
zulässigen Daten für diese Funktion gebunden. So wirken die **Summation** und die **Multiplikation-Reduktion**, z.B. auf Zahlen, aber nicht auf Zeichen. Die **Verkettungs-Reduktion**
(`,/`) wirkt sowohl auf Zahlen als auch auf Zeichen:

```
      ,/ 2 'A' 3 'B' 5
 2 A 3 B 5
```

Das Argument der abgeleiteten Funktion im vorstehenden Beispiel ist ein einfacher Vektor
aus Zahlen und Zeichen, das Resultat ist ein geschachtelter Skalar:

```
      DISPLAY ,/ 2 'A' 3 'B' 5
 .----------------------.
 | .-----------.        |
 | |2 A 3 B 5| |        |
 | '+---------' |       |
 | ε------------'       |
 '---------------------'
```

Mit der Funktion **Ersten Bestandteil entnehmen** kann man den Vektor aus dem Skalar
entnehmen:

```
      ↑,/ 2 'A' 3 'B' 5
 2 A 3 B 5

      ρ↑,/ 2 'A' 3 'B' 5
 5
```

Auf einen Vektor angewendet, erzeugt **Reduzieren** immer einen Skalar. Der Operator wird
deshalb **Reduzieren** genannt, weil im allgemeinen der Rang des Resultats um eins kleiner
ist, als der des Arguments. Aus diesem Grund ist das Ergebnis der **Verketten-Reduktion**
kein Vektor mit fünf Bestandteilen, sondern ein geschachtelter Skalar, der den Vektor mit
fünf Bestandteilen enthält.

Auch wenn die Funktion auf ein geschachteltes Argument wirkt, wird sie zwischen die
einzelnen Bestandteile gesetzt und das Resultat ist ein Skalar:

```
      +/(2 4 6)(1 3 5)(7 8 9)
 10 15 20

      DISPLAY +/(2 4 6)(1 3 5)(7 8 9)
 .------------------.
 | .----------.     |
 | |10 15 20| |     |
 | '~--------' |    |
 | ε-----------'    |
 '-----------------'
```

Reduktion wendet die Funktion - der Operand der **Reduktion** - zwischen den Bestandteilen
des Arguments an. Wenn die Bestandteile nicht für die Funktion geeignet sind, gibt APL2

eine Fehlermeldung aus. Im folgenden Ausdruck z.B. führt die Anwendung von + auf zwei
Vektoren unterschiedlicher Länge zu der Meldung *LENGTH ERROR*:

```
      +/( 2  4  6 ) ( 1  3  5  7 ) ( 8  9 )
LENGTH ERROR
      +/( 2  4  6 ) ( 1  3  5  7 ) ( 8  9 )
      ^ ^
```

Die **Reduktion** ist korrekt. Die Meldung *LENGTH ERROR* wird beim Versuch der **Addition**
des Vektor mit zwei Bestandteilen mit dem Vektor mit vier Bestandteilen erzeugt.

Das nächste Beispiel zeigt die korrekte Summation eines geschachtelten Vektors:

```
       +/( 2  5  3 )  4  ( 6  8  1 )
 12  17  8
```

In diesem Beispiel wird die Zahl 4 mit Hilfe der skalaren Erweiterung auf die Länge 3 gebracht und danach die abgeleitete Funktion ausgeführt.

Betrachten wir nun was geschieht, wenn man **Reduzieren** auf einen leeren Vektor anwendet. Das Einselement der Funktion bestimmt das Resultat, wie z.B.:

```
      +/ι0
 0
```

Das Resultat ist 0, da 0 plus einer Zahl wieder diese Zahl ergibt. Das ist gemeint, wenn
man 0 als Einselement von + bezeichnet. Die **Reduktion** liefert dieses Ergebnis, damit
Programme auch leere Strukturgrößen bearbeiten können. Hat man z.B. einen Vektor von
Testdaten mit dem Namen *SCORES*, so liefert +/*SCORES* ein gültiges Resultat, selbst
wenn *SCORES* noch keine Testdaten enthält, also noch ein Leervektor ist.

Es folgen zwei weitere Beispiele für die Anwendung der **Reduktion** auf leere Vektoren:

```
      ×/ι0
 1
      L/ι0
 7.237005577E75
```

Die **Multiplikations-Reduktion** liefert eine 1, da eine Multiplikation mit 1 keine Zahl verändert. Somit ist 1 das Einselement für ×.

Die **Minimum-Reduktion** liefert die größte darstellbare Zahl und kann von Rechnertyp zu
Rechnertyp verschieden sein. Tatsächlich sollte das Einselement von **Minimum** unendlich
groß sein. Für praktische Zwecke reicht es aus, daß das Minimum zwischen der größten
darstellbaren Zahl und einer beliebigen anderen Zahl, diese andere Zahl ist.

Der Operator: Für jeden Bestandteil

In Kapitel 2 wurde die Funktion **Indexvektor bilden** (ι) zur Erzeugung eines Vektors von ganzen Zahlen dargestellt. Wenn man drei derartige Vektoren erzeugen will, kann man eingeben:

```
      (ι3)  (ι5)  (ι6)
 1  2  3   1  2  3  4  5   1  2  3  4  5  6
```

und erhält drei Ergebnisse; jedes ist eine Folge von ganzen Zahlen. In APL2 gibt es eine generelle Möglichkeit, derartige Operationen auszuführen. Der Operator **Für jeden Bestandteil** (¨) - auch **Komponentenoperator** genannt - wendet seinen Operanden auf jeden Bestandteil einer Strukturgröße an.

Die nachfolgende Abbildung stellt die Wirkung des Operators **Für jeden Bestandteil** dar; *fn* ist dabei eine beliebige einstellige Funktion:

```
        fn¨   D  E  F
      ┌──────┬──────┬──────┐
      │ fn D │ fn E │ fn F │
      └──────┴──────┴──────┘
```

Die Anwendung der Funktion **Für jeden Bestandteil** mit dem Operator **Indexvektor bilden** zeigt folgender Ausdruck:

```
       ι¨3   5   6
 1  2  3   1  2  3  4  5   1  2  3  4  5  6

     DISPLAY ι¨3  5  6
.→------------------------------------------.
│ .→-----.  .→---------.  .→-------------.   │
│ │1 2 3│  │1 2 3 4 5│  │1 2 3 4 5 6│   │
│ '~-----'  '~---------'  '~-------------'   │
│ ε--------------------------------------- ' │
'∈------------------------------------------'
```

Dieser Ausdruck bedeutet wörtlich, daß **Indexvektor bilden** auf jede der drei Zahlen angewendet wird.

Ebenso wie **Reduzieren,** modifiziert auch **Für jeden Bestandteil** eine Funktion und wendet diese an, wobei die Wirkung zwar ähnlich, aber doch unterschiedlich zu der ohne Operator ist.

Wenn **Für jeden Bestandteil** auf eine zweistellige Funktion angewendet wird, erfolgt die Auswertung zwischen den korrespondierenden Bestandteilen der beiden Argumente. Die nächste Darstellung zeigt, wie eine beliebige zweistellige Funktion *fn* in Verbindung mit **Für jeden Bestandteil** wirkt:

```
      A  B  C  fn¨   D  E  F
    ┌────────┬────────┬────────┐
    │ A fn D │ B fn E │ C fn F │
    └────────┴────────┴────────┘
```

Angenommen der geschachtelte Vektor *SC* enthält die 4 Testergebnisse einer Gruppe von Studenten. Dann kann man mit dem folgenden Ausdruck die beiden ersten Resultate des ersten Studenten, die drei ersten Ergebnisse des zweiten und das erste Ergebnis des dritten Studenten erhalten:

```
        SC←(95 83 71 85)(49 58 78 65)(75 90 81 72)
        2 3 1↑¨SC
  95 83  49 58 78  75
```

Wenn ein Argument ein Skalar ist, wird dieser auf die Länge des anderen Arguments erweitert. Der nächste Ausdruck liefert die ersten beiden Ergebnisse jedes Studenten:

```
        2↑¨SC
  95 83  49 58  75 90
```

```
        ρ2↑¨SC
  3
```

Die Kombination von **Bestandteil auswählen** und **Für jeden Bestandteil** (⊃¨) wählt ein beliebiges Ergebnis von jedem Studenten aus, wie z.B. das dritte Resultat jedes Studenten:

```
        3⊃¨SC
  71 78 81
```

Die Beispiele **Indexvektor bilden-Für jeden Bestandteil** (ι¨), **Entnehmen-Für jeden Bestandteil** (↑¨) und **Bestandteil auswählen-Für jeden Bestandteil** (⊃¨) haben gezeigt, daß die abgeleitete Funktion ein- oder zweistellig sein kann, je nach dem, ob sie auf ein Argument
oder auf zwei Argumente angewendet wird.

Der Operator **Für jeden Bestandteil** kann auch auf abgeleitete Funktionen angewendet
werden. Der folgende Ausdruck wendet **Für jeden Bestandteil** auf die abgeleitete Funktion
Maximum-Reduktion an und liefert für jeden Studenten das Maximum seiner Testergebnisse:

```
        ⌈/¨SC
  95 78 90
```

Das Resultat ist ein einfacher Vektor, da die **Reduktion** jedes einzelnen Bestandteils einen
einfachen Skalar liefert.

Der Operator **Für jeden Bestandteil** bleibt ohne Wirkung, wenn er in Verbindung mit einer
Skalarfunktion eingesetzt wird, da Skalarfunktionen bereits auf jeden einfachen Bestandteil ihrer Argumente wirken. Die beiden folgenden Ausdrücke liefern das gleiche Resultat:

```
        2 4 6 +¨ 1 3 5
  3 7 11
```

```
        2 4 6 + 1 3 5
  3 7 11
```

Beide Ergebnisse sind einfache Vektoren mit drei Zahlen.

Später, wenn dargestellt wird, wie man in APL2 eigene Programme schreibt, wird auch gezeigt, daß man diese auch als Operanden von **Für jeden Bestandteil** einsetzen kann.

Übungen zu 3.1

1. Gegeben sei die Variable A:

$$A \leftarrow 'ABC' \quad (10 \quad 20 \quad 30 \quad 40)$$

Werten Sie die folgenden Ausdrücke aus:

a. ρA
b. $\rho \ddot{} A$
c. $\uparrow A$
d. $\uparrow \ddot{} A$
e. $2 \uparrow \ddot{} A$
f. $2 \supset A$
g. $2 \supset \ddot{} A$
h. $2 \quad 3 \supset \ddot{} A$

2. Werten Sie die nachstehenden Ausdrücke aus:

a. $+/ \quad 1 \quad 2 \quad 3 \quad 4$
b. $+/(1 \quad 2) \quad (3 \quad 4)$
c. $+/\ddot{} (1 \quad 2) \quad (3 \quad 4)$
d. $+/\ddot{} 1 \quad 2 \quad 3 \quad 4$
e. $+/\ddot{} (1 \quad 2) \quad 3 \quad 4$
f. $+/(1 \quad 2) \quad 3 \quad 4$

3. Gegeben seien die Variablen:

$$A \leftarrow \text{'CHARLES'} \quad \text{'BROWN'}$$
$$B \leftarrow \text{'LUCY'} \quad \text{'SMITH'}$$
$$C \leftarrow \text{'WALTER'} \quad \text{'MUDD'}$$
$$NAMES \leftarrow A \quad B \quad C$$

Schreiben Sie Ausdrücke, die folgendes auswählen:

a. Den ersten Namen aus dem Vektor $NAMES$.
b. Den dritten Namen aus dem Vektor $NAMES$.
c. Den Vornamen jedes Individuums aus dem Vektor $NAMES$.
d. Den Nachnamen jedes Individuums aus dem Vektor $NAMES$.
e. Die Längen der Nachnamen.

4. Ein Lichtjahr ist die Entfernung, die das Licht in einem Jahr zurücklegt. Geben Sie einen Ausdruck an, der die Entfernung in Metern angibt, die das Licht in 365 Tagen zurücklegt, wenn es pro Sekunde 300.000 Kilometer überwindet.

5. Drei Menschen haben sich gemerkt, wieviele Minuten sie in einer Woche täglich geschlafen haben:

$$WK1A \leftarrow 480 \quad 400 \quad 360 \quad 380 \quad 400 \quad 350 \quad 500$$
$$WK1B \leftarrow 395 \quad 350 \quad 350 \quad 400 \quad 415 \quad 450 \quad 515$$
$$WK1C \leftarrow 345 \quad 490 \quad 355 \quad 500 \quad 430 \quad 300 \quad 480$$
$$WEEK1 \leftarrow WK1A \quad WK1B \quad WK1C$$

a. Schreiben Sie einen Ausdruck, der die maximale Schlafzeit jeder Person in der Woche angibt.

b.   Geben Sie einen Ausdruck an, der den Prozentanteil für jede Person ermittelt,
     die sie von der Wochenzeit verschläft

3.2 Programme speichern Ausdrücke

Wir haben bereits gesehen, daß man Variablen benutzen kann, um Daten zu speichern -
damit kann man Zeit sparen und die Gefahr von fehlerhaften Eingaben verringern. Nicht
jede Berechnung kann man in einem einzigen APL2 - Ausdruck darstellen. Selbst wenn es
gelingt, möchte man den Ausdruck nicht immer erneut eingeben müssen, wenn man die
Berechnung noch einmal durchführen will. In APL2 ist es möglich, eine Menge von Ausdrücken zu speichern und dieser Menge einen Namen zu geben. Eine derartige Menge von
Ausdrücken bezeichnet man als *Programm*. In APL2 können drei Arten von Programmen
geschrieben werden. Sie unterscheiden sich in der Art und Weise, wie sie eingesetzt werden:

- Definierte Funktionen — Programme, die wie APL2-Elementarfunktionen benutzt
  werden.
- Definierte Operatoren — Programme, die wie APL2-Elementaroperatoren benutzt
  werden.
- Definierte Anweisungsfolgen — Programme, die wie APL2-Konstanten benutzt werden,
  mit der Ausnahme, daß APL2 das explizite Resultat jedesmal ermittelt, wenn das
  Programm benutzt wird. (Diese Programme werden häufig als nullstellige Funktionen
  bezeichnet; diese Bezeichnung ist jedoch irreführend. Diese Programme haben keine
  Argumente, können nicht mit Operatoren eingesetzt und können nicht wie Funktionen
  benutzt werden).

Wenn man Berechnungen auf Daten ausführen will, schreibt man eine definierte Funktion.
Wenn man Daten und Funktionen behandeln will, schreibt man einen definierten Operator. Will man nur Ausdrücke zusammenstellen, schreibt man eine definierte Anweisungsfolge

Programme werden innerhalb von Ausdrücken genau wie Elementaroperationen benutzt.
Wenn z.B. ein Programm eine einstellige definierte Funktion ist, wird sein Argument rechts
neben seinem Programmnamen geschrieben.

So wie man nicht wissen muß, wie eine Elementaroperation (z.B. **Dimension zeigen** oder
Bestandteil auswählen) codiert ist, so ist es unnötig zu wissen, wie ein Programm codiert ist,
wenn man es benutzen will. Um eine Elementaroperation oder ein Programm einsetzen zu
können, muß man folgendes kennen:

- Den Namen
- Den Zweck
- Die Anzahl der Argumente einer Funktion und deren Merkmale
- Die Anzahl der Operanden eines Operators und ihre Merkmale
- Die Merkmale des Resultats

So ist z.B. ○ eine einstellige Elementarfunktion. Sie erzeugt als Resultat das mit der Zahl
π (3.14159...) multiplizierte Argument. Auf der Basis dieser Erklärung sollte man in der
Lage sein, einen Ausdruck zu schreiben, der die Fläche eines Kreises mit dem Radius 3
berechnet:

```
      ○3*2
28.27433388
```

AVG ist eine einstellige, definierte Funktion, die das arithmetische Mittel ihres rechten Arguments - eines numerischen Vektors - errechnet. Sie erzeugt ein explizites Resultat. Man kann *AVG* in einem Ausdruck benutzen, ohne daß man wissen muß, wie *AVG* codiert wurde.

Im nächsten Beispiel wird *AVG* auf einen Vektor angewendet:

```
      V←6  4  7  11
      AVG  V
7
```

In einem weiteren Beispiel soll die Differenz zwischen dem größten Wert in *V* und dem arithmetischen Mittel in *V* gebildet werden:

```
      (⌈/V)-AVG  V
4
```

Wenn man mit APL2 arbeitet, wird man sowohl eigene Programme, als auch solche verwenden, die von anderen Personen geschrieben wurden. Dieses Kapitel erläutert die Grundlagen der Erstellung von Programmen. In Kapitel 7 werden weitere Techniken der Programmierung vorgestellt.

Die Struktur von Programmen

Jedes Programm hat folgende Struktur:

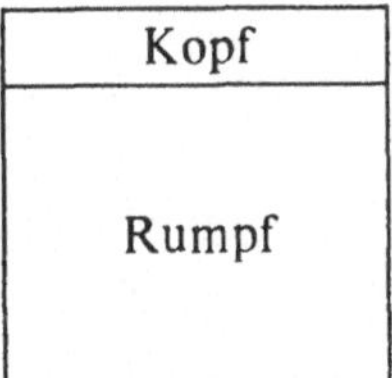

Die Definition besteht aus zwei unterschiedlichen Teilen: dem Kopf und dem Rumpf. Der Rumpf ist eine Menge von APL2 - Ausdrücken, die gespeichert und immer dann ausgewertet werden, wenn das Programm benutzt wird. Der Kopf ist kein APL2 - Ausdruck, er beschreibt vielmehr die Verwendung des Programms; er wird auch häufig als Zeile Null der Funktion bezeichnet, da er vor der Zeile eins steht und einige Editoren ihn mit einer Zeilennummer Null versehen.

Die Struktur definierter Funktionen

Die folgende Auflistung zeigt die Definition der definierten Funktion *AVG*, die im letzten Abschnitt benutzt wurde. Die Definition beginnt mit dem Symbol **Nabla** (∇). Die erste Zeile ist der Kopf, die numerierten Zeilen bilden den Rumpf. Zeile eins ist eine Kommentarzeile. Das Symbol ⍝ zeigt an, daß alles was rechts davon steht, als Kommentar aufgefaßt und daher nicht ausgeführt wird:

```
      ∇Z←AVG N
[1]   ⍝ berechnet Mittelwert eines Vektors
[2]   Z←(+/N)÷ρN
[3]   ∇
```

Der Kopf enthält den Namen der Funktion *AVG*. Der Name *N* rechts vom Funktionsnamen zeigt an, daß das Programm ein rechtes Argument erfordert. Man beachte, daß im Rumpf des Programms (auf Zeile [2]) *N* in dem Ausdruck benutzt wird, der das arithmetische Mittel berechnet. Der Wert, der *AVG* als rechtes Argument übergeben wird, ist der Wert von *N*.

Der Pfeil nach links in der Kopfzeile sagt aus, daß die Funktion ein explizites Resultat erzeugt. Der Name *Z* links vom Zuweisungspfeil besagt, daß der Name *Z*, der im Rumpf auftritt, das Ergebnis enthält. Der Wert von *Z* wird während der Ausführung der Funktion errechnet.

Im Anhang B wird gezeigt, wie man mit APL2 - Editoren arbeitet, um *AVG* und andere Programme zu erstellen.

Die Struktur definierter Operatoren

Die folgende Auflistung zeigt die Definition des definierten Operators *WORDWISE*. Sie ist in ihrer Struktur der definierten Funktion *AVG* ähnlich. Die oberste Zeile ist der Kopf, die numerierten Zeilen bilden den Rumpf. Der Kopf eines Operators unterscheidet sich von dem einer Funktion dadurch, daß der Name des Operators und die Namen der Operanden von runden Klammern eingeschlossen werden. Immer wenn sich im Kopf einer Definition runde Klammern befinden, handelt es sich um einen definierten Operator:

```
      ∇ Z←A(FN WORDWISE)B;DIGITS
[1]   ⍝ FN wirkt auf einstellige Zahlen, die als englische
[2]   ⍝ Worte geschrieben werden.
[3]   ⍝ Resultat in Wortform
[4]    DIGITS←'ZERO' 'ONE' 'TWO' 'THREE' 'FOUR' 'FIVE'
[5]    DIGITS←DIGITS,'SIX' 'SEVEN' 'EIGHT' 'NINE'
[6]    A←10⊥¯1+DIGITS⍳⊂A
[7]    B←10⊥¯1+DIGITS⍳⊂B
[8]    Z←A FN B
[9]    Z←(DIGITS,'POINT' 'MINUS')['0123456789.¯'⍳⍕Z]
[10]∇
```

Dieses Programm verwendet eine Reihe interessanter Elementarfunktionen, die erst in den späteren Kapiteln behandelt werden. Trotzdem kann man den Operator einsetzen, da man seinen Namen, seinen Zweck, die erforderlichen Argumente und Operanden sowie das Resultat kennt. Einige Anwendungen von *WORDWISE*:

```
      'TWO' +WORDWISE 'THREE'
FIVE


      'FIVE' ×WORDWISE 'FOUR'
TWO ZERO


      'TWO' ÷WORDWISE 'FIVE'
ZERO POINT FOUR


      'TWO' -WORDWISE 'FIVE'
MINUS THREE
```

Die Struktur definierter Anweisungsfolgen

Der Kopf definierter Anweisungsfolgen weist die einfachste Form von den drei Typen auf.
Er hat keine Operanden oder Argumente. Häufig hat er auch kein explizites Resultat.

Eine definierte Anweisungsfolge ist gewöhnlich das Hauptprogramm einer gesamten Anwendung. Der Benutzer einer Anwendung gibt nur den Namen ein und startet damit die
gesamte Anwendung. Das Programm fordert den Benutzer häufig zur Eingabe von Daten
auf und ruft Unterprogramme auf. Der Benutzer der Anwendung benötigt keine Kenntnisse der APL2-Syntax. So ist z.B. *PAVG* eine definierte Anweisungsfolge, die den Benutzer
zur Eingabe der Testergebnisse eines Studenten auffordert und dann das arithmetische
Mittel errechnet und es ausgibt:

```
      PAVG
Noten, durch Leerzeichen getrennt, eingeben
□:
      89 81 75 93
Ihr Durchschnitt ist  84.5
```

Die Definition von *PAVG* hat folgendes Aussehen: (Die Eingabeanforderung in Zeile 3
verwendet eine APL2-Notation, die erst in Kapitel 7 behandelt wird).

```
      ∇PAVG;X
[1]   ⍝ Erfragt Noten, errechnet Durchschnitt
[2]   'Noten, durch Leerzeichen getrennt, eingeben'
[3]   X←□
[4]   'Ihr Durchschnitt ist ',AVG X
[5]   ∇
```

Der Name des Programms ist *PAVG*. Es hat keine Argumente und kein explizites Resultat.
Das *X* nach dem Semikolon ist ein *lokaler Name* - ein Name, der nur während der Ausführung des Programms gültig ist. Alle Programme können lokale Namen haben; diese
werden später in diesem Kapitel behandelt.

Weil dieses Programm kein explizites Resultat erzeugt, kann es nicht in einem Ausdruck
auftreten, in dem weitere Berechnungen durchgeführt werden:

```
      100-PAVG
Noten, durch Leerzeichen getrennt, eingeben
□:
      90 85 92 99 88
Ihr Durchschnitt ist 90.8
VALUE ERROR
      100-PAVG
          ∧
```

Man beachte, daß die Fehlermeldung *VALUE ERROR* auftritt, nachdem APL2 die definierte Anweisungsfolge ausgeführt hat. Wenn eine definierte Anweisungsfolge ein explizites
Resultat erzeugen soll, muß die Kopfzeile das Zuweisungssymbol und den Namen des expliziten Resultats enthalten.

Das nächste Beispiel zeigt ein Programm, das ein explizites Resultat erzeugt und daher in
einem Ausdruck verwendet werden kann:

```
      ∇A←PAVGR;X
[1]   ⍝ Erfragt Noten, errechnet Durchschnitt
[2]   'Noten, durch Leerzeichen getrennt, eingeben'
[3]   X←⎕
[4]   A←AVG X
[5]   ∇

      100-PAVGR
Noten, durch Leerzeichen getrennt, eingeben
⎕:
      90 85 92 99 88
9.2
```

Die Definition eines Programms

Die Definition eines Programms besteht aus zwei Teilen; dem kreativen und dem mecha-
nischen. Im kreativen Teil wird festgelegt, was das Programm tun soll, wie der Kopf aufgebaut sein muß und welche APL2-Funktionen im Rumpf zu verwenden sind. Im mecha-
nischen Teil wird das Programm eingegeben; dazu wird ein *Editor* verwendet. Jedes
APL2-System verfügt über einen oder mehrere Editoren. Im Anhang B werden zwei dieser
Editoren beschrieben - der Zeileneditor und der Seiteneditor.

Das *Nabla* (∇) am Anfang eines Programms bringt APL2 in den *Definitionsmodus* und
aktiviert den Editor. Alles, was im Definitionsmodus eingegeben wird, ist Bestandteil des
Programms. Das *Nabla* am Ende des Programms schließt den Definitionsmodus ab und
führt in den Ausführungsmodus zurück. Im Ausführungsmodus führt APL2 die eingegebenen Ausdrücke sofort aus.

Wenn man die Programme dieses Abschnitts eingeben will, um sie auszuprobieren, muß
man sie genau so eingeben, wie sie hier gezeigt wurden. Zusätzlich sollte man im Anhang
B nachlesen, wie man mit einem Editor arbeitet.

Die Systemanweisung)NMS, die bereits zur Anzeige von Variablennamen vorgestellt wurde, gibt auch die Namen definierter Funktionen, definierter Operatoren und definierter
Anweisungsfolgen aus. An die Namen von definierten Funktionen wird .3 und an die von
definierten Operatoren wird .4 angehängt.

```
      )NMS
CV1.2     CV2.2     D.2       H.2       PAVG.3   PAVGR.3
RETAIL.2            SCORES.2            WORDWISE.4
```

Was)NMS tatsächlich ausgibt, hängt davon ab, welche Namen vergeben wurden.

Der Rest dieses Abschnitts beschäftigt sich mit dem kreativen Teil der Definition eines
Programms.

Die genauere Betrachtung der Kopfzeile

Kopfzeilen bestehen aus drei Teilen, wobei nur der erste Teil wichtig ist:

1. Die Syntax, die die Verwendung des Programms aufzeigt. Diese Syntax identifiziert das Programm als eine definierte Funktion, einen definierten Operator oder eine definierte Anweisungsfolge. Ferner benennt sie, falls vorhanden, die Operanden, die Argumente und das explizite Resultat.

2. Die Liste der lokalen Namen, die diejenigen Variablen identifizieren, die nur innerhalb des Programms Werte zugewiesen bekommen und die nur innerhalb des Programms bekannt sind.

3. Kommentare zur Beschreibung des Programms.

Die Syntax der Kopfzeile

Die Syntax des Programms AVG identifiziert es als eine einstellige, definierte Funktion mit explizitem Resultat. Es gibt vier Möglichkeiten, wie Kopfzeilen definierter Funktionen aufgebaut sein können; diese sind in Tabelle 3.1 dargestellt.

	Einstellig	**Zweistellig**
Mit explizitem Resultat	$Z \leftarrow FNAME\ R$	$Z \leftarrow L\ FNAME\ R$
Ohne explizites Resultat	$FNAME\ R$	$L\ FNAME\ R$

Tabelle 3.1 Kopfzeilen definierter Funktionen

$FNAME$ ist der Name der definierten Funktion. Z ist der Name des expliziten Resultats; L und R sind die Namen des linken und rechten Arguments. Man kann beliebige Namen in der Kopfzeile verwenden; ihre Position innerhalb der Kopfzeile ist entscheidend

Die Formen ohne explizites Resultat schränken die Verwendbarkeit von definierten Funktionen in APL2 - Ausdrücken ein und deshalb werden sie nicht häufig verwendet. Dieses Buch konzentriert sich im weiteren Verlauf auf die beiden Formen mit expliziten Resultaten.

Die Syntax eines definierten Operators bestimmt zuerst, ob er einstellig oder zweistellig ist und danach, ob die abgeleitete Funktion einstellig oder zweistellig ist und zuletzt, ob ein explizites Resultat erzeugt wird oder nicht. Tabelle 3.2 zeigt die syntaktischen Formen der definierten Operatoren, deren abgeleitete Funktionen explizite Resultate haben. Die syntaktischen Formen definierter Operatoren, deren abgeleitete Funktionen keine Resultate haben, sind dieselben, mit Ausnahme, daß $Z \leftarrow$ nicht in der Kopfzeile steht:

	Einstellige abgeleitete Funktion	Zweistellige abgeleitete Funktion
Einstelliger Operator	$Z \leftarrow (F\ ONAME)\ R$	$Z \leftarrow L\ (F\ ONAME)\ R$
Zweistelliger Operator	$Z \leftarrow (F\ ONAME\ G)\ R$	$Z \leftarrow L\ (F\ ONAME\ G)\ R$

Tabelle 3.2 Kopfzeilen definierter Operatoren

$ONAME$ steht für den frei wählbaren Namen des definierten Operators. Z ist der Name
des expliziten Resultats; F und G stehen für die Namen des linken und rechten Operanden,
während L und R die Namen der Argumente sind. Alle diese Namen sind frei wählbar, ihre
Position innerhalb der Kopfzeile ist wesentlich. Die runden Klammern sind erforderlich,
und sie schließen Operandennamen und Operatornamen ein. Bei einstelligen Operatoren
steht der Operand links von Operatornamen, so wie es auch bei den Elementaroperatoren
der Fall ist.

Definierte Anweisungsfolgen haben zwei syntaktische Formen:

	Definierte Anweisungsfolge
Mit explizitem Resultat	$Z \leftarrow SNAME$
Ohne explizites Resultat	$SNAME$

Tabelle 3.3 Kopfzeilen definierter Anweisungsfolgen

$SNAME$ ist der frei wählbare Name einer definierten Anweisungsfolge.

Lokale Namen

Am besten versteht man die Begriffe Operanden, Argumente und andere lokale Namen,
wenn man mit ihnen umgeht. Die Funktion $PVALUE$ im nächsten Beispiel ermittelt den
Geldbetrag, den man einzahlen muß, um nach einer gewissen Laufzeit und bei gegebenen
Zinssatz, einen bestimmten Auszahlungsbetrag zu erhalten:

```
      12000 PVALUE 5 10
8000
```

Die Definition der Funktion hat folgenden Aufbau:

```
      ∇Z←AMT PVALUE NI;RATE
[1]   ⍝ AMT ist der Endbetrag
[2]   ⍝ NI[1] ist Laufzeit, NI[2] ist Zinssatz
[3]   ⍝ Z ist der Anfangsbetrag
[4]     RATE←NI[2]×.01
[5]     Z←AMT÷1+NI[1]×RATE
[6]     ∇
```

Die Kopfzeile enthält die Namen des expliziten Resultats (Z) sowie das linke (*AMT*) und das rechte Argument (*NI*). Nach dem Semikolon folgt der Name einer lokalen Variablen.

Wenn man die definierte Funktion *PVALUE* aufruft, muß man ihr Werte für das linke und das rechte Argument mitgeben:

        12000 *PVALUE* 5 10

Nach dem Aufruf des Programms und vor der Ausführung der Ausdrücke im Rumpf, führt APL2 implizit folgende Ausdrücke aus:

        AMT←12000
        NI←5 10

Danach beginnt das Programm mit der Berechnung des Resultats.

Das Programm ermittelt einen Wert, dieser wird zum expliziten Resultat des Programms. In der Kopfzeile wird festgelegt, welcher von den intern ermittelten Werten das explizite Resultat ist; das explizite Ergebnis ist der Name links vom Zuweisungspfeil. Daher ist in *PVALUE* der Name Z das explizite Resultat und *RATE* ist kein explizites Ergebnis, obwohl APL2 beide Werte jedesmal errechnet, wenn die Funktion aufgerufen wird.

Für die Namen Z, *AMT*, *NI*, und *RATE* in der Funktion *PVALUE* gilt eine Besonderheit (also für alle Namen in der Kopfzeile mit Ausnahme des Programmnamens selbst): sie enthalten nur während der Ausführungszeit der Funktion bestimmte Werte:

        12000 *PVALUE* 5 10
  8000

Obwohl *RATE* innerhalb des Programms ein Wert zugewiesen wird, enthält dieser Name außerhalb des Programms keinen Wert:

        RATE
  VALUE ERROR
        RATE
        ∧

Wenn jedoch der Name *RATE* außerhalb des Programms einen Wert enthält, wird dieser Inhalt nicht durch den Gebrauch von *RATE* innerhalb des Programms beeinflußt:

        RATE←'*A CHARACTER STRING*'
        12000 *PVALUE* 5 10
  8000
        RATE
  A CHARACTER STRING

Namen, die nur während der Ausführungszeit des Programms Werte enthalten, werden als *lokale Namen* bezeichnet. Alle Namen, die in der Kopfzeile auftreten (mit Ausnahme des Programmnamens selbst), sind lokale Namen; sie beeinflussen nicht die Inhalte von Variablen gleichen Namens außerhalb des Programms. Namen, die außerhalb eines Programms bestehen, sind *globale Namen*. Namen, die in einem Programm lokal sind, können für ein aufgerufenes Unterprogramm global sein. Während der Ausführung eines Programms verdeckt der lokale Inhalt eines Namens den globalen Inhalt, d.h. daß der globale Inhalt nicht sichtbar ist.

Wenn eine definierte Funktion aufgerufen wird, führt das System folgende Schritte aus:

1.   Alle lokale Namen werden ermittelt.

2.   Alle Inhalte der globalen Namen, die mit lokalen Namen übereinstimmen, werden gesichert.

3.   Die lokalen Namen werden so definiert, daß sie keine Werte enthalten.

4.   Die Argument- und Operandeninhalte werden den lokalen Namen zugeordnet.

5.   Die Funktion wird ausgeführt.

6.   Wenn ein explizites Resultat in der Kopfzeile angegeben wurde, wird dessen lokaler Inhalt gespeichert.

7.   Alle lokalen Namen werden gelöscht.

8.   Die in Schritt 2 gesicherten Namen werden mit ihrem ursprüngliche Inhalt wiederhergestellt.

9.   Der in Schritt 6 ermittelte Wert wird als explizites Ergebnis zur Verfügung gestellt.

Diese Zusammenfassung gilt für alle Namen. Bisher wurden nur die lokalen Namen behandelt, die in der Kopfzeile auftreten. In Kapitel 7 wird eine weitere Art von lokalen Namen behandelt - die *Markennamen*.

In der folgenden Analyse werden die soeben behandelten Punkte am Aufruf der Funktion *PVALUE* dargestellt:

```
RATE←'A CHARACTER STRING'
12000 PVALUE 5 10
```

1.   Die lokalen Namen sind Z, AMT, NI und $RATE$.

2. $RATE$ hat den Inhalt `'A CHARACTER STRING'`. Die Namen Z, NI und AMT haben keine globalen Inhalte.

3. Z, $RATE$, NI und AMT haben nun keine Inhalte mehr.

Danach führt das System folgende Schritte durch:

4.   Die folgenden Zuweisungen:

```
AMT←12000
NI←5 10
```

5.   *PVALUE* wird ausgeführt, dabei erhält $RATE$ den Wert 0.1 und Z den Wert 8000.

6.   Speichert den Wert für den lokalen Namen Z.

7.   Löscht die Inhalte von AMT, NI, Z und $RATE$.

8.   Stellt die ursprünglichen Inhalte der Namen aus Schritt 2 wieder her.

```
RATE←'A CHARACTER STRING'
```

9.   Der in Schritt-6 ermittelte Wert wird zum Resultat der Funktion und (in diesem Fall) ausgegeben.

Ein definierter Operator durchläuft die gleiche Schrittfolge mit dem Zusatz, daß es sowohl für Operanden als auch für Argumente lokale Namen gibt.

Kommentare

Die Kopfzeile kann einen Kommentar enthalten, der das Programm beschreibt. Kommentare können auch im Rumpf auftreten und zwar am Ende einer Zeile oder als eigenständige Zeile. Das Symbol *Lampe* (ᴀ) zeigt an, daß alles was rechts von diesem Symbol steht, als Kommentar aufgefaßt und nicht ausgeführt wird.

Es empfiehlt sich, ein Programm ausführlich zu kommentieren, damit:

- man sich später selbst über Zweck und Arbeitsweise des Programms informieren kann.
- anderen Anwendern der Umgang mit diesem Programm erleichtert wird.

Die Verwendung von definierten Funktionen, Operatoren und Anweisungsfolgen

Definierte Funktionen mit explizitem Resultat werden wie Elementarfunktionen benutzt. So kann man z.B. *AVG* wie irgendeine einstellige APL2-Funktion verwenden:

- Man kann des Resultat sofort anzeigen:

```
      SCORE←95 83 75 62 99 78 81
      AVG SCORE
81.85714286
```

- Man kann das Ergebnis einer Variablen zuweisen:

```
      ASCORE←AVG SCORE
      ASCORE
81.85714286
```

- Man kann sie in einem Ausdruck zusammen mit anderen Funktionen und Operatoren verwenden. So ist z.B. die Differenz zwischen dem höchsten und durchschnittlichen Testergebnis:

```
      (⌈/SCORE) - AVG SCORE
17.14285714
```

- Man kann die Funktion als Operand eines Operators einsetzen. Wenn die Testergebnisse einzelner Studenten in verschiedenen Vektoren stehen, dann ermittelt folgender Ausdruck den Durchschnitt jedes Studenten:

```
      STDNT1 ← 95 83 75 62 99 78 81
      STDNT2 ← 93 73 78 60 95 75 80
      STDNT3 ← 88 89 90 67 94 79 83

      AVG¨ STDNT1 STDNT2 STDNT3
81.85714286  79.14285714  84.28571429
```

Man kann einen definierten Operator genauso einsetzen, wie einen Elementaroperator.

- Seine Operanden könne Elementarfunktionen, definierte oder abgeleitete Funktionen
  sein. Operatoren können eine grenzenlose Anzahl von abgeleiteten Funktionen bilden,
  weil man sie sowohl auf definierte als auch auf Elementarfunktionen anwenden kann.

- Man kann definierte Operatoren in einem Ausdruck zusammen mit anderen Funktionen und Operatoren einsetzen.

Eine definierte Anweisungsfolge verhält sich wie eine Konstante, die einen Namen hat. Sie
sieht wie eine Variable aus, aber man kann ihr keinen Wert zuweisen, indem man den
Zuweisungspfeil (←) benutzt.

Fehler während der Programmausführung

Im Definitionsmodus führt APL2 eine Fehlerprüfung nur für die angegebene Kopfzeile
durch. Wenn eine Rumpfzeile einen syntaktischen Fehler enthält, eine Variable keinen
Wert hat oder die Argumente nicht konform sind, erfolgt keine Fehlermeldung, bis man
versucht das Programm auszuführen.

Stellt APL2 während der Ausführung des Programms einen Fehler fest, unterbricht es diese
und zeigt eine Fehlernachricht zusammen mit der Zeile an, in der der Fehler entdeckt
wurde.Zusätzlich werden Einschaltungszeichen ausgegeben, die auf die Stelle der fehlerhaften Zeile weisen, die zum Fehler führte.

Enthält z.B. die zweite Zeile der Funktion AVG einen Schreibfehler, wird die folgende
Ausdruck erzeugt:

```
VALUE ERROR
AVG[2]   Z←(+/MUN)÷ρNUM
               ∧
```

Immer wenn ein Fehler auftritt, sollte man ihm durch → oder $)RESET$ löschen, oder man
sollte den Fehler korrigieren und das Programm erneut ausführen. Unterläßt man dieses,
füllt man den verfügbaren Speicherplatz mit teilweise ausgeführten Ausdrücken.

In Kapitel 7 wird beschrieben, wie man die Ausführung eines Programms wieder aufnimmt
und in Anhang B wird dargestellt, wie man einen Editor zur Änderung eines bestehenden
Programms benutzt.

Gute APL2-Programmierpraktiken

Gute Techniken erleichtern die Programmierung und vereinfachen die Wartung. Dieser Abschnitt beschäftigt sich mit drei wesentlichen Aspekten guter APL2-Programmiertechniken:

- Der Schaffung eines „Werkzeugkastens" mit nützlichen Programmen.
- Der ausführlichen Dokumentation durch Verwendung von Kommentaren.
- Der Verwendung lokaler Namen.

Die Schaffung eines „Werkzeugkastens" mit nützlichen Programmen

Wenn man einmal eine definierte Funktion geschrieben hat, gibt es keinen Grund mehr, die Ausdrücke einzugeben, die in ihrem Rumpf enthalten sind. Man benutzt dann immer die definierte Funktion. So ist z.B. die Funktion MN_DEV eine Funktion, die die mittlere Abweichung aus einer Menge von Zahlen errechnet. Sie benutzt die Funktion: AVG:

```
      ∇MD←MN_DEV N
[1]      ⍝ Errechnen mittlere Abweichung von N
[2]      MD←(+/|N-AVG N)÷N
```

Ein gutes Werkzeug ist ein Programm, das Argumente akzeptiert und ein explizites Resultat erzeugt (wie AVG). Solche Programme können in Ausdrücken wie Elementarfunktionen eingesetzt werden. Funktionen ohne Argumente oder ohne explizites Ergebnis sind keine guten Werkzeuge. So kann z.B. $PAVG$, das Programm, das eine Eingabe verlangt und eine Ausgabe erzeugt, nicht in anderen Funktionen verwendet werden; $PAVGR$ ist etwas besser, da es wenigstens ein explizites Ergebnis erzeugt, das dann weiter verwendet werden kann. Es kann jedoch nicht mit einem Operator eingesetzt werden, weil es eine definierte Anweisungsfolge und keine definierte Funktion ist.

Von wenigen Ausnahmen abgesehen, gehören Programme, die Eingaben vom Benutzer verlangen, nicht zur Kategorie guter Werkzeuge; sogar dann nicht, wenn sie keine definierten Anweisungsfolgen sind. Wenn ein derartiges Programm im Kontext des Operators **Für jeden Bestandteil** eingesetzt wird und das Argument aus 100 Bestandteilen besteht, werden vom Benutzer auch 100 Eingaben verlangt. Eine Ausnahme ist ein Programm, dessen ausschließlicher Zweck darin besteht, vom Anwender Eingaben abzufordern. In Kapitel 7 wird ein Beispiel eines derartigen Programms dargestellt.

Gute Programmierer schaffen sich einen Werkzeugkasten mit nützlichen Programmen, die sie immer wieder verwenden können. Im Lauf der Zeit schreiben sie dadurch immer weniger neuen Code, sondern fügen Bausteine des Werkzeugkastens sinnvoll zusammen, um ein Problem zu lösen.

Die ausgiebige Verwendung von Kommentaren

In APL2 kann man die Kopfzeile eines Programms mit einem Kommentar versehen, man kann auch Zeilen im Rumpf des Programms ausschließlich für Kommentare benutzen und man kann am Ende jeder Zeile im Rumpf einen Kommentar einfügen. Wenn APL2 auf das Kommentarsymbol (⍝) während der Ausführung trifft, werden alle Zeichen, die rechts von diesem Symbol stehen, ignoriert.

Die Kommentare sollten den Zweck des Programms und den Aufbau und die Herkunft der Daten beschreiben. Auch die lokalen Namen, die Verarbeitungslogik und andere Informationen, die dazu dienen, das Programm verständlich zu machen, sollten in Kom-

mentaren dargestellt werden. Auch die verwendeten globalen Namen und das Resultat
sollte man in dieser Form dokumentieren.

Die Verwendung lokaler Namen

Wie bereits gezeigt wurde, sind lokale Namen solche, denen innerhalb eines Programms
Werte zugewiesen oder die nur in Programmen benutzt werden und die zur Speicherung
von Zwischenergebnissen dienen.

Weil den lokalen Namen nur innerhalb des Programms Werte zugewiesen werden, besteht
über ihren Inhalt während der Ausführung des Programms nie Unklarheit. Soweit möglich,
sollte man in Programmen lokale Namen verwenden und die zur Ausführung des Programms benötigten Werte in den Argumenten mitgeben. Wenn viele unterschiedliche
Werte in den Argumenten mitgegeben werden müssen, bieten sich dafür geschachtelte
Vektoren an. Wenn Variablen außerhalb des Programms spezifiziert und dann innerhalb
des Programms benutzt werden, besteht immer die Möglichkeit, daß ein anderer Benutzer
zwischenzeitlich dieser Variablen einen anderen Wert zugewiesen hat und das Programm
von dieser Zuweisung keine Kenntnis hat. Die Verwendung von lokalen Namen stellt auch
sicher, daß keine globalen Variablen gleichen Namens, die ein Benutzer des Programms
spezifiziert hat, verändert werden.

Wenn man globale Werte benötigt, die von mehreren Programmen benutzt werden sollen,
empfiehlt es sich dafür definierte Anweisungsfolgen zu verwenden und nicht Variablen.
Eine zufällige Änderung des Inhalts durch eine Zuweisung ist damit ausgeschlossen. Eine
definierte Anweisungsfolge mit explizitem Resultat läßt sich wie eine Variable einsetzen; ihr
Inhalt kann jedoch nicht durch die Verwendung des Zuweisungspfeils verändert werden:

```
        ∇Z←VALUE
[1]     Z←45
[2]     ∇

        10+VALUE
55

        VALUE←20
SYNTAX  ERROR
        VALUE←20
        ∧       ∧
```

Übungen zu 3.2

1. Geben Sie für die folgenden Kopfzeilen an, ob es sich dabei um eine definierte Funktion, einen Operator oder eine Anweisungsfolge handelt. Für gültige Kopfzeilen geben Sie den Namen des Programms an. Wenn die Kopfzeile ungültig ist, nennen Sie den Grund. Geben Sie an, ob es sich um einen einstelligen oder zweistelligen Operator handelt, ob die Funktion (oder die abgeleitete Funktion) einstellig oder zweistellig ist und ob ein explizites Ergebnis erzeugt wird.

    a. $\nabla Z \leftarrow F\ X; Y\ Z$
    b. $\nabla Z \leftarrow (B\ C)\ D; E; F$
    c. $\nabla F \leftarrow A\ B$
    d. $\nabla F\ A\ B\ C$
    e. $\nabla F\ A\ B$
    f. $\nabla (A\ B\ C); Z$
    g. $\nabla Z \leftarrow (A\ B\ C); Z$
    h. $\nabla Z \leftarrow L\ (A\ B\ C); Z$
    i. $\nabla (A\ B\ C)\ LEFT; Z$

2. Definieren Sie eine zweistellige Funktion *DENTAL*, die als Resultat einen Vektor mit zwei Bestandteilen erzeugt, nämlich:

   - Den Anteil der Zahnarztrechnung, den man selbst tragen muß (in DM).
   - Den Anteil, den die Krankenversicherung trägt (in DM).

   Die Funktion erhält die folgenden Eingaben:

   - Den Prozentsatz, den die Krankenversicherung übernimmt, nachdem die Selbstbeteiligung abgezogen ist.
   - Die Selbstbeteiligung (der Betrag, den der Patient trägt).
   - Den gesamten Rechnungsbetrag.

   Eingaben und Resultat können wie folgt aussehen:

   ```
        .75 25 DENTAL 65
     35 30
   ```

3. Schreiben Sie die folgenden Funktionen und den Ausdruck:

   a. Definieren Sie eine Funktion, die die Gesamtkosten für mehrere Artikel errechnet, wenn die Mengen und die Einkaufspreise für die einzelnen Artikel gegeben sind.

   b. Definieren Sie eine Funktion, die den Gesamtpreis eines Artikels errechnet, wenn als Argumente der Nettoverkaufspreis und die Steuer als Prozentsatz gegeben sind.

   c. Schreiben Sie unter Verwendung von a. und b. einen Ausdruck, der die Kosten ermittelt, wenn drei Paar Jeans zum Nettoeinzelpreis von $19.50 und zwei Pullover zum Nettoeinzelpreis von $15.50 gekauft werden und die Mehrwertsteuer 6.25% beträgt.

   Definieren Sie dazu keine neue Funktion oder ändern Sie keine der unter a. und b. definierten.

4. Definieren Sie eine Funktion zur Ermittlung der Transportkosten eines Pakets, wenn:

    *   die Kosten je Kubikfuß
    *   die Mindesttransportkosten
    *   die Maße des Pakets in Zoll (ein Fuß gleich 12 Zoll)
    gegeben sind.

5. Definieren Sie eine Funktion, die errechnet, wieviele Einheiten der Währung Y man beim Tausch der Währung X erhält, wenn:

    *   die Tauschgebühr (in Einheiten der Währung Y als Prozentsatz)
    *   die minimale Tauschgebühr (in Einheiten der Währung Y)
    *   das Umtauschverhältnis der Währung X
    *   der zu tauschende Betrag
    bekannt sind.

6. Bei einer Umfrage wurden 85 Personen befragt. Frage 1 bestand aus 4 möglichen Antworten; 10 Personen wählten die erste Antwort, 15 die zweite, 57 die dritte und 3 die vierte Antwort. Die Variable $A1$ zeigt diese Verteilung:

    ```
    A1←10  15  57  3
    ```

    Die zweite Frage bestand aus 5 möglichen Antworten mit der Verteilung:

    ```
    A2←  10  14  30  14  6
    ```

    (Eine Person antwortete nicht)

    Schreiben Sie eine Funktion, die die prozentuale Verteilung der Antworten für jede Frage ermittelt.

    Ein Testfall:

    ```
         DIST A1 A2
     11  17  67  3    13  18  40  18  8

         DISPLAY DIST A1 A2
    ```
    ```
    .+-------------------------------------+
    |  .+-----------.  .+---------------.  |
    |  |11 17 67 3|    |13 18 40 18 8|     |
    |  '~----------'   '~-------------'    |
    |                                      |
    ' ε-----------------------------------'
    ```

7. In einigen Staaten der USA werden für verschiedene Artikelgruppen unterschiedlich hohe Mehrwertsteuersätze berechnet. Im Staat New York wird auf die meisten Lebensmittel z.B. keine Mehrwertsteuer berechnet.

    Schreiben Sie eine definierte Funktion, die die Gesamtkosten für mehrere Artikelgruppen ermittelt, wenn der Mehrwertsteuersatz für jede Gruppe gegeben ist.

    Ein Testfall:

    ```
         FOOD← 1.49 7.85 1.99
         NONFOOD← 8.48 4.54
         0 5.5 TOTALCOST FOOD NONFOOD
     25.07
    ```

8. Schreiben Sie mehrere Funktionen, die es zulassen, daß man folgenden Ausdruck eingibt und die richtige Antwort erhält:

    ```
    WHAT IS 7 PLUS 9
    ```

9. Gegeben seien die geschachtelten Vektoren:

    ```
    W← 'ABCD'  'EFGHI' 'JKLMNOP'
    I← ( 2 4) (1  3  5) ( 2  3  5  6)
    ```

    Schreiben Sie einen Ausdruck, der jeden Bestandteil von I verwendet, um den entsprechenden Bestandteil von W zu indizieren und folgendes Resultat zu erzeugen:

    ```
    BD   EGI   KLNO
    ```

    Hinweis: Schreiben Sie eine definierte Funktion, die einen Bestandteil von I auf einen Bestandteil von W anwendet und verwenden Sie diese Funktion dann mit dem Operator **Für jeden Bestandteil**.

    Dieses Problem zeigt guten APL2-Programmierstil; man löst das Problem zuerst für den einfachen Fall, danach werden Operatoren verwendet, um komplexe Datenstrukturen zu verarbeiten.

10. Schreiben Sie einen einzeiligen Ausdruck, der eine Alternative zur Funktion $PVALUE$ darstellt, die im Abschnitt „Lokale Namen" beschrieben ist.

11. Die Ableitung einer Funktion wird in der Mathematik näherungsweise dadurch dargestellt, daß die Funktion auf zwei sehr nahe beieinanderliegende Punkte angewendet wird und das Ergebnis durch die Distanz der zwei Punkte dividiert wird. Die Ableitung von f ist $(f(x+h)-f(x))\div h$ für einen kleinen Wert von h (nahe Null).

    a. Schreiben Sie einen definierten Operator $PRIME$ zur näherungsweisen Berechnung der Ableitung einer beliebigen Funktion für den Punkt X. F sei der Operand und X das rechte Argument von $PRIME$; H sei $1E^-10$.

    b. Im Kapitel 6 werden die Funktionen **Potenzieren zur Basis e** und **Logarithmieren** dargestellt. Aber auch ohne die Definitionen dieser Funktionen zu kennen, sollten Sie in der Lage sein, Aussagen über deren Ableitungen zu treffen. Schätzen Sie die Ableitungen der beiden Funktionen durch Probieren auf der Grundlage der folgenden Beispiele:

    ```
    *ι4
    *PRIME ι4
    ⍟ι3
    ⍟PRIME ι4
    ⍟PRIME ÷ι3
    ```

12. Betrachten Sie die beiden folgenden Ausdrücke. Warum zeigt das System einen $SYNTAX\ ERROR$?

    ```
            XX+10
    19
            XX←XX+1
    SYNTAX ERROR
            XX←XX+1
            ^ ^
    ```

Kapitel 4 - Arbeiten in der APL2-Umgebung

Wenn man eine APL2-Sitzung beginnt, befindet man sich in einer APL2-Umgebung, die als *Aktiver Arbeitsbereich* bezeichnet wird. Sämtliche APL2-Elementarfunktionen und -operatoren, sowie die Editoren sind darin verfügbar. APL2 gibt Fehlermeldungen aus, wenn ein Ausdruck nicht ausgeführt werden kann und man kann Systemanweisungen wie `)RESET` und `)NMS` eingeben.

Zum Abschluß jedes der vorangegangenen Kapitel wurde die APL2-Sitzung mit `)CONTINUE` beendet, APL2 sicherte daraufhin die Variablen und die Programme. Zu Beginn einer neuen APL2-Sitzung waren diese Variablen und Programme wieder verfügbar. Die Systemanweisung `)CONTINUE` speichert den Inhalt des aktiven Arbeitsbereichs in einen gesicherten Arbeitsbereich, der den Namen `CONTINUE` trägt. Zu Beginn jeder APL2-Sitzung wird der Inhalt des `CONTINUE`-Arbeitsbereichs automatisch in den aktiven Arbeitsbereich geladen.

Für die ersten Übungen reichte `)CONTINUE` aus, um den aktiven Arbeitsbereich zu sichern. Man kann damit jedoch keine Gruppierungen von Variablen und Programmen bilden. Wenn man das Sichern und Laden von Variablen und Programmen steuern möchte, verwendet man dazu das APL2-Bibliotheksverwaltungssystem und die Systemanweisungen zum Sichern und Laden von Arbeitsbereichen; mit der Anweisung `)OFF` beendet man eine APL2-Sitzung.

4.1 Die Bibliotheken

Jeder APL2-Benutzer hat eine eigene private Bibliothek, in der er Arbeitsbereiche speichern kann. Die Namen aller Arbeitsbereiche in der privaten Bibliothek werden angezeigt, wenn man die Systemanweisung `)LIB` eingibt:

```
     )LIB
CONTINUE
```

Wenn man Arbeitsbereiche mit anderen Namen gespeichert hat, werden diese ebenfalls ausgegeben.

Die Einrichtung eines Arbeitsbereichs

Die Systemanweisung)*CONTINUE* ist eine Möglichkeit, um den aktiven Arbeitsbereich in
die private Bibliothek zu sichern und APL2 zu verlassen. Ein besserer Weg zur Sicherung
des aktiven Arbeitsbereichs ist die Systemanweisung)*SAVE*. Mit)*SAVE* **wsname** wird
die Kopie des aktiven Arbeitsbereichs mit dem Namen **wsname** in die private Bibliothek
gestellt:

```
        )SAVE LEARN
 SAVED 1988-03-20  5.53.54
```

Die Antwort des Systems besteht aus dem Datum und der Uhrzeit der Sicherung. Die Bibliothek enthält nun mindestens zwei Arbeitsbereiche:

```
        )LIB
 CONTINUE LEARN
```

In einem späteren Abschnitt wird)*SAVE* detaillierter behandelt.

Das Laden eines Arbeitsbereichs aus der Bibliothek:)*LOAD*

Der einzige Zweck der privaten Bibliothek besteht darin, daß sie Arbeitsbereiche speichert;
um mit einem Arbeitsbereich arbeiten zu können, muß man seinen Inhalt in den aktiven
Arbeitsbereich bringen. Die Systemanweisung)*LOAD* überträgt den Inhalt eines Bibliotheksarbeitsbereichs in den aktiven Arbeitsbereich:

```
        )LOAD LEARN
 SAVED 1988-03-20 5.53.54
```

Die Systemantwort zeigt, wann der Arbeitsbereich zuletzt gesichert wurde. Bei der Ausführung von)*LOAD* wird den Inhalt des aktiven Arbeitsbereichs durch den Inhalt des Bibliotheksarbeitsbereichs überschrieben. Man muß somit aufpassen, daß man mit)*LOAD*
nicht einen aktiven Arbeitsbereich überschreibt, den man noch benötigt. Wenn man den
Inhalt des aktiven Arbeitsbereichs noch braucht, muß man ihn zuerst sichern, bevor man
einen anderen Arbeitsbereich lädt.

Das Laden des Arbeitsbereichs läßt den Inhalt des Bibliotheksarbeitsbereichs unverändert;
Veränderungen, die man im aktiven Arbeitsbereich durchführt, berühren den Inhalt des
Bibliotheksarbeitsbereichs nicht. Wenn man den Inhalt des aktiven Arbeitsbereichs verändert und diese Änderungen auch in der Bibliothek festgehalten werden sollen, muß der
veränderte Arbeitsbereich in die Bibliothek gesichert werden.

Das Entfernen eines Arbeitsbereichs aus der Bibliothek:)*DROP*

Die Systemanweisung)*DROP* entfernt einen Arbeitsbereich aus der Bibliothek:

```
        )DROP CONTINUE
 1988-03-27 10.21.42

        )LIB
 LEARN
```

Achtung: Wenn ein Arbeitsbereich aus der Bibliothek entfernt wurde, ist sein Inhalt verloren; bevor man einen Arbeitsbereich entfernt, sollte man sich vergewissern, daß er nichts enthält, was man noch benötigt.

Noch etwas zum Arbeitsbereich *CONTINUE*

Es gibt drei Situationen, in denen der Arbeitsbereich *CONTINUE* den Inhalt des aktiven Arbeitsbereichs übergeben bekommt:

- Wenn man die APL2-Sitzung mit *)CONTINUE* verläßt.

- Wenn man die Systemanweisung *)SAVE CONTINUE* verwendet.

- Wenn ein System- oder Leitungsfehler auftritt (sofern man an ein Teilnehmersystem angeschlossen ist, das diese Einrichtung unterstützt).

Von APL2 wird der Arbeitsbereich *CONTINUE* automatisch zu Beginn der nächsten Sitzung in den aktiven Arbeitsbereich geladen.

Da wir inzwischen andere Möglichkeiten zum Sichern und Laden von Arbeitsbereichen kennengelernt haben, sollte man *)CONTINUE* nicht für die dauernde Speicherung von Arbeitsbereichen benutzen, da man den Inhalt von *CONTINUE* nicht steuern kann. Bevor man eine APL2-Sitzung beendet, sollte man die Ergebnisse in einem Bibliotheksarbeitsbereich speichern und dazu die Anweisung *)SAVE* verwenden, die im Abschnitt 4.2 „Sichern des aktiven Arbeitsbereichs" beschrieben ist.

Öffentliche Bibliotheken

Zur eigenen privaten Bibliothek hat man nur selbst Zugriff, es sei denn, man gestattet auch anderen Benutzern den Zugang, der nach den Regeln der jeweiligen Installation abläuft.

Jedes APL2-System hat eine oder mehrere öffentliche Bibliotheken, die jedem Benutzer zur Verfügung stehen. Öffentliche Bibliotheken werden durch Zahlen zwischen 1 und 999 identifiziert. Die Namen der Arbeitsbereiche in einer öffentlichen Bibliothek kann man sich mit der Systemanweisung *)LIB* anzeigen lassen. Der Inhalt der Bibliothek 1 kann z.B. wie folgt aussehen:

```
     )LIB 1
DISPLAY   EXAMPLES MATHFNS   MEDIT    UTILITY   WSINFO
```

Die tatsächliche Anzeige kann einen anderen Inhalt haben, als die oben gezeigte.

Beim Zugriff auf einen Arbeitsbereich in einer öffentlichen Bibliothek muß die Nummer der Bibliothek in der Systemanweisung angegeben werden:

```
     )LOAD 1 DISPLAY
SAVED 1985-10-05  9.40.21
```

Wenn man den Arbeitsbereich eines anderen Benutzers geladen hat, kann man mit *)NMS* die definierten Namen anzeigen lassen und einen Editor benutzen, um sich die Programme anzusehen. Ein gut dokumentierter Arbeitsbereich sollte eine Variable enthalten (typischerweise *DESCRIBE* genannt), die den Zweck des Arbeitsbereichs erläutert.

Es kann häufig sehr hilfreich zur Vertiefung der eigenen APL2-Kenntnisse sein, wenn man sich die APL2-Programme anderer Benutzer anschaut; in diesem Zusammenhang ist auch eine ausführliche Dokumentation von großer Bedeutung.

Historische Anmerkung: Der erste Arbeitsbereich, der je gesichert wurde, war 1 *CLEAN-SPACE*. In einigen APL2-Systemen ist er noch verfügbar. Wenn Sie neugierig sind und erfahren wollen, wann das war, versuchen Sie ihn zu laden.

4.2 Der aktive Arbeitsbereich

Zu Beginn der Sitzung stellt APL2 dem Benutzer einen leeren aktiven Arbeitsbereich zur Verfügung und zeigt das durch die Meldung *CLEAR WS* an, sofern die vorangegangene Sitzung nicht durch *)CONTINUE* beendet wurde. *CLEAR WS* bedeutet, daß dem aktiven Arbeitsbereich kein Bibliotheksname zugeordnet ist, er enthält keine Variablen und keine Programme. Man kann die Systemanweisung *)CLEAR* auch dazu verwenden, um den Inhalt eines aktiven Arbeitsbereichs zu löschen:

```
      )CLEAR
CLEAR WS
```

Der Name des aktiven Arbeitsbereichs

Mit der Systemanweisung *)WSID* kann man sich den Namen des aktiven Arbeitsbereichs anzeigen lassen:

```
      )WSID
CLEAR WS
```

Mit einer der drei folgenden Anweisungen kann man den Namen des aktiven Arbeitsbereichs verändern:

- Durch die Anweisung *)LOAD*. Der aktive Arbeitsbereich wird durch den geladenen Arbeitsbereich ersetzt und erhält dessen Namen:

```
      )LOAD LEARN
SAVED 1988-12-05 16.42.27
      )WSID
IS LEARN
```

- Durch die Anweisung *)SAVE* mit einem neuen Arbeitsbereichsnamen. Der aktive Arbeitsbereich erhält den Namen des gesicherten Arbeitsbereichs. Diese Anweisung wird nur dann ausgeführt, wenn es noch keinen Bibliotheksarbeitsbereich gleichen Namens gibt (mit der Ausnahme von *CONTINUE*, der jederzeit gesichert werden kann).

```
      )SAVE TEMP
SAVED 1988-12-05 17.42.27
```

- Durch die Anweisung *)WSID* gefolgt von einem Arbeitsbereichsnamen. Der aktive Arbeitsbereich erhält dann diesen Namen.

```
      )WSID NEWNAME
WAS TEMP
```

Sichern des aktiven Arbeitsbereichs:)*SAVE*

Die Anweisung)*SAVE* wurde bisher eingesetzt, um den Inhalt des aktiven Arbeitsbereichs
in einen Bibliotheksarbeitsbereich zu sichern. Nachdem wir uns mit der Namensvergabe
für den aktiven Arbeitsbereich beschäftigt haben, können wir die Anweisung)*SAVE* im
Detail betrachten.

Die Anweisung)*SAVE* kann in zwei Formen auftreten, mit oder ohne Arbeitsbereichsnamen:

```
)SAVE
)SAVE wsname
```

In der ersten Form speichert)*SAVE* den Inhalt des aktiven Arbeitsbereichs in einem Bibliotheksarbeitsbereich gleichen Namens. Diese Form wird häufig benutzt, um einen Arbeitsbereich zu sichern, der vorher geladen wurde.

```
      )WSID
IS LEARN
      )SAVE
SAVED 1988-12-05 16.42.27 LEARN
```

Zusätzlich zur Datums- und Zeitangabe wird der Name des Arbeitsbereichs gezeigt, wenn
das System die Sicherung erfolgreich durchgeführt hat.

Die Meldung *CLEAR WS* zeigt an, daß der aktive Arbeitsbereich keinen Namen hat, aus
diesem Grund kann nicht mit)*SAVE* gesichert werden.

```
      )CLEAR
CLEAR WS
      )SAVE
NOT SAVED, THIS WS IS CLEAR WS
```

Die zweite Form,)*SAVE wsname* sichert den aktiven Arbeitsbereich unter folgenden
Voraussetzungen:

* Wenn als *wsname CONTINUE* verwendet wird.

* Wenn noch kein Bibliotheksarbeitsbereich mit dem Namen *wsname* besteht. In diesem
  Fall wird ein neuer Bibliotheksarbeitsbereich angelegt.

* Wenn *wsname* der Name eines Bibliotheksarbeitsbereichs ist und der aktive Arbeitsbereich auch diesen Namen hat.

Der dritte Punkt schränkt die Anwendung von)*SAVE wsname* ein. Diese Einschränkung
verhindert, daß man versehentlich einen Bibliotheksarbeitsbereich mit dem Inhalt des aktiven Arbeitsbereichs überschreibt. Wenn man)*WSID* benutzt, um dem aktiven Arbeitsbereich einen Namen zu geben und danach)*SAVE* verwendet, ist dieser Schutz nicht
wirksam.

Es bestehe ein Arbeitsbereich *TEACH* in der privaten Bibliothek; die folgenden Beispiele
zeigen die Unterschiede zwischen den beiden Formen der Anweisung. Die erste Form von
)*SAVE*:

```
        )WSID TEACH
WAS CLEAR WS
        )SAVE
SAVED 1988-13-05 12.42.27 TEACH
```

Der Name des aktiven Arbeitsbereich stimmt mit dem in der Bibliothek überein, deshalb wird der aktive Arbeitsbereich gesichert; dabei wird der bisherige Inhalt des Bibliotheksarbeitsbereichs überschrieben und ist verloren.

Im Gegensatz dazu wird)*SAVE* **wsname** nur dann ausgeführt, wenn der Name des aktiven Arbeitsbereichs mit dem Namen in der Systemanweisung übereinstimmt:

```
        )WSID
CLEAR WS
        )SAVE TEACH
NOT SAVED, THIS WS IS CLEAR WS
```

Ersetzen des Inhalts des aktiven Arbeitsbereichs

Man kann den Inhalt des aktiven Arbeitsbereichs wie folgt ersetzen:

- Durch Benutzung der)*LOAD* Anweisung, um einen anderen Arbeitsbereich aus der Bibliothek zu laden.

  Ein Duplikat des Bibliotheksarbeitsbereichs ersetzt den Inhalt des aktiven Arbeitsbereichs vollständig.

- Durch Benutzung von)*CLEAR*, um einen leeren aktiven Arbeitsbereich zu erhalten und mit der Arbeit neu beginnen zu können.

Hinzufügen von Objekten zum aktiven Arbeitsbereich:)*COPY* und)*PCOPY*

Wenn man Variable definiert oder Programme erstellt, werden diese Bestandteil des aktiven Arbeitsbereichs. Man kann aber auch Variablen und Programme aus Bibliotheksarbeitsbereichen mit der Anweisung)*COPY* in den aktiven Arbeitsbereich kopieren. Die allgemeingültige Form von)*COPY* hat folgendes Aussehen:

```
        )COPY libnumber wsname objname
```

Darin steht **libnumber** für die Nummer einer öffentlichen Bibliothek (sie ist wegzulassen, wenn aus der eigenen, privaten Bibliothek kopiert werden soll). **wsname** steht für den Namen des Arbeitsbereichs innerhalb der Bibliothek; **objname** steht für den oder die Namen von Variablen oder Programmen, die kopiert werden sollen. Wenn ein Objekt gleichen Namens bereits im aktiven Arbeitsbereich besteht, wird es durch)*COPY* überschrieben. Wenn nach dem Namen des Arbeitsbereichs keine Objektnamen angegeben werden, dann werden alle Objekte des Bibliotheksarbeitsbereichs in den aktiven Arbeitsbereich kopiert. Ein Beispiel für)*COPY*:

```
        )COPY 1 DISPLAY DISPLAY
SAVED 1985-10-05  9.40.21
```

Das erste *DISPLAY* bezeichnet den Namen des Arbeitsbereichs, das zweite *DISPLAY* ist der Name einer Funktion in diesem Arbeitsbereich. Wenn das APL2-System in der öffentlichen Bibliothek 1 den Arbeitsbereich *DISPLAY* enthält und darin ein Objekt mit dem Namen *DISPLAY* steht, dann wird dieses Objekt dem gegenwärtigen Inhalt des aktiven Arbeitsbereichs hinzugefügt und ersetzt dabei ein Objekt gleichen Namens im aktiven Arbeitsbereich, falls ein solches vorhanden ist. Falls es keinen Bibliotheksarbeitsbereich dieses Namens gibt oder oder die angegebenen Objekte nicht in diesem Arbeitsbereich existieren, wird eine Fehlermeldung ausgegeben.

Man kann Objekte im aktiven Arbeitsbereich gegen das Überschreiben schützen, wenn man mit)*PCOPY* arbeitet; in diesem Fall werden nur diejenigen Objekte kopiert, deren Namen noch nicht im aktiven Arbeitsbereich existieren:

```
      )PCOPY 1 DISPLAY DISPLAY DISPLAYG
SAVED 1985-10-05   9.40.21
```

Wenn der Name eines Objekts in runden Klammern eingeschlossen wird, muß es sich um den Namen einer Zeichenmatrix handeln, die im Bibliotheksarbeitsbereich gespeichert ist. Jede Zeile dieser Matrix muß einen Objektnamen enthalten; alle in dieser Matrix enthaltenen Objekte werden in den aktiven Arbeitsbereich kopiert. Die Behandlung von Matrizen erfolgt ausführlich in Kapitel 5.

Das Kopieren von Objekten verändert nicht den Inhalt des Bibliotheksarbeitsbereichs, sondern nur den des aktiven Arbeitsbereichs.

Der Austausch von APL2-Objekten zwischen verschiedenen Computern:)*IN* und)*OUT*

In der APL2-Bibliothek werden die Arbeitsbereiche in einer Form gespeichert, die es dem Computer erlaubt, sie möglichst effizient zu verwalten. Es ist jedoch sehr unwahrscheinlich, daß ein anderes Computersystem auf die Bibliothek des ersten Computers zugreifen kann, da es dessen interne Darstellungsform nicht kennt. Aus diesem Grund unterstützt APL2 ein *Transferformat* für APL2-Objekte, das unabhängig von der Darstellung der Objekte im Arbeitsbereich ist. Die Systemanweisung)*OUT* überführt Objekte des aktiven Arbeitsbereichs in eine Dateiform des Betriebssystems, diese wird dann als *Transfer* - Datei bezeichnet. Diese Datei kann dann auf einen anderen Computer übertragen werden, indem man die standardisierten Dateiübertragungsverfahren benutzt. Der empfangende Computer verwendet die Systemanweisung)*IN*, um die Objekte der *Transfer* - Datei in den aktiven Arbeitsbereich zu laden.

Diese Anweisungen gibt es in zwei Formen: mit oder ohne Angabe von Objekten:

-)*OUT* **filename** — Erstellt eine *Transfer* - Datei mit allen Objekten des aktiven Arbeitsbereichs.

-)*OUT* **filename obj1 obj2** ...— Erstellt eine *Transfer* - Datei aus dem Arbeitsbereich, die nur die angegebenen Objekte enthält.

-)*IN* **filename**— Fügt alle Objekte der *Transfer* - Datei in den aktiven Arbeitsbereich ein.

-)*IN* **filename obj1 obj2** ...— Fügt nur die angegebenen Objekte aus der *Transfer*—Datei in den aktiven Arbeitsbereich ein.

$)OUT$ verändert nicht den Inhalt des aktiven Arbeitsbereichs.

Das Entfernen von Objekten aus dem aktiven Arbeitsbereich: $)ERASE$

Die Systemanweisung $)ERASE$ entfernt die angegebenen globalen Objekte aus dem aktiven Arbeitsbereich. Das folgende Beispiel soll das illustrieren:

```
      )CLEAR
CLEAR WS
      A←B←C←D←E←1
      )NMS
A.2      B.2      C.2      D.2      E.2
      )ERASE C E

      )NMS
A.2      B.2      D.2
```

Wenn ein Objektname von runden Klammern eingeschlossen ist, muß es der Name einer Zeichenmatrix sein, die pro Zeile einen Namen enthält. Alle Objekte, die in dieser Matrix stehen, werden entfernt. In Kapitel 5 werden Matrizen im Detail behandelt.

Die Systemanweisung $)ERASE$ wirkt nur auf den Inhalt des aktiven Arbeitsbereichs und läßt den Inhalt des Bibliotheksarbeitsbereichs unverändert.

Das Anzeigen des Inhalts des aktiven Arbeitsbereichs: $)NMS$, $)FNS$, $)OPS$ und $)VARS$

Die Systemanweisung $)NMS$ zeigt alle Variablennamen und alle Programmnamen im aktiven Arbeitsbereich. Die Namen aller Variablen kann man sich mit $)VARS$, die der definierten Funktionen mit $)FNS$ und die der definierten Operatoren mit $)OPS$ anzeigen lassen.

Der Statusindikator: $)SIS$

Der Statusindikator enthält Informationen über die Ausführung von Ausdrücken und definierten Operationen. Immer dann, wenn die Auswertung eines Ausdrucks oder einer definierten Operation unvollständig ist (eventuell wegen eines Fehlers), wird der Ausdruck oder die Zeile der definierten Operation in den Statusindikator gestellt. Der Inhalt des Statusindikators kann mit der Systemanweisung $)SIS$ angezeigt werden:

```
      3÷
SYNTAX ERROR
      3÷
      ∧∧

      )SIS
*     3÷
      ∧∧
```

Der Stern zeigt an, daß der Ausdruck im Ausführungsmodus eingegeben wurde.

Den letzten (obersten) Eintrag kann man aus dem Statusindikator durch Eingabe eines Pfeils nach rechts entfernen:

```
      →
```

Das Zeichen → entfernt alle Einträge bis zum nächsten * aus dem Statusindikator. Im obigen Beispiel ist die Zeile mit dem * die einzige Eintragung, durch die Eingabe von → ist der Statusindikator leer:

```
      )SIS
```

Das Zusammenspiel zwischen dem Statusindikator und einer definierten Funktion, die nicht beendet werden konnte, zeigt folgendes Beispiel. Wenn Sie es selbst ausprobieren wollen, sollten Sie zuerst den aktiven Arbeitsbereich sichern, danach mit)CLEAR einen leeren Arbeitsbereich erzeugen und dann die folgende Funktion eingeben:

```
      )CLEAR
CLEAR WS

      ∇ Z←AMT PVALUE NI;RATE
[1]     RATE←NI[2]×.01
[2]     Z←AMT÷1+NI[1]×RAT
[3]  ∇
```

Die Ausführung der Funktion wird in Zeile 2 unterbrochen, da die Variable RAT keinen Wert enthält und es erscheint die folgende Fehlermeldung:

```
      12000 PVALUE 5 10
VALUE ERROR
PVALUE[2]    Z←AMT÷1+NI[1]×RAT
                            ∧
```

Der Statusindikator enthält die fehlerhafte Funktionszeile, sowie die im Ausführungsmodus aufgerufene Kopfzeile der Funktion:

```
      )SIS
PVALUE[2]    Z←AMT÷1+NI[1]×RAT
                            ∧
*   12000 PVALUE 5 10
    ∧        ∧
```

Durch die Eingabe eines einzigen Pfeils nach rechts, wird der Statusindikator bis einschließlich der Zeile mit dem * gelöscht und er ist wieder leer.

```
      →
      )SIS
```

Wenn man es versäumt den Statusindikator nach jedem Fehler zu löschen, muß man einen → für jeden Eintrag im Ausführungsmodus (gekennzeichnet durch *) eingeben.Als Alternative kann man mit der Systemanweisung)RESET den gesamten Statusindikator löschen. (In Kapitel 7 wird gezeigt, wie man den Statusindikator beim Testen von Programmen einsetzen kann).

Übungen zu 4.2

1. Mit zunehmender Erfahrung in APL2 wird man allgemeine Dienstfunktionen schreiben, sie in einem Arbeitsbereich speichern und in anderen verwenden. Diese Funktionen stellen eine Erweiterung der Sprache APL2 dar. Wenn man eine neue Anwendung erstellt, kann man auf sie zurückgreifen und dadurch die Anwendungsentwicklung beschleunigen.

    a. Schreiben Sie die Systemanweisungen auf, mit denen ein Arbeitsbereich mit dem Namen *TOOLBOX* eingerichtet wird.

    b. Schreiben Sie die Systemanweisungen auf, mit denen das Programm *AVG* aus dem Arbeitsbereich *LEARN* in den Arbeitsbereich *TOOLBOX* überstellt wird.

2. Ordnen Sie den Systemanweisungen auf der linken Seite die zugehörigen Erklärungen auf der rechten Seite zu.

____ 1.)*OFF*	a. Anzeigen aller Objektnamen in einem aktiven Arbeitsbereich.
____ 2.)*LIB*	b. Initiieren einer APL2-Sitzung
____ 3.)*WSID*	c. Automatisches Sichern des aktiven Arbeitsbereichs und Beenden der Sitzung.
____ 4.)*ERASE*	d. Entfernen von einzelnen Objekten aus dem aktiven Arbeitsbereich.
____ 5.)*SAVE*	e. Entfernen aller Objekte aus dem aktiven Arbeitsbereich.
	f. Anzeigen der Namen aller Arbeitsbereiche in einer Bibliothek.
____ 6.)*COPY*	g. Anzeigen aller Namen von Funktionen im aktiven Arbeitsbereich.
____ 7.)*VARS*	h. Anzeigen der Namen aller Variablen im aktiven Arbeitsbereich.
____ 8.)*NMS*	i. Beenden der APL2-Sitzung ohne Sicherung des aktiven Arbeitsbereichs.
____ 9.)*PCOPY*	j. Laden eines Arbeitsbereichs und Überschreiben des Inhalts des aktiven Arbeitsbereichs.
	k. Anzeigen der Namen aller Operatoren im aktiven Arbeitsbereich.
____ 10.)*DROP*	l. Kopieren eines Arbeitsbereichs oder ausgewählter Objekte, wobei gleichnamige Objekte im aktiven Arbeitsbereich überschrieben werden.
____ 11.)*FNS*	
____ 12.)*RESET*	m. Kopieren eines Arbeitsbereichs oder ausgewählter Objekte, wobei gleichnamige Objekte im aktiven Arbeitsbereich nicht überschrieben werden.
____ 13.)*LOAD*	n. Überstellen der Kopie des aktiven Arbeitsbereichs in die eigene Bibliothek.
____ 14.)*CONTINUE*	o. Überstellen eines einzigen Objekts in die Bibliothek.
____ 15.)*CLEAR*	p. Abfragen oder ändern des Namens eines aktiven Arbeitsbereichs.
____ 16.)*OPS*	q. Löschen des gesamten oder des ersten Teils des Statusindikators.
	r. Entfernen eines Arbeitsbereichs aus der Bibliothek.

Kapitel 5 - Arbeiten mit Strukturgrößen

In den vorangegangenen Kapiteln wurde nur mit Skalaren und Vektoren gearbeitet. APL2 gestattet es auch, Daten in anderen Formen darzustellen. Dieses Kapitel zeigt verschiedene Möglichkeiten, wie Daten in Strukturgrößen angeordnet werden können und stellt Funktionen vor, mit denen man Strukturgrößen schaffen, messen und beeinflussen kann.

Bevor wir mit diesem Kapitel fortfahren, sollten Sie den Arbeitsbereich *LEARN* laden, um Zugriff auf die Ergebnisse der ersten vier Kapitel zu haben. Am Ende der Sitzung sollten Sie *LEARN* sichern, bevor Sie APL2 verlassen.

5.1 Die Eigenschaften von Strukturgrößen

APL2 kennt zwei Typen von Daten: Zahlen und Zeichen. Eine Menge von Daten ist eine Strukturgröße. Eine Strukturgröße ist eine rechteckige Anordnung von Daten, die man die *Bestandteile* der Strukturgröße nennt. Jeder Bestandteil ist eine Zahl, ein Zeichen oder eine andere Strukturgröße. Die Zahl der Bestandteile in einer Strukturgröße wird auch als *Anzahl* bezeichnet.

Eine Strukturgröße, die aus Zeilen und Spalten besteht, wird häufig *Matrix* oder *Tabelle* genannt. Eine Matrix kann als Rechteck dargestellt werden:

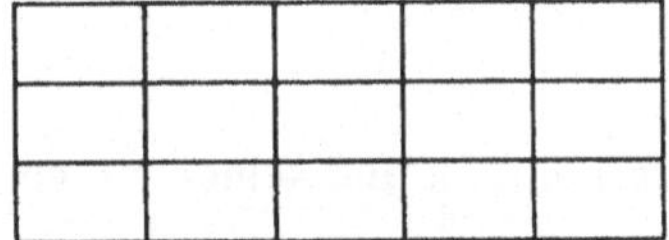

Man beachte, daß alle Zeilen und alle Spalten die gleiche Länge haben.

Nicht die Geometrie ist entscheidend, sondern die Tatsache, daß jede Zeile und jede Spalte der Strukturgröße die gleiche Anzahl von Bestandteilen enthält. Mit anderen Worten, die Länge einer Zeile (oder Spalte) ist gleich der aller anderen Zeilen (oder Spalten). Der Begriff der *Rechteckigkeit* gilt auch für die Erweiterung auf Strukturgrößen mit einer beliebigen Anzahl von Ausdehnungen.

Die Ausdehnungen, entlang derer die Daten in einer Strukturgröße angeordnet sind, werden als die *Koordinaten* der Strukturgröße bezeichnet. Die Anzahl der Koordinaten einer Strukturgröße ist der *Rang* dieser Strukturgröße. Eine Tabelle aus Zeilen und Spalten hat zwei Koordinaten und daher den Rang 2. Ein Vektor (wie z.B. 1 2 3) erstreckt sich nur entlang einer Koordinate und hat den Rang 1. Eine einzige Zahl (wie z.B. 3) ist nicht entlang der Koordinate angeordnet und hat daher den Rang 0. Ein Rang von größer als 2 ist in APL2 für Strukturgrößen zulässig (typischerweise bis zum Rang 64) und hängt nur von der Implementierung ab.

Für Strukturgrößen vom Rang 0,1 oder 2 gibt es in APL2 spezielle Namen:

- Rang 0 — Skalar

- Rang 1 — Vektor

- Rang 2 — Matrix

Man sollte jedoch diesen Begriffen keine besondere Bedeutung beimessen. Eine einzige Zahl oder ein einzelnes Zeichen sind ein einfacher Skalar; es gibt auch Skalare, deren einziger Bestandteil eine nicht-skalare Strukturgröße ist (ein geschachtelter Skalar). Einem Vektor ist immer der Rang 1 zugeordnet. Man muß keine Kenntnisse der Vektorenalgebra besitzen, um APL2-Vektoren zu verstehen (obwohl ein Vektor in der Algebra in engem Zusammenhang mit einfachen numerischen APL2-Vektoren steht).

Da die Strukturgrößen rechteckig sind, lassen sich die Längen der einzelnen Koordinaten in einem einfachen numerischen Vektor darstellen. Dieser Vektor ist die Dimension der Strukturgröße; er ist das Resultat der Funktion **Dimension zeigen** (ρ), die in Kapitel 2 dargestellt wurde.

Strukturgrößen haben eine weitere Eigenschaft - die *Tiefe*. Die Tiefe kann am besten an einigen Beispielen klargemacht werden.

Einfache Skalare haben die Tiefe 0, wie z.B.:

```
2.345
'A'
```

Eine Strukturgröße, die nur Bestandteile mit der Tiefe 0 enthält, hat selbst die Tiefe 1, wie z.B.:

```
2  3  4
'ABC'
```

Eine Strukturgröße, die einen Bestandteil der Tiefe 1 enthält und keinen mit einer größeren Tiefe, hat selbst die Tiefe 2, wie z.B.:

```
(2  3)  (4  5)  (6  7)
'AB'  'CD'  'XYZ'
```

Für die Tiefe von Strukturgrößen gilt: Eine Strukturgröße, die einen Bestandteil der Tiefe *n* enthält und keinen mit einer größeren Tiefe, hat selbst die Tiefe *n + 1* (für *n* nicht kleiner als 0). Die folgende Strukturgröße hat die Tiefe 4:

```
(((2  3  4)  (5  6  7))  (2  3  4))  5
```

Gemäß ihrer Tiefe lassen sich Strukturgrößen wie folgt einteilen:

- Einfache Strukturgrößen — sie haben die Tiefe 0 oder 1
- Geschachtelte Strukturgrößen — sie haben eine Tiefe von 2 oder größer

Übungen zu 5.1

1. Welche der Strukturgrößen sind Skalare, welche sind Vektoren ?

    a. `'ABC'`
    b. `'A' 'B' 'C'`
    c. `'A' 'B'`
    d. `'A'`
    e. `2.3`
    f. `2 3`

2. Welches sind einfache und welches sind geschachtelte Strukturgrößen ? Geben Sie die Dimension und die Tiefe an:

    a. `'A' 'B' 'C'`
    b. `'A' 'B'`
    c. `'A'`
    d. `'A' 'B' 'C' 2.3`
    e. `'ABC' 2.3`
    f. `('ABC' 2.3) 'D'`
    g. `((ι3)(2.3 'ABC'))4`

3. Kann ein Skalar eine leere Strukturgröße sein ?

4. Gibt es einen Skalar, der keine Daten enthält ?

5.2 *Der Aufbau und die Anzeige von Strukturgrößen*

Unter Benutzung der Vektorschreibweise kann man Vektoren der Länge 2 oder größer erzeugen, solange ihre Bestandteile Skalare oder Vektoren der Länge 2 oder größer sind. Mit der Vektorschreibweise kann kein Vektor mit einem einzigen Bestandteil, ein Vektor mit null Bestandteilen oder eine Matrix erzeugt werden.

Die Funktion Strukturieren

Die Funktion **Strukturieren** (ρ) gestattet es, beliebige Strukturgrößen zu erzeugen. Der folgende Ausdruck ordnet die Zahlen von 1 bis 24 in einer Matrix an (Rang 2):

```
      A← 4 6ρι24
      A
 1  2  3  4  5  6
 7  8  9 10 11 12
13 14 15 16 17 18
19 20 21 22 23 24

      DISPLAY A
.+----------------.
↓ 1  2  3  4  5  6|
| 7  8  9 10 11 12|
|13 14 15 16 17 18|
|19 20 21 22 23 24|
'~----------------'
```

Diese Strukturgröße hat vier Zeilen und sechs Spalten. Bei der Anzeige einer Matrix setzt die Funktion *DISPLAY* Pfeile an den linken und den oberen Rand.

Das Beispiel benutzt die Funktion **Indexvektor bilden** (ι) als eine bequeme Möglichkeit, um Daten zu erzeugen; das rechte Argument kann natürlich beliebige Daten enthalten und die Wirkung von **Strukturieren** bleibt die gleiche. Das linke Argument von **Strukturieren** bildet die Dimension der gewünschten Strukturgröße und das rechte Argument stellt die Werte dar, die die Bestandteile der gewünschten Strukturgröße bilden.

Der Rang des Resultats von **Strukturieren** ist die Länge des linken Arguments. Im vorangegangenen Beispiel besteht das linke Argument aus zwei Zahlen, deshalb hat die Strukturgröße den Rang 2.

Man kann **Strukturieren** auch zur Bildung anderer Strukturgrößen verwenden. Im folgenden Beispiel wird eine Strukturgröße vom Rang 3 erzeugt:

```
      B←2 3 4ρι24
      B
 1  2  3  4
 5  6  7  8
 9 10 11 12

13 14 15 16
17 18 19 20
21 22 23 24
```

Die Strukturgröße *B* hat zwei Ebenen, jede Ebene hat drei Zeilen und vier Spalten. Die Anzeige erfolgt in der Form von zwei Strukturgrößen des Ranges 2, die durch eine Leerzeile voneinander getrennt sind. Die Anordnung und der Zwischenraum weisen darauf hin, daß es sich um ein Strukturgröße vom Rang 3 handelt. Wenn man mit *DISPLAY* eine Strukturgröße vom Rang 3 anzeigt, enthält das Resultat zwei senkrechte Linien am linken Rand, die beide einen Pfeil enthalten:

```
      DISPLAY B
..+-----------.
↓↓  1  2  3  4|
 |  5  6  7  8|
 |  9 10 11 12|
 |
 | 13 14 15 16|
 | 17 18 19 20|
 | 21 22 23 24|
 '∼-----------'
```

Das rechte Argument der Funktion **Strukturieren** muß kein Vektor sein. APL2 beachtet die Struktur des rechten Arguments nicht, sondern wählt die Bestandteile in *Zeilen-Hauptreihenfolge* aus (d.h. alle Bestandteile der Zeile 1 werden vor allen Bestandteilen der Zeile 2 verwendet und so weiter). Die Strukturgröße *B* kann auch so erzeugt werden:

```
      B←2 3 4ρA
```

In der gleichen Weise werden Strukturgrößen von höherem Rang erzeugt; das folgende Beispiel zeigt eine Strukturgröße vom Rang 4:

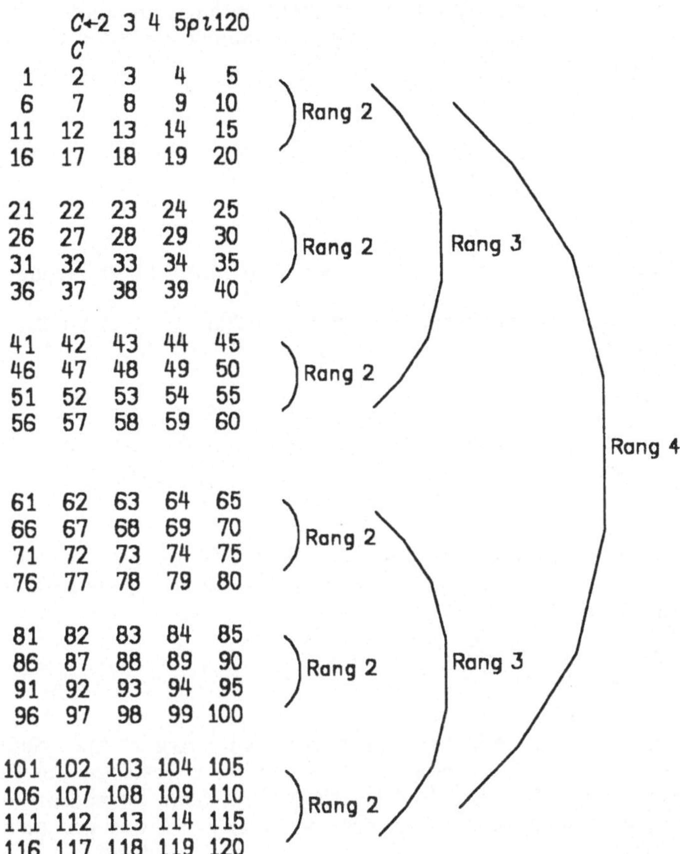

Die Strukturgröße vom Rang 4 wird in der Form von zwei Strukturgrößen des Ranges 3 dargestellt, die durch zwei Leerzeilen voneinander getrennt sind. Jede der Strukturgrößen vom Rang 3 wird als drei Strukturgrößen vom Rang 2 dargestellt, die durch eine Leerzeile voneinander getrennt sind.

Für die Anzeige von Strukturgrößen vom Rang n gilt: Die Teile vom Rang n-1 werden so angezeigt, daß sie durch n-2 Leerzeilen voneinander getrennt sind (für n größer als 1).

In höherrangigen Strukturgrößen stellt die am weitesten rechts stehende Koordinate die *Spalten* dar, die zweite Angabe von rechts bezeichnet die *Zeilen*, die dritte Angabe von rechts die *Ebenen*. Alle anderen Koordinaten haben normalerweise keine Namen, häufig bezeichnet man sie zusammen als *Hyperebenen*.

Es ist nicht erforderlich, daß alle Bestandteile des rechten Arguments zur Erzeugung des Resultats von **Strukturieren** verwendet werden. Im folgenden Beispiel werden nur die ersten sechs Bestandteile des rechten Arguments benutzt.

          D←2 3ρA
          D
    1 2 3
    4 5 6

Wenn das rechte Argument nicht genug Bestandteile enthält, um das Resultat zu erzeugen, werden aus dem rechten Argument die Bestandteile immer wieder ausgewählt, wie es das folgende Beispiel zeigt:

```
      E←3  3ρ 1  0  0  0
      E
 1  0  0
 0  1  0
 0  0  1
```

Die 1 wird dreimal und jede 0 zweimal benutzt, um das Resultat zu erzeugen.

Wenn das rechte Argument nur einen Bestandteil enthält, wird dieser zum Erzeugen des Resultats verwendet:

```
      F←3  3ρ0
      F
 0  0  0
 0  0  0
 0  0, 0
```

Mit der Funktion **Strukturieren** kann man sehr einfach Vektoren erzeugen, in denen sich die Werte wiederholen, da die Funktion das rechte Argument solange abarbeitet, wie es das linke Argument vorgibt:

```
      9ρ 1  2  3
 1  2  3  1  2  3  1  2  3
```

Alle bisherigen Beispiele verwendeten numerische rechte Argumente. Selbstverständlich kann das rechte Argument aus irgendwelchen Bestandteilen bestehen; das Resultat ist eine Strukturgröße, in der die Bestandteile des rechten Arguments so angeordnet sind, wie es das linke Argument vorschreibt. Ein hypothetisches Beispiel, das sich nicht zur Eingabe in APL2 eignet:

```
      G←2  2ρ (item 1)  (item 2)  (item 3)  (item 4)
```

G besteht aus zwei Zeilen und aus zwei Spalten und die vier Bestandteile sind wie folgt angeordnet:

item 1	item 2
item 3	item 4

Jeder Bestandteil der Matrix kann irgendeine Strukturgröße sein.

Es folgt ein in APL2 ausführbares Beispiel:

```
      G←2 2ρ A 'TWO' F (3 4)
      G
  1  2  3  4  5  6      TWO
  7  8  9 10 11 12
 13 14 15 16 17 18
 19 20 21 22 23 24

  0  0  0                3 4
  0  0  0
  0  0  0


      DISPLAY G
 .+- - - - - - - - - - - - - - - -.
↓.+- - - - - - - - - - - -.  .+- -.
|↓ 1  2  3  4  5  6|  |TWO|
|  7  8  9 10 11 12|  '- - -'
| 13 14 15 16 17 18|
| 19 20 21 22 23 24|
'~- - - - - - - - - - - -'
 .+- - - - -.        .+- -.
|↓0  0  0|          |3 4|
| 0  0  0|          '~- -'
| 0  0  0|
'~- - - - -'
'ε- - - - - - - - - - - - - - - -'
```

Das rechte Argument ist ein Vektor mit vier Bestandteilen. Der erste und der dritte Bestandteil sind der Inhalt der Variablen A und F, die in früheren Beispielen gebildet wurden. Der zweite und der vierte Bestandteil sind die oben dargestellten Vektoren. Zur Erinnerung: Wenn man vier Bestandteile nebeneinander schreibt, erhält man einen Vektor mit vier Bestandteilen.

Das gleiche Ergebnis hätte man auch ohne die Eingabe der Variablen A und F durch den folgenden Ausdruck erzielt:

```
      G←2 2ρ (4 6ρι24) 'TWO' (3 3ρ0) (3 4)
```

Da man **Strukturieren** selbst innerhalb des rechten Arguments der Funktion **Strukturieren** verwenden kann, ist es möglich beliebige APL2-Strukturgrößen mit Hilfe von **Strukturieren** und der Vektorschreibweise zu erzeugen.

Mit **Strukturieren** können Strukturgrößen beliebigen Ranges, mit der Vektorschreibweise nur solche vom Rang 1 erzeugt werden. Die Funktion **Strukturieren** kann auch Strukturgrößen vom Rang 1 generieren, einschließlich solcher, die mit der Vektorschreibweise nicht darstellbar sind, nämlich Vektoren mit weniger als zwei Bestandteilen.

```
      1ρ5
5
```

Es handelt sich nicht um eine skalare 5, auch wenn dies in der Anzeige so scheint. Es ist ein Vektor mit einem Bestandteil, der Zahl 5:

```
      DISPLAY 1ρ5
.+.
|5|
'~'
```

Mit **Strukturieren** kann man auch einen Vektor erzeugen, der keinen Bestandteil enthält:

```
0ρ5
```

Das Resultat ist ein leerer Vektor. Er wird als eine Zeile ohne Daten angezeigt.

Eine leere Strukturgröße kann auch Bestandteil einer nicht-leeren Strukturgröße sein:

```
H← 2 3ρ( 2  3 )( ι0 )( 0  5ρ0 )( 4  5 )  ' '  'ABC'
H
2  3


4  5      ABC
```

Die leeren Strukturgrößen werden als Leerzeichen angezeigt.

Die Funktion $DISPLAY$ setzt ϕ in die linke Umrandung, wenn eine Matrix null Zeilen hat
und $\ominus$ in den oberen Rand, wenn eine Matrix null Spalten hat:

```
    DISPLAY H
.+------------------------------.
↓ .+--. .⊖. .+----------.       |
| |2 3| |0| φ0 0 0 0 0|         |
| '~--' '~' '~--------'         |
| .+--. .⊖. .+--.               |
| |4 5| | | |ABC|               |
| '~--' '-' '---'               |
'∊-----------------------------'
```

Die Standardanzeige von Strukturgrößen

Einige Beispiele der Darstellung von Strukturgrößen auf einer Ausgabeeinheit wurden bereits gezeigt. Diese Darstellungen sind im wesentlichen rechteckige Anordnungen der Bestandteile. Die Kenntnis der Regeln für diese Darstellungen kann die Interpretaion der
Ausgabe erleichtern. Diese Regeln können bei den einzelnen Implementierungen leichte
Unterschiede aufweisen - man sollte in jedem Fall die Dokumentation dazu lesen. Die
nachstehenden Regeln und Beispiele beziehen sich auf die Implementierung von APL2 der
Firma IBM

1. Die Spaltenbreite hängt nur von den Daten in der Spalte ab. Jede Spalte ist nur so
    breit wie erforderlich:

```
1   1   1    1      1      1       1        1
2   4   8   16     32     64     128      256
3   9  27   81    243    729    2187     6561
4  16  64  256   1024   4096   16384    65536
```

2. Wenn ein Spalte eine Zahl enthält, wird sie durch mindestens ein Leerzeichen von den
    benachbarten Spalten getrennt. Innerhalb einer Spalte werden Zahlen rechtsbündig
    über dem Dezimalpunkt ausgerichtet. Wenn benachbarte Spalten nur skalare Zeichen
    enthalten, werden sie nicht durch Leerzeichen getrennt. Das nächste Beispiel zeigt eine
    Strukturgröße mit 3 Zeilen und 7 Spalten; die Spalten 1,2 und 3 enthalten Zahlen, die

Spalten 4,5 und 6 bestehen nur aus Zeichen und die Spalte 7 ist eine Mischung aus Zahlen und Zeichen:

```
1   2   3  DOG  5
8  19  10  CAT  7
8   7   6  MAN  D
```

3. Wenn ein Spalte nur Zeichenvektoren oder -skalare enthält, werden diese linksbündig dargestellt. Im nächsten Beispiel enthält die Spalte 1 Zeichenvektoren und die Spalte 2 nur Zahlen:

```
YEAR   1988
MONTH     2
DAY      23
```

4. Wenn eine Spalte sowohl Zeichenvektoren als auch Zahlen enthält, werden die Zeichenvektoren rechtsbündig ausgerichtet. Die folgende Strukturgröße enthält in Zeile 1 Zeichenvektoren, alle andern Zeilen enthalten Zahlen:

```
COL1 COL2 COL3 COL4 COL5 COL6   COL7    COL8
  1    1    1    1    1    1      1       1
  2    4    8   16   32   64    128     256
  3    9   27   81  243  729   2187    6561
  4   16   64  256 1024 4096  16384   65536
```

5. Andere geschachtelte Strukturgrößen werden für jede Stufe der Schachtelung (Tiefe) mit einem führenden und einem nachgestellten Leerzeichen versehen. Das folgende schon bekannte Beispiel zeigt dieses:

```
1   2   3   4    TWO
5   6   7   8
9  10  11  12

0  0  0          3  4
0  0  0
```

Drei Leerzeichen trennen die Spalten: Das erste ist das nachgestellte Leerzeichen für die geschachtelten Bestandteile in Spalte 1; das nächste trennt die Zeichen- von der Zahlenspalte; das dritte ist das führende Leerzeichen für die Spalte 2.

6. Wenn eine Strukturgröße breiter ist als es die Ausgabeeinheit zuläßt, wird die Strukturgröße nahe dem rechten Rand abgeschnitten und die Ausgabe, um sechs Stellen eingerückt, in den Folgezeilen fortgesetzt:

```
1   1   1    1      1       1       1         1
2   4   8   16     32      64     128       256
3   9  27   81    243     729    2187      6561
4  16  64  256   1024    4096   16384     65536
5  25 125  625   3125   15625   78125    390625

              1          1          1
            512       1024       2048
          19683      59049     177147
         262144    1048576    4194304
        1953125    9765625   48828125
```

Kann man die Eigenschaften einer Strukturgröße zweifelsfrei bestimmen, wenn man ihre Anzeige sieht und die Ausgaberegeln kennt? Betrachten wir das folgende Beispiel. Kann man bestimmen, um welche Art von Strukturgröße es sich handelt?

```
    1  2  3
```

Handelt es sich um einen numerischen Vektor mit den drei Bestandteilen 1,2 und 3? Man könnte das glauben, aber die folgenden Ausdrücke erzeugen die gleiche Ausgabe:

```
    1 '2' 3
    1 3ρ 1 2 3
    '1 2 3'
```

Im allgemeinen ist eine zweifelsfreie Aussage über Strukturgrößen nicht möglich, wenn man nur ihre Anzeige betrachtet. APL2 gibt die Daten ohne Hinweis auf ihren Typ oder ihre Struktur aus. Wenn man den Wert, Typ und die Struktur einer Strukturgröße ermitteln will, muß man geeignete Funktionen verwenden. In Abschnitt 5.3 werden diejenigen Funktionen behandelt, die diese Informationen liefern.

Die Anwendung der Funktion *DISPLAY*

Die Funktion *DISPLAY* wurde bereits mehrfach verwendet um Strukturgrößen anzuzeigen. Die folgende Tabelle zeigt die Symbole, die von der Funktion *DISPLAY* verwendet werden:

	Position	Bedeutung
_	Unter einem Zeichen	Skalares Zeichen
→	Oberer Rand	Vektor oder Strukturgröße höheren Ranges
~	Unterer Rand	Numerischer Inhalt
+	Unterer Rand	Gemischte Daten
⊖	Oberer Rand	Leerer Vektor oder Strukturgröße höheren Ranges
↓	Linker Rand	Matrix oder Strukturgröße höheren Ranges
φ	Linker Rand	Leere Matrix oder Strukturgröße höheren Ranges
ε	Unterer Rand	Geschachtelte Strukturgröße

Tabelle 5.1 Zusammenfassung der *DISPLAY* Symbole

Übungen zu 5.2

1. Geben Sie die Dimension und das Resultat der folgenden Ausdrücke an:

    a. `4ρ'ABCD'`
    b. `6ρ'ABCD'`
    c. `3ρ'ABCD'`
    d. `3ρ'AB' 'CD'`
    e. `4 1ρ 'ABCD'`
    f. `2 3ρ 'AB' 5`
    g. `2 2ρ 'BUILT' 25 'SHIPPED' 20`

2. Schreiben Sie einen Ausdruck, der eine Anzeige von fünf Leerzeilen erzeugt.

3. Erstellen Sie eine definierte Funktion, die N Leerzeilen erzeugt.

4. Gegeben seien die folgenden Variablen:

    ```
    D ← 5 10 15 20 1 3 6 12
    A ← 3 2
    R ← 4
    C ← 3
    ```

    Geben Sie einen allgemeingültigen Ausdruck an, der die Strukturgröße D verwendet und

    a. daraus eine Strukturgröße erzeugt, die die Zahl der Zeilen von R und die Zahl von Spalten aus C enthält.

    b. eine Strukturgröße mit drei Spalten und so vielen Zeilen wie D Bestandteile enthält, erzeugt.

    c. eine Strukturgröße erzeugt, die eine Zeilenanzahl enthält, die dem 3-fachen der Länge von D entspricht. Die Anzahl der Spalten sei das Produkt von R und C.

5. Eine Identitätsmatrix ist eine Matrix, die nur aus Nullen besteht, ausgenommen die Hauptdiagonale, die aus Einsen besteht. Das Beispiel zeigt eine 3 x 3 Identitätsmatrix:

    ```
    1 0 0
    0 1 0
    0 0 1
    ```

    Gegeben sei eine nicht-negative Ganzzahl N. Schreiben Sie einen Ausdruck unter der Verwendung von **Verketten** und **Strukturieren** zu Erzeugung einer N x N Identitätsmatrix.

6. Schreiben Sie einen Ausdruck, der eine 2 x 3 Strukturgröße erzeugt, die keine Daten enthält.

7. Gegeben sei eine nicht-leere Strukturgröße AR; schreiben Sie einen Ausdruck, der nur
    Strukturieren und Vektorschreibweise verwendet und die folgenden Strukturgrößen
    erzeugt:

    a. Einen Vektor mit fünf Bestandteilen, wobei jeder Bestandteil der Inhalt von AR
        ist.
    b. Einen Vektor, dessen Bestandteile die Bestandteile von AR sind.
    c. Einen Skalar, dessen einziger Bestandteil der Inhalt von AR ist.

5.3 Strukturgrößen messen

Dieser Abschnitt behandelt die wesentlichen Funktionen zur Ermittlung der Eigenschaften
von Strukturgrößen: **Dimension zeigen**, **Rang**, **Anzahl** und **Tiefe**.

Dimension zeigen

Die Verwendung von **Dimension zeigen** im Zusammenhang mit Vektoren und Skalaren
wurde bereits erörtert. Die Funktion läßt sich auf beliebige Strukturgrößen anwenden und
liefert als Resultat einen Vektor von ganzen Zahlen, der die Dimension der Strukturgröße
angibt. Die folgenden Beispiele zeigen die Dimensionen einiger Strukturgrößen, die mit
Strukturieren erzeugt wurden:

```
        A←4  6ρι24
        ρA
  4  6
        B←2  3  4ρι24
        ρB
  2  3  4
        C←2  3  4  5ρι120
        ρC
  2  3  4  5
```

Auf eine leere Strukturgröße angewendet, liefert **Dimension zeigen** einen Vektor, der mindestens eine Null enthält:

```
        ρι0
  0
        ρ  0  5ρ0
  0  5
```

Zwischen **Dimension zeigen** und **Strukturieren** besteht folgende Identität:

$$A \;\leftrightarrow\; (\rho A)\rho A \qquad \text{für eine beliebige Strukturgröße } A$$

Die Identität sagt aus, daß, wenn man eine Strukturgröße A mit ihrer Dimension strukturiert, als Resultat die Strukturgröße A erzeugt wird.

Rang

Dimension zeigen ermittelt auch den Rang einer Strukturgröße. Da **Dimension zeigen** die
Dimension beliebiger Strukturgrößen ermittelt, kann die Funktion auch auf das Resultat
dieser Funktion angewendet werden. Im Ausdruck $\rho\rho A$ erzeugt das rechte ρ den Dimensionsvektor; das linke ρ ermittelt die Anzahl der Bestandteile des Dimensionsvektors und
stellt somit den Rang der Strukturgröße fest:

```
        ρρA
2
        ρρB
3
        ρρC
4
```

Man beachte, daß **Dimension zeigen** immer einen Vektor liefert; deshalb ist das Ergebnis
immer ein Vektor mit einem Bestandteil:

```
      DISPLAY ρρA
.→.
|2|
'~'
```

Die Anzahl

Man kann die Anzahl der Bestandteile einer Strukturgröße aus dem Dimensionsvektor ermitteln. Die Strukturgröße der Dimension 2 3 5 hat natürlich $2\times3\times5$ Bestandteile. Die
Multiplikations-Reduktion ($\times/$) errechnet die Anzahl:

```
        ×/ρA
24
        ×/ρB
24
        ×/ρC
120
```

In einer geschachtelten Strukturgröße werden die Bestandteile von Bestandteilen nicht ge-
zählt. Somit ist die Anzahl eines Vektors mit zwei Bestandteilen immer 2, gleichgültig
wieviele Bestandteile in jedem der beiden Bestandteile enthalten sind:

```
        ×/ρ(1 2)(2 5ρ⍳10)
2
```

Man kann **Für jeden Bestandteil** verwenden, um die Anzahl innerhalb jeden Bestandteils
zu ermitteln:

```
        ×/¨ρ¨(1 2)(2 5ρ⍳10)
2 10
```

Ein Skalar enthält nur einen Bestandteil:

```
        ×/ρ2.345
1
```

Die Tiefe

Die einstellige Funktion **Tiefe** (≡) mißt die Tiefe einer Strukturgröße. Auf einen einfachen Skalar angewendet, ist das Resultat eine Null:

```
      ≡5
0
      ≡'X'
0
```

Anders als **Dimension zeigen** (ρ), ist das Ergebnis von **Tiefe** (≡) ein einfacher Skalar:

```
      DISPLAY  ≡5

0
```

Die Tiefe anderer Strukturgrößen, die nur einfache Skalare enthalten, ist 1:

```
      ≡A
1
      ≡C
1
```

Die Tiefe einer Strukturgröße, die mindestens eine Strukturgröße der Tiefe 1 enthält und keine weitere mit einer größeren Tiefe, ist 2:

```
      ≡G
2
```

Die Tiefe einer Strukturgröße kann leicht aus der Anzeige des Resultats der Funktion *DISPLAY* ermittelt werden. Wenn man eine Gerade von außen nach innen zu einem einfachen Skalar zieht und bei jedem Eintritt in einen Rahmen eine 1 addiert und beim Verlassen des Rahmens ¯1 addiert, erhält man die Tiefe dieses Skalars. Die größte Zahl, die man erhält, wenn man das für jeden Skalar durchführt, ist die Tiefe der Strukturgröße.

Das nächste Beispiel zeigt eine Strukturgröße der Tiefe 4:

```
      T←( 2 2ρ'ABC' 'DE' ((1↑5)(ι2)) 10) 'ABC'
      DISPLAY T
```

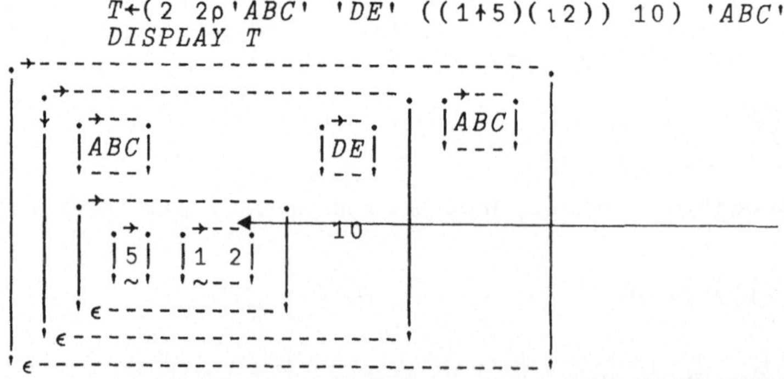

Wie man sieht, kreuzt die Gerade zu den Ziffern 1 2, von rechts her gesehen, die meisten Kanten (vier); das gleiche gilt, wenn man zur Zahl 5 von links her eine Gerade zieht.

Man beachte, daß die **Tiefe** (≡) keine Aussagen über die Dimension oder den Inhalt von Strukturgrößen zuläßt, sondern nur die maximale Tiefe der Schachtelung ermittelt.

Übungen zu 5.3

1. Geben Sie die Dimension, den Rang, die Anzahl und die Tiefe für folgende Strukturgrößen an. Schreiben Sie einen Vektor *N* mit einem Bestandteil als 1ρ*N*, um ihn in der Antwort von einem Skalar zu unterscheiden.

    a. 2
    b. 3 4
    c. '*ABC*'
    d. '*AB*'
    e. '*A*'
    f. '*A*' '*B*' '*C*'
    g. '*A*' '*B*' '*C*' 2.3
    h. (1 2 3)(4 5)
    i. '*ABC*' 2.3
    j. ('*ABC*' 2.3) '*D*'
    k. ((ι3)('*ABC*' 2.3)) 4

2. Schreiben Sie einen Ausdruck, der das Resultat für **Dimension zeigen-Für jeden Bestandteil** (ρ¨) für jeden Ausdruck in Übung 1 darstellt. Schreiben Sie z.B. für die Strukturgröße (1 2 3) (4 5) 6 das Ergebnis (1ρ3) (1ρ2) (ι0).

3. Erstellen Sie für Ihren Werkzeugkasten eine einstellige Funktion *DISP*, die folgende Ausgabe erzeugt:

```
          DISP ι¨ι3
   DIMENS:   3   TIEFE:   2   ANZAHL:    3
   .+- - - - - - - - - - - - - - - - - - .
   |                                     |
   | .+. .+- -. .+- - - -.               |
   | |1| |1 2| |1 2 3|                   |
   | !~! !~- -! !~- - - -!               |
   |                                     |
   ! ε- - - - - - - - - - - - - - - - - !
```

4. Wenden Sie die Funktion *DISP* auf das Resultat von *DISPLAY* an, wenn dessen Argument eine geschachtelte Strukturgröße ist, wie z.B.:

```
          DISP DISPLAY ι¨ι4
```

5.   Gegeben seinen die folgenden Variablen:

```
A←2 3ρι6
B←5
C←'APL2'
D←A B C
E←A B
```

Geben Sie den Wert, die Dimension und die Tiefe der Resultate folgender Ausdrücke
an:

a. D
b. A 8
c. A 8-2
d. A (8-2)
e. A A+100
f. A (A+100)
g. C
h.   'A' 'P' 'L'
i.   'APL'
j.   'A' 'P''L'
k.   'AP' 'L'
l. A B × 10 A
m.   1 (2 3)+(1 2 3) 4
n.   (D)(≡D)
o. A(10 (20 30))
p. B+0 1 2
q. B (B+1)(B+2)
r. B(B+1)B+2
s. B B+1 (B+2)
t. B B+1 B+2

5.4 *Entstrukturieren und geschachteltes Strukturieren von Strukturgrößen*

Aufreihen und **Einfach Aufreihen** sind Funktionen, die die Struktur ignorieren und ihr
Argument in einen Vektor umformen. **Einschließen** und **Öffnen** sind Funktionen, die die
Tiefe von Strukturgrößen verändern.

Aufreihen

Die einstellige Funktion **Aufreihen** kann mit dem Abwickeln eines Wollknäuels verglichen
werden. Die Bestandteile des Arguments werden einfach als Vektor angeordnet; da alle
Bestandteile in das Resultat übernommen werden, bleibt die Anzahl der Bestandteile unverändert. Solange die Funktion nicht auf einen Skalar angewendet wird, bleibt die Tiefe
unverändert. Der Rang des Ergebnisses ist immer 1. Betrachten wir dazu ein Beispiel:

```
      B←2 3 4ρι24
      ,B
1 2 3 4 5 6 7 8 9 10 11 12 13 14 15 16 17 18 19
      20 21 22 23 24
      ρ,B
24

      G←2 2ρ (4 6ρι24) 'TWO' (3 3ρ0) (3 4)
      ,G
  1  2  3  4  5  6     TWO      0 0 0     3 4
  7  8  9 10 11 12              0 0 0
 13 14 15 16 17 18              0 0 0
 19 20 21 22 23 24
      ρ,G
4
      ρρ,G
1
```

Aufreihen entfernt keine Bestandteile oder fügt Bestandteile hinzu - die Funktion ordnet
sie nur in einem Vektor an. Wenn im Argument ein leerer Bestandteil vorkommt, erscheint
er auch im Resultat:

```
      H← 2 3ρ( 2 3)(ι0)( 0 5ρ0)(4 5)  '' 'ABC'
      ,H
  2 3                4 5    ABC
```

```
      DISPLAY ,H
.→----------------------------------------------.
| .→--. .⊖. .→---------. .→--. .⊖. .→--.          |
| |2 3| |0| φ0 0 0 0 0| |4 5| | | |ABC|          |
| '~--' '~' '~---------' '~--' '-' '---'          |
'∈----------------------------------------------'
```

Aufreihen und **Strukturieren** stehen über folgende Identität miteinander in Beziehung:

$$,A \leftrightarrow (\times/\rho A)\rho A \qquad \text{Für eine beliebige Strukturgröße } A$$

Man beachte, daß $\times/\rho A$ die Anzahl der Bestandteile in einer Strukturgröße ermittelt. Eine
einzige Zahl im linken Argument von **Strukturieren** führt zu einem Vektor dieser Länge im
Resultat. **Aufreihen**, wie auch **Strukturieren**, wird oft eingesetzt, um die Einschränkung der
Vektorschreibweise zu umgehen. In der Vektorschreibweise können Vektoren mit weniger
als zwei Bestandteilen nicht dargestellt werden. Wenngleich 2 3 ein Vektor mit zwei Bestandteilen ist, so ist 2 kein Vektor mit einem Bestandteil, sondern ein einfacher Skalar.
Um einen Vektor mit einem Bestandteil aus einem einfachen Skalar zu erzeugen, können
die beiden gleichwertigen Ausdrücke verwendet werden:

```
      ,2
2
      1ρ2
2
```

Einfach Aufreihen

Die einstellige Funktion **Einfach Aufreihen** (ϵ) erzeugt einen Vektor, bewahrt jedoch nicht alle Eigenschaften der Strukturgröße wie Rang, Dimension, Tiefe und Anzahl. **Einfach Aufreihen** liefert immer einen einfachen Vektor, der aus allen einfachen Skalaren der Strukturgröße gebildet wird, wie es das folgende Beispiel zeigt:

```
      G←2 2ρ (4 6ρι24) 'TWO' (3 3ρ0) (3 4)
      εG
 1 2 3 4 5 6 7 8 9 10 11 12 13 14 15 16 17 18 19
      20 21 22 23 24 TWO 0 0 0 0 0 0 0 0 0 3 4
      ρεG
38
```

Dabei ist zu beachten, daß die Bestandteile des Resultats in der Zeilen-Hauptreihenfolge auftreten. Jeder einfache Skalar des ersten Bestandteils wird vor den anderen einfachen Skalaren der folgenden Bestandteile in das Ergebnis übernommen.

Wenn im Argument der Funktion leere Bestandteile auftreten, werden diese nicht in das Ergebnis übernommen:

```
      H← 2 3ρ(2 3)(ι0)(0 5ρ0)(4 5) '' 'ABC'
      εH
2 3 4 5 ABC
      ρεH
7

      DISPLAY εH
.+----------.
|2 3 4 5 ABC|
'+----------'
```

Wenn das Argument von **Einfach Aufreihen** eine einfache Strukturgröße ist, ist das Resultat mit dem der Funktion **Aufreihen** identisch:

```
      ,S  ↔  εS        für die einfache Strukturgröße S
```

Geschachteltes Strukturieren einer Strukturgröße: Einschließen

Strukturieren (ρ) ordnet die Bestandteile des Arguments an, wenn nötig durch Wiederholung. Die Tiefe wird nur dann erhöht, wenn ein Skalar in eine nicht-skalare Strukturgröße überführt wird. Wenn nicht alle Argumente des rechten Arguments zur Bildung des Resultats verwendet werden, kann die Tiefe des Ergebnisses geringer sein, als die Tiefe des Arguments:

```
      ≡ 1 2 'ABC'
2
      ≡ 2ρ1 2 'ABC'
1
```

Die einstellige Funktion **Einschließen** ($\subset$) ordnet, wie **Strukturieren**, die Daten einer Strukturgröße neu an. Mit Ausnahme einfacher Skalare, ist die Tiefe des Resultats um 1 größer als die Tiefe des Arguments. Das Ergebnis von **Einschließen**, angewendet auf einen einfachen Skalar, ist dieser einfache Skalar. Seine Tiefe bleibt unverändert.

Einschließen hat nur ein Ziel: Die Erzeugung von Skalaren. Aus einer Strukturgröße erzeugt **Einschließen** einen Skalar, dessen einziger Bestandteil die Strukturgröße selbst ist. Immer dann, wenn man die Funktion **Einschließen** sieht, sollte man an Skalare denken.

Der Rang des Resultats von **Einschließen** ist immer Null - d.h. **Einschließen** produziert immer einen Skalar. Die folgende Identität drückt diese Tatsache aus:

$$,0 \quad \leftrightarrow \quad \rho\rho\subset A \qquad \text{für alle } A$$

Immer dann, wenn man an der Struktur nicht interessiert ist, kann man die Strukturgröße mit **Einschließen** in einen Skalar überführen. Wenn man z.B. eine Anwendung schreibt, in der Personennamen vorkommen, kann die Tatsache, daß der Name *Shakespeare* aus 11 Zeichen besteht, uninteressant sein.

```
      ρ'SHAKESPEARE'
11
```

Wenn man diesen Vektor mit 11 Bestandteilen einschließt, kann man das Ergebnis als eine Einheit in der Anwendung verwenden.

```
      ρ⊂'SHAKESPEARE'
   ←(leerer Vektor)
```

In Kapitel 2 sahen wir folgenden Ausdruck, der einen Vektor mit drei Namen mit einem Namensvektor verkettet:

```
      WHAT←ι0
      WHAT←WHAT,'LPS' 'TAPES' 'CDS'
```

Dieser Ausdruck fügte drei Bestandteile an den Vektor *WHAT*, da das rechte Argument von **Verketten** ein Vektor mir drei Bestandteilen ist. Angenommen man möchte einen weiteren Bestandteil an den Vektor anhängen, z.B. die Zeichenfolge *'VIDEOTAPES'*, dann könnte man versucht sei, den folgenden Ausdruck einzugeben (tun Sie es bitte nicht):

```
      WHAT←WHAT,'VIDEOTAPES'
```

In der obigen Form würde das rechte Argument von **Verketten**, ein Vektor mit 10 Bestandteilen an den Vektor *WHAT* angefügt - also nicht das, was beabsichtigt war. Durch die Verwendung von **Einschließen** macht man aus dem Vektor von 10 Bestandteilen einen Skalar:

```
      WHAT←WHAT,⊂'VIDEOTAPES'
```

Mit diesem Ausdruck wird ein Name mit dem Vektor *WHAT* verkettet:

```
      WHAT
   LPS TAPES CDS VIDEOTAPES
```

Anmerkung: IBM's APL2 Release 3 verfügt über eine zweistellige Funktion **Gruppieren**, die in engem Zusammenhang mit **Einschließen** steht. Diese Funktion wird im Anhang F behandelt.

Geschachteltes Strukturieren einer Strukturgröße: Öffnen

Die einstellige Funktion **Öffnen** macht in ihrer einfachsten Form die Wirkung der Funktion **Einschließen** rückgängig. Für ein skalares Argument erzeugt **Öffnen** die Strukturgröße, die der einzige Bestandteil des Skalars ist:

```
      SX←⊂2 3ρι6
      ⊃SX
1 2 3
4 5 6
```

Es gilt immer die folgende Beziehung zwischen **Einschließen** und **Öffnen**:

$$A \quad \leftrightarrow \quad \supset \subset A$$

Die Funktion **Öffnen** kann jedoch mehr, als nur das Resultat von **Einschließen** rückgängig zu machen. So kann man z.B. einen geschachtelten Vektor in eine Matrix umwandeln.

Wir kennen bereits den Vektor:

```
      PRD←('LPS' 6.95)('TAPES' 7.95)('CDS' 12.95)
      PRD
LPS 6.95      TAPES 7.95      CDS 12.95
```

Diese Strukturgröße hat die Tiefe 3 und enthält pro Bestandteil den Artikelnamen und dessen Verkaufspreis. Die Funktion **Öffnen** verwandelt diesen Vektor in eine Matrix; jeder Bestandteil von *PRD* ergibt eine Zeile in der Matrix.

```
      PRDTBL←⊃PRD
      PRDTBL
LPS      6.95
TAPES    7.95
CDS     12.95
```

Das Resultat ist eine Strukturgröße der Tiefe 2 mit einem Artikel und einem Preis pro Zeile:

```
      ρPRDTBL
3 2
```

Übungen zu 5.4

1. Geben Sie die Dimension und die Tiefe der Resultate folgender Ausdrücke an:

    a. `,2 3ρι6`
    b. `ε2 3ρι6`
    c. `,2 2ρ 'ABC:' 5 'XY:' 6`
    d. `ε2 2ρ 'ABC:' 5 'XY:' 6`

2. Gegeben seien die Variablen:

    ```
    A← 3 4ρι12
    B← 3
    C← 'APL'
    D← A B C
    ```

    Geben Sie die Dimension und die Tiefe des Resultats für jeden der folgenden Ausdrücke an:

    a. `B C`
    b. `D`
    c. `⊂D`
    d. `⊂⊂D`
    e. `⊂B C`
    f. `⊃B C`
    g. `⊃⊂A`
    h. `⊃ B (B×5) (B×10)`
    i. `⊃ A (A×10)`

3. Schreiben Sie einen Vektor mit drei Bestandteilen, der zu einem leeren Resultat führt, wenn man **Einfach Aufreihen** auf ihn anwendet.

4. Schreiben Sie einen Ausdruck, mit dem eine 2 x 3 Matrix erzeugt wird. Jeder Bestandteil soll der Name `'RAY'` sein.

5. Gegeben sei ein einfacher Vektor von nicht-negativen Zahlen. Schreiben Sie einen Ausdruck, der ein horizontales Balkendiagramm erzeugt. So soll z.B. aus `V←4 1 3 0 2` die einfache Zeichenmatrix entstehen:

    ```
    ▯▯▯▯
    ▯

    ▯▯▯

    ▯▯
    ```

6. Schreiben Sie einen Ausdruck, der den zweiten Bestandteil des Vektors V durch eine Matrix ersetzt.

7. Der Vektor VV soll wie folgt aussehen:

    ```
    VV←'DISTRIBUTION' 'OF' 'SCORES'
    ```

    Schreiben Sie einen Ausdruck, der einen einfachen Vektor erzeugt, in dem alle Worte durch ein Leerzeichen voneinander getrennt sind. Für VV entsteht dann:

'*DISTRIBUTION OF SCORES* '

5.5 Bearbeiten einer Strukturgröße entlang einer Koordinate

Einer der Gründe für die Mächtigkeit von APL2 ist die Fähigkeit, daß Elementaroperationen auf eine Strukturgröße gleichzeitig wirken. Manchmal ist es jedoch nützlich, wenn man sich die Strukturgröße in Unterstrukturen zerlegt vorstellt und auf diese eine Operation ausführt. So kann z.B. eine Matrix entlang der ersten Koordinate in Vektoren zerlegt werden:

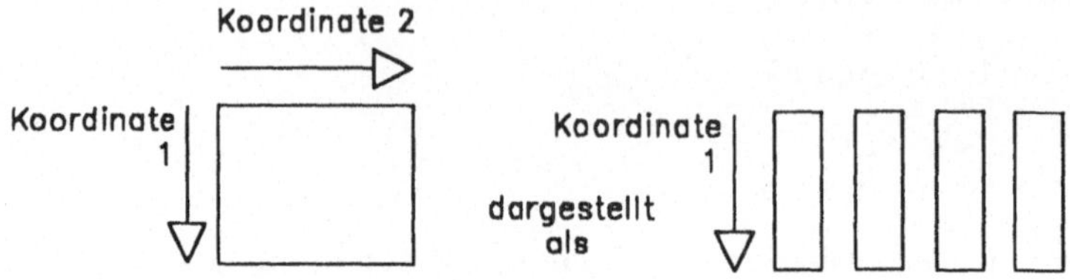

Zerlegen entlang der Koordinate 1

Man kann eine Matrix auch entlang der zweiten Koordinate zerlegen:

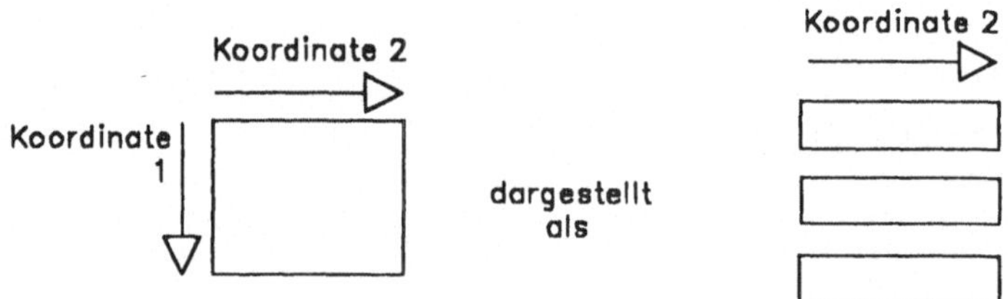

Zerlegen entlang der Koordinate 2

Eine Strukturgröße vom Rang 3 kann auf drei Arten in Vektoren zerlegt werden: entlang jeder ihrer drei Koordinaten.

Viele APL2-Elementaroperationen gestatten eine Koordinatenangabe, mit der angegeben wird, in welcher Richtung die Zerlegung erfolgen soll. Die Koordinatenangabe wird in eckigen Klammern angegeben und sie steht rechts von der Funktion. So bedeutet z.B. ↑[1] **Entnehmen** entlang der ersten Koordinate.

Einige zweistellige Funktionen mit Koordinatenangabe zerlegen beide Argumente, während andere nur eines ihrer Argumente zerlegen.

Eine generelle Beschreibung, wie Funktionen mit Koordinatenangabe das Resultat erzeugen:

1.   Zerlegung der zulässigen Argumente entlang der angegebenen Koordinate.
2.   Anwendung der Funktion (so wie sie ohne Koordinatenangabe definiert ist) auf jede Unterstruktur.
3.   Zusammenfügen der sich ergebenden Unterstrukturen in einer zulässigen Weise.

Die Beschreibung der Funktion sagt aus, welche der Argumente zerlegt werden und wie
sie zum Resultat zusammengefügt werden.

Das Verständnis, wie Funktionen mit Koordinatenangabe arbeiten, wird erleichtert, wenn
man sich den Zusammenhang zwischen der Dimension der Argumente und der Dimension
des Resultats vor Augen führt. Die Dimension des Ergebnisses ist die gleiche, wie die des
Arguments, mit der Ausnahme der angegebenen Koordinaten. Diese Koordinaten können
kürzer oder länger sein, als die entsprechenden Koordinaten im Argument. Die angegebenen Koordinaten brauchen im Resultat nicht zu erscheinen oder neue Koordinaten treten
im Ergebnis auf.

Wenn für eine Elementaroperation keine Koordinate angegeben wird, wird eine der drei
folgenden Standardannahmen wirksam:

- Die Funktion wird entlang der rechten Koordinate ausgeführt.
- Die Funktion wird entlang der linken Koordinate ausgeführt.
- Die Funktion wird entlang aller Koordinaten ausgeführt.

Die Standardannahme ist auch Bestandteil der Beschreibung jeder Funktion.

Die folgenden Abschnitte behandeln sieben Operationen, die eine Koordinatenangabe gestatten:

- **Entnehmen**
- **Entfernen**
- **Verketten**
- **Aufreihen**
- **Reduzieren**
- **Einschließen**
- **Öffnen**

Diese Operationen wurden bereits behandelt, sodaß sich die folgende Darstellung auf ihre
Anwendung mit Koordinatenangabe beschränkt.

Entnehmen und Entfernen mit Koordinatenangabe

Man wendet **Entnehmen** und **Entfernen** auf Strukturgrößen von Rang 2 oder größer an,
indem die Koordinate angegeben wird, entlang der die Funktion ausgeführt werden soll.
Das folgende Beispiel zeigt die Vorgehensweise im Detail:

```
      A← 4 6ρι24
      A
 1  2  3  4  5  6
 7  8  9 10 11 12
13 14 15 16 17 18
19 20 21 22 23 24

      3↑[1] A
 1  2  3  4  5  6
 7  8  9 10 11 12
13 14 15 16 17 18
```

Die generelle Vorgehensweise in diesem Beispiel gilt für alle Funktionen, die eine Koordinatenangabe zulassen. Ausgehend von der 4 x 6 Matrix:

$$
\begin{array}{cccccc}
1 & 2 & 3 & 4 & 5 & 6 \\
7 & 8 & 9 & 10 & 11 & 12 \\
13 & 14 & 15 & 16 & 17 & 18 \\
19 & 20 & 21 & 22 & 23 & 24
\end{array}
$$

- wird das Argument entsprechend der Koordinatenangabe zerlegt.

  Entnehmen zerlegt das rechte Argument wie folgt:

$$
\begin{array}{c}1\\7\\13\\19\end{array}\quad
\begin{array}{c}2\\8\\14\\20\end{array}\quad
\begin{array}{c}3\\9\\15\\21\end{array}\quad
\begin{array}{c}4\\10\\16\\22\end{array}\quad
\begin{array}{c}5\\11\\17\\23\end{array}\quad
\begin{array}{c}6\\12\\18\\24\end{array}
$$

  (Beachten Sie, daß die Abbildungen nicht das Ergebnis der Funktion *DISPLAY* sind). Die 4 x 6 Matrix wird in sechs Vektoren mit jeweils vier Bestandteilen zerlegt. Diese Vektoren wurden vertikal dargestellt, um die Zerlegung entlang der angegebenen Koordinate zu verdeutlichen.

- Die Funktion wird ohne Koordinatenangabe auf jede Unterstruktur angewendet:

$$
\begin{array}{c}1\\7\\13\end{array}\quad
\begin{array}{c}2\\8\\14\end{array}\quad
\begin{array}{c}3\\9\\15\end{array}\quad
\begin{array}{c}4\\10\\16\end{array}\quad
\begin{array}{c}5\\11\\17\end{array}\quad
\begin{array}{c}6\\12\\18\end{array}
$$

  Die auf Vektoren definierte Form von **Entnehmen** wird auf jeden Vektor mit 4 Bestandteilen angewendet und führt zu sechs Vektoren mit je drei Bestandteilen.

- Danach werden die Teilergebnisse zum endgültigen Ergebnis zusammengefügt:

$$
\begin{array}{cccccc}
1 & 2 & 3 & 4 & 5 & 6 \\
7 & 8 & 9 & 10 & 11 & 12 \\
13 & 14 & 15 & 16 & 17 & 18
\end{array}
$$

  Die sechs Vektoren mit jeweils drei Bestandteilen werden in eine 3 x 6 Matrix überführt.

Man beachte, daß die Koordinate 2 (diejenige, die nicht in den eckigen Klammern angegeben wurde) die gleiche Länge hat wie zuvor. Die Koordinate 1 (die in den eckigen Klammern angegeben wurde) ist kürzer.

Sie sollten nun selbst in der Lage sein, das folgende Beispiel zu analysieren:

```
      3↓[2] A
 4   5   6
10  11  12
16  17  18
22  23  24
```

Beachten Sie, daß die Koordinatenangabe in den eckigen Klammern die Länge verändert und die nicht angegebene Koordinate ihre Länge beibehält.

Wenn mehr als eine Koordinate angegeben wird, wendet APL2 die Funktion unabhängig voneinander auf jede Koordinate an:

```
        W←3 4 2ρι24
        2 3↑[1 2] W
  1  2
  3  4
  5  6

  9 10
 11 12
 13 14
```

Da APL2 die Funktion unabhängig voneinander entlang jeder Koordinate ausführt, ist der folgende Ausdruck äquivalent zum oberen:

```
        2↑[1] 3↑[2] W
  1  2
  3  4
  5  6

  9 10
 11 12
 13 14
```

Wenn keine Koordinate angegeben wird, muß das linke Argument so viele Bestandteile enthalten wie das rechte Argument Koordinaten aufweist:

```
        A←4 6ρι24
        2 3↑A
  1  2  3
  7  8  9
```

Entnehmen und **Entfernen** lassen keine skalare Erweiterung des linken Arguments zu.

Verketten mit Koordinatenangabe

Verketten kann benutzt werden, um Daten mit einer Strukturgröße zu verbinden, ebenso wie man Daten mit einem Vektor verketten kann. **Verketten** mit Koordinatenangabe erzeugt ein Resultat,das mindestens gleichlang oder länger in der Koordinatenrichtung ist, als die Argumente. Das nächste Beispiel zeigt die Funktion **Verketten mit Koordinatenangabe** bei der Verbindung von zwei Matrizen entlang der ersten Koordinate:

```
        A← 2 3ρι6
        B←4 3ρ⁻ι12

        A,[1]B
   1   2   3
   4   5   6
  ⁻1  ⁻2  ⁻3
  ⁻4  ⁻5  ⁻6
  ⁻7  ⁻8  ⁻9
 ⁻10 ⁻11 ⁻12

        ρA,[1]B
  6 3
```

Man beachte, daß die Koordinate 2 (diejenige, die nicht in den eckigen Klammern steht),
die gleiche Länge wie zuvor hat. Die Koordinate 1 (diejenige, die in den eckigen Klammern
steht) ist länger als zuvor.

Wenn beide Argumente den gleiche Rang haben, zerlegt **Verketten** beide Argumente ent-
lang der angegebenen Koordinate, verbindet die entsprechenden Vektoren und fügt das
Resultat zusammen. Sogar bei Strukturgrößen von höherem Rang endet die Zerlegung bei
Vektoren, die dann durch **Verketten** verbunden werden.

Man kann auch Strukturgrößen miteinander verketten, die sich im Rang um 1 unterscheiden. Die höherrangige Strukturgröße wird in Vektoren zerlegt und jeder dieser Vektoren wird mit dem entsprechenden Skalar der niedriger rangigen Strukturgröße verbunden. Das nächste Beispiel zeigt, wie mit **Verketten** eine neue Zeile an den Anfang der Matrix $PRDTBL$ gesetzt wird:

```
        PRDTBL
LPS      6.95
TAPES    7.95
CDS     12.95
        PRDTBL←'PRODUCT' 'COST',[1] PRDTBL
        PRDTBL
PRODUCT   COST
LPS      6.95
TAPES    7.95
CDS     12.95
```

In diesem Fall wird die Länge der ersten Koordinate um 1 im Resultat erhöht.

Wenn das Schallplattengeschäft entscheidet, weitere Informationen zu den einzelnen Artikeln zu speichern, können diese als Spalte der Matrix dargestellt werden. Angenommen,
daß außer dem Artikelnamen und den Kosten nun noch der Lagerbestand ($STOCK$) gespeichert werden soll, dann bewirkt das der folgende Ausdruck:

```
        PRDTBL←PRDTBL,[2] 'STOCK' 1250 1375 495
        PRDTBL
PRODUCT   COST STOCK
LPS      6.95  1250
TAPES    7.95  1375
CDS     12.95   495
```

Wenn keine Koordinate angegeben wird, wirkt **Verketten** entlang der am weitesten rechts
stehenden Koordinate der Strukturgröße und im Fall einer Matrix werden Spalten hinzugefügt. Innerhalb der eckigen Klammern kann nur eine Koordinate angegeben werden.

Wenn ein Argument ein Skalar ist, wird die nicht-skalare Strukturgröße entlang der angegebenen Koordinate zerlegt und jeder der entstandenen Vektoren wird mit dem Skalar
verbunden:

```
        (3 4⍴⍳12),1000
1  2  3  4 1000
5  6  7  8 1000
9 10 11 12 1000
```

Abweichend von den meisten anderen Funktionen mit Koordinatenangabe, läßt **Verketten**
innerhalb der eckigen Klammern eine gebrochene Zahl als Koordinatenangabe zu; dadurch
wird im Resultat eine neue Koordinate der Länge 2 geschaffen. In diesem Fall heißt die

Funktion **Schichten**. Zwei Vektoren können z.B. geschichtet werden und das Resultat ist
eine Matrix:

```
      'ABCD',[.5] 1  2  3  4
A  B  C  D
1  2  3  4

      'ABCD',[1.5] 1  2  3  4
A  1
B  2
C  3
D  4
```

Im ersten Fall wird eine neue Koordinate der Länge 2 vor die erste Koordinate des Vektors
eingefügt und ergibt eine 2 x 4 Strukturgröße. Im zweiten Fall wird die Koordinate nach
der ersten Koordinate eingefügt und führt zu einer 4 x 2 Strukturgröße.

Schichten kann u.a. verwendet werden, um aus gleichlangen Vektoren eine Matrix zu bilden. Die drei Vektoren:

```
WHAT←'LPS' 'TAPES' 'CDS'
DISCOUNT←.9 .9 1
RETAIL←6.95 7.95 12.95
```

enthalten die Artikelnamen, die Rabattfaktoren und die Preise. Wenn man diese Daten in
einer Variablen speichern will, kann man dazu **Schichten** verwenden:

```
      PURCHASES← WHAT,DISCOUNT,[1.5]RETAIL
      PURCHASES
LPS     .9   6.95
TAPES   .9   7.95
CDS    1    12.95
```

Die Koordinatenangabe besteht aus einer gebrochenen Zahl, daher werden die Variablen
DISCOUNT und *RETAIL* zu einer zweispaltigen Matrix zusammengefaßt. Danach wird
WHAT als neue Spalte hinzugefügt und es entsteht eine dreispaltige Matrix.

Die Anordnung von zusammengehörigen Daten in einer Matrix ist eine bessere Darstellung, als ihre Speicherung in getrennten Variablen. Bei der Matrixdarstellung muß man
sich nur einen Namen merken und nicht drei. Es kann auch nicht vorkommen, daß neue
Werte in eine Variable aufgenommen werden und man die Aufnahme der zugehörigen
Werte in eine andere Variable vergißt, denn in einer Matrix kann keine Spalte kürzer sein,
als die anderen.

Anstatt neue Werte an jede drei Variablen zu verketten, fügt man eine neue Zeile an die
Matrix an:

```
      PURCHASES←PURCHASES,[1] 'VIDEODISCS' 1 19
      PURCHASES
LPS           .9   6.95
TAPES         .9   7.95
CDS          1    12.95
VIDEODISCS 1    19
```

Wenn man eine Anwendung schreibt, in der diese Matrix verwaltet wird, initialisiert man
diese mit null Zeilen und drei Spalten:

        PURCHASES←0 3ρ0

PURCHASES ist nun als numerische Matrix definiert. Da sie eine leere Matrix ist, spielt
es keine Rolle, ob sie als numerische Matrix oder als Zeichenmatrix definiert wird. Immer
dann, wenn ein neuer Artikel aufgenommen werden soll, verkettet man dessen Daten mit
der bestehenden Matrix. Auch der erste Artikel kann mit **Verketten** an die Matrix angefügt
werden.

Aufreihen mit Koordinatenangabe

Aufreihen ohne Koordinatenangabe überführt eine beliebige Strukturgröße in einen Vektor,
wie bereits dargestellt wurde. Die Funktion faßt alle Koordinaten der Strukturgröße zusammen und erzeugt einen Vektor. **Aufreihen mit Koordinatenangabe** wählt benachbarte
Koordinaten aus, die zusammengefaßt werden:

```
        B← 2 3 4ρι24

        ,[2 3]B
  1  2  3  4  5  6  7  8  9 10 11 12
 13 14 15 16 17 18 19 20 21 22 23 24

        ρ,[2 3]B
  2 12
```

Aufreihen zerlegt sein Argument entlang aller angegebenen Koordinaten. Im obigen Beispiel sind zwei Koordinaten angegeben, deshalb zerlegt **Aufreihen** die Strukturgröße vom
Rang 3 in Matrizen. Jede dieser Matrizen wird aufgereiht und die Dimension des Ergeb-
nisvektors erscheint in der Dimension des Resultats an Stelle der angegebenen Koordinaten.

Die folgende Abbildung zeigt, wie die Dimension des Ergebnisse gebildet wird:

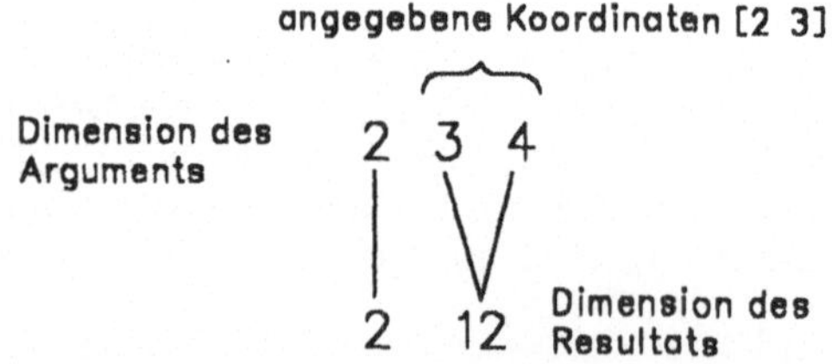

Somit ist das Resultat ein Vektor, wenn alle Koordinaten angegeben werden, eine Matrix
wenn eine Koordinate nicht angegeben wird, eine Strukturgröße vom Rang 3, wenn zwei
Koordinaten nicht angegeben werden u.s.w. für höherrangige Strukturgrößen.

Aufreihen mit Koordinatenangabe läßt einen nützlichen Spezialfall zu; wenn die Koordinatenangabe ein Leervektor ist, wird eine neue Koordinate der Länge 1 rechts angefügt.

Wenn man einen Vektor hat, der zu lang ist, um auf dem Bildschirm angezeigt zu werden,
kann man ,[ι0] benutzen, um ihn in eine einspaltige Matrix umzuwandeln. Diese wird
dann vertikal auf dem Bildschirm dargestellt und nicht horizontal:

```
      NAMES←'JANE' 'JIM' 'EV' 'MIKE'
      ,[ι0] NAMES
JANE
JIM
EV
MIKE
      ρ,[ι0] NAMES
4 1
```

Wie die Funktion **Schichten**, so kann auch bei **Aufreihen mit Koordinatenangabe** eine gebrochene Zahl als Koordinate angegeben werden; sie erzeugt eine neue Koordinate mit der Länge 1. Aus einem Vektor entsteht dann z.B. eine Matrix mit einer Zeile oder mit einer Spalte:

```
      ,[.5] 'RAY' 'SANDY' 'JIM'
 RAY SANDY JIM
      ρ,[.5] 'RAY' 'SANDY' 'JIM'
1 3

      ,[1.5] 'RAY' 'SANDY' 'JIM'
RAY
SANDY
JIM
      ρ,[1.5] 'RAY' 'SANDY' 'JIM'
3 1
```

Reduzieren mit Koordinatenangabe

Viele Anwendungsmöglichkeiten von **Reduzieren** wurden bereits behandelt: die Summation eines numerischen Vektors ($+/V$), die Ermittlung der Anzahl der Bestandteile einer Strukturgröße ($×/ρA$), u.s.w. In diesen Beispielen wurde **Reduzieren** auf Vektoren angewendet und erzeugte Skalare. **Reduzieren** kann auch auf andere Strukturgrößen eingesetzt werden und auch mit der Angabe von Koordinaten. Die Koordinatenangabe - wenn sie mit den abgeleiteten Funktionen von **Reduzieren** verwendet wird, legt fest, wie eine Strukturgröße in Vektoren zerlegt wird. Bei einer Matrix können die Vektoren aus den Zeilen oder aus den Spalten gebildet werden:

```
      +/[1] 3 4ρι12
15 18 21 24
      ρ+/[1] 3 4ρι12
4

      +/[2] 3 4 ρι12
10 26 42
      ρ+/[2] 3 4 ρι12
3
```

Reduzieren zerlegt die Strukturgrößen entlang der angegebenen Koordinate und reduziert jeden Vektor. Da die Reduktion eines Vektors immer einen Skalar erzeugt, ist jedes Resultat ein Skalar. Diese Teilergebnisse werden dann zum Resultat zusammengefügt und dieses hat einen Rang, der um 1 niedriger ist, als der des Arguments. Diejenigen Koordinaten, die nicht in eckigen Klammern angegeben sind, erscheinen unverändert im Resultat; die Koordinate, die in den eckigen Klammern spezifiziert wird, tritt im Resultat nicht mehr auf.

Reduzieren ohne Koordinatenangabe wirkt auf die am weitesten rechts stehende Koordinate des Arguments:

```
      +/3 4ρι12
10  26  42
```

Die Koordinatenangabe läßt nur eine einzige Koordinate zu.

Anstelle der Angabe /[1] (als erste Koordinate) läßt APL2 auch die Schreibweise mit dem Symbol ╱ zu:

```
      +╱3 4ρι12
15  18  21  24
```

Einschließen mit Koordinatenangabe

Ausgehend von einer Matrix , erzeugt **Einschließen mit Koordinatenangabe** einen Vektor, dessen Bestandteile entweder aus den Zeilen oder aus den Spalten des Arguments gebildet werden:

```
      D←2 3ρι6
      D
1  2  3
4  5  6
      ⊂[2] D
 1  2  3   4  5  6

      DISPLAY ⊂[2] D
.+-------------------.
| .+----. .+----.    |
| |1 2 3| |4 5 6|    |
| '~----' '~----'    |
'∈------------------'
      ρ⊂[2] D
2
```

Jede Zeile der obigen Matrix wird ein Vektor-Bestandteil im Resultat. Die 3, die die Zeilenlänge von D darstellt, wird zur Länge jedes Bestandteils des Ergebnisses:

```
      ρ¨⊂[2] D
3   3
```

Einschließen mit Koordinatenangabe zerlegt sein Argument entlang der angegebenen Koordinaten in der gleichen Weise, wie es **Aufreihen mit Koordinatenangabe** tut. Jede gebildete Unterstruktur wird eingeschlossen und ergibt einen Skalar. Ebenso wie **Reduzieren mit Koordinatenangabe** führt die Zusammenfassung der Skalare im Resultat zu einem Ergebnis, das die angegebene Koordinate nicht mehr enthält.

Einschließen mit Koordinatenangabe erzeugt einen Vektor, dessen Bestandteile aus den Spalten des Arguments gebildet werden, wenn die Funktion entlang der ersten Koordinate ausgeführt wird:

```
      ⊂[1]D
1 4   2 5   3 6
      DISPLAY ⊂[1]D
.+-------------------.
| .+--. .+--. .+--. |
| |1 4| |2 5| |3 6| |
| '~--' '~--' '~--' |
'∊-------------------'
      ρ⊂[1]D
3
```

Innerhalb der eckigen Klammern können auch mehrere Koordinaten angegeben werden:

```
      H←2 4 3ρι24
      ⊂[1 3]H
 1  2  3    4  5  6    7  8  9   10 11 12
13 14 15   16 17 18   19 20 21   22 23 24

      ρ⊂[1 3]H
4

      ρ¨⊂[1 3]H
2 3   2 3   2 3   2 3
```

Wenn alle Koordinaten des Arguments in den eckigen Klammern angegeben werden, hat das die gleiche Wirkung, wie **Einschließen** ohne Koordinatenangabe:

```
      ⊂[1 2 3]H
 1  2  3
 4  5  6
 7  8  9
10 11 12

13 14 15
16 17 18
19 20 21
22 23 24

      ρ⊂[1 2 3]H
```

In den meisten Fällen erzeugt **Einschließen mit Koordinatenangabe** ein Resultat, dessen Rang kleiner und dessen Tiefe größer sind, als die des Arguments:

```
      ⊂[⍳0] (1 2) (3 4 5)
 1 2   3 4 5

      ρ⊂[⍳0] (1 2) (3 4 5)
 2

      ≡⊂[⍳0] (1 2) (3 4 5)
 3

      DISPLAY ⊂[⍳0] (1 2) (3 4 5)
.┌─────────────────────────────────.
│ ┌─────────────. .─────────────┐ │
│ │ ┌→──.       │ │ ┌→────.     │ │
│ │ │1 2│       │ │ │3 4 5│     │ │
│ │ '~──'       │ │ '~────'     │ │
│ '∈─────────── ' '∈─────────── ' │
'∈─────────────────────────────────'
```

Einschließen mit einem Leervektor als Koordinatenangabe ist identisch mit **Einschließen-Für jeden Bestandteil**.

Öffnen mit Koordinatenangabe

Aus einem Vektor von Vektoren erzeugt **Öffnen mit Koordinatenangabe** (⊃[ ]) eine Matrix, deren Zeilen oder Spalten aus den Bestandteilen des Vektors gebildet werden. Im Gegensatz zu den anderen Funktionen mit Koordinatenangabe, beziehen sich die Zahlen in den eckigen Klammern auf die Koordinaten des Resultats und nicht auf die Koordinaten des Arguments. **Öffnen mit Koordinatenangabe** zerlegt das Argument nicht. Die Koordinatenangabe sagt aus, wo im Resultat die neue Koordinate eingefügt werden soll; die Funktion führt die Umordnung der Bestandteile des Arguments durch. Die folgenden Beispiele verdeutlichen das:

```
      ⊃[1] 'FRED' 'JOHN' 'PAUL'
FJP
ROA
EHU
DNL
      ρ⊃[1] 'FRED' 'JOHN' 'PAUL'
4 3
      ⊃[2] 'FRED' 'JOHN' 'PAUL'
FRED
JOHN
PAUL
      ρ⊃[2] 'FRED' 'JOHN' 'PAUL'
3 4
```

Man beachte, daß **Öffnen** die Tiefe verringert, wenn die Tiefe des Arguments mindestens 2 ist:

```
      ≡ 'FRED' 'JOHN' 'PAUL'
2
      ≡ ⊃[2]'FRED' 'JOHN' 'PAUL'
1
```

Öffnen ohne Koordinatenangabe hat die gleiche Wirkung, wie wenn die am weitesten rechts stehende Koordinate angegeben worden wäre:

```
        ⊃ 'FRED'  'JOHN'  'PAUL'
FRED
JOHN
PAUL
```

Im Gegensatz zu **Einschließen mit Koordinatenangabe** kann es vorkommen, daß **Öffnen mit Koordinatenangabe** weitere Bestandteile zur Strukturgröße des Resultats hinzufügt. Wenn die Bestandteile des Arguments unterschiedlich lang sind, werden sie rechts aufgefüllt und damit auf die Länge des längsten Bestandteils gebracht:

```
        ⊃[2]'FRED'  'RALPH'  'EV'
FRED
RALPH
EV
        ρ⊃[2]'FRED'  'RALPH'  'EV'
3  5
```

Angehängte Leerzeichen kann man nicht sehen, sie sind jedoch vorhanden. Im nächsten Beispiel, einer numerischen Strukturgröße, wird das durch Auffüllen mit 0 sichtbar:

```
        ⊃[2] (10 20 30 40)(ι5)(8 7)
10 20 30 40 0
 1  2  3  4 5
 8  7  0  0 0
```

Wenn einige Bestandteile numerisch sind und andere aus Zeichen bestehen, dann füllt APL2 die numerischen Bestandteile mit null und die Zeichen - Strukturgrößen mit Leerzeichen auf:

```
        ⊃[2] (10 20 30 40)(ι5) 'AB'
10 20 30 40 0
 1  2  3  4 5
 A  B
```

Wenn der Rang eines Bestandteils 2 ist, müssen zwei Zahlen in der Koordinatenangabe vorkommen, da zwei der Resultatskoordinaten aus der Dimension der Bestandteile des Arguments gebildet werden:

```
        ⊃[1 3](2 2ρι4) (3 4ρι12)
1  2  0  0
1  2  3  4

3  4  0  0
5  6  7  8

0  0  0  0
9 10 11 12
```

Die Nummern der Koordinaten bestimmen, wo in der Dimension des Resultats die Dimensionen der Bestandteile auftreten:

```
        ρ⊃[1 3](2 2ρι4) (3 4ρι12)
3  2  4
```

Die folgende Abbildung zeigt, wie die Dimension des Resultats gebildet wird:

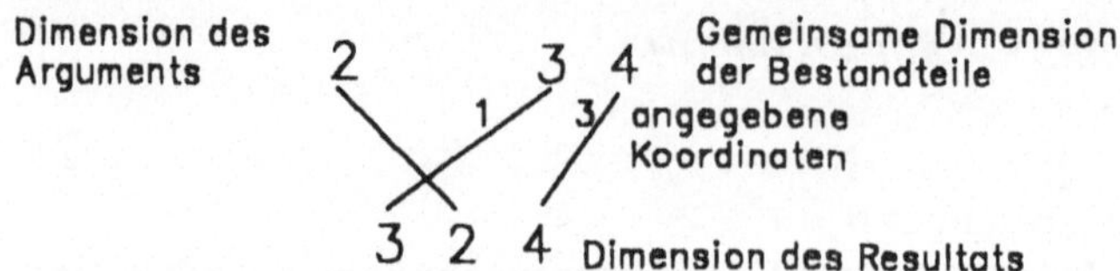

Ein skalarer Bestandteil wird wie eine Strukturgröße mit einem Bestandteil entsprechenden
Ranges behandelt:

```
        ⊃[2] (10 20 30 40)(5) 'AB'
10  20  30  40
 5   0   0   0
 A   B
```

Wenn eine unzulässige Anzahl von Koordinaten eingegeben wird, gibt APL2 eine Fehlermeldung mit dem Text $AXIS\ ERROR$ aus:

```
        ⊃[2 3](10 20 30 40)(ι5)
AXIS ERROR
        ⊃[2 3](10 20 30 40)(ι5)
        ∧
```

Wenn die Bestandteile nicht den gleichen Rang haben, wird die Fehlermeldung $RANK$
$ERROR$ ausgegeben:

```
        ⊃[1] (10 20 30 40)(2 3ρι6)
RANK ERROR
        ⊃[1] (10 20 30 40)(2 3ρι6)
        ∧
```

Die Funktion **Öffnen** (⊃) steht im engen Zusammenhang mit **Einschließen**. Die Ergebnisse
von **Einschließen** werden von **Öffnen** rückgängig gemacht:

```
        A   ↔   ⊃⊂A
```

Das gleiche gilt für **Einschließen mit Koordinatenangabe** und **Öffnen mit Koordinatenangabe**

```
        A   ↔   ⊃[I]⊂[I]A
```

Das nachstehende Beispiel illustriert diesen Zusammenhang:

```
        A←4 6ρι24

        ⊃[1]⊂[1] A
 1  2  3  4  5  6
 7  8  9 10 11 12
13 14 15 16 17 18
19 20 21 22 23 24
```

Skalarfunktionen mit Koordinatenangabe

Wenn Skalarfunktionen mit Koordinatenangabe verwendet werden, zerlegt die Skalarfunktion die höherrangige Strukturgröße entlang der angegebenen Koordinaten und wendet die niedriger rangige Strukturgröße auf jede der gebildeten Unterstrukturen an. So
kann man z.B. einen Vektor mit drei Bestandteilen mit jeder Zeile einer 4 x 3 Strukturgröße addieren:

```
      10  20  30  +[2]  4  3ρι6
11  22  33
14  25  36
11  22  33
14  25  36
```

Die Matrix wird entlang der zweiten Koordinate zerlegt und ergibt vier Vektoren mit jeweils drei Bestandteilen, die dann zum Vektor des anderen Arguments addiert werden.

Auf die gleiche Weise kann man einen Vektor mit jeder Spalte einer Matrix addieren:

```
      10  20  30  40   +[1]  4  3ρι6
11  12  13
24  25  26
31  32  33
44  45  46
```

Die Anzahl der angegebenen Koordinaten ist identisch mit dem Unterschied der Ränge
der beiden Argumente. Ein Skalar kann auf jeden Bestandteil einer Matrix angewendet
werden, indem zwei Koordinaten angegeben werden:

```
      10+[1  2]  4  3ρι6
11  12  13
14  15  16
11  12  13
14  15  16
```

Übungen zu 5.5

In den Aufgaben 1 bis 5 sollen I, J, K, L, M und N nicht-negative ganzzahlige Skalare und
A eine einfache Strukturgröße sein.

1. Geben Sie für die folgenden Ausdrücke die Dimension, den Rang und die Tiefe der
    Resultate an. Geben Sie auch die Dimensionen der einzelnen Bestandteile an oder ei-
    nen Fehler, sofern einer auftritt:

    a.   `⊂[1] M NρA`
    b.   `⊂[2] M NρA`
    c.   `⊂[1 2] M NρA`
    d.   `⊂[ι0] M NρA`
    e.   `⊂[1] MρA`
    f.   `⊂[1 3 5] I J K L M NρA`
    g.   `⊂[5 3 1] I J K L M NρA`
    h.   `⊂[ι6] I J K L M NρA`
    i.   `⊂[ι0] I J K L M NρA`

2. Geben Sie die Dimension, den Rang und die Tiefe der Ergebnisse folgender Aus-
    drücke an oder den Fehler, sofern einer auftritt:

    a.   `⊃[1] Mρ⊂NρA`
    b.   `⊃[2] Mρ⊂NρA`
    c.   `⊃[1 2] Mρ⊂NρA`
    d.   `⊃[2 1] Mρ⊂NρA`
    e.   `⊃[ι0] Mρ⊂NρA`
    f.   `⊃[1 3 5] I J Kρ⊂ L M NρA`
    g.   `⊃[3 1 5] I J Kρ⊂ L M NρA`

3. Geben Sie die Dimension, den Rang und die Tiefe der Ergebnisse der folgenden Aus-
    drücke an oder den Fehler, sofern einer auftritt:

    a.   `(I JρA),[1] (I JρA)`
    b.   `(I JρA),[2] (I JρA)`
    c.   `(I JρA),[1 2] (I JρA)`
    d.   `(I JρA),[ι0] (I JρA)`
    e.   `(I KρA),[1] (J KρA)`
    f.   `(I KρA),[2] (J KρA)`
    g.   `(I JρA),[1] (I KρA)`
    h.   `(I JρA),[2] (I KρA)`
    i.   `(I JρA),(I JρA)`

4. Geben Sie die Dimension des Resultats der folgenden Ausdrücke an, wenn F eine
    zweistellige Funktion und A eine Strukturgröße ist:

    a.   `F/I J KρA`
    b.   `F/[1]I J KρA`
    c.   `F/[3]I J KρA`
    d.   `F/[1 2]I J KρA`
    e.   `F/[ι0]I J KρA`

5. Geben Sie die Dimension des Resultats der folgenden Ausdrücke an:

    a.   `,[1 2 3]I J KρA`

b.   ,[3 2 1]I J $K \rho A$
c.   ,[2 3]I J $K \rho A$
d.   ,[3]I J $K \rho A$
e.   ,[ι0]I J $K \rho A$

6. Es wurde gezeigt, daß folgende Identität gilt:

$$A \quad \leftrightarrow \quad \supset[I] \ \subset[I] \ A$$

Zeigen Sie an einem Beispiel, daß die folgende Identität *nicht* gilt:

$$A \quad \leftrightarrow \quad \subset[I] \ \supset[I] \ A$$

7. Gegeben seien die beiden Strukturgrößen:

$$M \leftarrow 3 \ \ 4 \rho \iota 12$$
$$A \leftarrow 3 \ \ 4 \ \ 2 \rho - \iota 24$$

Bestimmen Sie den Inhalt und die Dimension der Resultate folgender Ausdrücke:

a.   2 3↑M
b.   2↑[1]M
c.   3↑[2]M
d.   2↑[1]3↑[2]M
e.   4↑[2]2↑[1]M
f.   2 3↓M
g.   2↓[2]M
h.   2↓[1]M
i.   4 4↑M
j.   3 ¯6↑M
k.   4 5↑M
l.   4 4↓M
m.   1 1 1↑A
n.   1 1 1↓A
o.   1 ¯2 1↑M
p.   1 ¯2 1↓A
q.   ¯1 2↑[1 2]A
r.   ¯1 2↓[1 2]A
s.   ¯1 2↑[2 3]A
t.   ¯1 2↓[2 3]A
u.   ¯1 2↑[2 1]A
v.   ¯1 2↓[2 1]A

8. Schreiben Sie einen Ausdruck, der

a.   die letzte Zeile aus einer Strukturgröße vom Rang 2 extrahiert.
b.   die erste Spalte aus einer Strukturgröße vom Rang 2 holt.
c.   die letzte Ebene aus einer Strukturgröße vom Rang 3 entnimmt.
d.   die letzte Zeile der letzten Ebene aus einer Strukturgröße vom Rang 3 holt.
e.   die ersten beiden Bestandteile der letzten Zeile der letzten Ebene aus einer Strukturgröße vom Rang 3 entnimmt.

9. Die Variable A sei wie folgt spezifiziert:

$$A \leftarrow 3 \ \ 4 \rho \ 'ABCDEFGHIJKL'$$

Bestimmen Sie das Resultat, dessen Dimension und Tiefe folgender Ausdrücke:

a. $\subset A$
b. $\subset[1]A$
c. $\subset[2]A$
d. $\subset[\iota 0]A$
e. $\supset[2]\subset[2]A$
f. $\supset\subset A$
g. $\supset[1]\subset[2]A$
h. $\supset\subset[1]A$
i. $\subset[1\ 2]A$

10. Gegeben seien die folgenden Strukturgrößen:

$$V\leftarrow10\ \ 20\ \ 30$$
$$M\leftarrow4\ \ 3\rho\iota12$$
$$N\leftarrow3\ \ 3\rho\iota9$$
$$A\leftarrow2\ \ 4\ \ 3\ \rho100\times\iota24$$

Bestimmen Sie die Werte und die Dimensionen der Resultate der folgenden Ausdrükke:

a. $N+[1]V$
b. $N+[2]V$
c. $N+V$
d. $A+[3]V$
e. $A+[2\ 3]M$
f. $M+[2\ 3]A$

11. Gegeben sei die Variable M, die entweder eine Zeichenmatrix oder ein Vektor von Vektoren aus Zeichen ist. Geben Sie einen Ausdruck an, der einen Vektor von Vektoren aus Zeichen erzeugt.

12. Gegeben sei ein Vektor von Vektoren, in dem jeder Bestandteil die gleiche Länge hat:

$$D\leftarrow(2\ \ 4\ \ 6\ \ 8)(10\ \ 20\ \ 30\ \ 40)$$

Schreiben Sie einen Ausdruck, der einen Vektor von Vektoren erzeugt, worin der erste Bestandteil aus den jeweiligen ersten Bestandteilen der Vektoren aus D besteht u.s.w. Der Ausdruck soll also das folgende Resultat erzeugen:

$$(2\ \ 10)(4\ \ 20)(6\ \ 30)(8\ \ 40)$$

13. Gegeben seien die folgenden Variablen:

```
TITLE←'NAME' 'PRICE' 'QUANTITY'
DATA←3 3ρ'OX' 3.95 35 'ANT' 10 100 'PIG' 45.5 13
```

Der folgende Ausdruck liefert die Ausgabe:

```
      TITLE,[1]DATA
NAME PRICE QUANTITY
OX    3.95        35
ANT   10         100
PIG   45.5        13
```

Wie würden Sie die obige Ausgabe modifizieren, wenn jede Spalte mindestens 10 Stellen breit sein soll?

14. Schreiben Sie eine Funktion $APPEND$, deren rechtes Argument aus einer Matrix, einem Skalar und einer positiven ganzen Zahl besteht und die den Skalar vor den Anfang und hinter das Ende der Matrix stellt und zwar so wie es die ganze Zahl als Koordinatenangabe bestimmt; z.B.:

```
      M←2 3 ρι6

      M
1 2 3
4 5 6

      APPEND M '|' 2
| 1 2 3 |
| 4 5 6 |
```

15. Die numerische Matrix $GRADES$ soll die Prüfungsergebnisse von Studenten enthalten:

```
      GRADES
 90  93  89
 81  89  90
 88  90  89
145 160 150
120 121 125
```

Man möchte, daß die Ausgabe in der folgenden Form erzeugt wird:

```
          J. SMITH    D. BROWN    R. WHITE
QUIZ 1          90          93          89
QUIZ 2          81          89          90
MIDTERM         88          90          89
PROJECT        145         160         150
FINAL          120         121         125
```

Definieren Sie eine Funktion $REPORT$, die als rechtes Argument die numerische Matrix und als linkes Argument die Zeilen- und Spaltenbeschriftungen aufnimmt und als explizites Ergebnis die obige Ausgabe erzeugt.

16. Schreiben Sie einen Ausdruck, in dem jede Zeile einer Matrix M mit dem zugehörigen Bestandteil des Vektors V multipliziert wird.

17. Definieren Sie eine zweistellige Funktion $CALENDAR$, die eine Matrix erzeugt, die wie ein traditioneller Kalender aussieht. Die Eingaben für die Funktion sind:

- als linkes Argument, der Wochentag des Monatsbeginns ($0 =$ Sonntag , $1 =$ Montag , ..., $6 =$ Samstag).

- als rechtes Argument eine positive ganze Zahl, die die Zahl der Tage des Monats angibt.

Der Aufruf der Funktion und das Resultat soll z.B. folgendes Aussehen haben:

```
    3 CALENDAR 31

 S  M  T  W  T  F  S
             1  2  3  4
 5  6  7  8  9 10 11
12 13 14 15 16 17 18
19 20 21 22 23 24 25
26 27 28 29 30 31
```

18. Gegeben sei eine numerische Matrix M und ein numerischer Vektor V, für die gilt: $(\rho V) = \bar{}1 \downarrow \rho M$; schreiben Sie einen Ausdruck, der das Minimum von M und V entlang der zweiten Koordinate ermittelt.

5.6 Weitere Funktionen für höherrangige Strukturgrößen

Weitere Funktionen, deren Wirkung auf Vektoren bereits beschrieben wurde, wirken auch auf höherrangige Strukturgrößen:

- **Ersten Bestandteil entnehmen**
- **Bestandteil auswählen**
- **Skalar-Funktionen**

Ersten Bestandteil entnehmen

Die Funktionen **Ersten Bestandteil entnehmen** ($\uparrow$) vernachlässigt die Struktur des Arguments und wählt den ersten Bestandteil aus; es gilt:

$$\uparrow A \quad \leftrightarrow \quad \uparrow , A$$

Wenn man also weiß, wie **Ersten Bestandteil entnehmen** wirkt, dann kennt man auch die Wirkung auf eine beliebige Strukturgröße. Das folgende Beispiel macht das deutlich:

```
        G←2 2ρ(4 6ρι24) 'TWO' (3 3ρ0) (3 4)
        ↑G
 1  2  3  4  5  6
 7  8  9 10 11 12
13 14 15 16 17 18
19 20 21 22 23 24

        ρ↑G
4 6

        ↑↑G
1
```

Wird **Ersten Bestandteil entnehmen** auf eine leere Struktur angewendet, dann ist das Resultat eine Strukturgröße, die Daten des Typs enthält, mit denen das Argument definiert wurde, wie z.B.:

```
        ↑ι0
0

        NA1←(1 2 3)(4 5 6)(7 8 9)(10 11 12)
        ↑0ρNA1
0 0 0
```

Dieses Ergebnis mag auf den ersten Blick überraschen. $NA1$ ist ein Vektor mit vier Bestandteilen, jeder Bestandteil hat die Länge 3. Der Ausdruck $0\rho NA1$ erzeugt einen leeren Vektor. Das Resultat von $↑0\rho NA1$ weist darauf hin, daß der Leervektor $0\rho NA1$ aus einer Strukturgröße stammt, deren erster Bestandteil ein numerischer Vektor mit drei Elementen war. Beim Umgang mit verschiedenen leeren Strukturgrößen wird man feststellen, daß der erste Bestandteil einer nicht-leeren Strukturgröße die Struktur und den Inhalt bestimmt, wenn man **Ersten Bestandteil entnehmen** auf die leere Strukturgröße anwendet. Dieses Resultat bezeichnet man als den *Prototyp* der Strukturgröße.

Bestandteil auswählen

In Kapitel 2 wurde die Anwendung von **Bestandteil auswählen** auf Vektoren dargestellt, wie z.B.:

```
        PRD←('LPS' 6.95)('TAPES' 7.95)('CDS' 12.95)

        1⊃2⊃PRD
TAPES

        2 1⊃PRD
TAPES
```

Ein linkes Argument der Länge 2 führt bei **Bestandteil auswählen** zum gleichen Resultat, wie zweifache Anwendung der Funktion mit jeweils einem linken Argument der Länge 1. Man beachte jedoch die Vertauschung der Zahlen.

In einer höherrangigen Strukturgröße reicht eine einzige Zahl nicht mehr aus, um einen Bestandteil auszuwählen. Für eine Matrix sind z.B. zwei Zahlenangaben nötig - eine für die Zeile und eine für die Spalte. Das nächste Beispiel zeigt, wie die Buchstabe $'O'$ aus der Matrix G ausgewählt wird:

```
      G←2 2ρ(4 6ρι24) 'TWO' (3 3ρ0) (3 4)
      (1 2)3⊃G
O
```

Wie entsteht dieses Ergebnis ? Das linke Argument von **Bestandteil auswählen** ist ein Vektor, dessen erster Bestandteil selbst ein Vektor der Länge 2 ist; mit diesem kann aus der Strukturgröße G (vom Rang 2) ausgewählt werden. Die Matrix G enthält in Zeile 1 und Spalte 2 den Vektor 'TWO'. Der zweite Bestandteil des linken Arguments von **Bestandteil auswählen** ist die Zahl 3, diese wählt den dritten Bestandteil des Zeichenvektors 'TWO' aus und erzeugt den Skalar 'O' als Resultat.

Wie sieht das linke Argument aus, wenn man den Vektor 'TWO' auswählen möchte? Man könnte versucht sein, den folgenden Ausdruck zu verwenden:

```
      1 2⊃G
```

Das ist aber gleichbedeutend mit:

```
      2⊃ 1⊃G
```

Dieser Ausdruck kann nicht zum gewünschten Ergebnis führen, da die 1 im linken Argument nicht ausreicht, um einen Bestandteil aus einer Matrix auszuwählen. Man benötigt ein linkes Argument, das einen einzigen Bestandteil mit zwei Zahlen enthält. Die Funktion **Einschließen** erzeugt dieses Resultat:

```
      (⊂1 2)⊃G
TWO
```

Warum war **Einschließen** in diesem Fall erforderlich, wohingegen es bei der Auswahl des Buchstabens 'O' nicht benötigt wurde? Die Antwort lautet: Wenn man die Funktion **Bestandteil auswählen** auf eine Matrix anwendet, muß das linke Argument eine geschachtelte Strukturgröße sein.

Verwendet man die Funktion **Bestandteil auswählen** im Zusammenhang mit dem Operator **Für jeden Bestandteil**, kann man Bestandteile aus beliebigen Positionen einer Strukturgröße auswählen.

```
Wenn  I⊃A  als Resultat X ergibt
und   J⊃A  als Resultat Y ergibt
und   K⊃A  als Resultat Z ergibt
```

dann gilt auch:

```
I J K⊃¨A A A ergibt X Y Z
```

Das rechte Argument ist ein Vektor mit drei Bestandteilen; jeder Bestandteil ist die Strukturgröße A. Ein Skalar auf der rechten Seite einer abgeleiteten Funktion von **Für jeden Bestandteil** unterliegt der skalaren Erweiterung. Mit **Einschließen** kann man das rechte Argument zu einem Skalar machen und das Beispiel kann damit durch den Ausdruck:

```
I J K⊃¨⊂A
```

dargestellt werden.

Skalar-Funktionen

Die Skalar-Funktionen wirken auf Strukturgrößen vom Rang 2 und höher in der erwarteten Weise. Eine einstellige Skalar-Funktion wird auf jeden Bestandteil des Arguments angewendet:

```
        -2  3ρι6
 -1  -2  -3
 -4  -5  -6
```

Eine zweistellige Skalar-Funktion wird auf die entsprechenden Bestandteile der beiden Argumente angewendet; die Argumente müssen die gleiche Dimension haben:

```
      (2  3ρι6) + 10 × 2  3ρι6
 11  22  33
 44  55  66
```

Ein Argument kann ein Skalar sein und das andere Argument eine beliebige Strukturgröße; in diesem Fall wird die skalare Erweiterung durchgeführt und dann die zweistellige Funktion angewendet:

```
      1+10×2  3ρι6
 11  21  31
 41  51  61

      (⊂1  2  3) + 10× 2  3ρι6
 11  12  13   21  22  23   31  32  33
 41  42  43   51  52  53   61  62  63
```

Im letzten Beispiel hat das rechte Argument die Dimension 2 3 und somit hat auch das Resultat die Dimension 2 3:

```
      ρ(⊂1  2  3) + 10× 2  3ρι6
 2  3
```

Die Strukturgröße innerhalb des Skalars ist der Vektor 1 2 3 mit drei Bestandteilen. Dieser Vektor wird auf jeden Bestandteil des rechten Arguments addiert und daher ist jeder Bestandteil des Resultats ein Vektor mit drei Bestandteilen:

```
      ρ¨(⊂1  2  3) + 10× 2  3ρι6
 3  3  3
 3  3  3
```

Übungen zu 5.6

1. Geben Sie drei verschiedene APL2-Ausdrücke an, die aus einem einfachen Vektor mit einem Bestandteil einen einfachen Skalar erzeugen.

2. Schreiben Sie einen APL2-Ausdruck, der die Zeilenzahl einer Matrix als einen Skalar erzeugt.

3. Gegeben sei der Vektor W:

$$W \leftarrow (\, 'ABC' \quad 'DE' \,)(\, 'XY' \quad 'PQR' \,)(\, 'K' \quad 'LMNO' \,)$$

   a. Werten Sie folgende Ausdrücke aus:

   1) ρW
   2) $\equiv W$
   3) $\rho \in W$
   4) $\equiv \in W$
   5) $\rho , / W$
   6) $\equiv , / W$
   7) $\rho \uparrow , / W$
   8) $\equiv \uparrow , / W$

   b. Was bewirkt $\uparrow$ im Ausdruck $\uparrow , / W$?

4. Gegeben sei die Strukturgröße A:

$$A \leftarrow (\, \iota 4 \,)(\, 2 \quad 3 \rho 'ABCDEF' \,)(\, \subset 'XYZ' \,)(\, 6 \quad (\, 7 \quad 8 \,) \,)$$

   Werten Sie die folgenden Ausdrücke aus und geben Sie die Dimension und die Tiefe des Resultat an:

   a. A
   b. $\uparrow A$
   c. $A[2]$
   d. $2 \supset A$
   e. $2(\, 1 \quad 3 \,) \supset A$
   f. $4 \quad 2 \quad 1 \supset A$
   g. $3 \supset A$
   h. $3 \quad 2 \supset A$
   i. $3(\, \iota 0 \,)2 \supset A$

5. Gegeben seien folgende Strukturgrößen:

```
A+  3  2ρι6
B+10×ι3
C+'APL2'
D+A  B  C
```

Füllen Sie die Leerzeichen in den folgenden Ausdrücken so aus, daß das darunter stehende Resultat erzeugt wird.:

a. $\underline{\qquad}_{\overline{APL2}}\supset D$

b. $\underline{\qquad}_{\overline{P}}\supset D$

c. $\underline{\qquad}_{\overline{P}}\supset\subset D$

d. $\underline{\qquad}_{\overline{1\ 2\ 3\ 4\ 5\ 6}}\supset D$

e. $\underline{\qquad}_{\overline{6}}\supset D$

f. $\underline{\qquad}_{\overline{6}}\supset A$

g. $\underline{\qquad}_{\overline{3\ 4}}\ A$

6. Werten Sie die folgenden Ausdrücke aus:

a. `3  2⊃¨⊂ D`
b. `((1 (3  2))  3  2)⊃¨⊂ D`

7. Werten Sie die folgenden Ausdrücke aus:

a. `↑0ρ5 'A'`
b. `↑0ρ(5 'A')(ι3)`
c. `↑0ρ 'A' 5`
d. `↑0ρ('A' 5)(ι3)`
e. `3↑('A' 5)(ι3)`
f. `3↑(5 'A')(ι3)`

5.7 Weitere Elementaroperatoren

Die beiden Elementaroperatoren **Für jeden Bestandteil** und **Reduzieren** wurden bereits behandelt. Dieser Abschnitt führt in die weiteren Elementaroperatoren

- **Aufstufen**
- **N-faches Reduzieren**
- **Äußeres Produkt**
- **Inneres Produkt**

ein.

Aufstufen

Der Operator **Aufstufen** (\) kann mit jeder zweistelligen Funktion eingesetzt werden; er basiert auf der Definition von **Reduzieren**. Seine Wirkung ist aus folgendem Beispiel erkennbar:

```
       +\  1  3  5  7  11  13
   1  4  9  16  27  40
```

Die Dimension des Resultats entspricht der Dimension des Arguments der abgeleiteten Funktion. Der erste Bestandteil des Resultats ist der erste Bestandteil des Arguments. Der zweite Bestandteil des Resultats entspricht +/ der ersten beiden Bestandteile des Arguments. Der N-te Bestandteil des Resultats wird aus $+/N \uparrow$ Argument gebildet. Der letzte Bestandteil des Resultats ist somit identisch mit +/ Argument.

Jede zweistellige Funktion kann mit **Aufstufen** verwendet werden:

```
       ,\ (10 20)(30 40)(50 60)
   10 20   10 20 30 40   10 20 30 40 50 60

       ρ ,\ (10 20)(30 40)(50 60)
   3
```

Der Operator **Aufstufen** kann ebenso wie **Reduzieren** auf höherrangige Strukturgrößen angewendet werden, er kann mit einer Koordinatenangabe eingesetzt werden und das Symbol \ bedeutet, daß die abgeleitete Funktion entlang der ersten Koordinate auszuführen ist:

```
        A←4 6ρι24
        +\[1] A
 1   2   3   4   5   6
 8  10  12  14  16  18
21  24  27  30  33  36
40  44  48  52  56  60


        ,\ 3 2ρ'AB' 'CD' 'EF' 'GH'
AB  ABCD
ED  EFGH
AB  ABCD


        ,\ 3 2ρ'AB' 'CD' 'EF' 'GH'
AB      CD
ABEF    CDGH
ABEFAB  CDGHCD
```

N-faches Reduzieren

N-faches Reduzieren ist die zweistellige Form der abgeleiteten Funktion, die von **Reduzieren** gebildet wird. Die Wirkungsweise soll an einem einfachen Beispiel dargestellt werden:

```
    3 +/ 1 3 5 7 11 13
 9 15 23 31
```

Man beachte, daß die Länge des Resultats kleiner ist, als die Länge des Arguments. Allgemein gilt, daß sich die Länge des Resultats errechnet aus: 1 plus der Differenz aus der Länge des rechten Arguments und dem Wert des linken Arguments.

Der erste Bestandteil des Resultats im obigen Beispiel ergibt sich aus +/ der ersten drei Bestandteile der rechten Arguments. Der N-te Bestandteil des Resultats wird gebildet aus: $+/3 \uparrow (N-1) \downarrow Argument$.

Die abgeleitete Funktion wird manchmal auch *„Schiebefenster-Reduzieren"* genannt. Im obigen Beispiel hat das Fenster eine Breite von drei Bestandteilen und es wird von links nach rechts über die Strukturgröße bewegt; bei jedem Schritt wird eine Reduktion durchgeführt.

Ein Unternehmen habe in den letzten zwölf Quartalen die folgeneden Umsätze erzielt:

```
    SALES← 1001 2741 3081 3767 3279 4015 7305
    SALES← SALES,7200 7496 9247 5100 7650
```

Man erkennt einen starken Anstieg des Umsatzes im zehnten Quartal, gefolgt von einem starken Umsatzrückgang im elften Quartal. Die Geschäftsleitung möchte die Zahlen glätten, damit die quartalsweisen Unterschiede nicht mehr so stark hervortreten. Mit dem **N-fachen Reduzieren** gelingt das:

```
    (1↑SALES),(2+/SALES)÷2
 1001 1871 2911 3424 3523 3647 5660 7252.5 7348
    8371.5 7173.5 6375
```

Mit Ausnahme für das erste Quartal, werden alle weiteren Umsätze als arithmetisches Mittel zweier benachbarter Quartalswerte errechnet. Auch diese Zahlenreihe weist noch

Höhen und Tiefen auf, aber sie sind nicht mehr so stark wie zuvor. Wenn man mehr als
zwei Werte gleichzeitig in die Berechnung einbezieht, wird die Glättung verstärkt:

```
      (3+SALES),(4+/SALES)+4
 1001 2741 3081 2647.5 3217 3535.5 4591.5 5449.75
      6504 7812 7260.75 7373.25
```

Eine weitere interessante Anwendung von **N-fach-Reduzieren** verwendet **Verketten** als
Operanden. Wie das Beispiel zeigt, entsteht aus einem einfachen Vektor ein Vektor, der aus
Teilvektoren des Arguments gebildet wird:

```
      3 ,/ 'ABCDEFGHI'
ABC BCD CDE DEF EFG FGH GHI
```

Das nächste Beispiel zeigt die Anwendung auf einen geschachtelten Vektor:

```
      2 ,/ 'BILLY' 'BOB' 'TOM' 'CAT'
BILLYBOB BOBTOM TOMCAT
```

Wenn man **N-fach-Reduzieren** auf einen Vektor von Skalaren statt auf einen Vektor von
Vektoren anwendet, erhält man einen Vektor mit den Paaren der Namen:

```
      2 ,/ ⊂¨'BILLY' 'BOB' 'TOM' 'CAT'
 BILLY BOB     BOB TOM     TOM CAT
```

Das **N-fache Reduzieren** wirkt auch auf höherrangige Strukturgrößen (so wie **Reduzieren**
und **Aufstufen**) und kann mit einer Koordinatenangabe versehen werden. Das Symbol ⌿
steht für die Ausführung der **N-fachen Reduktion** entlang der ersten Koordinate:

```
       A←4 6ρι24
       2 +⌿ A
  3  5  7  9 11
 15 17 19 21 23
 27 29 31 33 35
 39 41 43 45 47

       3+⌿A
  6  9 12 15
 24 27 30 33
 42 45 48 51
 60 63 66 69
```

```
        3 2ρ'AB' 'CD' 'EF' 'GH'
AB  CD
EF  GH
AB  CD


        2 ,/3 2ρ'AB' 'CD' 'EF' 'GH'
ABCD
EFGH
ABCD


        ρ2 ,/3 2ρ'AB' 'CD' 'EF' 'GH'
3 1


        2,/3 2ρ'AB' 'CD' 'EF' 'GH'
ABEF  CDGH
EFAB  GHCD
```


Äußeres Produkt

Der Operator **Für jeden Bestandteil** wendet die Funktion zwischen den sich entsprechenden Bestandteilen zweier Strukturgrößen an. Man kann sich jedoch auch verstellen, daß eine Funktion zwischen allen Paaren von Bestandteilen ausgeführt wird, wobei jeweils ein Bestandteil aus dem linken und ein Bestandteil aus dem rechten Argument benutzt wird. Der Operator **Äußeres Produkt** (∘.) erzeugt eine abgeleitete Funktion „für alle Kombinationen". Das Resultat aller Kombinationen der Bestandteile eines Vektors A B der Länge 2 und eines Vektors C D E der Länge 3, hat folgendes Aussehen:

$$A \; B \quad ∘.fn \quad C \; D \; E$$

A fn C	A fn D	A fn E
B fn C	B fn D	B fn E

Verwendet man die **Multiplikation** (×) auf alle Paare von Bestandteilen in allen Kombinationen, entsteht z.B. die folgende Matrix:

```
       (ι5) ∘.× (ι10)
1  2  3  4  5  6  7  8  9 10
2  4  6  8 10 12 14 16 18 20
3  6  9 12 15 18 21 24 27 30
4  8 12 16 20 24 28 32 36 40
5 10 15 20 25 30 35 40 45 50
```

Jede zweistellige Funktion kann mit dem **Äußeren Produkt** verwendet werden. Im nächsten Beispiel wird das **Äußere Produkt** mit der Funktion **Entnehmen** (↑) eingesetzt:

```
      2 3 ‾4 ∘.↑ (5 6 7) 'ABC'
5 6       AB
5 6 7     ABC
0 5 6 7   ABC

      DISPLAY 2 3 ‾4 ∘.↑ (5 6 7) 'ABC'
```

Da das linke Argument ein Vektor der Länge 3 und das rechte Argument ein Vektor der Länge 2 ist, entsteht als Resultat eine 3 x 2 Strukturgröße. Sie ist geschachtelt, da **Entnehmen** nicht-skalare Strukturgrößen liefert.

Die Dimension des Resultats des **Äußeren Produkts** ist die Dimension des linken Arguments, verkettet mit der Dimension des rechten Arguments. Diese Aussage läßt sich wie folgt darstellen:

$$\rho \; L \; \circ.F \; R \; \leftrightarrow \; (\rho L),(\rho R)$$

Inneres Produkt

Der Operator **Inneres Produkt** (.) wendet zwei Funktionen in einheitlicher Weise auf Strukturgrößen an. Die folgenden Beispiele zeigen, wie der Operator **Inneres Produkt** die **Addition** und **Multiplikation** auf Vektoren anwendet:

Ein Vektor der Länge 3 enthalte eine Angabe in Stunden, Minuten und Sekunden; er soll in Sekunden umgerechnet werden, das Resultat soll ein Skalar sein. Mit den bereits bekannten Elementaroperationen kann das durch den folgenden Ausdruck dargestellt werden:

```
      +/3600 60 1 × 2 15 30
8130
```

Das linke Argument ist ein Vektor, der die Anzahl der Sekunden je Stunde, die Anzahl der Sekunden je Minuten und die Anzahl der Sekunden je Sekunde enthält. Durch **Multiplizieren** werden alle Bestandteile des rechten Arguments in Sekunden umgerechnet und dann mit der **Reduktion** addiert. Mit Hilfe des **Inneren Produkts** kann man die Berechnung wie folgt ausführen:

```
      3600 60 1 +.× 2 15 30
8130
```

Das **Innere Produkt** ist für vektorielle Argumente auf der Basis der **Reduktion** definiert:

$$L \; F.G \; R \; \leftrightarrow \; \subset F/ \; L \; G \; R$$

Die Funktion **Einschließen** ist in der formalen Definition nicht erforderlich, wenn die **Reduktion** einen einfachen Skalar erzeugt, wie es im ersten Beispiel der Fall war; wenn jedoch G eine Strukturgröße höheren Ranges erzeugt, ist das Resultat der **Reduktion** kein Skalar. Im nächsten Beispiel ist die Funktion **Einschließen** erforderlich:

```
      3 4,.ρ'ABC'
ABCA BCAB CABC

      DISPLAY 3 4,.ρ'ABC'
.---------------------------------------.
| .+-----------------------------------. |
| | .+---. .+---. .+---.             | |
| | |ABCA| |BCAB| |CABC|             | |
| | '----' '----' '----'             | |
| | ε---------------------------------' |
| ε-------------------------------------'
```

Für Matrizen und höherrangige Strukturgrößen ist das **Innere Produkt** auf der Basis des **Äußeren Produkts** und der **Reduktion** definiert. Das **Innere Produkt** $F.G$ wendet die Funktion G zwischen den Zeilen des linken Arguments und den Spalten des rechten Arguments in allen Kombinationen an. Jedes der so gebildeten Resultate wird mit F reduziert.

Die folgenden Abbildungen beschreiben die Wirkung des **Inneren Produkts** auf Matrizen:

$$\begin{array}{|ccc|} \hline A & B & C \\ X & Y & Z \\ \hline \end{array} \quad F.G \quad \begin{array}{|ccc|} \hline 1 & 2 & 3 \\ 4 & 5 & 6 \\ 7 & 8 & 9 \\ \hline \end{array}$$

Die Argumente werden entlang ihrer inneren Koordinate zerlegt - der rechten Koordinate für das linke Argument und der linken Koordinate für das rechte Argument (daher erhielt der Operator seinen Namen **Inneres Produkt**). Die daraus entstehenden Vektoren werden in allen Kombinationen mit der Funktion F reduziert:

$$F/^{..} \quad \begin{array}{|c|} \hline A\ B\ C \\ \hline X\ Y\ Z \\ \hline \end{array} \quad \cdot G \quad \begin{array}{|c|} \hline 1 \\ 4 \\ 7 \\ \hline \end{array} \ \begin{array}{|c|} \hline 2 \\ 5 \\ 8 \\ \hline \end{array} \ \begin{array}{|c|} \hline 3 \\ 6 \\ 9 \\ \hline \end{array}$$

Die Dimension des Resultats entspricht den verketteten Dimensionen der Argumente ohne die inneren Koordinaten. Die nächste Abbildung zeigt das Resultat mit dem Ausdruck, wie jeder Bestandteil ermittelt wird:

F/A B C G 1 4 7	F/A B C G 2 5 8	F/A B C G 3 6 9
F/X Y Z G 1 4 7	F/X Y Z G 2 5 8	F/X Y Z G 3 6 9

Das nächste kleine Beispiel sollte man selbst ohne ein Terminal lösen können:

```
      I←3  3ρ 14 ¯140 168 ¯40 640 ¯840 27 ¯540 756
      I
  14 ¯140  168
 ¯40  640 ¯840
  27 ¯540  756

      J←3  3ρ÷ι9
      J
1          0.5       0.33333333
0.25       0.2       0.16666667
0.14285714 0.125     0.11111111

      I+.×J
3 0 0
0 3 0
0 0 3
```

Abhängig vom Rechnersystem können die Resultate geringfügig von den gezeigten abweichen. Insbesondere können anstelle der Nullen sehr kleine Zahlen auftreten (im System IBM 370, liegen sie bei $1E^{-}16$). Für die meisten numerischen Berechnungen liegen diese Werte, verglichen mit den anderen Werten des Resultats, nahe genug bei Null.

In der Mathematik wird das **Innere Produkt** +.× oft als „*Matrix Produkt*" bezeichnet.

Die Dimension des Resultats des **Inneren Produkts** ist die Dimension des linken Arguments ohne dessen rechte Koordinate, verkettet mit der Dimension des rechten Arguments ohne dessen linke Koordinate. Formal kann das für nicht-skalare Argumente wie folgt ausgedrückt werden:

```
      ρ L F.G R   ↔   (¯1↓ρL),(1↓ρR)
```


Übungen zu 5.7

1. Geben Sie die Dimension, die Tiefe und das Resultat für die folgenden Ausdrücke an:

```
    a.  +\ι5
    b.  +\5
    c.  +\⊂ι5
    d.  +\(1  2  3)(4  5  6)(7  8  9)
    e.  +\(1  2  3)(4  5  6)(7  8  9) 10
    f.  +\(1  2  3)(4  5  6)(7  8  9) 10 20
    g.  +\(1  2  3)(4  5  6)(7  8  9) (⊂10 20)
    h.  +\¨(1  2  3)(4  5  6)(7  8  9)
    i.  ,\ι5
    j.  <\0 0 1 0 1 1
    k.  ≤\1 1 1 0 0 1 0 1
    l.  ≠\1 1 1 0 0 1 0 1
    m.  >\(1 0 1 0 1 1 )(1 1 1 0 1 1 )
```

2. Bestimmen Sie das Resultat, seine Dimension und die Tiefe für jeden der folgenden Ausdrücke, wenn T wie folgt definiert ist:

$$T \leftarrow 3 \; 4 \; \rho \; 3 \; 6 \; 9 \; 1 \; 8 \; 2 \; 4 \; 4 \; 9 \; 7 \; 5 \; 3$$

a. `+\T`
b. `-\T`
c. `+\[1]T`
d. `-\[1]T`

3. Geben Sie das Resultat, seine Dimension und die Tiefe für jeden der folgenden Ausdrücke an, wenn A wie folgt definiert ist:

$$A \leftarrow 10 \; 5 \; 7 \; 12 \; 4 \; 3$$

a. `2 +/A`
b. `3 +/A`
c. `5 +/A`
d. `6 +/A`
e. `7 +/A`
f. `0 +/A`
g. `0 ⌈/A`
h. `0 ⌊/A`
i. `2 -/A`
j. `¯2 -/A`
k. `3 -/A`
l. `¯3 -/A`
m. `2 +/¨ A (-A)`

4. Geben Sie das Ergebnis, seine Dimension und seine Tiefe für jeden Ausdruck an, wenn gilt:

$$M \leftarrow 4 \; 4 \rho 2 \; 4 \; 6 \; 8 \; 1 \; 3 \; 5 \; 7 \; 9$$
$$N \leftarrow 10 \times M$$
$$T \leftarrow 3 \; 3 \; 3 \rho \iota 27$$
$$S \leftarrow -T$$

a. `2 +/ M N`
b. `2 +/¨ M N`
c. `2 +/[1]¨ M N`
d. `+/ T S`
e. `+⌿ T S`
f. `+/¨ T S`
g. `+⌿¨ T S`
h. `+/[2]¨ T S`
i. `2 +/¨ T S`
j. `2 +/[1]¨ T S`
k. `2 +/[2]¨ T S`

5. Gegeben sie eine positive ganze Zahl N. Schreiben Sie einen Ausdruck, der den folgenden Vektor erzeugt:

$$1 \; ¯1 \; 2 \; ¯2 \; 3 \; ¯3 \; 4 \; ¯4 \; \ldots \; N \; ¯N$$

6. Schreiben Sie eine Funktion `CHECK`, die einen Booleschen Vektor erzeugt.Dieser Vektor soll in seiner Länge mit der Zeilenzahl einer numerischen Matrix M übereinstimmen. Der Vektor soll dann eine 1 enthalten, wenn alle Bestandteile einer Zeile von M numerisch aufsteigend sind. Das folgende Beispiel verdeutlicht das:

```
            M
      2  3  4  5
      3  1  7  8
      4  7  9  2

         CHECK M
      1  0  0
```

7. Schreiben Sie einen Ausdruck, der R erzeugt, wenn das Resultat von $+\backslash R$ gegeben ist; z.B.: gegeben sei der Vektor N, wenn: $N \leftarrow +\backslash$ 2 4 5 7, erzeugen Sie 2 4 5 7.

8. Schreiben Sie einen Ausdruck, der Vektoren von N aufeinanderfolgenden ganzen Zahlen erzeugt, worin der erste Bestandteil jeweils aus ιS stammt; z.B. aus $N \leftarrow 3$ und $S \leftarrow \iota 4$ sollte sich das folgende Resultat ergeben:

$$(1\ 2\ 3)(2\ 3\ 4)(3\ 4\ 5)(4\ 5\ 6)$$

9. Schreiben Sie eine Funktion mit dem Namen $MOVING\_AVG$, die das arithmetische Mittel für aufeinanderfolgende Zahlengruppen errechnet (gleitender arithmetischer Durchschnitt), wenn die Eingabe ein einfacher numerischer Vektor ist

10. Schreiben Sie einen Ausdruck, der 3 Meilen, 6 Yards, 2 Fuß und 7 Zoll in Zoll umrechnet. (1 Meile = 1760 Yards, 1 Yard = 3 Fuß, 1 Fuß = 12 Zoll).

11. Gegeben seien die folgenden Variablen:

```
      A←2  4  6
      B←10  11  12  13
      C←(5  10)  (1  2  4)
```

Werten Sie die folgenden Ausdrücke aus:

a. $A \circ .+B$
b. $\rho A \circ .+B$
c. $A \circ .,B$
d. $\rho A \circ .,B$
e. $A \circ .\times C$
f. $\rho A \circ .\times C$

12. Geben Sie das Resultat und dessen Dimension für die folgenden Ausdrücke an:

a.   2 5 10 ∘.* 1 2 3
b.   1 2 3 ∘.⌈ 1 2 3 4
c.   1 2 3 4 ∘.⌊ 1 2 3
d.   3 7 8 ∘.⌈ 5 (6 4)
e.   (3 7)(8 4) ∘.⌈ 5 (6 4)(2 9)
f.   1 ⁻2 2 ∘.+ 'ABC' (10 20 30 40)
g.   1 2 3 ∘.⊃ 'ABCD' 'XYZ'
h.   1 2 3 ∘., 'AB' 'CDE'
i.   1 2 3 ∘., ⊂'AB' 'CDE'

13. Schreiben Sie einen Ausdruck, der alle neun Kombinationen der Buchstaben ABC (einschließlich Wiederholungen) erzeugt.

14. Werten Sie die folgenden Ausdrücke aus:

a.   (3 4ρ5↑1) +.× 4 3ρι2

b.   (3 4⍴5↑1) ,.× 4 3⍴⍳12

15. Das Risiko von Herzgefäßerkrankungen wird bestimmt von den Faktoren HDL (HD - Lipoprotein), LDL (LD - Lipoprotein), Triglyceriden und Cholesterol. Es wird das Verhältnis von LDL zu HDL gemessen. Wenn dieser Quotient größer wird, steigt das Risiko und damit die Notwendigkeit der Behandlungsintensität:

- 2 oder kleiner — Geringes Risiko.
- 2-3 — Mittleres Risiko.
- 3-5 — Diätbehandlung empfohlen.
- 5 oder größer — Der Patient sollte sich einer medikamentösen Behandlung unterziehen.

Eine regelmäßige Blutanalyse liefert die Werte für HDL, Cholesterol (TC) und Triglyceride ($TRIG$). Die folgenden Ausdrücke setzen LDL in Beziehung zu den Meßwerten:

```
LDL  ← TC - HDL + TRIG ÷ 6
RISK ← LDL ÷ HDL
```

a. Berechnen Sie den Risikoquotienten ($RISK$) für die folgenden Werte:

- HDL, von 25 bis 40 in Schritten von 5.
- $TRIG$, von 120 bis 300 in Schritten von 10.
- TC, von 175 bis 225 in Schritten von 5.

b. Schreiben Sie einen Ausdruck, der die Werte von LDL für jede Kombination der Werte von HDL, $TRIG$ und TC ermittelt.

c. Geben Sie einen Ausdruck an, der der die Risikowerte errechnet.

Kapitel 6 - Der Umgang mit Daten

In den vorangegangenen Kapiteln wurde gezeigt, wie man Daten anordnen kann und Bestandteile aus Strukturgrößen auswählt. Im Umgang mit Daten ist es nützlich, Bestandteile von Strukturgrößen miteinander zu vergleichen, einzelne Bestandteile auszuwählen oder zu entfernen. Auch das Suchen von Bestandteilen in Strukturgrößen oder das Sortieren von Strukturgrößen sollte möglich sein. In diesem Kapitel werden die dafür geeigneten Funktionen behandelt und es wird gezeigt, wie Bestandteile in Strukturgrößen durch andere ersetzt werden können. Zum Umgang mit numerischen Daten werden weitere Funktionen vorgestellt, und die in Kapitel 2 behandelte Funktion **Potenzieren** wird erweitert.

6.1 Vergleiche

In diesem Abschnitt werden die Vergleichsfunktionen, die Funktion **Prüfen auf Identität** und die Booleschen Funktionen behandelt. Wenn das Ergebnis eines Vergleichs wahr ist, gibt APL2 eine 1 als Resultat zurück; anderenfalls ist das Resultat 0. Die Werte 0 und 1 werden manchmal auch als Wahrheitswerte bezeichnet. In APL2 sind diese Wahrheitswerte Zahlen und können daher in Berechnungen, wie alle anderen Zahlen, verwendet werden.

Vergleichsfunktionen

Die Vergleichsfunktionen sind zweistellige skalare Funktionen. In der folgenden Tabelle sind die APL2-Vergleichsfunktionen zusammengefaßt:

Symbol	Name
<	**Prüfen auf kleiner**
≤	**Prüfen auf kleiner oder gleich**
≥	**Prüfen auf größer oder gleich**
>	**Prüfen auf größer**
=	**Prüfen auf gleich**
≠	**Prüfen auf ungleich**

Tabelle 6.1 APL2-Vergleichsfunktionen

Einige Beispiele für Vergleichsfunktionen:

```
      3 < 2
0
```

```
        3 4 5 > 4 10 2
  0 0 1

        5 > 4 10 2
  1 0 1
```

Diese Funktionen können innerhalb von arithmetischen Ausdrücken auftreten, da ihre
Resultate Zahlen sind. Das folgende Beispiel illustriert das:

```
      R1←10 0 20
      100÷R1+0=R1
 10 100 5
```

Dieser Ausdruck dividiert die Zahl 100 durch alle Zahlen eines Vektors und verhindert,
daß ein Fehler bei der Division durch Null auftreten kann.

Die Vergleichsfunktionen sind Skalarfunktionen; sie werden zwischen einfachen Skalaren
angewendet und können daher auch auf geschachtelte Strukturgrößen angewendet werden:

```
      10 20 = (18 10 20) (10 30 20)
  0 1 0  0 0 1
```

Von den Vergleichsfunktionen können nur **Prüfen auf gleich** und **Prüfen auf ungleich** auch
auf nicht-numerische Argumente angewendet werden:

```
      'ABCD' = 'ABCE'
  1 1 1 0
      'ABCD' ≠ 'ABCE'
  0 0 0 1
```

Bei der Verwendung von **Prüfen auf gleich** auf geschachtelte Vektoren sollte man vorsichtig
sein. Man könnte auf den ersten Blick vermuten, daß der folgende Ausdruck das Resultat
1 0 liefert:

```
      'JANE' 'JIM' = 'JANE' 'JOHN'
```

Wenn jedoch `'JANE'` mit `'JANE'` verglichen wird, entsteht das Ergebnis 1 1 1 1
und wenn `'JIM'` mit `'JOHN'` verglichen wird, erfolgt die Fehlermeldung *LENGTH
ERROR*. Selbst wenn man die Vektoren so gestalten würde, daß dieser Fehler nicht auftritt,
ist das Ergebnis nicht 1 0, wie das nächste Beispiel zeigt:

```
      'JANE' 'JIM' = 'JANE' 'JOE'
  1 1 1 1  1 0 0
```

Im nächsten Unterabschnitt wird eine Funktion vorgestellt, mit der das gewünschte Ergebnis erzeugt werden kann.

Auch bei der Anwendung der Vergleichsfunktionen auf Zahlen gibt es einige beachtens-
werte Punkte. So ist die Computerarithmetik nicht immer exakt; die Darstellung des Resultats von 1÷3 erfordert eine unendlich große Zahl von Ziffern nach dem Dezimalpunkt.
APL2 führt bei kleinen Ungenauigkeiten Anpassungen in den Vergleichsfunktionen durch,
wie das nächste Beispiel zeigt:

```
      .3333333333333 = .33333333333333
  1
```

Die beiden Zahlen sind nicht wirklich gleich (die erste hat 13 und die zweite 14 Nachkommastellen), aber sie liegen dicht genug beieinander. Wie eng zwei Zahlen beieinander
liegen müssen, um von APL2 als gleich behandelt zu werden, hängt von der Rechnerarchitektur und der APL2-Implementierung ab.

Alle Vergleichsfunktionen bestimmen das Resultat auf der Basis „eng genug beieinander"
und deshalb werden sie auch als „unscharfe" Funktionen bezeichnet. Die zwei Zahlen im
obigen Beispiel sind innerhalb der „Unschärfe" gleich; diese Unschärfe nennt man auch
„Vergleichstoleranz". In diesem Buch wird auf eine exakte Definition der Unschärfe nicht
weiter eingegangen. Vergleiche mit der Zahl Null sind nie mit einer Unschärfe behaftet,
wenn man also genaue Vergleichsergebnisse benötigt, sollte man mit Null vergleichen:

```
        .3333333333333  =  .33333333333333
 1
        .3333333333333  -  .33333333333333
 ⁻3.0003777724E⁻14
        0=.3333333333333  -  .33333333333333
 0
```

Das obige Beispiel zeigt, daß die beiden Zahlen innerhalb der Unschärfe gleich sind, ihre
Differenz ist aber nicht Null. Das tatsächliche Ergebnis der Subtraktion hängt vom einge-
setzten System ab.

Prüfen auf Identität

Die Funktion **Prüfen auf Identität** verhält sich wie die Vergleichsfunktionen, indem sie als
Resultat 1 oder 0 liefert. Sie ist von diesen verschieden, da sie immer eine einzige 0 oder
1 erzeugt, abhängig davon, ob die Argumente den gleichen Inhalt und die gleiche Struktur
haben.

Für einfache Skalare liefert **Prüfen auf Identität** das gleiche Ergebnis wie die Funktion
Prüfen auf gleich:

```
        5 ≡ 5
 1
        3 ≡ 4
 0
```

Auf andere Strukturgrößen angewendet, liefert **Prüfen auf Identität** nur dann eine 1, wenn
die beiden Argumente die gleiche Dimension, die gleiche Tiefe und den gleichen Inhalt
haben:

```
        'JIM' ≡ 'JOHN'
 0
        2 3 (4 5) ≡ 1 + 1 2 (3 4)
 1
```

Wenn man feststellen will, ob zwei Strukturgrößen z.B. X und Y die gleiche Dimension
haben, könnte man versucht sein, den folgenden Ausdruck niederzuschreiben:

```
        (ρX) = (ρY)
```

Wenn jedoch X und Y von unterschiedlichem Rang sind, führt das zu einem Fehler mit der
Meldung *LENGTH ERROR*. Der Ausdruck

$$(\rho X) \equiv (\rho Y)$$

liefert das gewünschte Resultat.

Bei der Diskussion der Vergleichsfunktionen führte das folgende Beispiel zu einem Fehler und nicht zum erwarteten Resultat von 1 0.

```
        'JANE'  'JIM'  =  'JANE'  'JOHN'
LENGTH ERROR
        'JANE'  'JIM'  =  'JANE'  'JOHN'
        ^                 ^
```

Liefert aber die Funktion **Prüfen auf Identität** das gewünschte Resultat?

```
        'JANE'  'JIM'  ≡  'JANE'  'JOHN'
    0
```

Offensichtlich nicht, denn die Funktion vergleicht die Argumente auf ihre Struktur und ihren Inhalt. Das Argument *'JANE' 'JIM'* ist aber in bezug auf Inhalt und Struktur nicht identisch mit dem Argument *'JANE' 'JOHN'*. Aus diesem Grund liefert die Funktion das Resultat 0. Tatsächlich sollen jedoch die korrespondierenden Bestandteile der Argumente auf Identität geprüft werden; dafür setzt man die Funktion **Prüfen auf Identität** mit dem Operator **Für jeden Bestandteil** ein:

```
        'JANE'  'JIM'  ≡¨  'JANE'  'JOHN'
    1 0
```

Prüfen auf Identität mit **Für jeden Bestandteil** liefert das, was intuitiv die Funktion **Prüfen auf gleich** ergeben sollte; **Prüfen auf gleich** ist eine Skalarfunktion und sie wirkt wie alle anderen Skalarfunktionen.

Boolesche Funktionen

Die in diesem Abschnitt bisher behandelten Funktionen liefern als Resultate Strukturgrößen von Wahrheitswerten - Nullen oder Einsen. Diese werden auch *Boolesche* Strukturgrößen genannt (sie wurden nach George Boole benannt, der die Boolesche Algebra entwickelte). Die Booleschen Funktionen sind eine Gruppe von Funktionen, die, wenn sie auf Boolesche Strukturgrößen angewendet werden, Boolesche Strukturgrößen als Resultate liefern. In den folgenden Tabellen sind die Booleschen Funktionen zusammengefaßt:

Symbol	Name	Liefert 1, wenn
∧	**Logisches Und**	beide Argumente 1 sind.
∨	**Logisches Oder**	mindestens ein Argument 1 ist.
⊼	**Negiertes logisches Und**	mindestens ein Argument 0 ist.
⊽	**Negiertes logisches Oder**	beide Argumente 0 sind.
=	**Gleich**	beide Argumente gleich sind.
≠	**Exklusives logisches Oder**	ein Argument, aber nicht beide, eine 1 enthält.

Tabelle 6.2 Zweistellige Boolesche Funktionen

Man beachte, daß = und ≠ sowohl als Boolesche- und auch als Vergleichsfunktionen angesehen werden können. Im Kontext der Vergleichsfunktionen bedeutet das Symbol ≠ **Prüfen auf ungleich**, im Kontext der Wahrheitswerte hat das Symbol ≠ die Bedeutung des **Exklusiven logischen Oder**.

Es gibt eine einstellige Boolesche Funktion:

Symbol	Name	Liefert 1, wenn
~	**Logische Negation**	das Argument 0 ist

Tabelle 6.3 Einstellige Boolesche Funktion

Es folgen einige Anwendungen Boolescher Funktionen:

```
      0 1 0 1 ∧ 0 0 1 1
0 0 0 1
      0 1 0 1 ≠ 0 0 1 1
0 1 1 0
```

Die Booleschen Funktionen können recht einfach in elektronischen Schaltkreisen implementiert werden und diese Funktionen beschreiben die Hardware von Digitalrechnern.

Häufig ist es sinnvoll, Vergleichsausdrücke durch Boolesche Funktionen zu verknüpfen. Wenn man z.B. wissen möchte, welche Produkte weniger als $10, aber mehr als $7 kosten, schreibt man:

```
      RETAIL←6.95 7.95 12.95
      RETAIL<10
1 1 0
      RETAIL>7
0 1 1
```

Man kann beide Ausdrücke durch das **Logische Und** verbinden. Der nächste Ausdruck liefert eine 1 für ein Produkt, das mehr als $7 aber weniger als $10 kostet:

```
      (RETAIL<10) ∧ (RETAIL>7)
0 1 0
```

In Verbindung mit dem Operator **Reduzieren** (/) liefern die Booleschen Funktionen Antworten auf einige interessante Fragen:

Kosten alle Produkte weniger als $10?

```
    ∧/RETAIL<10
0
```

Kostet mindestens ein Produkt weniger als $10?

```
    ∨/RETAIL<10
1
```

Die **Logische exklusive Oder-Reduktion** (≠/) liefert für Boolesche Vektoren die Aussage, ob sie eine ungerade Anzahl von Einsen enthalten:

```
    ≠/ 1 0 1 1 0 1 0 0
0
    ≠/ 1 0 1 1 0 1 0 0 1
1
```

Die Prüfung auf eine ungerade Anzahl von Einsen wird auch als Paritätsprüfung bezeichnet. Der Leser sollte versuchen, die beiden letzten Beispiele in Einzelschritten nachzuvollziehen; dadurch wird das Verständnis der **Reduktion** gefördert.

Die **Logische Negation** (~) wird zur Bildung des Komplements eines Wahrheitswerts eingesetzt. Wenn man z.B. eine 1 als Resultat erhalten will, wenn zwei Strukturgrößen nicht identisch sind, verwendet man die **Logische Negation** mit **Prüfen auf Identität**:

```
    A←'ONE'
    B←'ANOTHER'
    ~A≡B
1
```

Zur Bestimmung derjenigen Artikel, die nicht im Intervall zwischen $7 und $10 liegen, kann man den Ausdruck verwenden:

```
    ~(RETAIL<10) ∧ (RETAIL>7)
1 0 1
```

Noch etwas kürzer läßt es sich mit dem **Negierten logischen Und** darstellen:

```
    (RETAIL<10) ⍲ (RETAIL>7)
1 0 1
```

Einige interessante abgeleitete Funktionen lassen sich mit dem Operator **Aufstufen** (\\) bilden.

Das **Logische Und-Aufstufen** erhält alle führenden Einsen in einem Booleschen Vektor. Jede 1 nach einer 0 wird zu 0.

```
    ∧\1 1 1 1 0 1 0 1 1
1 1 1 1 0 0 0 0 0
```

Mit **Logisch Oder-Aufstufen** (∨\\) bleiben die führenden Nullen erhalten, alle anderen Nullen werden zu Einsen.

```
      v\0  0  0  0  1  0  1  0  1
0  0  0  0  1  1  1  1  1
```

Das **Exklusive logische Oder-Aufstufen** oder **Prüfen auf ungleich-Aufstufen** ($\neq\backslash$) ersetzt Nullen durch Einsen auf folgende Art:

```
      ≠\0  0  0  1  0  0  1  0  0  0  1  0  0
0  0  0  1  1  1  0  0  0  0  1  1  1
```

Mit dem **Logischen Und-Aufstufen** ($\wedge\backslash$) kann man einen Ausdruck schreiben, der die führenden Leerzeichen aus einem Zeichenvektor entfernt:

```
      TX←'        LEADING BLANKS '
      TX=' '
1  1  1  1  1  1  0  0  0  0  0  0  0  0  1  0  0  0  0  0  0  1

      ∧\TX=' '
1  1  1  1  1  1  0  0  0  0  0  0  0  0  0  0  0  0  0  0  0  0

      +/∧\TX=' '
6
      (+/∧\TX=' ')↓TX
LEADING BLANKS
```


Übungen zu 6.1

1. Schreiben Sie einen Ausdruck, der die Anzahl einfacher skalarer Nullen in einer Strukturgröße angibt.

2. Schreiben Sie einen Ausdruck, der die Absolutbeträge der Zahlen in einem Vektor ermittelt, ohne dafür die APL2-Funktion **Absolutbetrag** zu verwenden. Testen Sie den Ausdruck mit dem Vektor $V\leftarrow$ ⁻21 23 0 ⁻1.

3. Schreiben Sie Ausdrücke, die als Resultat die Spalten der folgenden Tabelle erzeugen. Jeder Ausdruck sollte höchstens eine Boolesche oder eine Vergleichsfunktion enthalten, sowie die Variable A oder B oder beide. A und B sollen die folgenden Inhalte haben:

    ```
    A← 0  0  1  1
    B← 0  1  0  1
    ```

    Die Spalte 2 ist z.B. das Ergebnis des Ausdrucks $A\wedge B$.

A B	1	2	3	4	5	6	7	8	9	10	11	12	13	14	15	16
0 0	0	0	0	0	0	0	0	0	1	1	1	1	1	1	1	1
0 1	0	0	0	0	1	1	1	1	0	0	0	0	1	1	1	1
1 0	0	0	1	1	0	0	1	1	0	0	1	1	0	0	1	1
1 1	0	1	0	1	0	1	0	1	0	1	0	1	0	1	0	1

4. Schreiben Sie unter Verwendung der Variablen $RETAIL$ einen Ausdruck, der ermittelt, wieviele Artikel weniger als $10 kosten.

5. Schreiben Sie einen Ausdruck, der eine 1 als Ergebnis liefert, wenn eine Zahl N ganzzahlig ist.

6. Finden Sie heraus, welche Resultate erzeugt werden, wenn **Prüfen auf kleiner-Aufstufen** (<\) auf Boolesche Vektoren angewendet wird. Beschreiben Sie die abgeleitete
    Funktion in Worten.

7. Schreiben Sie eine Funktion *COUNTVOWELS*, die die Anzahl der Vokale in einem
    Zeichenvektor ermittelt und auch ihren prozentualen Anteil. Das Resultat soll in einer
    dreispaltigen Tabelle dargestellt werden mit den Vokalen (AEIOUY) in Spalte 1, deren Anzahl in Spalte 2 und die ganzzahlige Prozentangabe in Spalte 3. Ihre Funktion
    sollte ein Ergebnis liefern, wie es in der folgenden Tabelle dargestellt ist:

```
        COUNTVOWEL 'A ROSE IS NOT A DAISY'
     NUMBER PERCENT
A         3          14
E         1           5
I         2          10
O         2          10
U         0           0
Y         1           5
```

8. Ermitteln Sie das Resultat, dessen Dimension und Tiefe für die folgenden Ausdrücke.
    Falls ein Fehler auftritt, erläutern Sie den Grund.

```
a.   'SMITH'='SMITH'
b.   'SMITH'='SMYTH'
c.   'SMITH'='SMITHY'
d.   'SMITH'≡'SMITH'
e.   'SMITH'≡'SMYTH'
f.   'SMITH'≡'SMITHY'
g.   'APL2'≡'APL2'
h.   'APL2'≡'APL2 '
i.   1 2 3 4 5 ≡ 1 2 3 4 5
j.   1 2 3 4 5 ≡ 1 2 3 (4 5)
k.   1 2 3 'AB' ≡ 1 2 3 ('AB')
l.   'ABC' (4 5)≡(4 5) 'ABC'
m.   'ROY' 'SMITH' = 'ROB' 'SMITH'
n.   'ROY' 'SMITH' ≡ 'ROB' 'SMITH'
o.   'ROY' 'SMITH' ≡¨ 'ROB' 'SMITH'
p.   'ALAN' 'RAY' = 'A'
```

9. In der Logik wird der Ausdruck „Wenn P wahr ist, dann ist auch Q wahr." als **Implikation** bezeichnet. Man kann diesen Zusammenhang auch formulieren als „Wenn
    P unwahr ist, dann kann Q entweder wahr oder unwahr sein."

    a. Schreiben Sie einen Ausdruck, der die Tabelle der Wahrheitswerte für die Implikation erzeugt und verwenden Sie die Funktionen ∨ und ~.

    b. Welche einzelne APL2-Funktion liefert das gleiche Ergebnis?

10. Schreiben Sie einen Ausdruck, der in einer numerischen Strukturgröße alle Nullen
    durch Einsen ersetzt und alle anderen Werte unverändert läßt.

11. Schreiben Sie einen Ausdruck, der positive Zahlen wie folgt rundet:

    a. auf das nächstgrößere Vielfache von .5.

    b. auf das nächste Vielfache von .5.

Zum Beispiel:

```
V←2  2.3  2.5  2.7  3  3.1
```

```
(a) ergibt  2.5  2.5  3  3  3.5  3.5
(b) ergibt  2  2.5  2.5  2.5  3  3
```

6.2 Die Auswahl von Untermengen aus Strukturgrößen

Wenn man mit Strukturgrößen umgeht, ist es wesentlich, daß man Untermengen von Strukturgrößen bilden und mit diesen Untermengen arbeiten kann. In diesem Abschnitt werden die Operationen dargestellt, mit denen Untermengen aus Strukturgrößen ausgewählt werden können:

- **Klammer-Indizierung**
- **Wiederholen**
- **Expandieren**
- **Eliminieren**
- **Selektive Zuweisung**

Klammer-Indizierung

Wie wir gesehen haben, sind Strukturgrößen in APL2 geordnete Ansammlungen von Daten. Konzeptionell besteht ein Vektor aus einem ersten Bestandteil, einem zweiten u.s.w. Eine Matrix besteht konzeptionell aus einer ersten Zeile, einer ersten Spalte, einer zweiten Zeile, einer zweiten Spalte u.s.w. Diese Ordnung ermöglicht es, jeden Bestandteil einer Strukturgröße zu identifizieren, indem man ganze Zahlen verwendet, die die Position eines Bestandteils innerhalb der Strukturgröße bestimmen. Diese ganzen Zahlen bezeichnet man als den **Index** eines Bestandteils innerhalb einer Strukturgröße. In der APL-Literatur wird die **Klammer-Indizierung** auch **Traditionelles Indizieren** genannt. Die Mathematiker gebrauchen für dieses Konzept den Ausdruck *Subskript*.

In Kapitel 2 wurde die **Klammer-Indizierung** in ihrer Wirkung auf Vektoren vorgestellt, wie im folgenden Beispiel:

```
      'TAPES'[3  2  5  1  4]
PASTE
```

```
      'TAPES'[1  4  2]
TEA
```

Will man eine Strukturgröße vom Rang *N* indizieren, muß man für jede Koordinate eine ganze Zahl angeben. Bei der **Klammer-Indizierung** werden diese Zahlen innerhalb von eckigen Klammern angegeben und durch Semikolon getrennt. Wenn man z.B. den Bestandteil in Zeile 2 und Spalte 3 einer Matrix auswählen will, geschieht das wie folgt:

```
      AC← 3 4ρ'ABCDEFGHIJKL'
      AC
ABCD
EFGH
IJKL


      AC[2;3]
G
```

Will man einen rechteckigen Ausschnitt mit mehreren Bestandteilen aus einer Matrix selektieren, muß eine der Indexpositionen ein Vektor sein. Der folgende Ausdruck selektiert
die Spalten 1 und 3 aus der Zeile 2 der Matrix AC:

```
      AC[2;1 3]
EG
```

Wenn in jeder Indexposition mehr als eine Zahl angegeben wird, werden die Kombinationen aller Zahlen in den einzelnen Indexpositionen gebildet. Deshalb werden sechs Bestandteile ausgewählt, wenn man zwei Zeilenangaben und drei Spaltenangaben für eine
Matrix macht:

```
      AC[2 3;2 3 4]
FGH
JKL
```

Die folgende Abbildung veranschaulicht diesen Vorgang:

```
              2     3     4
      A   |   B     C     D  |
  2 | E       F     G     H  |
  3 | I       J     K     L  |
    |                        |
    |________________________|
```

Selbstverständlich kann man eine gesamte Zeile einer Matrix auswählen, wenn man alle
Spaltennummern in aufsteigender Folge angibt:

```
      AC[2;1 2 3 4]
EFGH
```

Wenn man alle Bestandteile entlang einer Koordinate auswählen will, kann man das tun,
indem man in der entsprechenden Indexposition keine Werte angibt; dadurch wird der
Ausdruck kürzer. Mit dieser Schreibweise kann man z.B. jeden Bestandteil der Zeile 2 wie
folgt selektieren:

```
      AC[2;]
EFGH
```

Im nächsten Beispiel werden alle Zeilen der Spalten 1 und 3 ausgewählt:

```
      AC[;1 3]
AC
EG
IK
```

Läßt man die Indexangabe weg, ist das gleichbedeutend mit der Angabe eines Vektors ganzer Zahlen zwischen 1 und der Länge der Koordinate.

In den beiden obigen Beispielen sind die weggelassenen Indexangaben mit den folgenden Ausdrücken:

```
        ι(ρAC)[2]
  1  2  3  4


        ι(ρAC)[1]
  1  2  3
```

Durch das Auslassen einer Koordinate werden alle Bestandteile entlang der entsprechenden Koordinate selektiert. Deshalb gilt:

$$AC[2;] \quad \leftrightarrow \quad AC[2;ι(ρAC)[2]]$$
$$AC[;1\ 3] \quad \leftrightarrow \quad AC[ι(ρAC)[1];1\ 3]$$

Bisher wurden in den Beispielen nur Skalare und Vektoren als Indizes verwendet; es können aber auch höherrangige Strukturgrößen als Indizes eingesetzt werden. In den nächsten beiden Beispielen wird eine Matrix zum Indizieren einer Matrix verwendet:

```
        AC[2;2 2ρ 1 3 1 2]
  EG
  EF


        AC[2 1;2 2ρ 1 3 1 2]
  EG
  EF

  AC
  AB
```

Die vielfältigen Möglichkeiten der Indexangaben können es auf den ersten Blick schwierig erscheinen lassen, vorauszusagen, wie das Ergebnis der Indizierung aussieht. Wenn man sich jedoch die Regeln zur Bildung des Ranges und der Dimension vor Augen führt, ist es recht einfach.

1. Der Rang des Resultats der **Klammer-Indizierung**: Der Rang des Resultats ist die Summe der Ränge der Indizes. Der Rang einer ausgelassenen Indexangabe ist 1.

Die folgenden Beispiele zeigen die Anwendung dieser Regel auf die obigen Beispiele:

Ausdruck	Rang	Begründung
$AC[2;3]$	0	$(\rho\rho2)+(\rho\rho3)$ 0 + 0
$AC[2;1\ 3]$	1	$(\rho\rho2)+(\rho\rho1\ 3)$ 0 + 1
$AC[2\ 3;2\ 3\ 4]$	2	$(\rho\rho2\ 3)+(\rho\rho2\ 3\ 4)$ 1 + 1
$MI\leftarrow3\ 4\rho\ 1\ 3\ 4\ 2\ 1$ $AC[2\ 1;MI]$	3	$(\rho\rho2\ 1)+(\rho\rho MI)$ 1 + 2
$AC[;2\ 3]$	2	$((\iota\rho\rho AC)[1])+(\rho\rho2\ 3)$ 1 + 1

2.   Die Dimension des Resultats der **Klammer-Indizierung**: Die Dimension des Resultats entsteht durch Verkettung der Dimensionen der Indizes. Die Dimension einer ausgelassenen Indexangabe ist die Länge derjenigen Koordinate, die zu dieser Indexangabe gehört.

Die folgenden Beispiele zeigen die Anwendung dieser Regel auf die obigen Begriffe:

Ausdruck	Dimension	Begründung
$AC[2;3]$	$\iota0$ (leer)	$(\rho2),(\rho3)$ $(\iota0),(\iota0)$
$AC[2;1\ 3]$	$,2$	$(\rho2),(\rho1\ 3)$ $(\iota0),(,2)$
$AC[2\ 3;2\ 3\ 4]$	$2\ 3$	$(\rho2\ 3),(\rho2\ 3\ 4)$ $(,2)\ \ \ ,(,3)$
$MI\leftarrow3\ 4\rho\ 1\ 3\ 4\ 2\ 1$ $AC[2\ 1;MI]$	$2\ 3\ 4$	$(\rho2\ 1),(\rho MI)$ $(,2)\ \ \ ,(3\ 4)$
$AC[;2\ 3]$	$3\ 2$	$(\rho AC)[1],\rho2\ 3$ 3 , $(,2)$

3.   Die durch **Klammer-Indizierung** ausgewählten Bestandteile: Wenn man den Rang und die Dimension des Resultats kennt, kann man leicht die Bestandteile des Resultats ermitteln. Der erste Bestandteil des Resultats ist der Bestandteil, dessen Position aus dem jeweils ersten Bestandteil aller Indexangaben gebildet wird. Die Indexangaben aller Indexpositionen werden miteinander kombiniert.

Die folgende Abbildung soll die Operation $AC[2\ 1;MI]$ veranschaulichen. Jede Eintragung gibt die Zeile und die Spalte des Arguments an, die zur Bildung des Resultats herangezogen wurde:

2 1	2 3	2 4	2 2
2 1	2 1	2 3	2 4
2 2	2 1	2 1	2 3

1 1	1 3	1 4	1 2
1 1	1 1	1 3	1 4
1 2	1 1	1 1	1 3

```
      AC←3 4ρ'ABCDEFGHIJKL'
      MI←3 4ρ 1 3 4 2 1

      AC[2 1;MI]
EGHF
EEGH
FEEG

ACDB
AACD
BAAC
```

Eine ungültige Indexangabe führt zu einem Fehler mit der Meldung *INDEX ERROR*:

```
      'ABC'[5]
INDEX ERROR
      'ABC'[5]
      ^       ^
```

Man kann die **Klammer-Indizierung** zur Erzeugung einfacher Graphiken einsetzen. Angenommen, die Variable *SALES* enthalte die Anzahl verkaufter Computer pro Monat:

```
      SALES←1 0 3 5 2 7 10 7 10 5 3 2
```

Vergleicht man diese monatlichen Absatzzahlen in allen Kombinationen mit den ganzen Zahlen zwischen 1 und 10, entsteht eine Strukturgröße, die nur aus 0 und 1 besteht und einer Graphik ähnelt:

```
      (ι10)∘.≤SALES
1 0 1 1 1 1 1 1 1 1 1 1
0 0 1 1 1 1 1 1 1 1 1 1
0 0 1 1 0 1 1 1 1 1 1 0
0 0 0 1 0 1 1 1 1 1 0 0
0 0 0 1 0 1 1 1 1 1 0 0
0 0 0 0 0 1 1 1 1 0 0 0
0 0 0 0 0 1 1 1 1 0 0 0
0 0 0 0 0 0 1 0 1 0 0 0
0 0 0 0 0 0 1 0 1 0 0 0
0 0 0 0 0 0 1 0 1 0 0 0
```

Man kann die **Klammer-Indizierung** verwenden, um die Nullen in Leerzeichen und die Einsen in ein anderes Symbol umzusetzen; dadurch entsteht ein Balkendiagramm oder Histogramm:

```
      ' □'[1+( ι10 )∘.≤SALES]
□ □□□□□□□□□□
  □□□□□□□□□□
  □□ □□□□□□
   □ □□□□□
   □ □□□□□
     □□□□
     □□□□
     □ □
     □ □
     □ □
```

In den meisten Fällen möchte man, daß die Säulen nicht nach unten, sondern nach oben
zeigen. Eine von mehreren Möglichkeiten besteht darin, daß der Vergleich mit den Zahlen
von 10 bis 1 und nicht von 1 bis 10 ausgeführt wird.

```
      ' □'[1+( 11-ι10 )∘.≤SALES]
     □ □
     □ □
     □ □
     □□□□
     □□□□
   □ □□□□□
   □ □□□□□
   □□ □□□□□□
  □□□□□□□□□□
□ □□□□□□□□□□
```

Anmerkung: In APL2 Release 3 von IBM gibt es eine Funktion **Indizieren** (□) als Alternative zur **Klammer-Indizierung**. Diese Funktion wird in Anhang F behandelt.

Die Auswahl von Bestandteilen mit Hilfe eines Musters - Wiederholen

Mit der **Klammer-Indizierung** kann man jeden Bestandteil nullmal oder häufiger aus einem
Vektor selektieren. Wenn man für einen Bestandteil keine Indexangabe macht, wird dieser
Bestandteil nicht ausgewählt. Wenn man die Indexposition eines Bestandteils einmal angibt, erscheint dieser Bestandteil einmal im Resultat. Gibt man die Indexposition zweimal
an, wird der entsprechende Bestandteil zweimal in das Resultat übernommen u.s.w.:

```
      CV1←'SANDY'
      CV1[2  2  3  5  5  5]
AANYYY
```

Der APL2-Operator **Wiederholen** - oft auch **Kombinieren** genannt - bietet eine weitere
Möglichkeit, diese Art der Selektion durchzuführen. Der linke Operand ist ein Vektor in
der Länge des rechten Arguments und gibt an, wie oft der entsprechende Bestandteil des
rechten Arguments auszuwählen ist:

```
      0  2  1  0  3/CV1
AANYYY
```

Ein linker Operand, der nur aus Einsen und Nullen besteht, ist zur Auswahl einer Untermenge von Bestandteilen sehr nützlich. Wenn z.B.   SALARY ein Vektor mit Gehaltsan-

gaben ist, kann man alle Gehälter, die größer als 5000 sind, mit dem folgenden Ausdruck
selektieren:

```
        SALARY←6500 4200 3700 9200 6700
        (SALARY>5000)/SALARY
  6500 9200 6700
```

$SALARY>5000$ ergibt für jeden Bestandteil von $SALARY$ wahr (1) oder unwahr (0):

```
        SALARY>5000
  1 0 0 1 1
```

Der Ausdruck ist somit gleichwertig mit:

```
        1 0 0 1 1/SALARY
  6500 9200 6700
```

Ein Vektor aus Nullen und Einsen als linker Operand von **Wiederholen** wird häufig auch
als *Muster* bezeichnet. Das nächste Beispiel zeigt, wie ein Muster mit Hilfe von Booleschen
Funktionen erzeugt und dann auf eine geschachtelte Strukturgröße angewendet wird:

```
        RETAIL←6.95 7.95 12.95
        WHAT←'LPS' 'TAPES' 'CDS'

        (RETAIL<10) ∧ (RETAIL>7)
  0 1 0
        ((RETAIL<10) ∧ (RETAIL>7))/WHAT
  TAPE
```

Man kann **Wiederholen** z.B. zur Verdopplung der Anführungszeichen in einem Zeichenvektor einsetzen. Denken Sie daran, daß man zwei Anführungszeichen eingeben muß,
wenn in dem Resultat ein Anführungszeichen auftreten soll:

```
        CV2←'DON''T'
        CV2
  DON'T

        ρCV2
  5

        CV2=''''          ←Das rechte Argument ist ein skalares
  0 0 0 1 0               Anführungszeichen.

        1+CV2=''''
  1 1 1 2 1

        (1+CV2='''')/CV2
  DON''T

        ρ(1+CV2='''')/CV2
  6
```

Durch die Angabe einer Koordinate kann **Wiederholen** auch auf höherrangige Strukturgrößen angewendet werden. Das rechte Argument wird entlang der angegebenen Koordinate zerlegt, auf die so entstandenen Vektoren wird **Wiederholen** angewendet und die
Teilergebnisse werden zum Resultat zusammengefügt. Wenn keine Koordinate angegeben

wird, wirkt **Wiederholen** entlang der am weitesten rechts in der Strukturgröße vorkom-
menden Koordinate:

```
        A← 4 6ρι24
        A
 1   2   3   4   5   6
 7   8   9  10  11  12
13  14  15  16  17  18
19  20  21  22  23  24

        1 0 0 0 3 2/A
 1   5   5   5   6   6
 7  11  11  11  12  12
13  17  17  17  18  18
19  23  23  23  24  24
```

Die Spalte 1 wird einmal, die Spalte 5 wird dreimal und die Spalte 6 wird zweimal ausgewählt.

Wiederholen entlang der ersten Koordinate wirkt auf eine Matrix so, daß Zeilen ausgewählt werden:

```
        NAMES←4 4ρ'JOHNJIM EV  MIKE'

        1 0 1 0/[1] NAMES
JOHN
EV
```

Man kann das Symbol ⌿ verwenden, um **Wiederholen** entlang der ersten Koordinate auszuführen:

```
        1 0 1 0⌿NAMES
JOHN
EV
```

Man beachte, daß **Wiederholen** ein Operator und keine Funktion ist. Es ist der erste in
diesem Buch behandelte Operator, dessen Operand eine Strukturgröße sein kann. **Wiederholen** ist derselbe Operator wie **Reduzieren**. Der Namensunterschied weist darauf hin, daß
der Operand entweder eine Funktion oder eine Strukturgröße ist:

        Strukturgröße /   — **Wiederholen**
        Funktion /   — **Reduzieren**

In einfachen Fällen kann man sich **Wiederholen** als Funktion vorstellen. In Ausdrücken
mit anderen Operatoren muß man **Wiederholen** als Operator auffassen, wie es das nächste
Beispiel zeigt:

```
        1 0 1/¨ 'ABC' (1 2 3)
AC   1 3
```

Fügt man redundante Klammern ein, erhält der Ausdruck folgendes Aussehen:

```
        (1 0 1/)¨ 'ABC' (1 2 3)
AC   1 3
```

Der Operator / wirkt auf seinen Operanden 1 0 1 und erzeugt eine abgeleitete Funktion,
die man die 1 0 1-**Wiederholen**-Funktion nennen könnte. Diese einstellige abgeleitete
Funktion ist der Operand des Operators **Für jeden Bestandteil** (¨), der auf jeden Bestandteil des Arguments angewendet wird:

```
      (1  0  1/'ABC')(1  0  1/1  2  3)
AC  1 3
```

Die Verwendung von zwei Mustern auf zwei Vektoren erfordert einige Überlegungen.
Man könnte versucht sein, den folgenden Ausdruck zu schreiben:

```
      (1  0  1)(1  1  0)/¨ 'ABC' (1  2  3)
DOMAIN ERROR
      (1  0  1)(1  1  0)/¨ 'ABC' (1  2  3)
      ∧                   ∧
```

Auf den ersten Blick erscheint der Ausdruck korrekt, aber der Operator / wirkt zuerst auf
den Operanden (1 0 1)(1 1 0) und **Wiederholen** ist nicht für geschachtelte Strukturgrößen im linken Argument definiert. Wenn man zwei Muster auf zwei Vektoren anwenden will, kann das nur mit einer definierten Funktion geschehen, die **Wiederholen** enthält; diese Funktion ist dann als Operand des Operators **Für jeden Bestandteil** zu verwenden. Das folgende Beispiel verdeutlicht dieses:

```
      ∇Z←L REP R
[1]   ⍝ wiederholen
[2]   Z←L/R
[3]   ∇

      (1  0  1)(1  1  0) REP¨ 'ABC' (1  2  3)
AC  1 2
```

Die definierte Funktion *REP* arbeitet korrekt, wo /¨ fehlschlägt, da *REP* eine Funktion
und / ein Operator ist.

Die Auswahl von Bestandteilen mit Hilfe eines Musters: Expandieren

Der APL2-Operator **Expandieren** (\\) benötigt als linken Operanden ein Boolesches Muster.
Der Inhalt des Musters bestimmt den Inhalt des Resultats. Für jeden Bestandteil des
rechten Arguments muß im linken Operanden eine 1 vorkommen. Die Einsen bestimmen
die Position der Bestandteile des rechten Arguments im Resultat. Nullen im Muster legen
fest, wo Füllwerte auftreten sollen:

```
      1 1 0 1 0 1\1 2 3 4
1 2 0 3 0 4
      1 1 0 1 0 1\'ABCD'
AB C D
```

Wenn **Expandieren** auf eine geschachtelte Strukturgröße angewendet wird, ist der Füllwert
der erste Bestandteil, in dem Zahlen durch 0 und Zeichen durch Leerzeichen ersetzt werden:

```
      1 0 1\(2 'A' 3)(19 'B' 21)
  2 A 3   0   0  19 B 21

        DISPLAY 1 0 1\(2 'A' 3)(19 'B' 21)
 .+---------------------------------.
 | .+----.  .+----.  .+------.      |
 | |2 A 3|  |0   0|  |19 B 21|      |
 | '+----'  '+----'  '+------'      |
 '∊---------------------------------'
```

Betrachten wir ein praktisches Beispiel: Gegeben sei ein Vektor A; zwischen jedes Wertepaar von A soll das arithmetische Mittel des Paares eingefügt werden. Für einen gegebenen Vektor A soll *NEWA* das gewünschte Resultat sein:

```
    A←10 12 15 17 16 8

    NEWA←10 11 12 13.5 15 16 17 16.5 16 12 8
```

Zur Lösung der Aufgabe sind hauptsächlich die **N-fache Reduktion** und **Expandieren** erforderlich. Den Durchschnitt zweier nebeneinanderstehender Zahlen kann man durch die **N-fache Reduktion** ermitteln:

```
    AV←(2+/A)×.5
    AV
 11 13.5 16 16.5 12
```

Mit dem geeigneten Muster und **Expandieren** werden die Zahlen des rechten Arguments auf die vorgegebenen Positionen des längeren Resultats gebracht:

```
      1 0 1 0 1 0 1 0 1 0 1\A
 10 0 12 0 15 0 17 0 16 0 8
```

Wenn man die Dimension von A nicht kennt, kann man das Muster wie folgt ermitteln:

```
    M←(‾1+2×ρA)ρ1 0
    M
 1 0 1 0 1 0 1 0 1 0 1

    M\A
 10 0 12 0 15 0 17 0 16 0 8
```

Durch die Anwendung der **Logischen Negation** auf das Muster werden die Durchschnittswerte in die gewünschte Form gebracht:

```
    (~M)\AV
 0 11 0 13.5 0 16 0 16.5 0 12 0
```

Das gewünschte Resultat erhält man durch Addition der beiden Teilergebnisse:

```
    (M\A)+(~M)\AV
 10 11 12 13.5 15 16 17 16.5 16 12 8
```

Wenn **Expandieren** auf höherrangige Strukturgrößen angewendet werden soll, kann der Operator mit einer Koordinatenangabe eingesetzt werden. Wird keine Koordinate angegeben, wird die abgeleitete Funktion entlang der letzten (rechten) Koordinate ausgeführt. Das rechte Argument wird entlang der angegebenen Koordinate in Vektoren zerlegt; **Ex-**

pandieren wird auf jeden dieser Vektoren angewendet. Betrachten wir dazu die folgenden Beispiele:

```
        CH←3 5ρ'ABCDEFGHIJKLMNO'
        CH
ABCDE
FGHIJ
KLMNO


        1 1 0 0 1 0 1 1\CH
AB   C DE
FG   H IJ
KL   M NO

        1 1 0 1\[1]CH
ABCDE
FGHIJ

KLMNO
```

Das Symbol \ kann verwendet werden, wenn das Expandieren entlang der ersten Koordinate ausgeführt werden soll.

Ebenso wie **Wiederholen** ist **Expandieren** ein Operator und keine Funktion.

Eliminieren

Es ist möglich, Bestandteile aus einem Vektor auszuwählen, indem man diejenigen Bestandteile angibt, die nicht im Resultat vorkommen sollen. Die Funktion **Eliminieren** (~) liefert als Resultat das linke Argument, aus dem zuvor die Bestandteile des rechten Arguments entfernt wurden:

```
        'THIS AND THAT'~'HT'
IS AND A
        'BILLY JOE ' ~ ' '
BILLYJOE
```

Mit dieser Funktion kann man z.B. Leerzeichen aus einem Vektor entfernen, die durch die Verwendung der Funktion **Einschließen** in den einzelnen Bestandteilen vorhanden sind:

```
        NAMES←4 4ρ'JOHNJIM EV  MIKE'
        ⊂[2] NAMES
  JOHN JIM  EV    MIKE
```

Die einzelnen Vektoren stammen aus einer 4x4 Matrix und einige enthalten am Ende Leerzeichen. Der folgende Ausdruck entfernt die Leerzeichen aus jedem Bestandteil:

```
        (⊂[2]NAMES)~¨' '
  JOHN JIM EV MIKE
```

Mit **Eliminieren** kann man die Schnittmenge ermitteln, d.h. die Bestandteile, die in zwei Strukturgrößen identisch sind:

```
        X~X~Y
```

Das nächste Beispiel verdeutlicht das:

```
      1 3 5 7 9 ~ 1 3 5 7 9 ~ 3 7 11
  3 7
```

Selektive Zuweisung

APL2 stellt eine Vielzahl von Möglichkeiten bereit, mit denen Datenstrukturen organisiert oder Teile aus Strukturgrößen selektiert werden können, wenn man eine Operation nicht auf die gesamte Strukturgröße anwenden will. Zu diesen Funktionen gehören **Strukturieren, Aufreihen, Einschließen, Entnehmen, Entfernen, Bestandteil auswählen** und **Klammer-Indizierung**. Sie können miteinander kombiniert werden und decken damit eine große Anzahl von Selektionsmöglichkeiten ab. Der nächste Ausdruck wählt die linke obere Ecke einer Matrix aus, die selbst Bestandteil einer geschachtelten Strukturgröße ist:

```
      SA←10 'ABC' (3 3ρι9) 20 (5 6)
      DISPLAY SA
.→- - - - - - - - - - - - - - - - - - - - - - - .
| .→- -. .→- - - -.        .→- -.                |
| 10 |ABC| ↓1 2 3| 20 |5 6|                      |
|    '- - -' |4 5 6|      '~- -'                 |
|            |7 8 9|                             |
|            '~- - - -'                          |
' ∈- - - - - - - - - - - - - - - - - - - - - - -'
      ,2 2↑3⊃SA
  1 2 4 5
```

Links vom Zuweisungspfeil kann jeder Ausdruck auftreten, der eine Selektion ausführt und in runde Klammern eingeschlossen ist. APL2 ersetzt die selektierten Werte durch die, die rechts vom Zuweisungspfeil stehen:

```
      (,2 2↑3⊃SA)←'WXYZ'
      DISPLAY SA
.→- - - - - - - - - - - - - - - - - - - - - - - .
| .→- -. .→- - - -.        .→- -.                |
| 10 |ABC| ↓W X 3| 20 |5 6|                      |
|    '- - -' |Y Z 6|      '~- -'                 |
|            |7 8 9|                             |
|            '+- - - -'                          |
' ∈- - - - - - - - - - - - - - - - - - - - - - -'
```

Wenn das letzte Beispiel auf Ihrem System nicht ausgeführt wird, ist die **Selektive Zuweisung** nicht implementiert.

Eine Zuweisung mit einem Selektionsausdruck auf der linken Seite wird *Selektive Zuweisung* genannt. Die Variable, deren Wert geändert wird, ist diejenige, deren Namen rechts im Selektionsausdruck auftritt (wenn man die eckigen Klammern im Fall der **Klammer-Indizierung** vernachlässigt).

In den folgenden Ausdrücken werden nur die Werte der Variablen SA verändert:

```
      (2↑SA)←(10 20)(ι3)
      (SA[4])←⊂2.3 3.4
      ((5⊃SA)[2])←'S'
      ((ι0)⊃SA)←0
```

Wie bei jeder Zuweisung ist das explizite Resultat der selektiven Zuweisung die Strukturgröße auf der rechten Seite; es wird nicht angezeigt, steht jedoch für weitere Berechnungen zur Verfügung:

```
      1+(2↑SA)←(10 20)(ι3)
11 21  2 3 4
```

Es gibt drei Richtlinien, die bei der Auswertung der selektiven Zuweisung hilfreich sind. Sie sind gültig, solange der Selektionsausdruck keine Funktionen, die die Tiefe erhöhen (wie **Einschließen**) und auch keine Operatoren (wie **Für jeden Bestandteil**) enthält. Man sollte die erste Richtlinie verwenden, die zu dem zu untersuchenden Ausdruck paßt. Schlagen Sie auch in der Dokumentation nach, die mit dem APL2-System ausgeliefert wird, sie enthält detaillierte Informationen.

1. Wenn die am weitesten links stehende Funktion im Selektionsausdruck **Ersten Bestandteil entnehmen** oder **Bestandteil auswählen** ist, dann wird der ausgewählte Bestandteil durch die Strukturgröße rechts vom Zuweisungspfeil ersetzt:

```
        W←'LPS' 'TAPES' 'DISKS'
        (3 4⊃W)←'C'
        W
LPS TAPES DISCS

        SA←10 'ABC' (3 3ρι9) 20 (5 6)

        (↑2↑SA)←¯1 ¯2

        DISPLAY SA
 ┌→──────────────────────────────────┐
 │    ┌→──┐  ┌→────┐     ┌→──┐        │
 │ 10 │ABC│  │¯1 ¯2│  20 │5 6│        │
 │    └───┘  └~────┘     └~──┘        │
 └∈──────────────────────────────────┘

        SA←10 'ABC' (3 3ρι9) 20 (5 6)

        (3 (2 2)⊃SA)←'MID'

        DISPLAY SA
 ┌→────────────────────────────────────────┐
 │    ┌→──┐  ┌→─────────────┐     ┌→──┐     │
 │ 10 │ABC│  ↓ 1  2      3  │  20 │5 6│     │
 │    └───┘  │               │     └~──┘     │
 │           │    ┌→──┐      │               │
 │           │ 4  │MID│  6   │               │
 │           │    └───┘      │               │
 │           │               │               │
 │           │ 7  8      9   │               │
 │           └∈─────────────┘               │
 └∈────────────────────────────────────────┘

        ((ι0)⊃SA)←0

        SA
0
```

Die letzte selektive Zuweisung von SA gleicht einer normalen Zuweisung ($SA\leftarrow 0$) mit der Ausnahme, daß SA bereits einen Wert enthalten muß (obwohl dieser ignoriert wird).

2. Wenn die Strukturgröße rechts von der Zuweisung ein Skalar ist, ersetzt er jede Strukturgröße, die im Selektionsausdruck ausgewählt wurde:

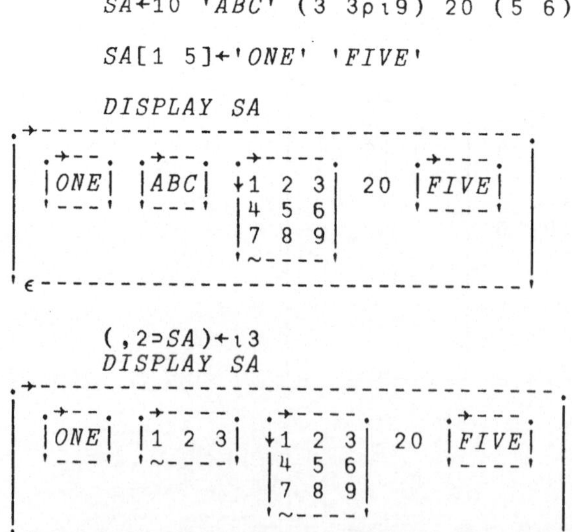

Weder Rang noch Dimension der ausgewählten Strukturgröße werden verändert.

3. Jeder Bestandteil einer Strukturgröße , der ausgewählt wurde, wird durch den entsprechenden Bestandteil der Strukturgröße rechts vom Zuweisungspfeil ersetzt:

```
SA←10 'ABC' (3 3ρι9) 20 (5 6)

SA[1 5]←'ONE' 'FIVE'

DISPLAY SA
```

```
|ONE| |ABC| ↓1 2 3| 20 |FIVE|
            |4 5 6|
            |7 8 9|

(,2⊃SA)←ι3
DISPLAY SA

|ONE| |1 2 3| ↓1 2 3| 20 |FIVE|
              |4 5 6|
              |7 8 9|
```

Weder Rang noch Dimension der selektierten Strukturgröße werden verändert:

- Die ausgewählte Strukturgröße und diejenige rechts vom Zuweisungspfeil müssen den gleichen Rang haben, sonst erfolgt die Fehlermeldung *RANK ERROR*.

- Die ausgewählte Strukturgröße und diejenige rechts vom Zuweisungspfeil müssen die gleiche Dimension haben, sonst erfolgt die Fehlermeldung *LENGTH ERROR*.

Anmerkung zur skalaren Erweiterung und zur Konformität: APL2 schwächt die Konformitätsregeln bei der selektiven Zuweisung ab und ignoriert Einsen im Dimensionsvektor. Wenn man eine Struktur auswählt, deren Dimension 1 5 ist, kann man diese Struktur durch eine der Dimension 5 1 ersetzen; wenn man die Einsen ignoriert, hat jede Struktur die Dimension 5. Wenn die Strukturgröße auf der rechten Seite nur einen einzigen Bestandteil enthält, wird sie als Skalar angesehen und erweitert, unabhängig davon, wieviele Einsen in ihrer Dimension vorkommen.

Obwohl jeder Ausdruck, der eine Auswahl aus einer Strukturgröße bewirkt, auf der linken Seite des Zuweisungspfeils zulässig ist, wird nicht jeder dieser Ausdrücke in den APL2-Implementierungen unterstützt. Die Dokumentation, die zusammen mit dem System ausgeliefert wird, enthält dazu detaillierte Angaben.

Übungen zu 6.2

1. Gegeben sei die Matrix:

```
SA←5 10ρι50
```

Werten Sie die folgenden Ausdrücke in der angegebenen Reihenfolge aus und geben Sie jeweils den Inhalt von *SA* an. Falls ein Ausdruck zu einem Fehler führt, geben Sie den Grund dafür an:

a. `SA[2;10]←'X'`
b. `SA[3;10]←'XYZ'`
c. `SA[4;10]←⊂'XYZ'`
d. `SA[;3]←0`
e. `SA[;]←' '`
f. `(0 1 0 1 0/SA)←2 10ρ¯ι20`

2. Gegeben sei der Vektor:

```
TM←(2 2ρ'ABC' 'DE' (ι¨ι2) 10) 'ABC'
```

Welches ist der Unterschied zwischen `TM[1]` und `↑TM`?

3. Geben Sie einen Ausdruck an, der in einer numerischen Matrix alle Nullen durch den Zeichenvektor *N/A* ersetzt, wie im folgenden Beispiel:

```
1 0        wird zu        1 N/A
0 5                     N/A   5
```

4. Ein Fertigungsunternehmen hat eine Liste von Seriennummern eines Produkts, das zurückgerufen werden soll. Die Nummern stehen im Vektor *RLIST*. Schreiben Sie

einen Ausdruck, der feststellt, welche dieser Seriennummern sich noch im Lager befinden; diese Seriennummern stehen im Vektor *INVENTORY*.

5.   Gegeben sei ein einfacher numerischer Vektor *V*; schreiben Sie einen Ausdruck, der
     alle Zahlen in *V*, die größer sind als 10, durch den Buchstaben *X* ersetzt. Alle anderen
     Bestandteile sollen unverändert bleiben.

6.   Gegeben seien zwei Strukturgrößen *M* und *N* von gleichem Rang und gleicher Dimen-
     sion. Schreiben Sie einen Ausdruck, der alle Bestandteile, die in *M* und *N* verschieden
     sind, durch ein Leerzeichen ersetzt.

7.   Erklären Sie, warum der folgende Ausdruck nicht jeden Bestandteil von *B* expandiert,
     wenn dazu das Muster in *M* verwendet wird.

```
M←(1 1 0 1)(0 1 0 1)
B←'ABC' 'DE'
M\¨B
```

8.   Werten Sie die folgenden Ausdrücke aus; bestimmen Sie das Resultat und seine Tiefe:

```
a.   'BYEBYE' ~ 'BY'
b.   'BY' ~ 'BYEBYE'
c.   'BYEBYE' ~ 'BYEBYE' ~ 'BY'
d.   'BYEBYE' ~ ⊂'BY'
e.   (⊂'BYEBYE') ~ 'BY'
f.   'CAB' 'DAD' ~ 'AB'
g.   'CAB' 'DAD' ~¨ 'AB'
h.   'CAB' 'DAD' ~ ⊂'AB'
i.   'CAB' 'DAD' ~¨ ⊂'AB'
```

9.   Werten Sie die folgenden Ausdrücke aus, geben Sie das Resultat und seine Tiefe an:

```
a.   1 0 1/'APL'
b.   1 0 1/⊂'APL'
c.   1 2 3/'APL'
d.   1 2 3/⊂'APL'
e.   1 0 ¯2 3/'APL'
f.   1 0 ¯2 3/5 8 9
g.   1 0 1/'A' 23 'C'
h.   1 0 2/'A' 23 'C'
i.   1 2 0/'A' 23 'C'
```

10. Geben Sie die Resultate der folgenden Ausdrücke an:

```
a.   1 0 0 1 1 \ 'APL'
b.   1 0 0 1 1 \ 10 20 30
c.   ((2×⍴V)⍴1 0) \ V←'ABCDEF'
d.   1 1 0 1 0 1 \ 3 4⍴'ABCD'
e.   1 0 0 1 0 1 \ 3 4⍴⍳4
f.   0 1 0 1 0 1\ 'AB'
g.   0\0/ 3 4 5
h.   0\0/(3 4) 5
i.   0\0/ ('A' 4) 5
j.   0\0/ (4 'A') 5
k.   1 0 1 0 1 \ 'ABC' (⍳4) ('A' 4)
l.   1 0 1 0 1 \ (⍳4) 'ABC' ('A' 4)
```

```
m.  1  0  1  0  1  \  ('A'  4)  (ι4)  'ABC'
n.  1  0  1  0  1  \  (4  'A')  (ι4)  'ABC'
```

11. Die Strukturgrößen $M1$, $M2$ und $M3$ haben die gleiche Dimension und sind Matrizen.

    a. Schreiben Sie einen Ausdruck, der die gleichen Spalten aus jeder dieser Matrizen selektiert und benutzen Sie dazu ein Muster V mit der Eigenschaft $(\rho V)\equiv {}^{-}1\uparrow\rho M$.

    b. Gegeben seien drei Muster $V1$, $V2$, $V3$ und die drei Matrizen $M1$, $M2$, $M3$. Wie kann mit jedem Muster die zugehörige Matrix komprimiert werden (zur Lösung muß eine einfache definierte Funktion erstellt werden, die im Ausdruck verwendet wird)?

    c. Wenden Sie $V1$, $V2$, $V3$ zusammen auf $M1$, danach auf $M2$ und zuletzt auf $M3$ an. Benutzen Sie dazu die definierte Funktion aus b.

12. Wenn M eine Strukturgröße vom Rang 2 ist, werden durch folgenden Ausdruck alle Bestandteile durch 12 ersetzt:

```
M[;]←12
```

Schreiben Sie einen Ausdruck, der alle Bestandteile einer Strukturgröße unbekannten Ranges durch 12 ersetzt.

13. Schreiben Sie einen Ausdruck, der alle einfachen Skalare in einer geschachtelten Strukturgröße durch 12 ersetzt.

6.3 Suchen und Sortieren

Zum Suchen bestimmter Bestandteile in einer Strukturgröße und zum Sortieren von Bestandteilen stellt APL2 die folgenden Funktionen zur Verfügung:

- **Index zeigen**
- **Existenz prüfen**
- **Finden**   (Muster suchen)
- **Sortierindex bilden (aufsteigend** und **absteigend)**
- **Spiegeln**
- **Rotieren**
- **Transponieren**

Index zeigen

Die Funktion **Index zeigen** (ι) durchsucht ein linkes Vektorargument nach dem Auftreten von Bestandteilen des rechten Arguments. Man kann nach vielen Bestandteilen gleichzeitig suchen, das linke Argument muß in jedem Fall ein Vektor sein. Betrachten wir dazu folgendes Beispiel:

```
LI← 20 40 60 80 40
LIι80 40
4 2
```

Das Resultat hat immer die Dimension des rechten Arguments. Jeder Bestandteil des Resultats gibt die Indexposition des ersten Auftretens im linken Argument für einen Bestandteil aus dem rechten Argument an. Die Zahl 80 wird in LI auf Position 4 und die Zahl 40 in LI auf Position 2 gefunden. Die Tatsache, daß die Zahl 40 auch noch auf Position 5 in LI vorkommt, wird im Resultat nicht festgehalten.

Wenn ein gesuchter Bestandteil im linken Argument nicht gefunden wird, ist das Ergebnis eine Zahl, die um eins größer ist, als die Länge des linken Arguments:

```
LIι100
6
```

In einem Programm kann geprüft werden, ob ein gegebener Wert in einem anderen Vektor vorkommt, indem man mit einer Zahl vergleicht, die um eins größer ist als die Vektorlänge:

```
(ρLI)<LIι100
1
```

Dieser Ausdruck ist nur dann wahr (1), wenn das Resultat von **Index zeigen** „Nicht gefunden" ist. Das Programm $LOOKUP$ in Kapitel 7 ist ein Beispiel für diesen Test.

Wenn das linke Argument ein geschachtelter Vektor ist, wird ein Bestandteil aus dem rechten Argument nur dann gefunden, wenn er mit einem Bestandteil des linken Arguments identisch ist:

```
WHAT←'LPS' 'TAPES' 'CDS'
WHAT ι 'CDS' 'GUITARS'
3 4
```

Die Zeichenkette $'CDS'$ wird in Position 3 gefunden, $'GUITARS'$ dagegen gar nicht. Angenommen, man will nur die Indexposition von $'CDS'$ ermitteln; dann könnte man meinen, daß der folgende Ausdruck das gewünschte Resultat liefert:

```
WHATι'CDS'
4 4 4
```

Offensichtlich ist das nicht das erwartete Ergebnis. Können Sie erkennen, warum das Resultat 4 4 4 ist? Das rechte Argument ist ein Vektor mit den drei Buchstaben $'C'$, $'D'$ und $'S'$; daher enthält das Ergebnis drei Bestandteile. Beachten Sie, daß die Vektor-Schreibweise nur für Vektoren der Länge zwei oder größer gilt. In diesem Fall benötigt man ein rechtes Argument mit einem Bestandteil - dem Vektor $'CDS'$. Wenn man nach nur einem Bestandteil suchen will, muß man die Funktion **Einschließen** ($\subset$) benutzen, um aus dem Vektor $'CDS'$ eine Strukturgröße mit einem Bestandteil zu machen:

```
        WHATι⊂'CDS'
3
```

Nunmehr findet **Index zeigen** den Vektor `'CDS'` in Position 3.

Man kann die Funktion **Index zeigen** auch dazu verwenden, um Zeichen in Zahlen umzusetzen:

```
        ALPH←'ABCDEFGHIJKLMNOPQRSTUVWXYZ '
        ALPHι'SECRET MESSAGE'
  19  5  3  18  5  20  27  13  5  19  19  1  7  5
```

Diese Zahlen können als ein Code aufgefaßt werden, der die Nachricht verbirgt. Natürlich ist dieser Code leicht zu brechen, wenn man **Index zeigen** verwendet:

```
        MESSAGE←ALPHι'SECRET MESSAGE'
        ALPH[MESSAGE]
SECRET MESSAGE
```

Dieses Beispiel zeigt, daß **Klammer-Indizierung** in gewisser Hinsicht invers zu **Index zeigen** ist.

Man kann **Index zeigen** auch einsetzen, um mehrfach vorkommende Bestandteile in einem Vektor zu eliminieren. Gegeben sei folgender Vektor:

```
        NV←'JIM' 'JOHN' 'JIM' 'DIETER' 'PIER' 'JIM'
```

Die Funktion **Index zeigen** ermittelt nur das erste Auftreten eines Namens:

```
        NVιNV
  1  2  1  4  5  1
```

Vergleicht man dieses Resultat mit den ersten sechs ganzen Zahlen, erhält man ein Muster, mit dem man jeden Namen genau einmal auswählen kann:

```
        (NVιNV)=ιρNV
  1  1  0  1  1  0
        ((NVιNV)=ιρNV)/NV
 JIM JOHN DIETER PIER
```

Existenz prüfen

Die Funktion **Index zeigen** liefert den Index eines gegebenen Bestandteils in einem Vektor.
Wenn man nur wissen möchte, ob ein Bestandteil auftritt (und nicht, wo er auftritt), kann
man die Funktion **Existenz prüfen** (ϵ) einsetzen. **Existenz prüfen** liefert 1 oder 0, abhängig
davon, ob jeder Bestandteil des linken Arguments im rechten Argument vorkommt (1)
oder nicht (0):

```
      LI←20 40 60 80 40
      100 40∊LI
  0 1
```

Man beachte, daß im rechten Argument gesucht wird (im Gegensatz zu **Index zeigen**); das
rechte Argument kann eine beliebige Strukturgröße sein und ist nicht auf einen Vektor
beschränkt. In diesem Sinn ist **Existenz prüfen** ähnlich (aber nicht gleich) der Funktion
„Element von" in der Mengenlehre. Im Beispiel wird die Zahl 100 nicht gefunden (resultierend in 0), dagegen jedoch die Zahl 40 (resultierend in 1).

Das folgende Beispiel zeigt den Fall, daß man nur wissen will, ob ein Bestandteil existiert,
aber nicht an seiner Position interessiert ist:

```
      (⊂'CDS')∊WHAT
  1
      (⊂'GUITARS')∊WHAT
  0
```

Hier wird **Existenz prüfen** dazu benutzt, um festzustellen, ob die Zeichenkette im linken
Argument einen Artikel darstellt, der sich am Lager befindet. Wenn die Antwort **JA** lautet,
kann man fortfahren, um weitere Informationen über das Produkt zu ermitteln. Wenn die
Antwort **NEIN** ist, gibt es keine Notwendigkeit, nach solchen Informationen zu suchen.

Ein **Inneres Produkt** mit **Addieren** und **Existenz prüfen** kann zählen, wie häufig Bestandteile des linken Arguments im rechten Argument vorkommen:

```
      I←3 10ρ'1988/05/0413:00:00:1A,B,C,D,E '
      I
1988/05/04
13:00:00:1
A,B,C,D,E

      ρI
3 10
      ρ'.,:;/\'
6
      I +.∊'.,:;/\'
2 3 4
      ρI +.∊'.,:;/\'
3
```

Finden

Die Funktion **Finden** (ϵ) gleicht der Funktion **Existenz prüfen**, mit der Ausnahme, daß **Finden** das gesamte linke Argument im rechten Argument sucht; als Resultat erhält man einen Hinweis, wo das linke Argument auftritt. Obwohl **Finden** für alle Datentypen definiert ist, wird es hauptsächlich auf Zeichenketten angewendet (und dort ist es am einfachsten zu demonstrieren):

```
      'ABC'∊'ABABCDABCEAB'
 0 0 1 0 0 0 1 0 0 0 0 0
```

Das Resultat hat die gleiche Länge wie das rechte Argument und es enthält dort eine 1, wo die Zeichenkette des linken Arguments beginnt. Die Anzahl des Auftretens des linken Arguments im rechten ist:

```
      +/'ABC'∊'ABABCDABCEAB'
 2
```

Die Funktion **Finden** wird auch **Muster suchen** genannt.

Das nächste Beispiel zeigt einen Zeichenvektor mit überflüssigen Leerzeichen:

```
      PHRASE←'NOW IS   THE    TIME'
```

Man kann die Funktion **Finden** einsetzen, um mehrfache Leerzeichen aus dem Vektor *PHRASE* zu entfernen, indem man nach zwei Leerzeichen sucht:

```
      '  '∊PHRASE
 0 0 0 0 0 0 1 0 0 0 0 1 1 0 0 0 0 0
```

Das Resultat enthält eine 1 für jedes zu eliminierende Leerzeichen. Setzt man die **Logische Negation** ($\sim$) ein, erhält man das korrekte Muster für **Wiederholen**:

```
      (~'  '∊PHRASE)/PHRASE
 NOW IS THE TIME
```

Sortierindex bilden (aufsteigend) und Sortierindex bilden (absteigend)

Im Kapitel 5 wurde **Verketten mit Koordinatenangabe** zur Erzeugung der Matrix der lieferbaren Produkte *PURCHASES* eingesetzt:

```
           PURCHASES
 LPS         .9   6.95
 TAPES       .9   7.95
 CDS          1  12.95
 VIDEODISCS   1  19
```

Die Preise sind aufsteigend vom kleinsten bis zum höchsten Preis geordnet. Diese Anordnung ist zufällig, kann aber nützlich sein. Es soll eine weitere Zeile der Matrix hinzugefügt werden:

```
      PURCHASES←PURCHASES,[1]'VIDEOTAPES' 1 13.50
      PURCHASES
LPS          .9   6.95
TAPES        .9   7.95
CDS         1    12.95
VIDEODISCS  1    19
VIDEOTAPES  1    13.5
```

Damit ist die bisherige Ordnung der Preise in der Preisspalte durchbrochen. APL2 kennt
zwei Funktionen, mit denen man Daten ordnen kann: **Sortierindex bilden - aufsteigend**
(⍋), um Daten in aufsteigender Folge anzuordnen und **Sortierindex bilden - absteigend**
(⍒), um Daten in absteigender Folge anzuordnen. Diese Funktionen können auf numerische Vektoren angewendet werden. Auf die Spalte der Preise angewendet, erzeugen die
Funktionen die folgenden Resultate:

```
      PURCHASES[;3]
6.95 7.95 12.95 19 13.5

      ⍋PURCHASES[;3]
1 2 3 5 4

      ⍒PURCHASES[;3]
4 5 3 2 1
```

Wie man sieht, liefern diese Funktionen ihre Argumente nicht in sortierter Reihenfolge.
Man hätte erwarten können, daß **Sortierindex bilden - aufsteigend** das Resultat
6.95 7.95 12.95 13.5 19 geliefert hätte. Statt dessen besteht das Ergebnis aus
nicht-negativen ganzen Zahlen. In jedem der Beispiele besteht die Antwort aus den ganzen
Zahlen zwischen 1 bis 5. Diese Zahlen sind die Indizes für die geforderte Sortierfolge.
Das Ergebnis ist z.B. für **Sortierindex bilden - aufsteigend** 1 2 3 5 4. Zur Bildung eines
aufsteigend geordneten Vektors wählt man zuerst den ersten, dann den zweiten, den dritten, den fünften und zum Schluß den vierten Bestandteil aus; das Ergebnis ist dann der
aufsteigend sortierte Vektor: 6.95 7.95 12.95. 13.5 19. Die Operation **Klammer-Indizierung** führt diese Auswahl durch:

```
      T←PURCHASES[;3]
      T[⍋T]
6.95 7.95 12.95 13.5 19
      T[⍒T]
19 13.5 12.95 7.95 6.95
```

Warum ist dieser zusätzliche Schritt erforderlich? Warum liefert die Funktion als Resultat
nicht gleich die sortierte Strukturgröße? Die Antwort lautet, daß man in der Praxis häufig
eine gesamte Strukturgröße sortieren will und das Sortierkriterium innerhalb dieser Strukturgröße vorkommt. So ist z.B. die Sortierung der Preise nicht sehr hilfreich, wenn man
nicht gleichzeitig die zugehörigen Artikel in die gleiche Sortierfolge bringen kann. Man
möchte also die gesamte Matrix sortieren, wobei das Sortierkriterium die Preise sind:

```
      PURCHASES[⍋PURCHASES[;3];]
LPS          .9   6.95
TAPES        .9   7.95
CDS         1    12.95
VIDEOTAPES  1    13.5
VIDEODISCS  1    19
```

Das obige Beispiel zeigt die aufsteigende Sortierung der Matrix *PURCHASES*, wobei die Sortierung über die dritte Spalte erfolgt.

Die Sortierfunktionen in ihrer zweistelligen Form bilden Sortierindizes für Zeichenmatrizen. Der folgende Ausdruck wählt die Produktnamen aus und formt sie in eine Matrix um:

```
      PNAMES←⊃PURCHASES[;1]
      PNAMES
LPS
TAPES
CDS
VIDEODISCS
VIDEOTAPES
```

Bevor die Zeilen dieser Matrix sortiert werden können, muß festgelegt werden, welche Sortierfolge für Zeichen gelten soll. Im englischen und im deutschen Sprachraum gilt die Folge von A bis Z als geeignet. Aber es gibt Alphabete in der Welt, die eine andere Anordnung der Zeichen kennen. Sogar im lateinischen Alphabet muß man sich entscheiden, wohin die Kleinbuchstaben gehören. Ist der Buchstabe „a" größer oder kleiner als der Buchstabe „Z"? Die Festlegung der Sortierfolge kann individuell im linken Argument der zweistelligen Sortierfunktion erfolgen. Die folgenden drei Beispiele zeigen derartige linke Argumente:

```
      CS1←' ABCDEFGHIJKLMNOPQRSTUVWXYZ'
```

Dieses Argument mit allen lateinischen Großbuchstaben bringt alle Worte, die aus Großbuchstaben bestehen, an den Anfang und ordnet sie.

```
      CS2←' AaBbCcDdEe ... YyZz'
```

CS2 ordnet die Worte, die mit dem Buchstaben *A* beginnen, vor den Worten, die mit *a* beginnen, an.

```
      CS3←2 27⍴' ABCDE ... XYZ abcde ... xyz'
```

Das linke Argument *CS3* ordnet die Zeilen einer Zeichenmatrix und ignoriert den Unterschied zwischen Groß- und Kleinbuchstaben. Ist das linke Argument eine Matrix, so werden die Buchstaben, die in einer Spalte stehen, als gleich angesehen. Da die Artikelbezeichnungen nur aus Großbuchstaben bestehen, wird mit jedem der drei linken Argumente das gleiche Ergebnis erzeugt:

```
      CS3⍋PNAMES
3 1 2 4 5
```

Auch hier ist das Resultat ein Vektor von Indizes, der zum Sortieren der Matrix verwendet werden kann.

```
        PNAMES[CS3▲PNAMES;]
CDS
LPS
TAPES
VIDEODISCS
VIDEOTAPES

        PURCHASES[CS3▲PNAMES;]        ←     Mit diesem Vektor wird
CDS          1    12.95                die gesamte Matrix sortiert
LPS          .9    6.95
TAPES        .9    7.95
VIDEODISCS 1     19
VIDEOTAPES 1     13.5
```

Die zweifache Anwendung der Funktion **Sortierindex bilden - aufsteigend** hat einige überraschende Einsatzmöglichkeiten. Es sollen z.B. die drei folgenden Strukturgrößen vorliegen:

```
        A←'XYZ'
        B← 1  2  3
        C← 2.1  2.2  2.3
```

Man will diese drei Strukturgrößen in den folgenden Vektor überführen:

```
 'X'  1  'Y'  2.1  'Z'  2.2  2  2.3  3
```

Die Abbildung verdeutlicht die Vorgehensweise. Die Zahlen unter dem Resultat geben an, aus welcher Variablen die Bestandteile stammen: 1 steht für A, 2 für B und 3 für C.

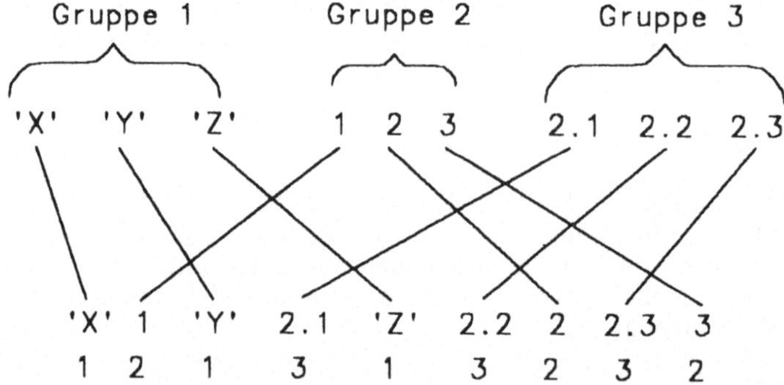

Wendet man **Sortierindex bilden - aufsteigend** zweimal auf den Vektor in der letzten Zeile der Abbildung an, erhält man einen Indexvektor, mit dem die Bestandteile der drei Vektoren in die gewünschte Reihenfolge gebracht werden können:

```
        MV←1  2  1  3  1  3  2  3  2

        ▲▲MV
 1  4  2  7  3  8  5  9  6

        (A,B,C)[▲▲MV]
 X  1  Y  2.1  Z  2.2  2  2.3  3
```

Spiegeln

Wenn man die Bestandteile so vertauschen möchte, daß der erste Bestandteil zum letzen
wird, der zweite zum vorletzten u.s.w., kann man dazu u.a. die **Klammer-Indizierung** einsetzen:

```
      V←'POTS'
      V[4 3 2 1]
STOP
```

Wenn die Länge unbekannt ist, kann man die Indizes auf verschiedenen Wegen errechnen:

```
      V[1+(ρV)-ιρV]
STOP
      V[⍒ιρV]
STOP
```

Die Funktion **Spiegeln** (⌽) löst das Problem in einem Schritt:

```
      ⌽V
STOP
```

Für höherrangige Strukturgrößen wird **Spiegeln mit Koordinatenangabe** verwendet. Die
Koordinatenangabe kann weggelassen werden, wenn die Funktion entlang der letzten
(rechten) Koordinate angewendet werden soll:

```
      A←4 6ρι24
      A
 1  2  3  4  5  6
 7  8  9 10 11 12
13 14 15 16 17 18
19 20 21 22 23 24

      ⌽[1]A
19 20 21 22 23 24
13 14 15 16 17 18
 7  8  9 10 11 12
 1  2  3  4  5  6

      ⌽A
 6  5  4  3  2  1
12 11 10  9  8  7
18 17 16 15 14 13
24 23 22 21 20 19
```

Wenn die Funktion entlang der ersten (linken) Koordinate angewendet werden soll, kann
dazu auch das Symbol ⊖ verwendet werden:

```
      ⊖A
19 20 21 22 23 24
13 14 15 16 17 18
 7  8  9 10 11 12
 1  2  3  4  5  6
```

Rotieren

Die zweistellige Funktion **Rotieren** (⌽) verschiebt die Bestandteile eines Vektors, indem diese auf der einen Seite des Vektors entfernt und auf der anderen Seite des Vektors angefügt werden, wie z.B.:

```
     PHRASE←'NOW IS   THE    TIME'
     2⌽PHRASE
 W IS   THE    TIMENO
```

Das linke Argument gibt an, wieviele Bestandteile verschoben werden sollen. Die Funktion heißt **Rotieren**, weil Bestandteile von der linken Seite auf die rechte Seite gebracht werden.

Ein negatives linkes Argument bewirkt eine Verschiebung nach rechts:

```
     ¯2⌽PHRASE
 MENOW IS   THE    TI
```

Der Zeichenvektor `PHRASE` enthält überflüssige Leerzeichen. Es wurde bereits gezeigt, wie man diese mit Hilfe der Funktion **Finden** entfernen kann. Die Funktion **Rotieren** kann dafür auch verwendet werden:

```
     P←' '≠PHRASE
     P
 1 1 1 0 1 1 0 0 1 1 1 0 0 0 1 1 1 1

     P ∨ 1⌽P
 1 1 1 1 1 1 0 1 1 1 1 0 0 1 1 1 1 1

     (P∨1⌽P)/PHRASE
 NOW IS THE TIME
```

Dieser Ausdruck selektiert alle Nicht-Leerzeichen und alle Leerzeichen, die unmittelbar links von einem Nicht-Leerzeichen stehen.

Für höherrangige Strukturgrößen wird **Rotieren mit Koordinatenangabe** eingesetzt. Wenn die Funktion entlang der letzten (rechten) Koordinate ausgeführt werden soll, kann die Koordinatenangabe entfallen. Das rechte Argument wird entlang der angegebenen Koordinate in Vektoren zerlegt. Wenn das linke Argument ein Skalar ist, wird jeder Vektor so weit rotiert:

```
     1⌽A
  2  3  4  5  6  1
  8  9 10 11 12  7
 14 15 16 17 18 13
 20 21 22 23 24 19

     1⌽[1]A
  7  8  9 10 11 12
 13 14 15 16 17 18
 19 20 21 22 23 24
  1  2  3  4  5  6
```

Das Symbol ⊖ kann verwendet werden, wenn die Funktion entlang der ersten (linken)
Koordinate ausgeführt werden soll.

```
        1⊖A
  7   8   9  10  11  12
 13  14  15  16  17  18
 19  20  21  22  23  24
  1   2   3   4   5   6
```

Für jeden Vektor der Strukturgröße kann eine unterschiedliche Rotationsangabe gemacht
werden. Wenn das linke Argument eine Strukturgröße ist, deren Rang um eins kleiner ist,
als der Rang des rechten Arguments, wird jeder Vektor mit der Zahl rotiert , die zu dem
Vektor des zerlegten rechten Arguments gehört:

```
       ¯1   0   1   2⌽A
  6   1   2   3   4   5
  7   8   9  10  11  12
 14  15  16  17  18  13
 21  22  23  24  19  20
```

Transponieren

Die einstellige Funktion **Transponieren** (⍉) ordnet eine Strukturgröße so um, daß die Dimension umgekehrt wird. Für eine Matrix bedeutet das, daß die Zeilen mit den Spalten
vertauscht werden.

```
        AC←3 4ρ'ABCDEFGHIJKL'
        AC
ABCD
EFGH
IJKL

        ⍉AC
AEI
BFJ
CGK
DHL
        ρ⍉AC
4 3
```

Die folgende Identität beschreibt die Dimension des Resultats der Funktion
Transponieren:

$$\rho\,⍉R \quad \leftrightarrow \quad \phi\rho R$$

Die zweistellige Form der Funktion **Transponieren** ordnet ihr rechtes Argument um und
selektiert eine Untermenge. Das linke Argument ist ein Skalar oder Vektor mit nicht-negativen ganzen Zahlen, die angeben, wo im Ergebnis die zugehörige Koordinate des rechten
Arguments auftreten soll.

```
      T←2 4 3ρι30
      T
 1  2  3
 4  5  6
 7  8  9
10 11 12

13 14 15
16 17 18
19 20 21
22 23 24

      1 3 2⍉T
 1  4  7 10
 2  5  8 11
 3  6  9 12

13 16 19 22
14 17 20 23
15 18 21 24

      ρ1 3 2⍉T
 2 3 4
```

Die folgende Darstellung zeigt, wie man die Dimension des Resultats ermitteln kann:

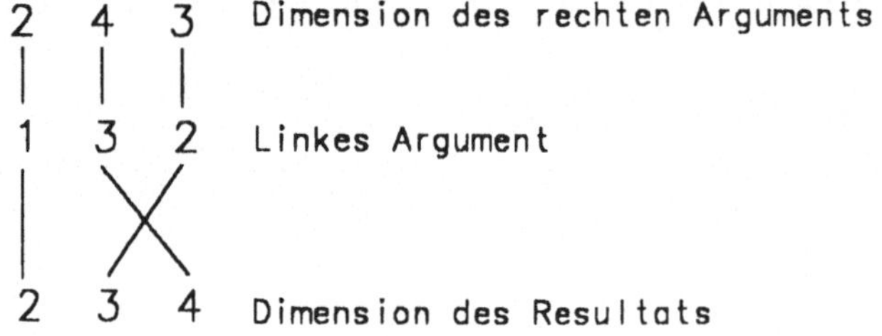

Wenn eine Zahl mehrfach im linken Argument auftritt, wird mehr als eine Koordinate des Arguments auf die gleiche Koordinate des Resultats abgebildet, wobei die Länge des Ergebnisses aus dem Minimum der abgebildeten Dimensionen gebildet wird:

```
      AC←3 4ρ'ABCDEFGHIJKL'
      AC
ABCD
EFGH
IJKL

      1 1⍉AC
AFK
```

Die folgende Darstellung zeigt, wie die Dimension des Resultats ermittelt wird:

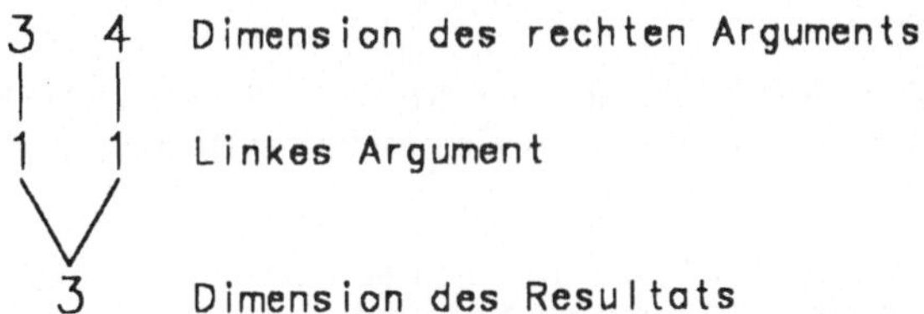

Dieses Transponieren wählt diejenigen Bestandteile aus, für die die Zeilen- und Spaltenindizes übereinstimmen: Zeile 1, Spalte 1; Zeile 2, Spalte 2; und Zeile 3, Spalte 3. Daraus ergibt sich auch, warum die Dimension des Resultats aus dem Minimum der beiden Koordinaten gebildet wird. Es ist nicht möglich, die Zeile 4 und Spalte 4 auszuwählen, da das Argument nur drei Zeilen enthält.

Allgemeinere Transpositionen auf höherrangige Strukturgrößen werden auf gleiche Weise gebildet.

Das Symbol für das **Transponieren** ähnelt den beiden Symbolen, die für das Spiegeln verwendet werden: ein Kreis und eine gerade Linie. Wenn man jede dieser drei Funktionen auf eine 3 3 Matrix anwendet, sagt die Linie aus, welche Bestandteile nicht bewegt werden:

```
        X←3 3ρι9
        X
  1 2 3
  4 5 6
  7 8 9

        (ΦX)(⊖X)(⍉X)
  3 2 1      7 8 9      1 4 7
  6 5 4      4 5 6      2 5 8
  9 8 7      1 2 3      3 6 9

        (⊂X)=(ΦX)(⊖X)(⍉X)
  0 1 0      0 0 0      1 0 0
  0 1 0      1 1 1      0 1 0
  0 1 0      0 0 0      0 0 1
```

Übungen zu 6.3

1. Schreiben Sie einen Ausdruck, der eine Strukturgröße der gleichen Dimension und Tiefe erzeugt wie A. Sie soll Nullen an den Stellen enthalten, an denen in A mehrziffrige Zahlen stehen.

2. Schreiben Sie einen Ausdruck, der aus einer geschachtelten numerischen Strukturgröße alle Zahlen auswählt, die ungleich Null sind.

3. Aus der Strukturgröße H sollen alle Bestandteile ausgewählt werden, die nicht gleich der Zeichenkette N/A sind.

4. Gegeben sei eine Strukturgröße A, die aus Zahlen und Zeichenvektoren mit dem Inhalt N/A besteht. Diese Zeichenvektoren sind die einzigen geschachtelten Bestandteile. Schreiben Sie einen Ausdruck, der alle Zahlen durch die Zahl 100 ersetzt.

5. Gegeben sei eine Strukturgröße A, die aus Zahlen und Zeichenketten mit dem Inhalt N/A besteht. Diese Zeichenvektoren sind die einzigen geschachtelten Bestandteile. Schreiben Sie einen Ausdruck, der jede Zahl durch ihren hundertfachen Wert ersetzt.

6. Moderne Registrierkassen drucken nicht nur die Artikelpreise, sondern auch die Artikelbezeichnungen. Zu diesem Zweck verfügt das System über eine Datenbank mit den Artikeln. Diese Datenbank $STOCK$ ist ein Vektor, der Vektoren mit drei Bestandteilen enthält; jeder dieser Vektoren hat den folgenden Aufbau:

    (Artikelnummer)   (Artikelbezeichnung)   (Preis)

    Die ersten Bestandteile von $STOCK$:

    ```
    CEREAL ←(112 'ALPHABYTE' 1.89)
    BREAD←(213 'SO_SOFT BREAD' 1.09)
    SOAP←(456 'LIFE GIRL SOAP' 1.75)

    STOCK← CEREAL BREAD SOAP
    ```

    Schreiben Sie eine definierte Funktion, die als Argumente einen Vektor mit Artikelnummern und den Namen der Datenbank hat und die eine Matrix der Artikelbezeichnungen und Preise ausgibt, die zu den Artikelnummern gehören.

7. Es wurde gezeigt, wie man mit der Funktion **Index zeigen** aus einem Vektor mehrfach vorkommende Bestandteile entfernen kann. Schreiben Sie einen Ausdruck, der mehrfach vorkommende Zeilen aus einer Matrix entfernt.

8. Gegeben sei die folgende Matrix:

    ```
            M←(ι4)∘.≥ι4
        1  0  0  0
        1  1  0  0
        1  1  1  0
        1  1  1  1
    ```

    Verwenden Sie **Spiegeln** und **Transponieren** zur Erzeugung der folgenden Strukturgrößen:

a.

```
1  1  1  1
0  1  1  1
0  0  1  1
0  0  0  1
```

b.

```
0  0  0  1
0  0  1  1
0  1  1  1
1  1  1  1
```

c.

```
1  1  1  1
1  1  1  0
1  1  0  0
1  0  0  0
```

9. Gegeben seien die Variablen:

$$B \leftarrow \text{'}ABC\text{'}\ \text{'}DEFG\text{'}\ \text{'}IJKLM\text{'}$$
$$W \leftarrow 3\ 4\ \rho\text{'}ABCDEFGHIJKL\text{'}$$

Werten Sie die folgenden Ausdrücke aus:

a. ϕW
b. $\ominus W$
c. $\phi \ominus W$
d. $1\phi \ominus W$
e. $1\ 2\ 3\ 0\ominus W$
f. ϕB
g. $\phi^{\cdot\cdot} B$
h. $1\ 2\ {}^{-}2\phi^{\cdot\cdot} B$

10. Gegeben sei die Strukturgröße:

     $A \leftarrow 3 \ 4 \rho \iota 12$

Vervollständigen Sie die folgenden Ausdrücke, so daß die angegebenen Resultate entstehen.

a. _________ A e. _________ A

```
    4   3   2  1                      3   4  1   2
    8   7   6  5                      7   8  5   6
   12  11  10  9                     11  12  9  10
```

b. _________ A f. _________ A

```
    9  10  11  12                     1   2   3   4
    5   6   7   8                     6   7   8   5
    1   2   3   4                    11  12   9  10
```

c. _________ A g. _________ A

```
   12  11  10  9                      2   3   4   1
    8   7   6  5                      5   6   7   8
    4   3   2  1                     12   9  10  11
```

d. _________ A h. _________ A

```
    2   3   4  1                      5   2  11   4
    6   7   8  5                      9   6   3   8
   10  11  12  9                      1  10   7  12
```

11. Ein *Palindrom* ist eine Zeichenkette, die von vorn und von hinten gelesen, den gleichen Sinn ergibt.

   a.   Schreiben Sie einen Ausdruck, der feststellt, ob ein Vektor V ein Palindrom ist.

   b. V sei ein geschachtelter Vektor. Schreiben Sie einen Ausdruck, der feststellt, welche Bestandteile von V Palindrome sind.

12. Gegeben sei die Matrix M, schreiben Sie einen Ausdruck, der die Bestandteile entlang der Hauptdiagonalen ersetzt durch:

   a.   Die Zahl Null.
   b.   Den Buchstaben `'Z'`.
   c.   Die Zeichenkette `'DIAG'`.

13. Schreiben Sie einen Ausdruck, der alle Elemente auf der Diagonalen, die rechts von der Hauptdiagonalen liegt, durch Null ersetzt.

14. Schreiben Sie einen Ausdruck, der prüft, ob eine quadratische Matrix symmetrisch ist (d.h. ob $S[I;J]=S[J;I]$ für alle I und J gilt).

15. Schreiben Sie einen Ausdruck, der den kleinsten Wert eines numerischen Vektors V auf 1, den nächstgrößeren Wert auf 2 u.s.w. abbildet; der größte Wert von V soll auf ρV abgebildet werden. Der Vektor 53 47 95 6 77 78 83 13 2 69 sollte das folgende Resultat liefern: 5 4 10 2 7 8 9 3 1 6.

16. *M* und *N* seien einfache Matrizen mit der gleichen Anzahl von Spalten.

    a. Schreiben Sie einen Ausdruck, der einen Booleschen Vektor erzeugt, der eine 1 enthält, wenn eine Zeile von *M* einer Zeile von *N* gleicht.

    b. Schreiben Sie einen Ausdruck, der feststellt, welche Zeilen von *M* mit Zeilen von *N* identisch sind. Das Resultat soll die Zeilenindizes von *N* enthalten.

17. Gegeben seien die beiden folgenden Vektoren:

```
FROM ← 'ABCDEF'
TO ← 'abcdef'
```

Schreiben Sie einen Ausdruck, der unter der Verwendung von *FROM* und *TO* die Zeichenkette *'CAB'* in Kleinbuchstaben umsetzt.

18. Gegeben sei ein einfacher Skalar *S*; schreiben Sie einen Ausdruck, der das erste Auftreten von *S* in jeder Zeile einer Matrix ermittelt. Wenn der Skalar in einer Zeile nicht vorhanden ist, soll eine Zahl, die um eins größer ist als die Spaltenzahl der Matrix, zurückgegeben werden.

19. Geben Sie das Resultat, seine Dimension und Tiefe für jeden der folgenden Ausdrücke an:

```
a.  'ABC' 'DEFG' ι 'ABC'
b.  'ABC' 'DEFG' ι ⊂'ABC'
c.  'ABC' 'DEFG' ι ⊂'DEFG'
d.  'ABC' 'DEFG' ι 'XY'
e.  'ABC' 'DEFG' ι ⊂'XY'
f.  'ABC' 'DEFG' ι 'XY' 'ABC'
g.  'ABC' 'DEFG' ι ⊂'XY' 'ABC'
h.  'ABC' 'DEFG' ι (⊂'XY'),(⊂'ABC')
i.  'ABC' 'DEFG' ι (⊂'XY') (⊂'ABC')
```

20. Geben Sie das Resultat für jeden der folgenden Ausdrücke an, wenn *V* wie folgt spezifiziert wurde:

```
V← 20 23 17 30 12 9
```

```
a.  ⍋V
b.  ⍒V
c.  V[⍋V]
d.  V[⍒V]
e.  ⍋⍋V
```

21. Gegeben seien die Variablen *AV* und *NAMES*. Ermitteln Sie das Ergebnis der folgenden Ausdrücke:

```
AV←'ABCDEFGHIJKLMNOPQRSTUVWXYZ'
NAMES←5 3ρ'TEETEAATEDADDAB'
```

```
a.  AV⍋NAMES
b.  AV⍒NAMES
c.  NAMES[AV⍋NAMES;]
```

22. Die Funktion **Finden** ($\underline{\epsilon}$) findet das linke Argument nicht, wenn es sich im rechten
     Argument über mehrere Zeilen erstreckt. Schreiben Sie einen Ausdruck, der die Zei-
     chenkette V auch dann in der Strukturgröße A findet, wenn V in einer Zeile beginnt
     und sich in der nächsten fortsetzt. Es soll z.B. XYZ in der folgenden Strukturgröße
     gesucht werden:

```
XYZX
YZXY
ZXYZ
```

und das Ergebnis entstehen:

```
1  0  0  1
0  0  1  0
0  1  0  0
```

23. Schreiben Sie eine zweistellige Funktion, deren linkes und rechtes Argument Zeichen-
     ketten sind. Die Bestandteile des linken Arguments sollen im rechten Argument ge-
     sucht und dort durch Leerzeichen ersetzt werden. Die Funktion soll den Namen
     $BLANKOUT$ haben. Ihr Aufruf soll z.B. folgendes Ergebnis erzeugen:

```
      ',.''?!' BLANKOUT 'APL2 IS FUN!, ISN''T IT?'
APL2 IS FUN   ISN T IT
```

6.4 Berechnungen

Einige der arithmetischen Funktionen, wie **Addieren**, **Potenzieren** und **Absolutbetrag
bilden**, wurden bereits vorgestellt. In diesem Abschnitt wird die Funktion **Potenzieren** ver-
tieft und die restlichen arithmetischen Funktionen von APL2 werden behandelt:

- **Potenzieren zur Basis e**
- **Logarithmieren**
- **Entschlüsseln**
- **Verschlüsseln**
- **Fakultät bilden**
- **Binominalkoeffizient bilden**
- **Trigonometrische Funktionen**
- **Matrix invertieren**
- **Lineares Gleichungssystem lösen**

Potenzieren und Potenzieren zur Basis e

In Kapitel 2 wurde die Funktion **Potenzieren** eingeführt. Diese Funktion hat einige interessante Eigenschaften, die dazu führten, daß sie auch für nicht-ganzzahlige Argumente definiert wurde.

Angenommen man bildet das Produkt von zwei Potenzen auf der Basis gleicher Zahlen:

```
      ( 2 * 2 ) × ( 2 * 3 )
3 2
```

Dieses Ergebnis ist gleich dem von 2 * 5. Zur Bildung des Produkts von Potenzen reicht es, wenn man die Exponenten addiert:

$$(X*N) \quad \times \quad (X*M) \quad \longleftrightarrow \quad X*(N+M)$$

Daraus lassen sich einige interessante Fälle ableiten. In jedem der folgenden Beispiele sind die Exponenten zu addieren, um das Ergebnis zu erhalten:

```
      ( 2 * 2 ) × ( 2 * 3 ) × ( 2 * 1 )
6 4
```

Das Beispiel zeigt, daß 2 * 1 das gleiche ist wie 2, da (2 * 2) × (2 * 3) gleich (2 * 5) ist und somit 3 2 ist. Multipliziert man das Resultat mit (2 * 1), ergibt es 6 4; daher muß (2 * 1) gleich 2 sein.

```
      ( 2 * 2 ) × ( 2 * 3 ) × ( 2 * 0 )
3 2
```

Dieses Beispiel zeigt, daß jede Zahl, die mit Null potenziert wird, die Zahl 1 ergibt. (2 * 2) × (2 * 3) ergibt (2 * 5) oder 3 2. Multipliziert man das mit (2 * 0) erhält man auch 3 2, daher muß (2 * 0) die Zahl 1 ergeben.

Die Funktion **Potenzieren** ist nicht auf Argumente aus nicht-negativen ganzen Zahlen beschränkt. Der nächste Ausdruck enthält einen negativen Exponenten:

```
      ( 2 * 2 ) × ( 2 * 3 ) × ( 2 * ¯2 )
8
```

(2 * 2) × (2 * 3) ist (2 * 5) und somit 3 2. Wenn die Multiplikation mit (2 * ¯2) die Zahl 8 ergibt, dann muß (2 * ¯2) das gleiche ergeben, wie eine Division durch (2 * 2), das selbst 4 ergibt. Somit wirkt ein negativer Exponent wie die Division durch die gleiche Zahl mit positivem Exponenten.

Angenommen die Exponenten seien nicht-ganzzahlig:

```
      ( 2 * .1 ) × ( 2 * .5 ) × ( 2 * .4 )
2
```

Die Addition der Exponenten ergibt 1, das Resultat ist also 2 * 1. Die Verwendung von gebrochenen Zahlen führt zu bekannten Spezialfällen des Potenzierens. Betrachtet man:

```
      ( 2 * .5 ) × ( 2 * .5 )
2
```

Auch hier ergibt die Addition der Exponenten 1. Was aber ergibt 2*.5? Es ist eine Zahl, die mit sich selbst multipliziert 2 ergibt. In der Mathematik wird eine derartige Zahl als Quadratwurzel bezeichnet. APL2 kennt keine spezielle Quadratwurzel - Funktion; statt dessen wird die Funktion **Potenzieren** mit dem rechten Argument 0.5 als Spezialfall verwendet:

```
      2*.5
1.414213562
```

Es wird manchmal behauptet, daß man aus einer negativen Zahl nicht die Quadratwurzel ziehen könne. Versuchen wir es einmal:

```
      ¯4*.5
```

Es sind zwei Antworten möglich. Die erste bedeutet, daß die APL2 - Implementierung nur reelle Zahlen unterstützt:

```
DOMAIN_ERROR
      ¯4*.5
      ^  ^
```

Die zweite mögliche Antwort bedeutet, daß die Implementierung komplexe Zahlen unterstützt:

```
0J2
```

Wenn das System das obige Resultat ausgibt, sollte man den folgenden Ausdruck eingeben:

```
      0J2 × 0J2
¯4
```

Das Resultat zeigt, daß 0J2 die Quadratwurzel von ¯4 ist. Die Zahl 0J2 nennt man eine komplexe Zahl. In der Mathematik wird eine komplexe Zahl oft als 0 + 2i dargestellt. In diesem Buch werden die komplexen Zahlen nicht weiter behandelt.

Die dritte Wurzel wird mit der Funktion **Potenzieren** ermittelt, indem man Ein-Drittel als rechtes Argument angibt:

```
      64*÷3
4
```

Allgemein gilt, daß in APL2 die *N*-te Wurzel durch *A**÷*N* dargestellt wird.

Bei der Diskussion der Funktion **Abrunden** in Kapitel 2 wurde dargestellt, wie man eine einmalige Verzinsung mit 5% errechnet:

```
      AMOUNT←150.20 331.35 331.25
      AMOUNT×1.05
157.71 347.9175 347.8125
```

Angenommen, daß nach Ablauf eines Jahres wiederum 5% Zinsen zu errechnen sind:

```
      AMOUNT×1.05×1.05
165.5955 365.313375 365.203125
```

Statt der Multiplikation kann man den Betrag auch durch **Potenzieren** ermitteln:

```
      AMOUNT×1.05*2
 165.5955 365.313375 365.203125
```

Was die Eingabe betrifft, ist der Unterschied zwischen der Multiplikation und der Potenzierung nicht groß, wenn es sich um 2 Jahre handelt; er vergrößert sich wesentlich, wenn man viele Multiplikationen benötigt. Angenommen, der Zinssatz beträgt 5% jährlich für vier Jahre. Wenn man **Potenzieren** benutzt, ist die Eingabe für vier Jahre nicht aufwendiger als für zwei Jahre:

```
      AMOUNT×1.05*4
 182.5690388 402.7579959 402.6364453
```

Wenn man die Faktoren des jährlichen Zuwachses des Kapitals ermitteln will, kann man dazu folgenden Ausdruck verwenden:

```
     (1.05)(1.05*2)(1.05*3)(1.05*4)
 1.05 1.1025 1.157625 1.21550625
```

Wesentlich kürzer ist die folgende Schreibweise:

```
      1.05*ι4
 1.05 1.1025 1.157625 1.21550625
```

Will man jeden Faktor mit jedem Betrag von *AMOUNT* multiplizieren, bedeutet das die Kombination aller Beträge mit allen Faktoren. Zur Ermittlung aller Kombinationen gibt es in APL2 das **Äußere Produkt**. Der gewünschte Ausdruck hat folgendes Aussehen:

```
      AMOUNT ∘.× 1.05*ι4
 157.71     165.5955    173.875275  182.5690388
 347.9175 365.313375 383.5790438 402.7579959
 347.8125 365.203125 383.4632813 402.6364453
```

Dieses Ergebnis kann noch gerundet werden:

```
      .01×⌊.5+100×AMOUNT ∘.× 1.05*ι4
 157.71 165.6   173.88 182.57
 347.92 365.31 383.58 402.76
 347.81 365.2   383.46 402.64
```

Wenn **Potenzieren** ohne linkes Argument verwendet wird, heißt die Funktion **Potenzieren zur Basis e**. **Potenzieren zur Basis e** ist das gleiche wie **Potenzieren** mit einem linken Argument 2.718281828 (auf 10 Stellen gerundet).

```
      *2
 7.389056099
```

Die Konstante 2.718281828 wird in der Mathematik durch den Buchstaben e ausgedrückt.

Man kann die Funktion **Potenzieren** mit einem ganzzahligen und einem nicht-ganzzahligen Exponenten einsetzen, um den Satz des Pythagoras auszudrücken: „In einem rechtwinkligen Dreieck ist die Länge der Hypotenuse aus der Quadratwurzel der Summe der Kathetenquadrate zu ermitteln":

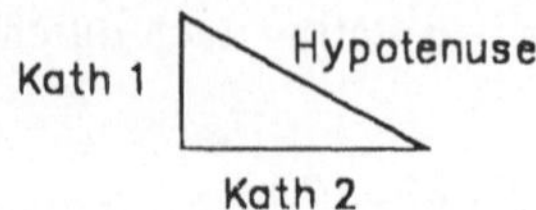

Angenommen die Katheten haben die Länge 3 und 4. Die Berechnung der Hypotenuse:

```
    KATH← 3 4
    (+/KATH*2)*.5
5
```

Logarithmieren

Wir haben soeben gesehen, daß, in gewissen Grenzen, mit der Funktion **Potenzieren** Produkte durch die Addition (der Exponenten) errechnet werden konnten. Die Addition ist einfach, selbst wenn man den Algorithmus dafür nicht kennt, kann man die Summe von 2 und 3 errechnen, indem man mit dem Lineal eine Strecke der Länge 2 und der Länge 3 abmißt und diese Strecken aneinanderlegt. Der berühmte Mathematiker Napier entdeckte einen Weg, das gleiche mit der Multiplikation tun zu können; die Funktion heißt **Logarithmieren** .

Napier markierte einen Maßstab so, daß die Markierung Exponenten darstellten. Die Addition der Längen entspricht der Addition der Exponenten und stellt somit die Multiplikation dar (wie im Abschnitt über das **Potenzieren** gezeigt wurde). Napier benutzte Elfenbeinstäbe, die als „Napiers Knochen" bekannt wurden. Robert Bissaker übernahm die Idee und konstruierte den Rechenschieber. Er enthält einen verschiebbaren Teil, der die Addition der Längen sehr einfach macht. Für Ingenieure war der Rechenschieber das wichtigste Werkzeug, bis er vom elektronischen Rechner abgelöst wurde.

In APL2 ist die Napier - Funktion implementiert; sie wird durch das Symbol ⊛ dargestellt und hat den Namen **Logarithmieren**. Das **Logarithmieren** ist sicherlich weniger bekannt, als die **Addition** oder die **Subtraktion**. Es handelt sich jedoch nur um eine Funktion, die aus einer gegebenen Zahl wiederum eine Zahl erzeugt. Alles, was man wissen muß, ist was man mit dieser Funktion tun kann.

Es folgen einige Logarithmen zur Basis 10:

```
      10⊛100
2
      10⊛325
2.511883361
      10⊛1000
3
      10⊛10000
4
```

Logarithmen zur Basis 10 werden auch dekadische Logarithmen genannt.

Logarithmieren ist die Inverse zur Funktion **Potenzieren**:

```
    N⊛(N*X)     ist X für N ungleich null
```

```
      10*10⊛10000
10000
```

In den Fällen, in denen das Resultat eine ganze Zahl ist, kann man leicht erkennen, daß **Logarithmieren** die Umkehrfunktion von **Potenzieren** ist, so ist z.B. 4 die Potenz von 10, die 10000 ergibt.

Jede Zahl, die größer oder gleich 100 aber kleiner als 1000 ist, hat als Logarithmus die Zahl 2 als ganzzahligen Teil des Resultats. Mit der Funktion **Logarithmieren** kann man somit die Anzahl der Ziffern einer Dezimalzahl N ermitteln. Wenn man einen Bericht programmiert, kann man diese Methode anwenden, um festzustellen, wieviele Stellen innerhalb einer Zeile von Daten belegt werden. Man kann die Anzahl der Ziffern einer Zahl durch den Ausdruck $1+10 \circledast N$ ermitteln:

```
      1+10⊛100
3
      1+10⊛325
3.511883361
```

Führende Nullen haben keinen Einfluß auf das Ergebnis:

```
      1+10⊛00000325
3.511883361
```

Die Funktion, die den ganzzahligen Teil einer Zahl liefert, wurde bereits behandelt - **Abrunden**. Der nächste Ausdruck ist eine vollständigere Version zur Ermittlung der Anzahl der Ziffern aus der eine Zahl besteht:

```
      N←345.76
      10⊛N
2.53877475
      ⌊1+10⊛N
3
```

Dieser Ausdruck muß auf zwei Arten erweitert werden, wenn er allgemeingültig sein soll. Das Vorzeichen einer Zahl spielt erstens keine Rolle, wenn man die Anzahl der Ziffern ermittelt. Man sollte den Ausdruck nur auf positive Zahlen anwenden. Der nächste Ausdruck wird auf den **Absolutbetrag** einer Zahl angewendet:

```
      ⌊1+10⊛|N
3
```

Zweitens stellt die Zahl null einen Spezialfall dar. Sie ist die einzige, die mit einer führenden Null geschrieben werden muß. Sonst würde sie als eine leere Kette von Ziffern dargestellt werden müssen; diese Darstellung wäre tatsächlich richtiger, aber es wäre schwierig, sie überhaupt von einer Zahl zu unterscheiden. Deshalb soll der Ausdruck für die Zahl null eine 1 liefern - die Zahl null besteht aus einer Ziffer. Die nächsten beiden Ausdrücke ermitteln die Ziffern einer Zahl:

```
      ⌊1+10⊛|N+N=0
3
      ⌊1+10⊛1⌈|N
3
```

Die einstellige Funktion **Natürlichen Logarithmus bilden** (⊛) ist die Inverse zur einstelligen Funktion **Potenzieren zur Basis e**

```
        ⊛*X        ↔        X
```

Das nächste Beispiel verdeutlicht das:

```
        2*6
  64
        2⊛2*6
  6
        *6
  403.4287935
        ⊛*6
  6
```

Entschlüsseln

Im Kapitel 5 wurde **Inneres Produkt** eingesetzt, um Stunden, Minuten und Sekunden in Sekunden umzurechnen:

```
        3600 60 1 +.× 2 15 30
  8130
```

Im obigen Beispiel mußte zuerst das linke Argument errechnet werden, durch die Umrechnung einer Stunde in 3600 und einer Minute in 60 Sekunden. **Entschlüsseln** ($\bot$) verhält sich wie das **Innere Produkt** (tatsächlich sind die Dimensionsregeln identisch). Das linke Argument von **Entschlüsseln** besteht jedoch aus den Maßeinheiten und nicht aus den Umrechnungsfaktoren. Somit erzeugt **Entschlüsseln** das gleiche Resultat, wie das **Innere Produkt**:

```
        24 60 60⊥2 15 30
  8130
```

Das linke Argument sagt aus, daß ein Tag aus 24 Stunden, eine Stunde aus 60 Minuten und eine Minute aus 60 Sekunden besteht. Erhält **Entschlüsseln** einen Vektor als Argument, wird das entsprechende Argument für das **Innere Produkt** wie folgt ermittelt:

```
        ⌽1,×\⌽1↓L
```

Hier ist ein Beispiel:

```
        ⌽1,×\⌽1↓24 60 60
  3600 60 1
```

Aus der obigen Formel erkennt man, daß die linke Zahl im linken Argument nicht benutzt wird und irgendeine Zahl sein kann. Die Diskussion der Funktion **Verschlüsseln** liefert die Begründung, warum die Zahl 24 im linken Argument auftritt.

Die folgende Identität verbindet **Entschlüsseln** mit dem **Inneren Produkt**:

```
        L⊥R        ↔        (⌽1,×\⌽1↓L)+.×R
```

Man kann das System unserer Zeitmessung auch als *Zahlensystem* auffassen. Die Sekunden laufen von 0 bis 59, dann werden die Minuten erhöht und die Sekunden auf 0 zurückgesetzt. Wenn die Minutenzahl 59 übersteigt, werden die Stunden erhöht. Wenn die Stunden die Zahl 23 überschreiten, werden die Tage erhöht.

Ein Zahlensystem, das in jeder Position eine andere Zahl verwendet, nennt man ein *gemischtes Radixsystem* oder ein System mit *gemischter Basis*. Einheitlichere Zahlensysteme haben in jeder Position die gleiche Zahl. Das am weitesten verbreitete System ist das dekadische Zahlensystem, in dem die Zahl 10 in jeder Position steht. Andere bekannte Zahlensysteme basieren auf der Zahl 2, der Zahl 8 oder der Zahl 16 (binäres, oktales oder hexadezimales Zahlensystem). Diese werden häufig in Computern verwendet. Wir Menschen benutzen das von den Arabern stammende Dezimalsystem wahrscheinlich deshalb, weil wir zehn Finger haben. Es ist bedauerlich, daß wir nicht zwölf Finger haben, da die Zahl 12 durch 4 Zahlen ohne Rest dividiert werden kann(2,3,4 und 6), die Zahl 10 jedoch nur durch 2 Zahlen (2 und 5). Dadurch hätte sich das Rechnen mit gebrochenen Zahlen vermindert.

Die Ein- und Ausgabe numerischer Werte erfolgt in APL2 ausschließlich im Dezimalsystem.

Wenn die Ziffernfolge einer Dezimalzahl vorliegt, kann man die skalare Dezimalzahl mit **Entschlüsseln** ermitteln:

```
      10  10  10  10⊥1  9  8  8
 1988
```

Wenn das Zahlensystem keine gemischte Basis hat, genügt ein skalares linkes Argument:

```
      10⊥ 1  9  8  8
 1988
```

Damit ist die Umwandlung von Zahlen anderer Zahlensysteme in Dezimalzahlen sehr einfach:

```
      2⊥  0  1  0  1
 5
      16⊥  0  1  9  15
 415
```

Jede Zahl auf der linken Seite liefert ein Ergebnis:

```
      137⊥1  2  5  7
 2609583
      1.1⊥1  2  5  7
 16.251
```

Die Basis 137 ist unvernünftig und die Basis 1.1 ist seltsam. Es gibt jedoch eine weitere Interpretation für die Funktion **Entschlüsseln**. Betrachten wir das folgende Polynom:

$$X^3 + 2X^2 + 5X + 7$$

Der folgende Ausdruck wertet das Polynom aus, wenn X gleich 137 ist:

```
      +/(137*3) (137*2) 137 1 × 1 2 5 7
 2609583
```

Man kann dazu auch das **Innere Produkt** verwenden:

```
      (137*3) (137*2) 137 1 +.× 1 2 5 7
 2609583
```

Schließlich kann man das Polynom auch mit **Entschlüsseln** auswerten:

```
      137⊥1  2  5  7
2609583
```

Auf höherrangige Strukturgrößen angewendet, wirkt **Entschlüsseln** wie das **Innere Produkt**
und wendet die Vektordefinition zwischen den Zeilen des linken und den Spalten des
rechten Arguments in allen Kombinationen an:

```
      ( 2  3ρ24  60  60  10  10  10)⊥3  2ρ2  9  15  8  30  6
8130   32886
 380     986
```

Verschlüsseln

Man kann sich **Verschlüsseln** (⊤) als die Umkehrung der Operation **Entschlüsseln** vorstellen. (Sie ist jedoch nicht die Inverse). So kann die Zahl von Sekunden unter Verwendung
von **Verschlüsseln** in Stunden, Minuten und Sekunden umgewandelt werden:

```
      24  60  60  ⊤8130
 2  15  30
```

Man beachte, daß dieses Beispiel das gleiche linke Argument verwendet, wie im ersten
Beispiel zu **Entschlüsseln**. Die Zahl 24 ist nötig, um die Stundenzahl auf das Intervall von
0 bis 23 zu begrenzen. Im nächsten Beispiel übersteigt die Anzahl der Sekunden 24 Stunden:

```
      24  60  60  ⊤813000
 9  50  0
```

Obwohl 813,000 Sekunden mehr als 24 Stunden sind, gibt die Antwort nur die Zeit von
weniger als 24 Stunden wieder. Es gibt zwei Alternativen, um die verlorengegangene Zeit
im Resultat zu erhalten. Zuerst kann man dem linken Argument einen weiteren Bestandteil
hinzufügen, um die Anzahl der Wochentage darzustellen:

```
      7  24  60  60  ⊤813000
 2  9  50  0
```

Diese Methode liefert nur dann das gewünschte Resultat, wenn das rechtes Argument
weniger Sekunden enthält, als eine Woche.

Zweitens bietet APL2 die Möglichkeit, in der linken Position des Resultats eine beliebig
große Zahl darzustellen. Dazu wird die Zahl 0 in der linken Position des linken Arguments
angegeben:

```
      0  60  60  ⊤  813000
 225  50  0
```

Die Zahl in der linken Position des Ergebnisses kann beliebig groß sein. Eine unendlich
große Anzahl von Stellen kann für die Darstellung einer Zahl erforderlich sein. Wenn man
Zahlen verschlüsseln will, muß man vorher wissen, wieviele Ziffern dargestellt werden sollen. Für ein gegebenes Problem kennt man diese im allgemeinen.

In dem folgenden Beispiel wird **Verschlüsseln** verwendet und zeigt die umgekehrte Wirkung wie **Entschlüsseln** bei den dort dargestellten Beispielen:

```
      10  10  10  10т1988
  1  9  8  8

      2  2  2  2  2т5
  0  0  1  0  1


      (4ρ16)т415
  0  1  9  15
```

Wenn man mit Polynomen arbeitet, hat **Verschlüsseln** als Argumente den Polynomwert und den Wert der Variablen und liefert als Resultat die Koeffizienten:

```
      137  137  137  137  т2609583
  1  2  5  7
```

Für höherrangige Strukturgrößen folgt **Verschlüsseln** den gleichen Dimensionsregeln wie das **Äußere Produkt** und wirkt auf die Spalten des linken Arguments und die Skalare des rechten Arguments in allen Kombinationen:

```
      4  2ρ  10  16
  10  16
  10  16
  10  16
  10  16
      (4  2ρ  10  16)т137
  0  0
  1  0
  3  8
  7  9
```

Man beachte, daß das Resultat des Verschlüsselns entlang der letzten Koordinate angeordnet wird.

Weitere Informationen über die Funktion **Verschlüsseln** in Zusammenhang mit höherrangigen Strukturgrößen sind in der Dokumentation enthalten, die mit dem System ausgeliefert wird.

Fakultät und Binominalkoeffizient bilden.

Mit der einstelligen Funktion **Fakultät bilden** und der zweistelligen Funktion **Binominalkoeffizient bilden** kann man Fragestellungen der Kombinatorik lösen. In diesem Abschnitt werden diese beiden Funktionen behandelt.

Fakultät bilden

Ein Spiel bestehe aus fünf Steinen mit den Buchstaben *A* bis *E*. Die nächste Abbildung zeigt eine mögliche Anordnung der Steine:

```
      DISPLAY 'ACBED'
 .+----.
 |ACBED|
 '-----'
```

Wieviele Möglichkeiten gibt es, die Steine anzuordnen? Für die linke Position kann man irgendeinen der fünf Steine wählen. Für die nächste Position kann man irgendeinen der übrigen vier Steine auswählen. Die dritte Position nimmt einen der übrigen drei Steine auf. Die vierte Position wird von einem der verbleibenden zwei Steine besetzt. Für die fünfte Position bleibt nur ein Stein übrig. Die Zahl der möglichen Anordnungen ist somit:

```
      5×4×3×2×1
120
```

```
      oder
```

```
      ×/ι5
120
```

Die einstellige Funktion **Fakultät bilden** liefert dieses Resultat direkt:

```
      !5
120
```

Wenn einige Steine den gleichen Buchstaben tragen, ist die Ermittlung der möglichen Kombinationen ebenfalls einfach. Von den fünf Steinen sollen drei mit dem gleichen Buchstaben gekennzeichnet sein:

```
      DISPLAY 'ABAAC'
 .+----.
 |ABAAC|
 '-----'
```

Es gibt immer noch 120 Anordnungsmöglichkeiten, aber einige davon sehen gleich aus. Für vorgegebene Positionen von *B* und *C*, kann man ein *A* für die erste Position , eines der beiden übrigen *A* für die zweite Position auswählen. Für die dritte Position bleibt dann nur noch eine Möglichkeit übrig. Für die *A*'s gibt es somit 3×2×1 oder !3 Möglichkeiten. Das gilt für jede beliebige Wahl der Positionen von *B* und *C*; die Anzahl der unterschiedlichen Anordnungen ergibt sich aus der Anzahl der möglichen Anordnungen dividiert durch die Anzahl der nicht unterscheidbaren Anordnungen:

```
      (!5)÷!3
20
```

Wenn man sechs weiße und vier schwarze Kugeln hat, kann die Anzahl der unterschiedlichen Anordnungen wie folgt ermittelt werden:

        (!10)÷(!6)×(!4)
    210

        oder

        (!10)÷×/!6 4
    210

Anmerkung: Die **Fakultät** steht mit der *Gamma-* Funktion in folgendem Zusammenhang:

    $!A \quad \leftrightarrow \quad Gamma\ A+1$

Dieser Zusammenhang wird benutzt, um die Funktion **Fakultät bilden** auch für nicht-ganzzahlige und nicht-positive Zahlen zu definieren. Die *Gamma-* Funktion wird in diesem Buch nicht weiter behandelt.

Binomialkoeffizient bilden

Aus sieben unterschiedlichen Teilen sollen drei Teile ausgewählt werden. Wieviele Möglichkeiten gibt es, aus sieben Teilen drei Teile auszuwählen? Man kann irgendein Teil für die erste Ziehung wählen, irgendein Teil der verbleibenden sechs für die zweite und irgendein Teil der restlichen fünf für die dritte Ziehung. Die Anzahl der Wahlmöglichkeiten ist:

        7×6×5
    210

Die **Fakultät** von 7 ist 7×6×5×4×3×2×1. Wenn man diese durch 4×3×2×1 (das ist !7-3) dividiert, erhält man:

        (!7)÷!7-3
    210

Allgemein gilt für die geordnete Auswahl von R Dingen aus einer Menge von L Dingen:

        (!L)÷!L-R

Wenn die Ordnung der ausgewählten Dinge bei der Auswahl von drei Dingen aus sieben belanglos ist, gibt es !3 verschiedene Anordnungen, die die gleichen drei Dinge enthalten. Der Ausdruck hat folgendes Aussehen:

        (!7)÷(!7-3)×!3
    35

Die Auswahl von Elementen aus einer Menge ohne Berücksichtigung der Ordnung ist eine bekannte Operation. Die zweistellige Funktion **Binominalkoeffizient bilden** steht dafür zur Verfügung:

        3!7
    35

Für alle Zahlen ist **Binominalkoeffizient bilden** formal definiert durch:

$$L\,!\,R \quad \leftrightarrow \quad (\,!\,R\,)\,\div\,(\,!\,R-L\,)\times\,!\,L$$

Anmerkung: **Binominalkoeffizient bilden** steht mit der *Beta*- Funktion im engen Zusammenhang.

Trigonometrische Funktionen

APL2 verfügt über einen umfangreichen Satz von trigonometrischen, hyperbolischen und pythagoräischen Funktionen. Wenn man gegenwärtig diese Funktionen nicht benötigt, kann man diesen Abschnitt überspringen.

Multiplizieren mit Pi

Eine wesentliche Konstante, die bei Kreisberechnungen vorkommt, ist *Pi* (π); sie ist die Zahl, mit der der Kreisdurchmesser zu multiplizieren ist, um den Kreisumfang zu erhalten. Die einstellige Funktion **Multiplizieren mit Pi** ($\circ$) ermittelt die Produkte von *Pi*:

```
      o1
3.141592654
      o3
9.424777961
```

Der Umfang eines Kreises mit dem Radius R wird mit der Funktion **Multiplizieren mit Pi** wie folgt errechnet:

```
      o2×R
```

In der Mathematik werden die Winkelfunktionen oft mit Hilfe des Einheitskreises dargestellt; der Scheitelpunkt des Winkels fällt dabei mit dem Kreismittelpunkt zusammen:

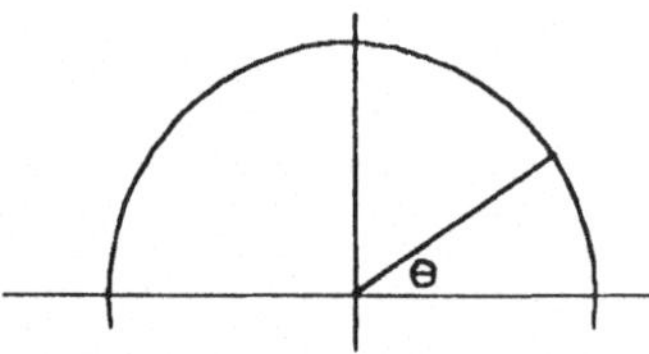

Der Winkel θ wird normalerweise so gemessen, daß man die Länge des Kreissegments mißt, das er einschließt. Wenn die Länge des Kreissegments der des Radius entspricht, beträgt der Winkel ein Bogenmaß. Ein Vollkreis hat demzufolge $2\times$*Pi* Bogenmaße. Häufig werden Winkel in Grad angegeben und ein Kreis hat 360 Grad. Die Umwandlung von Grad in Bogenmaß basiert auf der Tatsache, daß 360 Grad $2\times$*Pi* Bogenmaß entspricht. Deshalb ist ein Grad gleich (*Pi* Bogenmaß) $\div$ 180.

Mit den folgenden Ausdrücken werden 45 Grad in Bogenmaß umgewandelt:

```
      45×○÷180
0.7853981634
```

oder

```
      ○45÷180
0.7853981634
```

Kreisfunktionen

In APL2 gibt es 25 Kreisfunktionen. Statt jeder von ihnen ein eigenes Symbol zuzuordnen, wurde eine zweistellige Kreisfunktion (○) gewählt; das linke Argument - eine ganze Zahl - legt fest, welche einstellige Funktion angewendet wird. In der folgenden Tabelle sind die in APL2 verfügbaren Kreisfunktionen zusammengefaßt. Die Eintragungen von 8 bis 12 sind für komplexe Zahlen definiert.

Negatives L	L	Positives L
$(1-R*2)*.5$	0	$(1-R*2)*.5$
arcsin R	1	sin R
arccos R	2	cos R
arctg R	3	tg R
$(\,^{-}1+R*2)*.5$	4	$(1+R*2)*.5$
arcsinh R	5	sinh R
arccosh R	6	cosh R
arctgh R	7	tgh R
$-(\,^{-}1-R*2)*.5$	8	$(\,^{-}1-R*2)*.5$
R	9	Realteil von R
$+R$ (Konjugieren)	10	$\mid R$
$0J1\times R$	11	Imaginärteil von R
$*0J1\times R$	12	Phase von R

Tabelle 6.4 Kreisfunktionen

Anmerkung: Wenn die komplexen Zahlen nicht in Ihrem APL2 - System implementiert sind, sind die Zahlen größer als 7 und kleiner $^{-}$7 nicht verfügbar.

Viele der Beziehungen zwischen diesen Funktionen können am Dreieck im Einheitskreis sichtbar gemach werden:

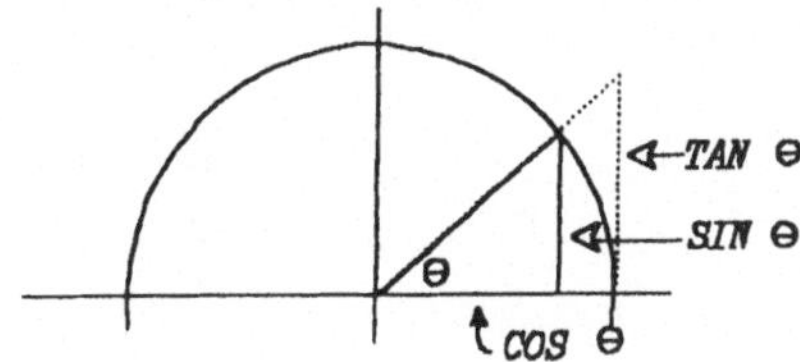

Manchmal trifft man z.B. auf folgende Gleichung:

$$1 \leftrightarrow COS^2 ϴ + SIN^2 ϴ$$

Für den Winkel von 30 Grad ergibt sich folgender APL2 - Ausdruck:

```
      +/( 1  2o030↑180 )*2
1
```

Wenn man die Gleichung nach *Sinus* auflöst, erhält man:

$$SIN\ \Theta \leftrightarrow \sqrt{1\text{-}COS^2\Theta}$$

Das ist den Wert, der von 0o erzeugt wird. Für einen gegebenen *Sinuswert* kann man 0o verwenden, um den *Kosinuswert* für den gleichen Winkel zu errechnen.

Matrix Invertieren

Eine Funktion *f* ist die Inverse zur Funktion *g*, wenn die Anwendung von *f* auf das Resultat von *g* eine Identität ergibt. In der Arithmetik ist z.B. die Multiplikation die Inverse zur Division, da eine Zahl mit ihrem Kehrwert multipliziert 1 und damit die Identität der Multiplikation ergibt:

```
      N←÷20
      N
0.05
      N×20
1
```

Die **Multiplikation** und die **Division** sind Skalarfunktionen, die auf Strukturgrößen angewendet werden können, wie alle anderen Skalarfunktionen:

```
      N←÷20 10 5
      N
0.05 0.1 0.2
      N×20 10 5
1 1 1
```

In Kapitel 5 wurde das **Innere Produkt** mit dem Operanden + und × dargestellt. Wird das **Innere Produkt** mit diesen Operanden auf einfache Skalare angewendet, verhält sich dieser Operator wie die Multiplikation:

```
      N+.×20
1
```

Es gibt in APL2 eine Funktion ⊞, die sich wie **Kehrwert bilden** verhält, wenn sie auf einfache Skalare angewendet wird:

```
      N←⊞20
      N
0.05
      N+.×20
1
```

Wenn +.× und ⊞ auf nicht-skalare Strukturgrößen angewendet werden, sind sie nicht-skalare Funktionen:

```
      I←3 3ρ14 ¯140 168 ¯40 640 ¯840 27 ¯540 756
      I
 14 ¯140  168
¯40  640 ¯840
 27 ¯540  756

      ⊞I
0.3333333333   0.1666666667   0.1111111111
0.08333333333  0.06666666667  0.05555555556
0.04761904762  0.04166666667  0.03703703704
```

Das **Innere Produkt** mit + und × ist das algebraische *Matrixprodukt* und ⊞ ist das algebraische *Matrixinvertieren*, das in APL2 als Funktion implementiert ist. Das +.× **Innere Produkt** einer Strukturgröße zusammen mit *Matrix invertieren* angewendet, ergibt die Einheitsmatrix, die entlang der Hauptdiagonalen 1 und sonst nur 0 enthält:

```
      (⊞I)+.× I
1 0 0
0 1 0
0 0 1
```

Die Berechnung der inversen Matrix ist ein komplizierter Vorgang. Nicht in jedem Fall ist das Resultat eine perfekte Einheitsmatrix, das hängt von der internen Rechengenauigkeit des Computers ab. Werte wie $1E^-16$ oder $1E^-15$ außerhalb der Diagonalen liegen jedoch sehr nahe bei null.

Matrix invertieren kann nur auf eine Matrix angewendet werden, deren Zeilen linear unabhängig sind (d.h. daß eine Zeile nicht aus einer anderen Zeile gebildet werden kann, wenn man einen Skalar addiert, subtrahiert oder sie mit einem Skalar multipliziert). Wenn die Zielen nicht linear unabhängig sind, nennt man die Matrix singulär und die Funktion ⊞ erzeugt die Fehlermeldung *DOMAIN ERROR*.

Man kann **Matrix invertieren** auch auf eine nicht quadratische Matrix anwenden, die mehr Zeilen als Spalten hat und die so viele unabhängige Zeilen aufweisen muß, wie Spalten vorhanden sind. In diesem Fall ist das Resultat die Links - Inverse:

```
      II← 5 2ρ1 1 1 2 1 3 1 4 1 5

      ⊞II
 0.8  0.5   2.000000000E¯1  ¯0.1 ¯0.4
¯0.2 ¯0.1  ¯4.678201316E¯17  0.1  0.2

      (⊞II)+.×II
1 0
0 1
```

Im obigen Beispiel gibt es mehrere Möglichkeiten, die Links - Inverse und die Einheitsmatrix zu ermitteln. APL2 erzeugt das Resultat so, daß für $M←⊞A$ und $ID←M+.×A$ nach der *Methode der kleinsten Quadrate* verfahren wird:

```
      +/,(ID-A+.×M)*2
```

Lineares Gleichungssystem lösen

Matrix invertieren kann zum Lösen linearer Gleichungssysteme eingesetzt werden, wie z.B. im folgenden Beispiel:

$$
\begin{aligned}
X+\ Y+Z &= 3 \\
4X+2Y+Z &= 8 \\
9X+3Y+Z &= 15
\end{aligned}
$$

Die Lösung lautet X ist 1, Y ist 2 und Z ist 0. Unter Verwendung von **Matrix invertieren** kann das Resultat wie folgt erzeugt werden:

```
      SE←3 3ρ 1 1 1 4 2 1 9 3 1
      SE
1 1 1
4 2 1
9 3 1
      (⊞SE)+.×3 8 15
1 2 0
```

Die zweistellige Funktion **Lineares Gleichungssystem lösen** (⊞) führt die Berechnung in einem Schritt durch; das rechte Argument ist die Koeffizientenmatrix und das linke Argument ist der Vektor der Resultate der Gleichungen:

```
      3 8 15⊞SE
1 2 ‾2.664535259E‾15
```

Wenn das rechte Argument mehr Zeilen als Spalten hat, geht APL2 so vor, daß für $S \leftarrow B \boxplus A$ die folgende Gleichung minimiert wird:

```
      +/,(B-A+.×S)*2
```

Diese Vorgehensweise wird auch die *Methode der kleinsten Quadrate* genannt.

Übungen zu 6.4

1. Angenommen, daß jemand im Jahr 1776 einen Pfennig zu 5% Zins pro Jahr angelegt hat. Welches Kapital stände 1987, also 211 Jahre später zur Verfügung? Wie sähe das Ergebnis aus, wenn man 1776 den Betrag von 50 Pfennig angelegt hätte?

2. Es fährt jemand mit einem Ballon um die Welt und hat 100 US-Dollar dabei. Angenommen der Reisende gäbe kein Geld aus, sondern tausche den Betrag jeweils in die Landeswährung um, wenn er eine Grenze überquert. Die Gebühren dafür sollen jeweils 5% betragen.

   a. Geben Sie einen Ausdruck an, der berechnet wieviel Geld noch übrig ist, wenn der Reisende in das sechste Land eingereist ist. (Hinweis: Fassen Sie die Gebühr als negative Zinsen auf)

   b. Es kostet einen Dollar, um ein Telegramm nach Hause zu senden. Wieviele Länder können besucht werden, bevor ein Telegramm mit der Bitte um weiteres Geld abgeschickt werden muß? (Hinweis: Benutzen Sie die Funktion **Indexvektor bilden** (ι) zum Herausfinden des Zeitpunkts, an dem der Geldvorrat einen Dollar unterschreitet).

3. Die Ringdurchmesser in Ringbüchern werden in Abstufungen von 0.5 Zoll geliefert. Ein Durchmesser von 0.5 Zoll kann 100 Blatt Papier aufnehmen. Schreiben Sie eine definierte Funktion $SIZE$, die als Argument einen Vektor S hat, der die Anzahl von Blättern enthält. Das Resultat der Funktion soll der jeweils benötigte Ringdurchmesser sein.

   Beispiel:

   ```
        SIZE 200  250  263  310
   1  1.5  1.5  2
   ```

4. Schreiben Sie einen Ausdruck, der eine beliebige ganzzahlige Dezimalzahl in binäre Darstellung überführt; es soll z.B. die Zahl 17 als 1 0 0 0 1 dargestellt werden. (Hinweis: Verwenden Sie Logarithmieren zur Basis 2 zur Ermittlung der Stellenzahl)

5. Es wurde bereits dargestellt, wie man die **Klammer-Indizierung** zur Darstellung von Histogrammen einsetzen kann. Der Vektor $AMPL$ enthalte die Absatzmengen für jeden Monat des Jahres 1987:

   ```
   AMPL← 1005  1011  1017  1009  1023  1024  1021
   AMPL←AMPL,1029  1031  1029  1035  1037
   ```

   a. Wie hoch ist der Gesamtabsatz im Jahr 1987?

   b. Welches ist die größte Menge eines Monats?

   c. Wie hoch ist der Jahresgewinn, wenn eine Einheit 137 Dollar Gewinn einbringt?

   d. Wenn die Produkte vermietet werden, trägt die Vermietung im Januar mehr zum Gewinn bei, als eine Vermietung im Dezember. Welches ist der Jahresgewinn, wenn der monatliche Gewinn 13 Dollar beträgt, beginnend mit dem ersten Monat der Vermietung?

e. Der Verkaufsleiter möchte ein Histogramm dieser Daten sehen. Dieses kann unter Verwendung des **Äußeren Produkts** und **Klammer-Indizierung** einfach erstellt werden:

```
    ' ⎕'[1+(1040-ι1039)∘.≤AMPL]
```

Ein Histogramm mit mehr als 1000 Zeilen ist jedoch unerwünscht. Formen Sie die Daten so um, daß sie in das Intervall zwischen 0 und 20 fallen. Verwenden Sie **Klammer-Indizierung** zur Erzeugung des Histogramms.

f. Der Marketingleiter möchte die Absatzsteigerung auf der Basis von Punkt e. einprägsamer darstellen. Subtrahieren Sie 1000 von allen Zahlen und skalieren Sie sie im Intervall zwischen 0 und 20. Geben Sie mit diesen Werten das Histogramm aus.

6. Geben Sie einen Ausdruck an, der eine ganze Zahl in einen Zeichenvektor der Länge acht und hexadezimale Darstellung (Basis 16) umwandelt; ein Beispiel:

```
    12   wird zu   0000000C
    ¯1   wird zu   FFFFFFFF
```

7. Geben Sie einen Ausdruck an, der einen Zeichenvektor, der eine hexadezimale Zahl enthält, in eine Zahl mit Vorzeichen umwandelt.

8. Angenommen, man habe einen perfekten Globus; dieser hat einen Radius von 45 Prats (eine Maßeinheit, die nirgends in der zivilisierten Welt verwendet wird).

a. Wie lang ist eine Schnur, die um den Äquator des Globus gelegt wird?

b. Wenn die Schnur in einem Abstand von 10 Prats über dem Äquator schweben soll, wieviel zusätzliche Schnur ist erforderlich?

c. Angenommen, der Planet Xtric sei eine vollkommene Kugel und eine Schnur umspanne seinen Äquator. Wieviel Schnur ist erforderlich, wenn die Schnur 10 Prats über dem Äquator schweben soll und der Radius von Xtric 45 000 000 Prats beträgt?

9. Angenommen, die Erde umrundet die Sonne auf einer kreisförmigen Bahn. Wenn die Entfernung zwischen Erde und Sonne *DIST* Meilen beträgt und die Erde 364.25 Tage für einen Umlauf benötigt, wieviele Meilen pro Sekunde beträgt die Erdgeschwindigkeit?

10. Der Artikel „*Engineering Voyager 2's Encounter with Uranus*" im **Scientific American** vom November 1986 beschrieb die wissenschaftliche Großtat, einen Satelliten in ein Sonnensystem hinter dem Uranus zu senden. Beim Vorbeiflug an dem Planeten übermittelte der Satellit 6000 Bilder der Rückseite des Uranus zur Erde. Jedes Bild bestand aus 800 Zeilen mit 800 Pixeln. Jedes der Pixel konnte eine von 256 Helligkeitsstufen darstellen und daher bestand ein Pixel aus 8 Bit. Ein Bild enthielt 5 120 000 Bit. Die Datenübertragungsrate betrug 21,6 Kilobits pro Sekunde. Bestimmen Sie die Übertragungszeit für alle Bilder; geben Sie die Zeit in Wochen, Tagen, Minuten und Sekunden an.

11. In bergigem Gelände geben Verkehrsschilder das Gefälle der Straße durch ein Zahlenpaar an, z.B. 1:7. In dem Paar *a:b* ist die Zahl *a* der vertikale Betrag des Gefälles, wenn man sich horizontal um *b* Einheiten bewegt. Schreiben Sie eine Funktion, die als Argument ein Zahlenpaar hat und als Resultat den Gefällewinkel liefert.

12. Werten Sie die folgenden Ausdrücke aus:

    a.   ⌊⌹(⍳4)∘.≥⍳4
    b.   ⌊⌹(⍳4)∘.≤⍳4

13. Ein Objekt bewege sich mit der Geschwindigkeit X und ein anderes mit der Geschwindigkeit Y in entgegengesetzter Richtung. Wenn sich die Objekte langsam genug bewegen, kann man ihre Geschwindigkeit addieren. Wenn sie sich auf der Erdoberfläche befinden, bewegen sie sich entlang der Erdkrümmung und ihre relative Geschwindigkeit ist geringer, als die Summe ihrer Einzelgeschwindigkeiten. Wenn sich zwei Objekte in entgegengesetzter Richtung im Weltraum bewegen, wird ihre relative Geschwindigkeit nach der Lorentzschen Gleichung ermittelt:

$$\frac{X + Y}{1 + \sqrt{\dfrac{X + Y}{C^2}}}$$

C ist die Lichtgeschwindigkeit (300 000 Kilometer pro Sekunde).

Die beiden Geschwindigkeiten sollen im Vektor V stehen.

    a.   Geben Sie einen Ausdruck zur Ermittlung der relativen Geschwindigkeit an.

    b.   Jedes Objekt bewege sich mit der Hälfte der Lichtgeschwindigkeit; wie groß ist die relative Geschwindigkeit?

        In Analogie zur Bewegung von Objekten auf der Erde folgerte Einstein, daß, wenn die relative Geschwindigkeit geringer sei als die Geschwindigkeit der Summe, der Raum gekrümmt sein müsse.

14. Geben Sie das Ergebnis für jeden der folgenden Ausdrücke an:

    a.   10⊥ 2 7 0 5
    b.   6⊥ 2 3 4
    c.   2 4 6 ⊥2 3 4
    d.   10 10 ⊥ 8
    e.   10 10 10 ⊥8
    f.   2 3 4 ⊥ 8
    g.   12⊥5 11
    h.   2 12⊥5 11
    i.   0 12⊥5 11
    j.   2 ⊥ 1 1 0 1 1
    k.   5 8 10 ⊥ 2 3 4
    l.   (,[' ']5 8 10) ⊥2 3 4
    m.   2 ⊥¨ (1 1 0 1 1)(1 1 0 1)
    n.   24 60 60 ⊥ 1 30 45

15. Geben Sie das Ergebnis für jeden der folgenden Ausdrücke an:

    a.   8 ⊤ 123
    b.   8 8 ⊤ 123
    c.   8 8 8 ⊤ 123
    d.   0 8 ⊤ 123
    e.   0 8 8 ⊤ 123
    f.   24 60 60 ⊤ 1 45 37

```
      g.   0  60  τ  1  45  37
      h.   ( 4  3ρ2  8  10 )  τ  13
      i.   ( 4  3ρ2  8  10 )  τ  13  21
      j.   ( ⊂4  3ρ2  8  10 )  τ¨  12  21
```

6.5 Die Erzeugung von Zufallszahlen

In einem vorangegangenen Beispiel wurde eine Nachricht verschlüsselt, indem jeder Buchstabe durch seine Position im Alphabet ersetzt wurde. Diese Methode ist einfach zu durchschauen. Eine bessere Methode ist es, eine zufällige Anordnung der Buchstaben des Alphabets zu benutzen. In diesem Abschnitt werden einige Funktionen dargestellt, die zur Lösung derartiger Probleme eingesetzt werden können.

Stichprobe nehmen

Stichprobe nehmen (?) erzeugt Zufallszahlen. Der Ausdruck $A?B$ erzeugt eine Auswahl von A Zufallszahlen aus dem Vektor ιB ohne Zurücklegen (d.h., daß keine Zahl mehrfach vorkommt):

```
            5?10
     1  3  6  2  4
            5?10
     3  1  9  5  2
```

Zufallszahl bilden

Die Funktion **Zufallszahl bilden** (?) erzeugt eine ganzzahlige Zufallszahl aus jeder ganzen Zahl des Arguments:

```
         ? 10  10  10  10  10
     1  5  1  2  4
```

Die Auswahl der einzelnen Zahlen ist unabhängig voneinander, daher können Zufallszahlen mehrfach auftreten.

Das Ergebnis eines Wurfs von zwei Würfeln kann wie folgt gebildet werden:

```
        ?6  6
     3  5
```

Das nächste Beispiel demonstriert eine Möglichkeit zu Verschlüsselung einer Nachricht unter Benutzung der Funktion **Stichprobe nehmen**. Das benutzte Alphabet bestehe aus den 26 Buchstaben von A bis Z und dem Leerzeichen:

```
     ALPH1←ALPH[27?27]
     ALPH1
XGNLRUZVB ICOYTDKMQEPJAHSFW
```

Die zweistellige Funktion **Stichprobe nehmen** (?) erzeugt 27 (linkes Argument) ganze Zahlen aus dem Intervall von 1 bis 27 (rechtes Argument). Sollten Sie das auf Ihrem System ausprobieren, werden Sie wahrscheinlich ein anderes Ergebnis erhalten, da die Funktion natürlich nicht notwendigerweise die gleichen Zahlen in zwei aufeinanderfolgenden Aufrufen erzeugt.

Wenn man dieses permutierte Alphabet benutzt, kann man ganze Zahlen erhalten, die nicht mit der Position der Buchstaben im Alphabet übereinstimmen:

```
      NUM1←ALPH1ι'SECRET MESSAGE'
      NUM1
 25 20 12 5 20 15 10 18 20 25 25 23 2 20
```

Wenn man anstelle der Zahlen einige unsinnige Buchstaben sehen will, kann man die ganzen Zahlen in Buchstaben umwandeln:

```
      MESS1←ALPH[ALPH1ι'SECRET MESSAGE']
      MESS1
YTLETOJRTYYWBT
```

Wenn das zur Verschlüsselung verwendete Alphabet *ALPH1* bekannt ist, kann man mit der Klammer-Indizierung sehr einfach die Entschlüsselung vornehmen:

```
      ALPH1[NUM1]
SECRET MESSAGE
      ALPH1[ALPHιMESS1]
SECRET MESSAGE
```

Dieses Verschlüsselungsschema ist nicht so einfach zu durchschauen. Es gibt !27 verschiedene mögliche Alphabete, die aus der Zufallsauswahl aus 27 Bestandteilen gebildet werden können:

```
      !27
1.088886945E28
```

Die Funktion **Fakultät** bestimmt die Anzahl der möglichen, verschiedenen Alphabete, da es 27 Möglichkeiten der Substitution von 'A' gibt, dann 26 Möglichkeiten der Substitution von 'B' und so weiter.

Übungen zu 6.5

1. In jeder der Teilaufgaben erfüllt ein Ausdruck die angegebene Aussage. Stellen Sie fest, welcher das ist.

    a. Auswahl von zwei Zufallszahlen mit Zurücklegen aus dem Intervall ι10.

        1)   ?11 11
        2)   ?11 10
        3)   ?10 10
        4)   2?10
        5)   2?11

b. Auswahl von zwei Zufallszahlen ohne Zurücklegen aus dem Intervall ι10

    1) ?11 11
    2) ?11 10
    3) ?10 10
    4) 2?10
    5) 2?11

c. Auswahl von zwei Zufallszahlen mit Zurücklegen aus dem Intervall $^-5$ bis 5 ohne die Zahlen $^-5$ und 5.

    1) $^-6$+2?10
    2) $^-6$+?10 10
    3) $^-5$+?10 10
    4) -5+?9 9
    5) $^-5$+?9 9
    6) $^-5$+2?9
    7) $^-6$+2?10

d. Auswahl von zwei Zufallszahlen ohne Zurücklegen aus dem Intervall $^-5$ bis 5 einschließlich.

    1) $^-6$+3?10
    2) $^-6$+?10 10 10
    3) $^-5$+3?10
    4) $^-5$+?10 10 10
    5) $^-5$+3?11
    6) $^-5$+?11 11 11
    7) $^-6$+3?11
    8) $^-6$+?11 11 11

2. Schreiben Sie einen Ausdruck für:

a. Einen Wurf mit vier Würfeln gleichzeitig.
b. Die Auswahl von fünf Spielkarten aus einem Spiel von 52 Karten.
c. Die Auswahl einer Primzahl aus der Menge der ersten sechs Primzahlen.
d. Die Definition eines Vektors, dessen Länge nicht größer als 10 sein soll und dessen Bestandteile Zufallszahlen sein sollen, die kleiner oder gleich 25 sind.
e. Die Definition einer Matrix mit drei Zeilen und vier Spalten und Zufallszahlen, die alle kleiner als 100 sind.
f. Eine Zufallszahl zwischen 0 und 1 mit zwei Dezimalstellen; dabei seien 0 und 1 ausgeschlossen.

3. Der Vektor *NAMES* enthalte Namen; Schreiben Sie einen Ausdruck für:

a. die zufällige Auswahl eines Namens.
b. die zufällige Anordnung aller Namen des Vektors.

Prüfen Sie ihre Ausdrücke mit dem folgenden Vektor:

    NAMES← *'ANNE' 'STACY' 'SCOTT' 'DAVID'*

Kapitel 7 - Arbeiten mit Programmsteuerung

Die meisten der APL2-Elementarfunktionen und Elementaroperatoren wurden dargestellt. Die letzten Kapitel dieses Buches befassen sich mit der Erstellung von Programmen und mit deren Ausführung.

In diesem und dem nächsten Kapitel werden einige wichtige Gesichtspunkte der Programmierung behandelt:

- Verzweigen

- Fehlersuche

- Steuerung der Ein- und Ausgabe

- Iteration

- Rekursion

7.1 Die Steuerung der Ausführung: Verzweigen

In den vorausgegangenen Kapiteln wurde die Programmsteuerung mit Operationen auf Strukturgrößen und der normalen Abarbeitungsfolge der APL2-Ausdrücke in Programmen behandelt, wobei die Ausdrücke vom ersten bis zum letzten ausgewertet wurden. Das ist guter APL2-Programmierstil.

Manchmal ist es jedoch erforderlich, die Zeilen eines Programms in unterschiedlicher Folge auszuführen, sie mehrfach (in einer Schleife) oder sie gar nicht auszuführen. So möchte man z.B. die Eingabedaten prüfen, bevor man ein Programm aufruft. Wenn die Eingabe korrekt ist, soll das Programm ausgeführt, sonst soll eine Fehlermeldung ausgegeben werden.
Es kann auch nötig sein, eine Anzahl von Zeilen zu wiederholen, so z.B. in einem Schulungsprogramm, das eine Anzahl von Aufgaben präsentiert.

Die Verzweigung in einem Programm

In APL2 wird die Verzweigung durch das Symbol → dargestellt.
Die Verzweigung bewirkt, daß eine bestimmte Zeile und nicht die nächste Zeile ausgeführt wird.

Die Verzweigungsfunktion innerhalb eines Programms unterscheidet sich von den anderen
APL2-Elementaroperationen in zwei Punkten:

- Sie muß immer das am weitesten links stehende Symbol in einer Zeile sein.

- Sie hat kein explizites Resultat, erzeugt also keinen Wert. Statt dessen bestimmt die
  Verzweigung, welche Zeile als nächste auszuführen ist.

Welche Zeile als nächste ausgeführt wird, ist beim Verzweigen durch folgende Regeln definiert:

1. Wenn das Argument ein leerer Vektor ist, wird die nächste Zeile des Programms ausgeführt:

$$\rightarrow \iota 0$$

2. Wenn das Argument ein nicht-leerer Vektor ist, wird die Programmzeile ausgeführt,
   deren Nummer dem ersten Element des Vektors entspricht. Im nächsten Ausdruck
   findet eine Verzweigung nach Zeile 5 statt:

$$\rightarrow 5 \quad 7 \quad 9$$

3. Wenn die ausgewählte Zeilennummer null oder größer als die größte Zeilennummer
   des Programms ist, wird das Programm normal beendet. Wenn das Programm ein
   explizites Resultat erzeugt, wird dieses zurückgegeben.Wenn das Programm von einem
   anderen aufgerufen wurde, wird die Ausführung in dem aufrufenden Programm fortgesetzt. Der gängige Weg ein Programm zu beenden, ist die Verzweigung nach der
   Zeile null:

$$\rightarrow 0$$

4. Wenn die Verzweigung ohne Argument verwendet wird, endet die Ausführung dieses
   Programms und auch die aller Programme, die in einer Folge das beendete Programm
   aufrufen. Die Verzweigung ohne Argument wird manchmal auch als **Ausstieg** oder
   Abbruch oder nullstellige Verzweigung bezeichnet. Wenn z.B. das Programm A das
   Programm B und dieses das Programm C aufruft, beendet der Abbruch ($\rightarrow$) die Aus-
   führung von C, B und A.

   Diese Form der Verzweigung wurde bereits verwendet, um den Statusindikator zu
   säubern.

Am Beispiel des Programms *AVGCHK* sollen die Verzweigungsregeln dargestellt werden.
Es ermittelt den arithmetischen Mittelwert eines Eingabevektors und beinhaltet eine Verzweigung, um festzustellen, ob die Eingabe ein einfacher Vektor ist:

```
      ∇ Z←AVGCHK V
[1]   →((1≠ρρV)∨(1≠≡V))/4      ⍝ einfacher Vektor ?
[2]   Z←(+/V)÷ρV               ⍝ bilden Durchschnitt
[3]   →0
[4]   'ARGUMENT IST KEIN EINFACHER VEKTOR.'
[5]   ∇
```

AVGCHK enthält zwei Verzweigungsausdrücke. Der erste in Zeile [1] prüft, ob es sich
sowohl um einen Vektor als auch um eine einfache Strukturgröße handelt. Ist dies nicht
der Fall, wird nach Zeile [4] verzweigt. Entsprechend der Regel 2 wird dann die Zeile
[4] ausgeführt und eine Fehlermeldung ausgegeben. Wenn *V* ein einfacher Vektor ist,

führt die Auswertung von Zeile [1] zu einen leeren Vektor. In diesem Fall wird, entsprechend der Regel 1, die nächste Programmzeile ausgeführt (hier also Zeile [2]) und das Ergebnis - das arithmetische Mittel - errechnet.

Die zweite Verzweigung steht in Zeile [3], sie beendet die Funktion auf normale Art (entsprechend der Regel 3). Wenn diese Zeile im Programm fehlte, würde die Zeile [4] immer ausgewertet, auch wenn V ein gültiges Argument wäre.

Markennamen

Die Verzweigung mit der Angabe einer Zeilennummer kann zu Problemen führen, wenn man das Programm editiert. Betrachten wir, was mit der ersten Verzweigung geschieht, wenn am Anfang der Funktion $AVGCHK$ eine Kommentarzeile eingefügt wird:

```
       ∇ Z←AVGCHK V
[1]    ⍝ Bildet Durchschnitt aus einfachem Vektor
[2]      →((1≠⍴⍴V)∨(1≠≡V))/4     ⍝ einfacher Vektor?
[3]      Z←(+/V)÷⍴V              ⍝ bilden Durchschnitt
[4]      →0
[5]      'ARGUMENT IST KEIN EINFACHER VEKTOR.'
[6]    ∇
```

Durch die Einfügung der Kommentarzeile ändern sich die Zeilennummern; nicht jedoch der Wert der Verzweigung in Zeile [2], der unverändert 4 ist. Wenn das Argument kein einfacher Vektor ist, endet das Programm ohne die Fehlermeldung in Zeile [5] - und somit nicht, wie beabsichtigt.

Man kann dieses Problem vermeiden, wenn man Markennamen verwendet. Ein Markenname wird an den Anfang einer Zeile geschrieben und vom APL2-Ausdruck durch einen Doppelpunkt getrennt. Bei Beginn der Programmausführung wird jedem Markennamen diejenige Zeilennummer zugeordnet, in der er auftritt. Das folgende Beispiel stellt die Zeile [3] der Funktion F dar:

```
[3]     HERE: ein APL2-Ausdruck
```

Wenn F aufgerufen wird, erfolgt die Zuordnung der Zahl 3 zum lokalen Namen $HERE$. Wenn man von irgendeiner Zeile in F auf diese Zeile verzweigen will, schreibt man:

```
[10]    →HERE
```

und nicht mehr:

```
[10]    →3
```

Wenn man nun die Funktion F editiert und vor der Zeile [3] eine weitere einfügt, wird die ehemalige Zeile [3] nun Zeile [4]; man braucht aber den Verzweigungsausdruck nicht zu ändern. Beim nächsten Aufruf der Funktion, wird $HERE$ die Zahl 4 zugeordnet. Das nächste Beispiel zeigt die Funktion $AVGCHK$ mit einem Markennamen:

```
       ∇ Z←AVGCHK V
[1]    ⍝ Bildet Durchschnitt aus einfachem Vektor
[2]    →((1≠ρρV)∨(1≠≡V))/MSG ⍝ einfacher Vektor ?
[3]    Z←(+/V)÷ρV              ⍝ bilden Durchschnitt
[4]    →0
[5]    MSG:'ARGUMENT IST KEIN EINFACHER VEKTOR.'
[6]    ∇
```

In Programmen sollte man immer Markennamen verwenden. Die einzige Ausnahme ist
die Verzweigung, die zum Programmende führt (d.h., daß sie zu 0 ausgewertet wird).

Die Verzweigungen in den Zeilen [2] und [4] von *AVGCHK* unterscheiden sich grund-
legend. Immer wenn Zeile [4] ausgeführt wird, erfolgt die Verzweigung nach 0, dem
Programmende. Ein solcher Verzweigungsausdruck wird auch als „unbedingte Verzweigung" bezeichnet.

Im Gegensatz dazu findet die Verzweigung in Zeile [2] nur dann statt, wenn der Verzweigungsausdruck keinen leeren Vektor ergibt. Wenn der Verzweigungsausdruck einen
leeren Vektor ergibt, wird nicht verzweigt; statt dessen wird die nächste Zeile ausgeführt.
Eine solche Verzweigung bezeichnet man als „bedingte Verzweigung".

Mehr über bedingte Verzweigungen

Jeder Ausdruck, dessen Auswertung einen leeren Vektor, eine skalare ganze Zahl oder einen Vektor ergibt, dessen erster Bestandteil eine ganze Zahl ist, kann ein Verzweigungsausdruck sein. Eine empfehlenswerte Schreibweise für den Verzweigungsausdruck ist:

```
       → (Bedingung) / Markenname
```

Diese Form wird in der Funktion *AVGCHK*: verwendet:

```
[2]    →((1≠ρρV)∨(1≠≡V))/MSG ⍝ einfacher Vektor
```

Dieser Verzweigungsausdruck verwendet **Wiederholen** (/). Wenn die Bedingung
((1≠ρρV)∨(1≠≡V)) eine 1 („wahr") ergibt, dann wird 1/*MSG* ausgeführt und ergibt
MSG; dadurch wird auf den Markennamen *MSG* (d.h. die Zeile [5] im Beispiel) verzweigt.
Wenn die Bedingung eine 0 („Falsch") ergibt, führt 0/*MSG* zu einem leeren Vektor und
das Programm wird in der nächsten Zeile fortgesetzt.

Man muß sich merken, daß:

```
       → (Bedingung) / Markenname
```

die die folgende Wirkung hat:

„Verzweige nach Markennamen, **wenn** die Bedingung wahr ist."

Betrachten wir ein weiteres Beispiel, in dem eine bedingte Verzweigung verwendet wird.
Das Programm *LOOKUP* durchsucht eine Liste von Namen nach dem im rechten Argument angegebenen Namen. Wenn der Name gefunden wird, ist das Resultat die Indexposition des Namens in der Liste. Wenn der Name nicht in der Liste vorkommt, wird er an
die Liste angehängt und die Indexposition ausgegeben:

```
     ∇ Z←LOOKUP NAME
[1]    Z←NAMESι⊂NAME         ⍝ suchen NAME
[2]    →(Z≤ρNAMES)/0         ⍝ wenn vorhanden, Ende
[3]    NAMES←NAMES,⊂NAME     ⍝ anfuegen neuen Namen
[4]    ∇
```

Die Ausführung von *LOOKUP* verläuft wie folgt:

- In Zeile [1] wird nach dem Namen gesucht; *NAME* wird eingeschlossen, um ihn als Einheit behandeln zu können.

- In Zeile [2] wird das Programm beendet, wenn der Name gefunden wurde. Das explizite Ergebnis ist sein Index.

- In Zeile [3] wird der Name am Ende der Liste angehängt. *Z* enthält bereits den Index des neuen Namens, da die Funktion INDEX ZEIGEN (ι) dann eine Zahl zurückgibt, die um 1 größer ist, als die Länge des Vektors, wenn der gesuchte Bestandteil nicht im Vektor vorkommt.

Obwohl jeder Ausdruck, der eine ganze Zahl (oder einen leeren Vektor) ergibt, zum Verzweigen benutzt werden kann, sollte die oben gezeigte Form verwendet werden; sie führt zu einer besseren Lesbarkeit des Programms und zu einfacherer Wartbarkeit durch eine andere Person. Manchmal können auch andere Formen der Verzweigung verwendet werden; sie werden in diesem Kapitel später behandelt.

Man kann **Wiederholen** auch dazu benutzen, daß zu einem Markennamen aus einer Liste von Markennamen verzweigt wird:

```
[2]    →((N<0),(N>0))/MSG1 MSG2
```

In diesem Ausdruck wird nach *MSG*1 verzweigt, wenn *N* kleiner als 0 ist und nach *MSG*2, wenn *N* größer als 0 ist. Wenn *N* gleich 0 ist, führt **Wiederholen** zu einem leeren Vektor; dadurch wird zur nächsten Zeile verzweigt.

Mehr über unbedingte Verzweigungen

Für unbedingte Verzweigungen gibt es zwei wesentliche Anwendungen:

- die Beendigung der Programmausführung

- die Verzweigung auf den Anfang einer Schleife

Die unbedingte Verzweigung wurde im Programm *AVGCHK* benutzt, um die Ausführung des Programms zu beenden. Die unbedingte Verzweigung in der Zeile [6] des nächsten Programms - *SQRT* - wird für den Durchlauf durch eine Schleife verwendet. In *SQRT* ist die Newton'sche Methode zur Ermittlung der Quadratwurzel einer positiven Zahl dargestellt:

```
        ∇ Z←SQRT N;EST
[1]     ⍝ Quadratwurzel nach Newton's Methode
[2]        Z←1                      ⍝ Anfangsschaetzung
[3]        REFINE:EST←.5×Z+N÷Z      ⍝ Verbesserung der Schaetzung
[4]        →(Z=EST)/0               ⍝ Ende, wenn keine Aenderung
[5]        Z←EST                    ⍝ Verwende neue Schaetzung
[6]        →REFINE                  ⍝ Verzweige
[7]     ∇
```

Solange die Werte in Z und *EST* voneinander abweichen, wird die Schleife zwischen Zeile [6] und Zeile [3] durchlaufen.

Ein Programm anhalten

Sobald man Verzweigungen in einem Programm verwendet, wird es dadurch komplizierter und auch anfälliger für Fehler. Man kann z.B. die Bedingung zur Beendigung eines Programms falsch formulieren und dadurch eine endlose Schleife erzeugen; d.h., daß das Programm von sich aus nicht endet.

Da es nicht unwahrscheinlich ist, daß man in eine solche Situation geraten kann, sollte man wissen, wie man die Programmausführung anhalten kann, bevor man Programme mit Verzweigungsausdrücken erstellt.

Das Achtungssignal

Mit dem Achtungssignal wird dem System mitgeteilt, daß die Ausführung eines Programms beendet werden soll. Wie das im einzelnen geschieht, ist von System zu System unterschiedlich und hängt sogar vom Typ des Terminals oder der Tastatur ab. Man muß jedoch wissen, wie man auf dem verwendeten Terminal das Achtungssignal erzeugt. Einige Terminaltypen haben Tasten, die mit **ATTN** oder **BREAK** beschriftet sind. Ein einmaliges Drücken der Taste erzeugt ein Achtungssignal. Auf IBM 3270-Terminals wird durch Drücken der PA2-Taste (PA1-Taste unter TSO, oder wenn der **Session-Manager** nicht verwendet wird) das Achtungssignal erzeugt. Wenn der **Session-Manager** benutzt wird und das Programm viel Ausgabe erzeugt, kann es vorkommen, daß man etwas tun muß, bevor die Achtungstaste aktiviert werden kann. Wenn man z.B. den APL2-Session-Manager auf einem IBM-370 Rechner einsetzt und ein Terminal vom 3270-Typ verwendet, muß man zuerst die Taste **RESET** drücken bevor man die Taste PA2 betätigt, wenn das Programm den Bildschirm mit Ausgaben gefüllt hat.

Die nächsten beiden Programme kann man eingeben und ablaufen lassen, um festzustellen, welche Taste zur Erzeugung des Achtungssignals verwendet werden kann:

```
        ∇Z←PROGA X
[1]     Z←1000ρ2
[2]     Z←PROGB X
[3]     ∇


        ∇Z←PROGB X
[1]     BCNT←BCNT+1
[2]     BCNT
[3]     Z←PROGA X
[4]     ∇
```

In $PROGA$ wird der lokalen Variablen Z ein Vektor der Länge 1000 zugewiesen; danach wird $PROGB$ aufgerufen. Die Variable X wird von Programm zu Programm weitergegeben, aber nie benutzt. Wenn diese Programme einmal aufgerufen werden, enden sie von sich aus nicht. Sie können den gesamten verfügbaren Speicherplatz belegen und mit der Meldung WS $FULL$ enden, aber nicht auf Grund eines Programmfehlers. In $PROGA$ erfolgt die Zuweisung auf die Variable Z nur, um Speicherplatz zu belegen, bevor zuviele Berechnungen ausgeführt werden.

Wenn man die Taste zur Erzeugung des Achtungssignals auf der eigenen Tastatur entdeckt hat, sollte man die folgenden zwei Ausdrücke eingeben, einige Sekunden warten und dann das Achtungssignal erzeugen:

```
      BCNT+0
      PROGA 5
1
2
3
4
5
6
7
8
    ←(Achtungssignal erzeugt)
PROGA[1]
```

Die tatsächliche Ausgabe kann von der dargestellten abweichen. Der Programmname und die Zeilennummer der Ausgabe hängen davon ab, welches Programm in welcher Zeile ausgeführt wurde, als das Achtungssignal erzeugt wurde. Durch das Achtungssignal wird dann die Ausführung beendet, wenn das Ende einer Programmzeile erreicht wird.

Der Inhalt der Variablen $BCNT$ sagt aus, wie oft das Programm $PROGB$ ausgeführt wurde. Wenn man $)SIS$ eingibt, findet man viele Einträge von $PROGA$ und $PROGB$ in der Ausgabe. Wenn $)SIS$ umfangreiche Ausgabe erzeugt, kann diese auch durch ein Achtungssignal unterbrochen werden. (Auf IBM-Systemen, die den **APL2-Session-Manager** verwenden, wird die Ausgabe durch die **Suppress**-Anweisung beendet; diese wird normalerweise durch Betätigen der PF5-Taste aktiviert.)

Wenn man den Statusindikator mit $)RESET$ zurücksetzt, die beiden Ausdrücke erneut eingibt und danach das Achtungssignal erzeugt, wird wahrscheinlich die Ausführung an einer anderen Stelle unterbrochen und $BCNT$ hat einen anderen Inhalt. Wenn man diese Versuche beendet hat, sollte man mit $)RESET$ den Statusindikator unbedingt löschen.

Die Unterbrechung

In einigen Fällen reicht das Achtungssignal nicht aus, um ein Programm zu unterbrechen. Das nächste Programm sieht einfach aus, es benötigt jedoch auf den meisten Systemen eine lange Ausführungszeit:

```
      ∇Z+PROGC X
[1]      Z+⍟\10000ρ1
[2]      ∇
```

Der Ausdruck in Zeile [1] berechnet nahezu fünfzig Millionen Logarithmen, bevor das Ende der Zeile [1] erreicht wird. Wenn man das Achtungssignal erzeugt, geschieht nichts, da dieses Signal erst erkannt wird, wenn eine Zeile beendet ist.

Es gibt ein zweites Signal, das dem Achtungssignal ähnelt, die Ausführung jedoch sofort
unterbricht, ohne auf das Ende der Zeile zu warten. Dieses Signal wird als Unterbrechung
bezeichnet. Die Unterbrechung wird typischer weise dadurch erzeugt, daß man die Taste
für das Achtungssignal zweimal betätigt. Die Unterbrechung bewirkt, daß die Ausführung
der Programmzeile beendet wird, bevor ihr Ende erreicht ist - möglicherweise sogar während der Ausführung einer Elementarfunktion. Eine Unterbrechung erzeugt eine Ausgabe,
die einem Fehler in der Programmzeile ähnelt.

Rufen Sie Programm *PROG* auf, warten Sie einige Sekunden und erzeugen Sie eine Unterbrechung (durch zweimaliges Betätigen der Taste für das Achtungssignal). Die Ausgabe
sollte folgendes Aussehen haben:

```
      PROGC 5
   ←(Unterbrechung)
INTERRUPT
PROGC[1]   Z←⍟\10000ρ1
            ^  ^
```

Endlose Schleifen

Wenn man Programme schreibt, die Schleifen enthalten, kann es vorkommen, daß man ein
Programm erstellt, dessen Ausführung nie endet. Das nächste Beispiel zeigt ein derartiges
Programm. In Zeile [3] wird durch die unbedingte Verzweigung eine endlose Schleife
erzeugt und dadurch die Zeile [2] immer wieder ausgewertet:

```
      ∇COUNT;I
[1]      I←0
[2]      L1:I←I+1
[3]      →L1
[4]      ∇
```

Geben Sie den folgenden Ausdruck ein, warten Sie einige Sekunden und betätigen Sie die
Taste für das Achtungssignal:

```
      COUNT
   ←(Achtungssignal)
COUNT[2]
```

Der Inhalt von *I* gibt an, wie oft die Zeile [2] ausgewertet wurde.

Im Anschluß sollte der Statusindikator gelöscht werden:

```
      )RESET
```

Endlose Schleifen sind nicht notwendigerweise schlecht. Da APL2 interaktiv arbeitet, kann
man die Ausführung einer Berechnung anlaufen lassen und sie danach jederzeit unterbrechen. Es kann auch geschehen, daß die Ausführung durch das Auftreten eines Fehlers endet. Auch Fehler sind nicht notwendigerweise schlimm. Es ist akzeptabel, wenn man
schnell einmal ein Programm schreibt, daß eine endlose Schleife enthält oder das mit einem
Fehler abbricht. So kann man z.B. innerhalb einer Schleife einen Vektor indizieren, noch
etwas tun und dann das Ergebnis ausgeben, bevor man den Index erhöht und den nächsten
Bestandteil des Vektors bearbeitet. Damit ist eine endlose Schleife entstanden; das Programm endet jedoch mit der Meldung *INDEX ERROR*, wenn durch die Erhöhung des
Index auf einen nicht vorhandenen Bestandteil des Vektors zugegriffen werden soll. Die
gewünschten Antworten wurden jedoch bereits ausgegeben und daher ist der Fehler be-

langlos. Derartige Programme sollten aber auf keinen Fall in Anwendungen enthalten sein, die man für andere erstellt.

Das nächste Beispiel zeigt die nützliche Verwendung einer endlosen Schleife. Wenn man einen Betrag mit 5% pro Periode verzinsen will, muß man den Betrag mit 1.05 multiplizieren. Das Programm gibt den verzinsten Betrag am Ende einer Periode an:

```
      ∇ INT AMT;Y
[1]     Y←1
[2]     'JAHRE   BETRAG ZU 5% JE JAHR'
[3]   LP:'55555   5555555.55555'⍕ Y(AMT←AMT×1.05)
[4]     Y←Y+1
[5]     →LP
[6]     ∇
```

In Zeile [3] wird die Funktion **Formatieren** (⍕) verwendet, sie wird in Abschnitt 7.5 detailliert behandelt.

Der Aufruf von *INT*:

```
      INT 331.25
 JAHRE   BETRAG ZU 5% JE JAHR
   1        347.8125
   2        365.20313
   3        383.46328
   4        402.63645
   5        422.76827
   6        443.90668
   7        466.10202
   8        489.40712
   9        513.87747
  10        539.57135
  11        566.54991

  ...        ...
```

Die Ausgabe wird fortgesetzt. Wenn man genug gesehen hat, betätigt man die Taste für das Achtungssignal und gibt danach)RESET ein.

Gute Programmier-Praktiken beim Umgang mit Verzweigungen

In einigen Programmiersprachen ist die Verzweigung die einzige Möglichkeit, den Ablauf eines Programms zu steuern. In APL2 kommt man dagegen häufig ohne Verzweigungen aus. Die Elementaroperationen auf Strukturgrößen beinhalten implizit die Schleifen. Wenn man die Wahl hat, ob man eine Operation auf eine gesamte Strukturgröße anwendet oder eine Schleife programmiert, um die einzelnen Bestandteile zu bearbeiten, sollte man auf die Schleifenkonstruktion verzichten. Wenn man mit APL2 zu arbeiten beginnt, sollte man sich zuerst überlegen, ob es möglich ist, Operationen zu finden, die die gesamte Strukturgröße bearbeiten - selbst, wenn diese nicht sofort ins Auge springen. Man ist häufig überrascht, wie oft derartige Lösungen möglich sind. Die meisten APL2-Systeme sind für die effiziente Bearbeitung von Strukturgrößen optimiert. Bei diesen Systemen ist die Ausführung von Schleifen außerordentlich ineffizient. Wenn man Programme schreibt und glaubt, eine Schleife programmieren zu müssen, sollte man das Problem überdenken - es kann sein, daß man mit dem Operator **Für jeden Bestandteil** oder einem anderen Operator eine Lösung ohne eine Schleife erzielt. In einigen Fällen wird sich jedoch die Programmierung einer Schleife nicht vermeiden lassen.

Die Prüfung auf weitere Daten

Wenn man feststellt, daß zur Lösung eines Problems eine Schleife erforderlich ist, gilt es festzulegen, wo die Prüfung auf weitere Daten stattfinden soll. Diese Prüfung kann in der Nähe des Programmendes (nachfolgende Prüfung) oder in der Nähe des Programmanfangs (vorangehende Prüfung) stattfinden.
Die folgenden Schritte stellen die Programmlogik für die nachfolgende Prüfung dar:

1. Setzen eines Zählers auf einen Anfangswert.
2. Verwendung des Zählers zur Auswahl von Daten.
3. Verwendung der Daten in einer Berechnung.
4. Erhöhung des Zählers.
5. Prüfung, ob weitere Daten vorhanden sind; wenn das zutrifft, wird mit Punkt 2 fortgefahren.

Die nachfolgende Prüfung wird häufig eingesetzt und arbeitet bei vielen Problemen korrekt. Wenn man ein Programm schreibt, sollte man stets an die Art der Daten denken, die das Programm bearbeiten wird. Häufiger als erwartet, wird man es mit leeren Strukturgrößen zu tun haben. Wenn man z.B. ein Programm schreibt, welches die Konten eines Bankkunden addieren soll, kann der Fall eintreten, daß eine Person zwar als Kunde der Bank geführt wird, er aber zur Zeit keine aktiven Konten bei der Bank unterhält. Das Programm sollte also darauf vorbereitet sein, die Summe über kein Konto bilden zu können. In diesem Fall versagt die Methode der nachfolgenden Prüfung.

Die folgenden Schritte beschreiben die Programmlogik für die vorangehende Prüfung

1. Setzen eines Zählers auf einen Anfangswert.
2. Prüfung, ob weitere Daten vorhanden sind. Verlassen der Schleife, wenn das nicht der Fall ist.
3. Verwendung des Zählers zur Auswahl von Daten.
4. Verwendung der Daten in einer Berechnung.
5. Erhöhung des Zählers.
6. Zurück zu Punkt 2.

Im allgemeinen empfiehlt sich die Verwendung der vorangehenden Prüfung und nicht die der nachfolgenden Prüfung, selbst wenn man annimmt, daß nie eine leere Strukturgröße vorkommt. Wenn man immer die zweite Methode zur Programmierung von Schleifen benutzt, braucht man nur ein Schema zu lernen und sich auch nur an dieses zu erinnern, wenn man später die eigenen Programme durchliest.

Verschiedene Möglichkeiten von Verzweigungsausdrücken

Es gibt in APL2 viele Möglichkeiten zur Darstellung von Verzweigungen. Jeder APL2-Ausdruck, der einen Vektor erzeugt, dessen erster Bestandteil eine ganze Zahl ist, kann als rechtes Argument einer Verzweigung dienen. Wie jedoch schon erwähnt, gibt es eine empfohlene Art der Verzweigung: **Wiederhohlen** (/).
Es gibt zwei Formen der Verwendung von **Wiederhohlen** für die Verzweigung:

- Verzweigung nach $L1$, wenn die Bedingung „wahr" ist:

$$\rightarrow(\,\text{Bedingung}\,)/L1$$

- Verzweigung nach $L1$, wenn die Bedingung „falsch" ist:

$$\rightarrow(\,\sim\text{Bedingung}\,)/L1$$

Diese beiden Formen der Verzweigung haben sich als Standardtypen der Verzweigung herausgebildet; man trifft aber auch andere, wie z.B.:

- Verzweigung nach $L1$, wenn die Bedingung „wahr" ist:

$$\rightarrow(\,\text{Bedingung}\,)\uparrow L1$$
$$\rightarrow(\,\text{Bedingung}\,)\rho L1$$
$$\rightarrow L1\times\iota\,\text{Bedingung}$$

- Verzweigung nach $L1$ wenn die Bedingung „falsch" ist:

$$\rightarrow(\,\text{Bedingung}\,)\downarrow L1$$

Wenn man als Programmierer mehr und mehr an Erfahrung gewinnt, kann es vorkommen, daß man ab und zu auf **Wiederholen** verzichtet. Man sollte jedoch beachten, daß man andere Personen, die das Programm lesen wollen, damit in Schwierigkeiten bringen kann.

Übungen zu 7.1

1. Erweitern Sie die Funktion $SQRT$ so, daß geprüft wird, ob das Argument ein einfacher positiver Skalar ist.

2. Schreiben Sie einen Verzweigungsausdruck, in dem nach $L1$ verzweigt wird, wenn I gleich 1 ist und nach $L2$, wenn I gleich 2 ist und nach $L3$, wenn I gleich 3 ist:

   a. Verwenden Sie dazu **Wiederhohlen**.
   b. Verwenden Sie dazu die **Klammer-Indizierung**.

3. Das folgende Programm simuliert die **Multiplikation-Reduktion**:

```
       ∇Z←TIMESR R;I
 [1]   ⍝ Muliplikation-Reduktion e. einf. Vektors
 [2]   I←Z←1              ⍝ Setzen Resultat und Zaehler
 [3]   L1:Z←Z×R[I]        ⍝ Naechstes Produkt
 [4]   →((ρR)≥I←I+1)/L1   ⍝ Verzweigen, wenn noch Daten vorh.
 [5]   ∇
```

   a. Erklären Sie, warum das Programm keinen leeren Vektor als Argument verarbeiten kann.
   b. Schreiben Sie das Programm so um, daß es eine vorangehende Prüfung durchführt.

4. Geben Sie an, unter welchen Bedingungen die Verzweigung stattfindet:

   a. $\rightarrow(\,1\geq\equiv A\,)/SIM$
   b. $\rightarrow(\,N=\lceil N\,)/INT$
   c. $\rightarrow(\,\text{'}END\text{'}\wedge.=3\uparrow ANS\,)/OUT$

```
    d.   →(C=5)↑EQ
    e.   →(C=5)↓IEQ
    f.   →('AEIOU'∨.∈WORD)ρVOW
    g.   →(NEG,EQ,POS)[2+×DATA]
    h.   →(0=ρANS)/OUT
```

5. Die letzten vier Ziffern einer Zahl können mit folgendem Ausdruck ermittelt werden:

```
        (4ρ10)⊤N
```

Die Bestimmung der letzten vier Ziffern des Resultats von $2*2*N$ übersteigt die Kapazität eines Computers selbst dann, wenn N klein ist. Wenn man stattdessen die Multiplikation in einer Schleife ausführt und in jedem Schritt die letzten vier Ziffern abschneidet, kann man das Ergebnis leicht erzeugen.

Schreiben sie eine Funktion mit dem Namen *LASTFOUR*, die die letzten vier Ziffern von $2*2*N$ für ein beliebiges positives N ermittelt.

Einige Testbeispiele:

```
        2*2*4
65536
        LASTFOUR 4
5536
        2*2*5
4294967296
        LASTFOUR 5
7296
        LASTFOUR 73
4896
```

7.2 *Fehlerbereinigung in Programmen*

Wenn die Programmausführung auf Grund eines Fehlers, eines Achtungssignals oder einer Unterbrechung angehalten wird, kann man den aufgetretenen Fehler suchen und beheben. Bisher wurde empfohlen, nach jedem Fehler den Statusindikator mit → oder mit)RESET zu säubern. Wenn man jedoch in einem Programm eine Fehlerbereinigung durchführt, wird der Statusindikator normalerweise solange nicht gelöscht, bis die Fehlerursache feststeht. Dabei wird man den Inhalt des Statusindikators und der lokalen Variablen zur Fehlersuche benutzen.

Einige Punkte sollten beachtet werden:

1. Man betrachte den Inhalt des Statusindikators -)SIS -, um festzustellen, wie es zu dem Fehler kam.

2. Man prüfe die Argumente der Funktion, in der der Fehler auftrat. Enthalten sie zulässige Werte? Sind ihre Dimensionen korrekt?

3. Die Inhalte lokaler Variablen sollten geprüft werden, um festzustellen, ob die Zwischenergebnisse richtig sind. Man kann sich den Inhalt jedes Namens im Arbeitsbereich anzeigen lassen, vorausgesetzt, daß er nicht von einem lokalen Namen verdeckt wird. Im Verlauf der Fehlersuche kann man)RESET 1 eingeben, um eine Zeile aus dem Statusindikator zu entfernen; danach kann man die Inhalte verdeckter Namen ansehen. Dabei gehen die Inhalte einiger lokaler Namen verloren.

4. Probieren Sie einige Ausdrücke im Ausführungsmodus. Geben Sie im Fehlerfall → ein. Man sollte jedoch nicht)RESET eingeben, denn dadurch wird der gesamte Inhalt des Strukturindikators gelöscht - einschließlich des Fehlers, nach dem man sucht. Wenn man den Fehler entdeckt hat, editiert man die Funktion und korrigiert ihn.

Man beachte den Unterschied zwischen → und)RESET 1. Mit → wird alles bis zur nächsten Zeile im Ausführungsmodus gelöscht. Mit)RESET 1 wird genau eine Zeile aus dem Statusindikator entfernt.

Das nächste Beispiel zeigt, wie man bei der Fehlerbereinigung den Statusindikator verwenden kann. Die Anwendung soll aus mehreren Programmen bestehen und der folgende Aufruf führt zu:

```
      START
LENGTH ERROR
COMPUTE[3]   Z←X+Y+1
              ∧ ∧
```

Die Funktion COMPUTE wurde von Ihnen geschrieben und Sie wissen, daß sie richtig ist. Wo liegt der Fehler? Betrachten wir den Statusindikator:

```
      )SIS
COMPUTE[3] Z←X+Y+1
            ∧ ∧
SCALE[5] TEMP←VALUE÷COMPUTE VALUE
                  ∧∧
START[1] SCALE INPUT
            ∧
*   START
    ∧
```

Das Ergebnis sieht vernünftig aus, obwohl Sie bemerken, daß in Zeile [1] der Funktion START ein Kommentar fehlt. Sie notieren es sich, um den Kommentar später einzufügen.

Sie wissen, daß X und Y die Argumente von COMPUTE sind; sie müssen die gleiche Länge haben. Sie prüfen das nach:

```
      ρX
3
      ρY
3
```

Der Versuch, zwei Vektoren mit jeweils drei Bestandteilen zu addieren, schlägt mit LENGTH ERROR fehl - das erscheint nicht plausibel. Mit der Funktion DISPLAY lassen Sie sich die Struktur der Argumente zeigen:

```
      DISPLAY X
 .+-------------------.
 |  .+--.  .+--.  .+--.  |
 |  |2 3|  |4 5|  |6 7|  |
 |  '~--'  '~--'  '~--'  |
 '_€-------------------'
      DISPLAY Y
 .+--------------------------.
 |  .+----.  .+-----.  .+--------.  |
 |  |1 2 0|  |4 3 2|  |10 20 30|  |
 |  '~----'  '~-----'  '~--------'  |
 '_€--------------------------'
```

Sie lassen sich die Dimension der Bestandteile anzeigen:

```
          ρ¨X
 2   2   2
          ρ¨Y
 3   3   3
```

Nun wird das Problem klar, die Argumente X und Y sind geschachtelt und ihre Bestandteile stimmen in ihrer Länge nicht überein. Die Funktion *COMPUTE* ist nicht darauf ein-
gerichtet, mit geschachtelten Argumenten aufgerufen zu werden. Der Fehler muß also in
der Funktion liegen, aus der *COMPUTE* aufgerufen wird. Entfernen Sie *COMPUTE* aus dem
Statusindikator, damit die verdeckten Variablen sichtbar werden:

```
      )RESET 1
      )SIS
 SCALE[5]  TEMP←VALUE÷COMPUTE VALUE
                        ^^
 START[1]  SCALE INPUT
                ^
 *   START
     ^
```

Danach wiederholen Sie den Vorgang, sehen sich die Argumente von *SCALE* an und so
weiter.

Anhalten an ausgewählten Stellen

Wenn APL2 einen Fehler in einem Programm feststellt, beendet es die Ausführung und gibt
eine Nachricht aus. Wenn man selbst ein Achtungssignal oder eine Unterbrechung erzeugt,
wird die Ausführung ebenfalls angehalten - aber an einer zufälligen Stelle.

Im Verlauf der Fehlerbereinigung des Programms *MYPROG* möchte man z.B. die Ausführung immer anhalten, wenn die Zeile [3] oder die Zeile [9] erreicht wird. Dazu könnte
man die Funktion editieren und in die Zeilen [3] und [9] bewußt Fehler einbauen; es
gibt jedoch eine bessere Möglichkeit. APL2 verfügt über eine Stoppeinrichtung, die es gestattet, ein Programm an vorher festgelegten Stellen anzuhalten. Der Stoppvektor wird mit
$S\Delta$, gefolgt von dem Programmnamen angegeben, z.B.: *S∆MYPROG*. Diesem Namen
werden dann Zahlen zugewiesen:

```
      S∆MYPROG←3 9
```

Wenn die Funktion *MYPROG* nun ausgeführt wird, sorgt die Stoppeinrichtung dafür, daß jeweils vor der Ausführung der Zeile [3] oder der Zeile [9] das Programm angehalten wird.

Durch die folgende Eingabe kann man feststellen, welchen Inhalt der Stoppvektor hat:

        S∆MYPROG
    3   9

Durch eine neue Zuweisung werden die alten Werte ersetzt:

        S∆MYPROG←5
        S∆MYPROG
    5

Man kann einem bestehenden Stoppvektor zusätzliche Werte hinzufügen, indem man die Funktion **Verketten** verwendet:

        S∆MYPROG←*S∆MYPROG*,3 9
        S∆MYPROG
    3   5   9

Man kann für jede Zeile eines Programms einen Stopp setzen:

        S∆MYPROG←ι50

Wenn das Programm weniger als 50 Zeilen hat, spielt das keine Rolle. (Wenn die Funktion mehr als 50 Zeilen hat, muß eine größere Zahl gewählt werden.)

Durch folgenden Ausdruck werden alle Stopps gelöscht:

        S∆MYPROG←ι0

Der Wiederanlauf des Programms

Nachdem das Programm angehalten hat, möchte man die Ausführung fortsetzen, nachdem man z.B. einen Fehler korrigiert, den Inhalt einer Variablen geändert oder auch nichts getan hat.

Es gibt zwei Möglichkeiten für den Wiederanlauf, wenn man nicht von vorn beginnen will.

Die Ausführung kann mit der obersten Eintragung des Statusindikators oder in einer beliebigen anderen Zeile des Programms fortgesetzt werden; dazu wird das Verzweigungssymbol (→) und die Zeilennummer angegeben, die als nächstes ausgeführt werden soll:

        →3

Normalerweise wird die Verarbeitung mit der Zeile fortgesetzt, deren Nummer in eckigen Klammern in der Ausgabe von)*SIS* erscheint. Man kann jedoch die Funktion auch in einer beliebigen anderen Zeile wiederanlaufen lassen.

Es kann wünschenswert sein, die Ausführung der Funktion genau an dem Punkt wieder aufzunehmen, an dem sie gestoppt wurde - auch innerhalb einer Zeile. Dazu gibt man folgendes ein:

```
      →ι0
```

Diese Möglichkeit besteht immer, unabhängig davon, wie das Programm angehalten wurde; besonders nützlich ist sie im Zusammenhang mit einer Unterbrechung, wie z.B.:

```
      2+QQ×ι10
VALUE ERROR
      2+QQ×ι10
         ∧
```

Man kann den Fehler dadurch beseitigen, daß man den Statusindikator bereinigt, QQ einen
Wert zuweist und den Ausdruck erneut eingibt:

```
      →
      QQ←10
      2+QQ×ι10
12 22 32 42 52 62 72 82 92 102
```

Man kann jedoch auch QQ einen Wert zuweisen und die Verarbeitung an der Stelle fortsetzen, an der die Auswertung des Ausdrucks unterbrochen wurde:

```
      )ERASE QQ
      2+QQ×ι10
VALUE ERROR
      2+QQ×ι10
         ∧

      QQ←10
      →ι0
12 22 32 42 52 62 72 82 92 102
```

Die Ausführung wurde angehalten, weil QQ keinen Wert enthielt. Nachdem QQ ein Wert
zugewiesen wurde, wird mit →ι0 die Auswertung dort fortgesetzt, wo die Unterbrechung
auftrat, ohne daß dadurch die Berechnung von ι10 noch einmal durchgeführt wird. In
diesem Fall bedeutet es nur eine geringe Zeitersparnis, wenn ι10 nicht neu berechnet
werden muß. Wenn jedoch anstelle der Funktion **Indexvektor bilden** eine definierte Funktion gestanden hätte, deren Ausführung mehr als eine Stunde betrug, wäre die Zeitspar-
nis schon beachtlich.

Wenn die Funktion F die Funktion G aufruft und in G ein Stopp auftritt, hat der Statusindikator folgendes Aussehen:

```
      )SIS
G[5] A←X*.5
       ∧ ∧
F[7] Z←G X
      ∧∧
```

Wenn Sie die Ausführung nicht in G sondern in F wieder aufnehmen wollen, müssen Sie
zuerst die erste Zeile des Statusindikators löschen; durch die Eingabe von →7 wird die
Auswertung in Zeile [7] von F fortgesetzt:

```
         )RESET 1
         )SIS
 F[7]  Z←G  X
        ^ ^
        →7
```

Man kann die Ausführung in einer beliebigen Zeile des Programms fortsetzen, solange es sich in der obersten Zeile des Statusindikators befindet.

Die Verfolgung der Ausführung

Wenn man jede Zeilennummer eines Programms in den Stoppvektor aufnimmt, kann man die Ausführung verfolgen. Jedes Mal, wenn das Programm anhält, kann man mit einer Verzweigung die Ausführung fortsetzen. Diese Vorgehensweise ist aber mühsam; APL2 bietet deshalb die Spureinrichtung ($T\Delta$), die der Stoppeinrichtung ähnelt. Die Spureinrichtung unterbricht jedoch nicht - wie die Stoppeinrichtung - die Programmausführung. Statt dessen wird für jede Zeile, die im Spurvektor steht, eine Ausgabe erzeugt; sie besteht aus dem Programmnamen, der Zeilennummer und dem zuletzt ermittelten Wert (falls es einen gibt).

Die Verwendung von $T\Delta$ gleicht der von $S\Delta$ in jeder Hinsicht. Wenn man die Ausführung der Zeile [3] und der Zeile [9] des Programms $MYPROG$ mit einer Spureinrichtung verfolgen will, gibt man ein:

```
         TΔMYPROG←3  9
```

Die Spureinrichtung wird durch die Eingabe eines leeren Vektors ausgeschaltet:

```
         TΔMYPROG←ι0
```

Zur Darstellung der Wirkung der Spureinrichtung soll das Programm $SQRT$ verwendet werden:

```
         SQRT 5
 2.236067977
         (SQRT 5)*2
 5
```

Das Programm arbeitet korrekt, aber man weiß nicht, wie oft die Schleife durchlaufen wird, bevor das Resultat feststeht.

Die schrittweise Annäherung an das Ergebnis kann man verfolgen, wenn man die Zeile [3] mit der Spureinrichtung betrachtet:

```
         TΔSQRT←3
         SQRT 5
 SQRT[3]  3
 SQRT[3]  2.333333333
 SQRT[3]  2.238095238
 SQRT[3]  2.236068896
 SQRT[3]  2.236067977
 SQRT[3]  2.236067977
 2.236067977
```

Die Spureinrichtung kann eine umfangreiche Ausgabe erzeugen; man kann diese abbrechen, wenn man das Achtungssignal erzeugt. Dieses beendet die Ausgabe und hält die Ausführung der Funktion an. Danach kann man den Spurvektor löschen und die Ausführung erneut aufnehmen.

Übungen zu 7.2

1. Modifizieren Sie die erste Annahme in der Funktion $SQRT$ in Zeile [2] in .5 × N und stellen Sie fest, ob das Resultat schneller konvergiert.

2. Modifizieren Sie in $SQRT$ die Zeile [3] in $Z \leftarrow 1E25$.

    a. Verfolgen Sie mit der Spureinrichtung die Zeile [3] und stellen Sie fest, wieviele Iterationen zur Ermittlung von $SQRT$ 5 benötigt werden.
    b. Probieren Sie es mit $SQRT$ 1E50.
    c. Ändern Sie die erste Annahme in Zeile [2] auf 1 und führen Sie $SQRT$ 1E50 aus.

7.3 Die Eingabeanforderung

Es kommt häufig vor, daß ein Programm während der Ausführung Informationen vom Anwender benötigt. So kann z.B. der Benutzer aufgefordert werden, eine Auswahl zu treffen, welchen von mehreren Berichten er haben möchte oder er wird gebeten, Daten einzugeben. Dieser Abschnitt beschreibt zwei Möglichkeiten der Eingabe in APL2:

Die ausgewertete Eingabe

Wenn man ein **Fenster** (□) in einem Ausdruck so einfügt, daß es nicht links von einem Zuweisungspfeil steht, wird eine Eingabeanforderung erzeugt. Die Eingabeanforderung wird durch □: gekennzeichnet.

```
          2×□
   □:
          10
   20
```

Fenster wird als ausgewertete Eingabe bezeichnet, da jede Eingabe nach □: so behandelt wird, als ob sie im Ausführungsmodus eingegeben worden wäre. Manchmal wird sie auch einfach als **Fenster-Eingabe** bezeichnet.

Man kann einen langen Vektor dadurch eingeben, daß man am Ende jeder Zeile ein **Fenster** anhängt:

```
      MAT←3 12ρ6  8  2  5  9  1  2  5  3  7  5  12  4  6,□
□:
      1  0  9  1  2  3  6  9  3  10  4  7  9  12  5  3  9  0  1,□
□:
      7  3  2

      MAT
6   8   2   5   9   1   2   5   3   7   5   12
4   6   1   0   9   1   2   3   6   9   3   10
4   7   9  12   5   3   9   0   1   7   3    2
```

Innerhalb eines Programms kann das **Fenster** verwendet werden, um benötigte Informationen vom Benutzer zu erhalten. Das nächste Programm fragt nach dem Lebensalter und erzeugt eine Ausgabe, die von der Eingabe abhängt:

```
        ∇Z←AGE;R1;R2;R3  ⍝ ALTER DES BENUTZERS
[1]     R1←'Sie sind noch nicht geboren'
[2]     R2←'Danke'
[3]     R3←'Ein Wunschtraum'
[4]     'Ihr Alter,bitte'
[5]     Z←□
[6]     □←(1++/Z>200 0)⊃R1 R2 R3
[7]     ∇
```

Es folgen einige Aufrufe der Funktion:

```
        AGE
Ihr Alter,bitte
□:
        31
Danke
31

        AGE
Ihr Alter,bitte
□:
        300
Ein Wunschtraum
300

        AGE
Ihr Alter,bitte
□:
        ‾1
Sie sind noch nicht geboren
‾1
```

Die Eingabe von → oder)RESET als Antwort auf eine **Fenster-Eingabe**-Aufforderung beendet das Programm. Als Benutzer kann man damit die Ausführung des Programms jederzeit beenden. Als Programmierer kann man jedoch nicht verhindern, daß ein Benutzer ein Programm auf diese Weise beendet.

Die Zeicheneingabe

Häufig besteht die Notwendigkeit, aus dem Programm heraus eine Eingabeanforderung für Zeichendaten geben zu müssen. So kann es z.B. vorkommen, daß das Programm die Eingabe des Benutzernamens verlangt. Das Programm *GETNAME* verwendet das **Fenster** zur Eingabeanforderung. Sobald man es aufruft:

```
        ∇Z←GETNAME  ⍝ FRAGT NACH DEM NAMEN
[1]     'Bitte Ihren Namen'
[2]     Z←⎕
[3]     ∇

        GETNAME
Bitte Ihren Namen
⎕:
        JIM
VALUE ERROR
        JIM
        ∧
⎕:
        →
```

Das Problem besteht darin, daß man auf die **Fenster**-Eingabeanforderung mit einem gültigen APL2-Ausdruck antworten muß. Da *JIM* keinen Wert enthält, wird die Meldung *VALUE ERROR* ausgegeben. Schlimmer wäre es sogar, wenn *JIM* einen Wert enthalten würde, dann würde das Programm eine falsche Eingabe erhalten. Im Fall der **Fenster**-Eingabe muß der Name (eine Zeichenkette) von Hochkommata eingeschlossen werden. Beim Schreiben ihres Namens verwenden Menschen nun einmal keine Hochkomata und der Benutzer Jim würde folgendes nicht eingeben:

```
        'JIM'
```

Natürlich könnte man den Text der Eingabeanforderung ändern in „Geben Sie Ihren Namen in Hochkomata ein:" Das bedeutet aber zusätzliche Arbeit und es ist umständlich.

Für die Zeicheneingabe stellt APL2 die **Fenster-Hochkomma**-Eingabe (⍞) zur Verfügung. Wenn **Fenster-Hochkomma** nicht links vor einem Zuweisungspfeil in einem Ausdruck auftritt, wird die Eingabeanforderung erzeugt. Die Tastatur wird für eine Eingabe entriegelt, es erscheint aber kein Zeichen auf dem Bildschirm. Die Eingabe wird als Zeichenvektor aufgefaßt und nicht ausgewertet. Das nächste Beispiel zeigt das:

```
        ∇Z←GETNAME1
[1]     'Bitte Ihren Namen'
[2]     Z←⍞
[3]     ∇

        GETNAME1
Bitte Ihren Namen
JIM            ←(Eingabe des Benutzers)
JIM            ←(Ausgabe des expliziten Resultats)
```

Das erste *JIM* ist die Eingabe des Benutzers, das zweite *JIM* ist das explizite Resultat der Funktion *GETNAME*. Es ist ein Vektor mit drei Bestandteilen. Wenn als Antwort auf die **Fenster-Hochkomma**-Eingabeanforderung ein APL2-Ausdruck eingegeben wird, dann wird dieser nicht ausgewertet; er wird als Zeichenvektor akzeptiert:

```
        X←⎕
3+4
        X
3+4
        ρX
3
```

Mit **Fenster-Hochkomma** kann man einen Vektor von Zeichenvektoren erzeugen:

```
        VOFV←⎕ ⎕ ⎕
JIM
JOHN
KAREN
        VOFV
  KAREN JOHN JIM
```

Man beachte die Abarbeitung des Ausdrucks von rechts nach links und die Auswirkung auf das Resultat.
Da das rechte **Fenster-Hochkomma** zuerst ausgeführt wird, kann man den folgenden Ausdruck zur Eingabe eines Vektors von Zeichenvektoren verwenden:

```
        VOFV←⌽⎕ ⎕ ⎕
JIM
JOHN
KAREN
        VOFV
  JIM JOHN KAREN
```

Die Funktion **Parallel Spiegeln** erzeugt im Resultat die gleiche Reihenfolge, wie sie in der Eingabe vorlag.

Das nächste Programm zeigt ein Beispiel für die Verwendung von **Fenster-Hochkomma**:

```
        ∇INVENTORY;ANS   ⍝ Materialverwaltung
[1]     'Beschreibung gewuenscht ? (J/N)'
[2]     ANS←⎕
[3]     →('N'=↑ANS)/L1   ⍝ Verzweige bei Nein
[4]     DESCRIBE         ⍝ Zeigen Beschreibung
[5]     L1:              ⍝ Rest des Programms
[6]     ∇
```

In Zeile [1] wird eine Frage ausgegeben. In Zeile [2] wird eine Zeicheneingabe verlangt. In Zeile [3] wird die Eingabe geprüft, wenn sie mit dem Buchstaben N beginnt, wird nach $L1$ (Zeile [5]) verzweigt und die Ausgabe der Beschreibung übersprungen. In Zeile [4] wird der Inhalt der Variablen $DESCRIBE$ - die Beschreibung des Programms - ausgegeben.

Das Aktivieren der Zeicheneingabe

Die Verwendung der ausgewerteten Eingabe (⎕) in einem Programm kann zu Problemen führen. Man hat keine Möglichkeit, die Eingabe des Benutzers zu prüfen, bevor sie ausgewertet wird. Das nächste Programm soll einen Benutzer mit der Multiplikation vertraut machen:

```
        ∇MULT N;A;B;ANS;I    ⍝ Ueben Multiplikation
[1]     NEXT:(A B)←?2ρN
[2]      'Was ergibt ' A 'mal ' B '?'
[3]      I←⁻1
[4]     L1:I←I+1             ⍝ Zaehle falsche Antworten
[5]      ANS←□              ⍝ Anfordern Antwort
[6]      →(ANS=A×B)/NEXT     ⍝ Verzweige, wenn korrekt
[7]      →(I=0 1)/L2 L3      ⍝ Verzweige, wenn falsch
[8]      'Richtige Antwort: '(A×B)
[9]      →NEXT
[10]    L2:'Sehen Sie auf das Bild und antworten Sie'
[11]     (⁻N+5)↑[2]A Bρ'o'   ⍝ Bild der richtigen Antwort
[12]     →L1
[13]    L3:'Nein. Noch einmal'
[14]     →L1
[15]     ∇
```

Das Programm *MULT* bietet keine Möglichkeit für den Benutzer, das Programm zu beenden; er muß auf die Eingabeanforderung mit → antworten, wenn er das Programm verlassen will. Die Wirkungsweise des Programms sei an einem Beispiel dargestellt:

```
        MULT 12
  Was ergibt 5 mal 4 ?
□:
        20
  Was ergibt 6 mal 6 ?
□:
        36
  Was ergibt 4 mal 3 ?
□:
        10
Sehen Sie auf das Bild und antworten Sie
                ooo
                ooo
                ooo
                ooo
□:
        15
Nein. Noch einmal
□:
        16
  Richtige Antwort: 12
  Was ergibt 5 mal 6 ?
□:
        30
  Was ergibt 5 mal 2 ?
□:
        →
```

Man beachte die Verwendung des **Fensters** in Zeile [5] von *MULT*. Mit dem Wissen, daß
ein eingegebener APL2-Ausdruck sofort ausgewertet wird, kann ein gewitzter Benutzer die
Frage des Programms mit einem APL2-Ausdruck beantworten und somit den Sinn des
Programms verfälschen. Stellt z.B. das Programm die Frage: „Was ergibt 13 x 2 ?", antwortet der Benutzer mit der Eingabe von 13 x 2 und erhält das Resultat.

Durch die Verwendung von **Fenster-Hochkomma** kann ein Programm benutzerfreundlicher
und sicherer gemacht werden. Da die Eingabe ein Zeichenvektor ist, kann sein Inhalt innerhalb des Programms geprüft werden. Wenn z.B. die Eingabe das Wort *HELP* enthält,

wird in eine Hilfe-Routine verzweigt. Wenn die Eingabe geprüft ist, benötigt man eine Möglichkeit, den Zeichenvektor auszuwerten.

Die APL2-Funktion **Aktivieren** (±) wandelt den Zeichenvektor in einen auswertbaren Ausdruck um und versucht ihn auszuwerten, wie z.B.:

```
      ±'3+4'
7
```

Wenn ein Zeichenvektor ausschließlich gültige Zeichen zur Zahlendarstellung enthält, kann man **Aktivieren** verwenden, um einen numerischen Vektor zu erzeugen:

```
      CN1←'23.5 1.76 ‾127'
      ρCN1
14

      ±CN1
23.5 1.76 ‾127
      ρ±CN1
3
```

Der folgende Zeichenvektor stellt Geldbeträge dar:

```
      CN2←'$1.56 $128.50 $2,400.00'
```

Auf diesen Vektor kann man **Aktivieren** nicht anwenden, da er keine gültige Zahlenrepräsentation ist. Das Dollarzeichen ist unzulässig und das Komma ist die APL-Funktion **Verketten**. Wenn man diese Zeichen jedoch entfernt, kann man **Aktivieren** einsetzen:

```
      ±CN2~'$,'
1.56 128.5 2400
```

Es liege eine Zeichenmatrix vor, die in ihren Zeilen APL2-Ausdrücke enthält:

```
      CN3←2 4ρ'6×ι3⌽-ι3'

      CN3
6×ι3
⌽-ι3
```

Die Funktion **Aktivieren** erlaubt als Argument nur einen Skalar oder einen Vektor, jedoch keine Matrizen oder höherrangige Strukturgrößen. Man kann jedoch eine Matrix in einen Vektor von Vektoren umwandeln, **Aktivieren** auf jeden Bestandteil anwenden und dann in eine Matrix zurückverwandeln:

```
      ⊃±¨⊂[2]CN3
 6 12 18
‾3 ‾2 ‾1

      ρ⊃±¨⊂[2]CN3
2 3
```

Eine etwas andere Anwendung von **Aktivieren** besteht darin, den Wert einer Variablen zu erhalten. Das nächste Beispiel zeigt eine Funktion:

```
      ∇PRINTV NAME;PRINTV
[1]    PRINTV←⍕NAME
[2]    'NAME:' NAME ' TIEFE:' (≡PRINTV)
[3]    'RANG:' (ρρPRINTV) ' DIMEN:' (ρPRINTV)
[4]    ∇


      PRINTV 'CN3'
NAME: CN3  TIEFE: 1
RANG:  2   DIMEN:  2 4
```

Diese Funktion zeigt etwas neues - der Name der Funktion ist verdeckt; dadurch werden
Namenskonflikte vermieden.   *PRINTV* kann Informationen über jede Variable im Arbeitsbereich ausgeben, mit Ausnahme derjenigen, die von *PRINTV* verdeckt werden. Somit
kann die Funktion nicht auf die Namen *PRINTV* und *NAME* angewendet werden.

Mit **Fenster-Hochkomma** und **Aktivieren** kann eine neue Version des Schulungsprogramms
geschrieben werden. Diese Funktion ist besser gegen eine fehlerhafte Eingabe des Benutzers gesichert:

```
      ∇ MULT1 N;A;B;ANS     ⍝ Ueben Multiplikation
[1]    NEXT:(A B)←?2ρN
[2]     'Was ergibt ' A 'mal ' B '?'
[3]     I←⁻1
[4]    L1:I←I+1              ⍝ Zaehle falsche Antworten
[5]    L1R:ANS←⎕            ⍝ Anfordern Antwort
[6]     →(~∧/ANSε'0123456789')/ER ⍝ Nur Ziffern
[7]     ANS←⍕ANS             ⍝ Umwandeln in Zahl
[8]     →(ANS=A×B)/NEXT      ⍝ Verzweigen, wenn korrekt
[9]     →I↓L2 L3             ⍝ Verzweigen, wenn falsch
[10]    'Richtige Antwort: '(A×B)
[11]    →NEXT
[12]   L2:'Sehen Sie auf das Bild und antworten Sie'
[13]    (-N+5)↑[2]A Bρ'O' ⍝ Bild der richtigen Antwort
[14]    →L1
[15]   L3:'Nein. Noch einmal'
[16]    →L1
[17]   ER:'Bitte, ganze Zahl eingeben'
[18]    →L1R
[19]    ∇
```

Die Eingabeanforderung erfolgt nun über **Fenster-Hochkomma**. In Zeile [6] wird geprüft,
ob eine gültige Eingabe vorliegt.

Die Funktion ist noch nicht völlig gegen fehlerhafte Eingaben gesichert. Ein Benutzer
könnte z.B. eine Zahl eingeben, die mehr Ziffern als zulässig enthält. Zur vollständigen
Absicherung benötigt man die Möglichkeiten der APL2-Fehlerbehandlung; diese werden im
vorliegenden Buch nicht behandelt.

Übungen zu 7.3

1. Das Programm *MULT1* bricht mit einem Fehler ab, wenn der Benutzer auf die Ein-
    gabeanforderung nichts eingibt und die **Enter**-Taste drückt. Dadurch wird ein leerer
    Vektor erzeugt, der keinen gültigen Inhalt hat. Die Funktion **Aktivieren** erzeugt kein
    Resultat und *MULT* wird mit der Meldung *VALUE ERROR* unterbrochen. Verändern

Sie *MULT* derart, daß eine Prüfung auf einen leeren Vektor als Eingabe durchgeführt wird.

2. Definieren Sie eine Funktion, die eine Textmatrix in einen numerischen Vektor umformt. Jede Zeile der Matrix soll einer Zahl im Ergebnis entsprechen.

3. Die Funktion *MULT* soll wie folgt ergänzt werden:

    a. Sie soll prüfen, ob die Eingabe aus dem Wort *HELP* besteht und dann eine Erläuterung ausgeben.
    b. Sie soll feststellen, ob die Eingabe aus den Worten *STOP* oder *QUIT* besteht und dann das Programm beenden.
    c. Sie soll eine Meldung mit einem Glückwunsch ausgeben, wenn der Anwender eine richtige Antwort eingibt.

4. Die Variable *N* ist ein Vektor mit zwei Bestandteilen, diese sind Textvektoren. *AA* und *BB* sind zwei Variable:

```
N←'AA' 'BB'
AA←'VARIABLE 1'
BB←ι¨ι4
```

Schreiben Sie einen Ausdruck, der eine neue Variable *AABB* erzeugt und der als Bestandteile die Inhalte von *AA* und *BB* enthält. Die Namen der Variablen *AA* und *BB* dürfen in dem Ausdruck nicht verwendet werden.

5. Ersetzen Sie die Folge von Ausdrücken aus einem Programm durch einen Ausdruck, indem Sie **Aktivieren** verwenden:

```
→(2=ρ,V)/COLN
T←M
→CONT
COLN:T←M[;1↓V]
CONT:
```

6. Es sei die Zeichenmatrix *M* gegeben:

```
M←2 7ρ'2.1 2.22.3 2.4'
```

    a. Schreiben Sie einen Ausdruck, der *M* in eine numerische Matrix mit ebenfalls 2 Zeilen umwandelt.

    b. Wenn die Zeile-1 von *M* die Zeichendarstellung von zwei Zahlen und die Zeile-2 die von drei Zahlen enthält - welche Fehlermeldung wird erzeugt, wenn Sie den Ausdruck aus a. ausführen?

7. Geben Sie das Resultat für jeden der folgenden Ausdrücke an. Geben Sie an, ob das Ergebnis angezeigt wird oder nicht. Geben Sie die Inhalte von *X* und *Y* an, wo es möglich ist.

    a. ⍎'5×3'
    b. ⍎'2','5×3'
    c. ⍎'''5×3'''
    d. ⍎⍎'''''5×3'''''
    e. ⍎'X←5'
    f. ⍎X←'5×7'

```
g.   ±'X←5×7'
h.   ±X,X←'5+3'
i.   ±X,X←'  .5+3  '
j.   ±'X←','5+3'
k.   ±X←±'5×3'
l.   Y←±X←'''  3×5'''
```

7.4 Ausgabe mit Fenster und Fenster-Hochkomma

Man kann sowohl **Fenster** (□) als auch **Fenster-Hochkomma** (⍞) für die Ausgabe verwenden, wenn man das Symbol links von der Zuweisung anordnet.

Die Ausgabe mit Fenster

Das Symbol □ erzeugt eine Ausgabe, wenn es links vom Zuweisungspfeil (←) auftritt. Zu
einem Ausdruck, der ohnehin eine Ausgabe erzeugt, bedeutet das keinen Unterschied:

```
      □←150.20×1.05*5
191.6974907
```

Aber □ wirkt dann, wenn man einer Variablen einen Inhalt zuweisen will und sofort den
Inhalt sehen möchte:

```
      □←T←150.20×1.05*5
191.6974907
```

Fenster kann auch innerhalb eines Ausdrucks vorkommen, um z.B ein Zwischenergebnis
anzuzeigen:

```
      T←150.20×□←1.05*5
1.276281562
```

Durch die Verwendung von **Fenster** innerhalb eines Ausdrucks kann man die interne Abarbeitung verfolgen.

Die Ausgabe mit Fenster-Hochkomma

Wenn ein Wert mit **Fenster-Hochkomma** ausgegeben wird, hat die Ausgabe das gleiche
Aussehen, wie ohne die Verwendung von **Fenster-Hochkomma**, die nächste Ausgabe steht
jedoch hinter der ersten und nicht in einer neuen Zeile.

Das nächste Beispiel zeigt diese Wirkung:

```
      ∇QQO      ⍝ Fenster-Hochkomma-Ausgabe
[1]   ⍞←1 2 3
[2]   'ABC'
[3]   ∇

      QQO
1 2 3ABC
```

In Programmen wird **Fenster-Hochkomma** hauptsächlich zur Ausgabe von Vektoren verwendet. Experimentieren Sie auch mit höherrangigen Strukturgrößen im Zusammenhang mit **Fenster-Hochkomma**.

Textausgabe gefolgt von Texteingabe

Wenn auf eine Ausgabe eine Ausgabe mit **Fenster-Hochkomma** folgt, werden diese Ausgaben in der gleichen Zeile ausgegeben. Das gilt auch für die Eingabe mit **Fenster-Hochkomma**, wie es das nächste Beispiel zeigt:

```
      ∇Z←GETNAME2
[1]    ⎕←'Bitte Ihren Namen '
[2]    Z←⎕
[3]    ∇

      N←GETNAME2
Bitte Ihren Namen JIM

      N
                JIM
      ρN
19
```

Wenn man eine Texteingabe auf eine Textausgabe folgen läßt, erreicht man damit, daß eine Frage und die zugehörige Antwort in einer Zeile stehen. Das Ergebnis, das an das Programm zurückgegeben wird, enthält nur die Zeichen, die eingegeben wurden; Zeichen die nicht eingegeben wurden, werden durch Leerzeichen ersetzt.

Übungen zu 7.4

1. Schreiben Sie eine Funktion $GETNAME3$, die der Funktion $GETNAME2$ ähnelt und in der die führenden Leerzeichen entfernt werden, bevor das Resultat gebildet wird.

2. Eine Fragestellung, die in anderen Programmiersprachen häufig zu lösen war, lautete: „Schreiben Sie ein Programm, das eine Anzahl von Zahlen einliest, deren Durchschnitt errechnet, das Resultat einer Variablen $AVER$ zuweist und auch ausgibt." Lösen Sie das Problem mit einem APL2-Ausdruck.

7.5 *Die Steuerung der Ausgabe*

Man kann die Ausgabe nur dann steuern, wenn man APL2-Funktionen dazu verwendet. Ohne diese Steuerung bestimmt das System - und nicht der Benutzer - das Aussehen der Ausgabe. Die Ausgabe unterliegt in APL2 gewissen Regeln, sie wurden in Kapitel 5 behandelt; wenn man sie kennt, kann man die Ausgabe in eingeschränktem Maß beeinflussen. Wenn man z.B. Spaltenüberschriften über eine Matrix setzt, kann man damit den Abstand der Spalten zueinander steuern. Die einzelnen Zahlen werden jedoch immer im Standardformat ausgegeben. Wenn man numerische Strukturgrößen in einfache Strukturgrößen, die nur Zeichen enthalten, umwandelt, kann man mit der Elementarfunktion **Formatieren (⍕)** die Darstellungsform der Zahlen steuern.

Formatieren

In seiner einfachsten Form erzeugt **Formatieren** (▼) eine einfache Strukturgröße, die nur
Zeichen enthält. Sie hat das gleiche Aussehen wie die Strukturgröße des Arguments:

```
        AN←3 3ρ1 134.23 100000 0 ¯15.4 ¯14000 1 .65 0
        AN
 1 134.23 100000
 0 ¯15.4  ¯14000
 1   0.65      0

        ρAN
 3 3

        ▼AN
 1 134.23 100000
 0 ¯15.4  ¯14000
 1   0.65      0

        ρ▼AN
 3 15
```

Wenn man die Strukturgröße nur auf dem Bildschirm ausgeben will, besteht für die Verwendung von **Formatieren** keine Notwendigkeit. Man kann jedoch das Resultat - eine einfache Strukturgröße, die aus Zeichen besteht - verändern bevor man es ausgibt. So z.B.
kann man alle Leerzeichen durch ein anderes Zeichen ersetzen - wie es zum Schutz von
Schecks häufig getan wird:

```
        FM1←▼AN
 ((,' '=FM1)/,FM1)←'/'

        FM1
 1/134.23/100000
 0/¯15.4//¯14000
 ////0.65//////0
```

Formatieren kann auch auf Strukturgrößen angewendet werden, die Zeichen enthalten:

```
        ▼'ABC',2 3
 ABC 2 3
        ρ▼'ABC',2 3
 7
        ▼'SMITH' 'JONES'
 SMITH JONES
        ρ▼'SMITH' 'JONES'
 13
```

Formatieren mit numerischer Breitenangabe

Wenn **Formatieren** (▼) mit einem linken Argument verwendet wird, hat die Funktion zwei
Namen, je nachdem, ob das linke Argument numerisch ist oder Zeichen enthält.

Wenn ein numerisches linkes Argument verwendet wird, heißt die Funktion **Formatieren
mit numerischer Breitenangabe** (in der Literatur auch häufig **Formatieren mit Feldsteuerung**

genannt). Wenn das linke Argument aus zwei ganzen Zahlen besteht, bestimmen diese das
Ausgabeformat für alle Bestandteile der Strukturgröße. Die erste der beiden Zahlen legt
fest, wieviele Spalten im Resultat von **Formatieren mit numerischer Breitenangabe** für jede
Spalte des rechten Arguments erzeugt werden. Wenn die zweite Zahl im linken Argument
nicht negativ ist, wird dadurch die Anzahl der Stellen festgelegt, die rechts vom Dezimalpunkt erscheinen sollen:

```
10  2  ⍕AN
1.00      134.23  100000.00
 .00      ‾15.40  ‾14000.00
1.00        .65        .00
```

Wenn die zweite Zahl im linken Argument null ist, wird kein Dezimalpunkt erzeugt und
es werden nur ganze Zahlen ausgegeben:

```
7  0⍕AN
1      134  100000
0      ‾15  ‾14000
1        1       0
```

Man beachte, daß in diesem Fall die Zahlen korrekt gerundet werden.

Wenn die zweite Zahl des linken Arguments negativ ist, wird das Resultat in halblogarithmischer Darstellung erzeugt; die Zahl gibt die Anzahl der Ziffern in der Mantisse an:

```
10  ‾4⍕AN
1.000E0   1.342E2    1.000E5
0.000E0  ‾1.540E1   ‾1.400E4
1.000E0   6.500E‾1   0.000E0
```

Wenn die erste Zahl des linken Arguments, mit der die Breite festgelegt wird, eine Null ist,
wird von **Formatieren mit numerischer Breitenangabe** eine angemessene Breite ermittelt:

```
0  1⍕AN
1.0  134.2  100000.0
 .0  ‾15.4  ‾14000.0
1.0    .7        .0
```

```
0  ‾4⍕AN
1.000E0   1.342E2    1.000E5
0.000E0  ‾1.540E1   ‾1.400E4
1.000E0   6.500E‾1   0.000E0
```

Wenn das linke Argument nur aus einer Zahl besteht, nimmt **Formatieren mit numerischer
Breitenangabe** die Breite mit Null an:

```
1⍕AN
1.0  134.2  100000.0
 .0  ‾15.4  ‾14000.0
1.0    .7        .0
```

Man kann für jede Spalte ein unterschiedliches Format angeben, wenn das linke Argument
ein Zahlenpaar für jede Spalte des rechten Arguments enthält:

```
        3  0  10  2  10  ¯4⊤AN
  1       134.23   ¯1.000E5
  0      ¯ 15.40   ¯1.400E4
  1         .65     0.000E0
```

Formatieren mit Darstellungsbeispiel

Wenn das linke Argument von **Formatieren** (⊤) aus Zeichen besteht, nennt man die
Funktion **Formatieren mit Darstellungsbeispiel** oder auch **Formatieren mit
Zeichensteuerung**. Das linke Argument ist ein Zeichenvektor, der als beispielhafte Abbil-
dung für die Ausgabe jeder Spalte des Resultats steht. Die Ziffern in diesem Vektor sind
Steuerzeichen zur Aufbereitung der Ausgabe. Eine 5 im linken Argument ist die einzige
Ziffer, die keine explizite Steuerung erfordert. Deshalb sollte man das beispielhafte Muster
mit einer Folge von 5 beginnen und andere Steuerzeichen dort einfügen, wo sie erforderlich
sind:

```
        PF←'5555.55   555.55    555.555'
        PF⊤ 8743.25 123.46 145.348
  8743.25    123.46    145.348

        ρPF⊤ 8743.25 123.46 145.348
  24
```

Man beachte, daß das Resultat in diesem Beispiel ein Zeichenvektor ist, der die gleiche
Länge hat, wie das linke Argument.

Wenn das linke Argument nur ein numerisches Muster enthält, wird dieses auf jede Zahl
des rechten Arguments angewendet:

```
        ' 5555.55'⊤ 8743.25 123.46 145.348
  8743.25   123.46   145.35
```

Man beachte, daß durch die Angabe von Ziffern rechts vom Dezimalpunkt auch die
Rundung durchgeführt wird.

Normalerweise werden Nullen am Anfang oder am Ende einer Zahl nicht ausgegeben.
Wenn keine Ziffern ungleich null rechts vom Dezimalpunkt vorkommen, werden weder der
Dezimalpunkt noch Nullen erzeugt. Wenn die Zahl im rechten Argument null ist, wird
nichts ausgegeben:

```
        ' 5555.55'⊤ 8743.25 123   0   145.348
  8743.25   123               145.35
```

Wenn die Ziffer 0 im Muster des linken Arguments auftritt, werden von ihrer Position bis
zum Dezimalpunkt Nullen eingesetzt - also sowohl führende als auch nachstehende Nullen.

```
        ' 5505.50'⊤ 8743.25 123   0   145.348
  8743.25   123.00     00.00  145.35
```

Eine 9 im Muster hat die Wirkung wie 0, solange der Wert im rechten Argument nicht 0
ist; in diesem Fall unterbleibt die Ausgabe der 0 des rechten Arguments:

```
        ' 5595.59'⊤ 8743.25 123   0   145.348
  8743.25   123.00            145.35
```

Wenn im Muster Kommata vorkommen, werden sie - wie ein den USA üblich - als Trennzeichen für große Zahlen verwendet:

```
      ' 5,505.50'⍕ 8743.25 123 0  145.348
   8,743.25   123.00     00.00   145.35
```

Alle anderen Zeichen im Muster, die nicht Ziffern sind, werden als begleitende Zeichen in das Resultat übernommen:

```
      ' 5,505.50 marks '⍕ 8743.25 123 0
   8,743.25 marks    123.00 marks      00.00  marks
```

Wenn die Daten Geldbeträge sind, kann man ein Währungssymbol als begleitendes Zeichen verwenden:

```
      ' $5,505.50'⍕ 8743.25 123 0  145.348
   $8,743.25 $   123.00 $    00.00 $  145.35
```

Das Dollarsymbol wird an der Position in das Ergebnis übernommen, an der es im Muster auftritt. Man kann jedoch das begleitende Symbol auch verschiebbar gestalten. Die folgenden drei Ziffern im Muster bewirken das:

1 - Verschiebung des Symbols, wenn das Argument negativ ist.

2 - Verschiebung des Symbols, wenn das Argument nicht-negativ ist.

3 - Verschiebung des Symbols in jedem Fall.

Das begleitende Zeichen wird ohne Leerzeichen neben die Zahl des rechten Arguments gesetzt.

Wenn die Zahlen Geldbeträge darstellen, kann man die 3 irgendwo im Muster auf der linken Seite des Dezimalpunkts verwenden; dadurch wird das Dollarzeichen verschoben:

```
      ' $5,503.50'⍕ 8743.25 123 0  145.348
   $8,743.25   $123.00    $00.00   $145.35
```

Formatieren mit Darstellungsbeispiel weist negative Zahlen im rechten Argument zurück, wenn das Muster keine Position für das negative Vorzeichen vorsieht:

```
      ' $5,503.50'⍕ 8743.25 ¯123 0  145.348
DOMAIN ERROR
      ' $5,503.50'⍕ 8743.25 ¯123 0  145.348
    ^                    ^
```

Man gibt ein begleitendes Zeichen für das negative Vorzeichen im Muster an und eine 1, diese bewirkt,daß bei negativen Zahlen das Vorzeichen unmittelbar mit der Zahl verbunden wird:

```
      ' -1,503.50'⍕ 8743.25 ¯123 0 145.348
   8,743.25   -123.00     00.00   145.35
```

Man beachte, daß in diesem Beispiel das halbhoch gestellte Minuszeichen zur Darstellung negativer Zahlen verwendet wird. Man kann auch beliebige andere Zeichen zur Darstellung negativer Zahlen verwenden. Im nächsten Beispiel wird das Dollarzeichen jeder Zahl vorangestellt, die Buchstaben *CR* werden hinter jede negative Zahl gesetzt:

```
        ' $5503.10CR'▼8743.25 ¯123 0 145.348
  $8743.25      $123.00CR    $00.00      $145.35
```

Die Ziffer 4 im Muster wirkt dem Effekt der Ziffern 1, 2 oder 3 so entgegen, daß die
begleitenden Zeichen nur auf der Seite des Dezimalpunktes erscheinen, auf der die 4 auftritt:

```
        ' ¯5501.40US'▼8743.25 ¯123 0 145.348
  8743.25US   -123.00US      00.00US      145.35US
```

In einem Programm kann ein Tagesdatum in unterschiedlichen Formen vorkommen. So
kann z.B. der 23. September 1988 als eine ganze Zahl dargestellt werden: 92388. Der
nächste Ausdruck überführt die Zahl in ein Datum mit / als Trennzeichen:

```
        '05/05/05'▼ 92388
  09/23/88
```

Das Datum kann auch als Vektor mit drei Bestandteilen vorkommen: 9 23 88. Mit
der Ziffer 6 im Muster wird das Ende eines Feldes angegeben. Im folgenden Beispiel wird
die Ziffer 6 dreimal benutzt; damit kann ein numerischer Vektor mit drei Bestandteilen
formatiert werden:

```
        '06/06/06'▼ 9 23 88
  09/23/88
```

Die Verwendung der Ziffern 7 und 9 im linken Argument ist in der Dokumentation beschrieben, die mit dem APL2-System ausgeliefert wird:

Anmerkung des Übersetzers:

Im APL2-System gibt es eine Systemvariable $\Box FC$; durch Vertauschen der ersten beiden
Bestandteile ($\Box FC[1\ 2]\leftarrow',.'$) - bei $\Box IO$ gleich 1 - erreicht man, daß die Aufbereitung
der Zahlen der deutschen Darstellungsweise entspricht. Die Tausender werden dann
durch einen Punkt voneinander getrennt und das Komma wird statt des Dezimalpunkts
verwendet. Nähere Informationen sind in der oben erwähnten Dokumentation enthalten.

Übungen zu 7.5

1. Schreiben Sie einen Ausdruck, der feststellt, ob ein Vektor von Vektoren ausschließ-
    lich Zeichen enthält.

2. Schreiben Sie eine Funktion mit dem Namen *NUMBER*, die vor jede Zeile einer Matrix
    die Zeilennummer, eingeschlossen von eckigen Klammern, setzt. Das Resultat soll wie
    folgt aussehen:

```
        NUMBER 2 3ρι6
  [1] 1 2 3
  [2] 4 5 6
```

3. Geben Sie das Resultat und dessen Dimension für jeden der folgenden Ausdrücke an,
    wenn für *V* gilt:

```
        V← 43.263 9123.468 0 0.739
```

a.   '5555.55 '⍕V
b.   '5555.55' ⍕V
c.   '5555.50 '⍕V
d.   '5,555.50 '⍕V
e.   '$5,555.50 '⍕V
f.   '$0,555.50 '⍕V
g.   '5,555.50 DOLLARS '⍕V
h.   '$5,535.50 '⍕V
i.   '$8,555.50 '⍕V
j.   '$_5,535.50 '⍕V

4. Geben Sie das Resultat und dessen Dimension für jeden der folgenden Ausdrücke an, wenn für W gilt:

$$W \leftarrow 93.725 \quad {}^-27.8 \quad {}^-192.83 \quad 6754$$

a.   '-5,551.55 '⍕W
b.   '$5,551.50CR '⍕W
c.   '$_5,553.10CR '⍕W
d.   '$ -5,551.55 '⍕W
e.   '$_-5,551.55 '⍕W
f.   '$_5,554.10_CR '⍕W
g.   '5,555.55 '⍕W

5. Schreiben Sie eine Funktion, die eine positive ganze Zahl in die englische Darstellung für Ordinalzahlen überführt, wie es das Beispiel zeigt:

```
            ORDINAL 3
   3RD
            ORDINAL 21
  21ST
            ORDINAL 11
  11TH
```

(Anmerkung des Übersetzers: Leser, die mit der englischen Form der Darstellung von Ordinalzahlen nicht vertraut sind, sollten diese Aufgabe auslassen.)

7.6 Die Steuerung der Ausführung: Die Iteration

Als **Iteration** bezeichnet man die wiederholte Ausführung einer Berechnung auf verschiedene Datenmengen. Die nächstliegende Methode zur Implementierung einer Iteration scheint auf den ersten Blick die Programmierung einer Schleife, in der die Datenmenge ausgewählt und bearbeitet wird, danach wird zum Anfang einer Schleife verzweigt, die nächste Datenmenge ausgewählt u.s.w..

Der Operator **Für jeden Bestandteil** wurde bereits an einigen Beispielen vorgestellt, er wendet eine Funktion auf jeden Bestandteil eines Vektors an. In diesem Operator ist die Iteration implizit verwirklicht, ohne daß eine Schleife programmiert werden muß. In ähnlicher Form ist in der **Reduktion** eine Iteration enthalten, die ein vektorielles Argument zu einem skalaren Resultat macht.

Von **Strukturierter Programmierung** kann man dann sprechen, wenn man iterative Programme ohne Schleifen schreibt. Mechanismen, mit denen die impliziten Schleifen ausgedrückt werden, nennt man **Kontrollstrukturen**. In APL2 wird die strukturierte Programmierung durch Operatoren verkörpert. In diesem Abschnitt wird beschrieben, wie definierte Operatoren geschrieben werden können, um Kontrollstrukturen zu schaffen, die als Elementaroperationen in APL2 nicht enthalten sind. Definierte Operatoren mit expliziten Verzweigungen und Schleifen werden damit zur Implementierung von Kontrollstrukturen, die ihrerseits dann ohne Verzweigungen und Schleifen eingesetzt werden können.

Ein Zahlen-Operator

In APL2 können Zahlen und Zeichen in derselben Strukturgröße auftreten. Immer dann, wenn man auf derartige Strukturgrößen arithmetische Operationen anwenden will, muß man numerische Daten und Zeichendaten unterschiedlich behandeln. Wenn man z.B. eine Funktion schreiben will, die die Argumente addiert, wenn sie numerisch sind, aber auch dann nicht versagt, wenn mindestens eines der Argumente Zeichendaten enthält, könnte wie folgt wirken:

```
      2 PLUS 3
5
      2 PLUS 'A'
A
```

Diese Funktion könnte wie folgt aussehen:

```
      ∇ Z←L PLUS R
[1]  ⍝ Addition von Zahlen und Zeichen
[2]    →(0=↑0⍴R)/L1      ⍝ Verzweige, wenn R numerisch
[3]    Z←R              ⍝ Resultat ist R
[4]    →0
[5]  L1:→(0=↑0⍴L)/L2     ⍝ Verzweige, wenn L numerisch
[6]    Z←L              ⍝ Resultat ist L
[7]    →0
[8]  L2:Z←L+R           ⍝ Resultat ist die Summe
[9]    ∇
```

Diese Funktion arbeitet wie gewünscht. Was geschieht jedoch, wenn man auch **Subtrahieren, Maximum Bilden** u.s.w. verwenden will? Man müßte dazu eine Anzahl von Funktionen schreiben, die sich nur in der in Zeile [8] verwendeten Elementarfunktion unterscheiden. Statt dessen schreiben wir einen definierten Operator, der eine beliebige Funktion in der vorher beschriebenen Weise verwendet:

```
      ∇ Z←L(FN NUMB)R
[1]  ⍝ FN auf Zahlen und Zeichen anwenden
[2]    →(0=↑0⍴R)/L1      ⍝ Verzweige, wenn R numerisch
[3]    Z←R              ⍝ Resultat ist R
[4]    →0
[5]  L1:→(0=↑0⍴L)/L2     ⍝ Verzweige, wenn L numerisch
[6]    Z←L              ⍝ Resultat ist L
[7]    →0
[8]  L2:Z←L FN R        ⍝ Resultat wird berechnet
[9]    ∇
```

Nun kann jede Funktion wie *PLUS* angewendet werden:

```
      2 +NUMB 3
5
      2 PLUS NUMB 'A'
A
      2 -NUMB 3
-1
      'B' +NUMB 5
B
      'B' -NUMB 5
B
```

Der Ausdruck ↑0ρ in Zeile [2] und in Zeile [5] prüft nur den Datentyp des ersten
Bestandteils. Aus diesem Grund kann der definierte Operator *NUMB* nur einfache Skalare
fehlerfrei behandeln. Wenn man ihn auf vektorielle Argumente anwendet, kann das zu einem Fehler führen:

```
      2 3 'A' +NUMB 10 'B' 4
DOMAIN ERROR
NUMB[7]   L2:Z←L FN R
              ^   ^
      →
```

Wenn man die Argumente von +*NUMB* auf einfache Skalare begrenzt, kann man dagegen
die gewünschte Operation ausführen. Dazu muß man die Funktion +*NUMB* auf jeden einfachen Skalar der vektoriellen Argumente anwenden:

```
      2 3 'A' +NUMB¨ 10 'B' 4
12 BA
```

Durch die Verwendung des Operators **Für jeden Bestandteil** können nun einfache Strukturgrößen bearbeitet werden, nicht jedoch geschachtelte Strukturgrößen. In Abschnitt 7.7
wird gezeigt, wie ein rekursiver Operator geschrieben wird, der auch geschachtelte Strukturgrößen verarbeiten kann.

Ein Operator „Für jeden Bestandteil", der rechtzeitig endet

Wenn man eine Funktion zusammen mit dem Operator **Für jeden Bestandteil** auf eine
Strukturgröße anwendet, wirkt die Funktion *fn* auf jeden Bestandteil:

```
      fn¨ Daten
```

Enthält die Strukturgröße tausend Bestandteile, dann wird die Funktion tausendmal ausgeführt. Das nächste Beispiel zeigt eine Funktion, die den Benutzer zur Eingabe von Daten
auffordert und die Antwort einem expliziten Ergebnis zuweist:

```
      ∇ Z←READ MSG
[1]   ⍝ Ausgeben Nachricht und lesen Eingabe
[2]   MSG
[3]   Z←⎕
[4]   ∇
```

Diese Funktion kann man z.B. verwenden, um den Namen, die Anschrift und die Telefonnummer des Benutzers zu erfragen und zu speichern:

```
      RES←READ¨ 'NAME' 'ADDRESS' 'PHONE'
NAME
Jim
ADDRESS
123 Easy Street
PHONE
555-1234


      ρRES
3


      RES
 Jim 123 Easy Street 555-1234
```

Der Benutzer muß genau drei Antworten eingeben; er kann weder zusätzliche Daten eingeben, noch vorher den Dialog beenden.

Wenn man von Fall zu Fall unterschiedlich viele Daten erfassen will - z.B. Name, Anschrift und die Namen der Kinder - könnte man es so versuchen:

```
      RES←READ¨ 'NAME' 'ADDRESS' 'CHILDREN'
```

Die Funktion erlaubt jedoch nur die Eingabe des Namens eines Kindes. Der nächste Operator ähnelt dem Operator **Für jeden Bestandteil** mit der Ausnahme, daß er die Funktion solange anwendet, bis ein bestimmter Wert eingegeben wird:

```
      ∇ Z←(F UNTILV V)R;T
[1]      Z←ι0
[2]      L1:T←F(↑R)        ⍝ F auf naechsten Bestandteil anwenden
[3]      →(T≡V)/0          ⍝ Ende, wenn V erreicht
[4]      Z←Z,⊂T            ⍝ Verketten mit Resultat
[5]      R←1↓R             ⍝ Naechsten Bestandteil auswaehlen
[6]      →L1
[7]      ∇
```

Der Operator $UNTILV$ wendet die Funktion F auf die einzelnen Bestandteile von R an. Nach jeder einzelnen Ausführung von F auf einen Bestandteil von R wird geprüft, ob der in V angegebene Wert vorliegt; wenn das zutrifft wird die Ausführung beendet. Irgendwann sind alle Bestandteile von R bearbeitet worden und R ist ein leerer Vektor. Die Funktion **Ersten Bestandteil entnehmen** wirkt auch auf einen leeren Vektor und deshalb wird die Funktion F solange aufgerufen, bis der Wert in V erzeugt wird.

Der Operator $UNTILV$ kann zusammen mit der Funktion $READ$ verwendet werden, indem man die Eingabe daraufhin prüft, ob sie ein leerer Vektor ist und somit mit dem rechten Operanden von $UNTILV$ übereinstimmt:

```
        R←(READ UNTILV '') 'NAME' 'ADDRESS' 'CHILDREN'
NAME
Jim
ADDRESS
123 Easy Street
CHILDREN
Margaret
Matthew
    ←(Leerzeile als Eingabe)

        ρR
4
        R
  Jim 123 Easy Street Margaret Matthew
```

Übungen zu 7.6

1. Der Operator *NUMB*, der am Anfang dieses Abschnitts dargestellt wurde, kann nur auf einfache Skalare angewendet werden. Die Verwendung von *NUMB*¨ auf andere einfache Argumente ist zwar möglich, aber unschön. Schreiben Sie einen Operator *NUMB*1, der die Funktion in seinem Operanden auf einfache Strukturgrößen anwendet.

2. Schreiben Sie eine einstellige definierte Funktion, die die Elementarfunktion **Indexvektor bilden** simuliert.

7.7 Die Steuerung der Ausführung: Die Rekursion

Eine definierte Funktion kann eine andere definierte Funktion aufrufen, indem der Name der aufgerufenen Funktion in einem Ausdruck angegeben wird. Eine definierte Funktion, die sich selbst aufruft, nennt man eine **Rekursive Funktion**. Eine solche Funktion muß eine Verzweigung enthalten, die auf Grund einer Bedingung die Funktion beendet. Ohne diese Verzweigung würde die rekursive Funktion solange durchlaufen, bis eine Systemressource erschöpft ist.

Eine rekursive Funktion enthält im allgemeinen folgende Schritte:

1. Eine Prüfung, die feststellt, ob die Ausführung der Funktion im einfachen Fall, ohne den rekursiven Aufruf, erfolgen kann.

2. Die Ausführung der Funktion für den einfachen Fall.

3. Die Ausführung für den Fall n, unter der Voraussetzung, daß die Lösung für den Fall $n-1$ vorliegt.

Diese drei Schritte müssen nicht unbedingt in dieser Reihenfolge ausgeführt werden und auch nicht so sauber voneinander getrennt sein. Insbesondere kann mehr als ein rekursiver Aufruf vorkommen. Das ist dann sinnvoll, wenn jeder weitere rekursive Aufruf ein Schritt in Richtung auf den einfachen Fall ist.

Die ersten beiden Beispiele dieses Abschnitts veranschaulichen die Rekursion an zwei arithmetischen Aufgaben. Das erste Beispiel ist ein bekanntes mathematisches Problem und befaßt sich mit der Fibonacci-Folge. Das zweite ist ein chinesisches Spiel mit dem

Namen: „Die Türme von Hanoi". Das letzte Beispiel zeigt die Entwicklung eines rekursiven Operators.

Fibonacci Zahlen

Eine rekursive Funktion kann der effizienteste Weg sein, um Probleme zu lösen, in denen die gleiche Operation wiederholt durchzuführen ist. In diesem Abschnitt wird ein Standardbeispiel eines rekursiven Programms vorgestellt.

Im Jahr 1202 veröffentlichte Leonardo Pisano (Fibonacci) ein Buch mit dem Titel: **Liber Abaci**. Es hatte großen Einfluß auf die Verbreitung der arabischen Zahlen in Europa (Vilenkin). In diesem Buch behandelt er das folgende Problem:

> Am Anfang gibt es ein Kaninchenpaar. Jeden Monat gebärt das Weibchen ein Paar Junge, eins davon ist männlich, eins davon ist weiblich. Zwei Monate danach gebärt das neue Weibchen ebenfalls zwei Kaninchen beiderlei Geschlechts. Wieviele Kaninchen gibt es am Ende des Jahres, wenn es am Jahresanfang ein Kaninchenpaar gab?

Zu Beginn des Jahres gibt es natürlich nur ein Kaninchenpaar. Angenommen, daß es gerade geboren worden war, dann gibt es auch zu Beginn des zweiten Monats nur ein Paar. Zu Anfang des dritten Monats gibt es zwei Paare, das ursprüngliche Paar und seine beiden Nachkommen. Zu Anfang des vierten Monats bekommt das ursprüngliche Paar wieder Nachwuchs; nun gibt es drei Paare. Einen Monat später erhalten sowohl das ursprüngliche Paar und seine ersten Nachkommen jeweils Nachwuchs. Führt man diese Betrachtung fort, so ergibt sich eine Zahlenfolge:

```
1  1  2  3  5  8  13  21  ...
```

Jede Zahl ergibt sich aus der Addition der beiden vorherigen Zahlen. Eine derartige Folge bezeichnet man als *Fibonacci-Folge* und die Zahlen nennt man *Fibonacci-Zahlen*. Das zu schreibende Programm soll die *n*-te *Fibonacci-Zahl* ermitteln, wenn *n* gegeben ist. Wenn *n* gleich 4 ist, soll das Programm die vierte Fibonacci-Zahl, also die Zahl 3 ermitteln. Die Kopfzeile des Programms:

```
∇Z←FIB1 N    ⍝ Finde N-te Fibonacci-Zahl
```

Zwei wesentliche Punkte gibt es zu beachten, wenn man rekursive Funktionen schreibt:

1.   Man muß wissen, wie man den einfachen Fall behandelt.

2.   Man nimmt die Funktion, die die einfachen Fälle abdeckt und verwendet sie für den komplizierteren Fall.

Es wird nun dargestellt, wie man diese Gedanken zur Errechnung der *n*-ten Fibonacci-Zahl umsetzen kann:

1.   Wenn *n* 1 oder 2 ist, dann ist das Resultat 1.

2.   Es liege die folgende Funktion vor, die den einfachen Fall behandelt:

```
        ∇Z←FIB1 N    ⍝ Finde N-te Fibonacci-Zahl
[1]     Z←1          ⍝ Nimm einfachen Fall an
[2]     →(N∊1 2)/0   ⍝ Ende im einfachen Fall
[3]
```

Nun wird die letzte Programmzeile mit den rekursiven Aufrufen geschrieben. In diesem Fall muß man nur die beiden vorherigen Fibonacci-Zahlen addieren, um die n-te Fibonacci-Zahl zu erhalten. Es folgt die nun vollständige Funktion, in der in Zeile [3] der rekursive Aufruf steht:

```
      ∇Z←FIB1 N     ⍝ Finde N-te Fibonacci-Zahl
[1]   Z←1           ⍝ Nimm einfachen Fall an
[2]   →(N∊1 2)/0    ⍝ Ende im einfachen Fall
[3]   Z←(FIB1 N-2) + (FIB1 N-1)
[4]   ∇
```

Achtung: Man kann leicht einen Fehler machen und dadurch in eine endlose Rekursion geraten. Daher sollte man die Ausführung einer rekursiven Funktion unterbrechen, wenn man nach einer vernünftigen Wartezeit kein Resultat erhält.

Anmerkung der Übersetzers:
Für Leser, die mit rekursiven Funktionen wenig vertraut sind, soll der Ablauf am Beispiel von *FIB*1 schematisch dargestellt werden. Es soll die sechste Zahl der Fibonacci-Folge ermittelt werden. Die Rekursion läuft über 5 Stufen in die Tiefe; der Name Z ist auf jeder Stufe und in jedem Funktionsaufruf lokal. In der schematischen Darstellung wird das Ende einer Rekursion mit -- gekennzeichnet. Wenn keine weiteren rekursiven Aufrufe mehr möglich sind, werden in diesem Fall die lokalen Resultate der einzelnen Aufrufe (gemäß Zeile [3]) addiert.

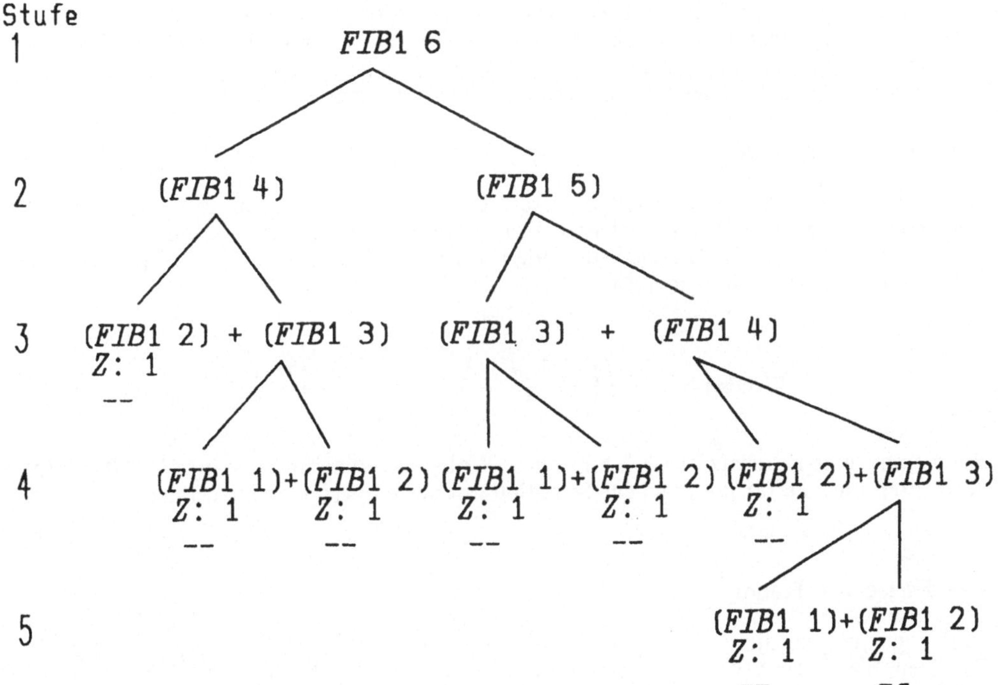

Nachdem die Stufe-5 erreicht ist, werden von „unten nach oben" - entlang der Linien - die lokalen Resultate addiert; das Ergebnis ist die Zahl 8.

Iteration oder Rekursion

Eine rekursive Funktion kann häufig auch als iterative Funktion geschrieben werden; das
gilt auch für das **Fibonacci**-Programm:

```
        ∇Z←FIB2 N;P      ⍝ Finde N-te Fibonacci-Zahl
  [1]    ⍝ P ist vorheriger Wert
  [2]    (P Z)←1
  [3]   L1:→(N∈1 2)/0
  [4]    (P Z)←Z (Z+P) ⍝ Errechnen naechste Zahl
  [5]    N←N-1
  [6]    →L1
  [7]    ∇
```

Es ist eine Frage des persönlichen Geschmacks, welche Form man vorzieht. Viele halten
rekursive Programme für eleganter als iterative. Iterative Programme sind im allgemeinen
einfacher zu testen, da jeder Wert innerhalb des Programms geprüft werden kann, wenn
es unterbrochen wird. In rekursiven Programmen dagegen werden bei jedem Funktionsaufruf die Namen lokal gemacht.

Das iterative Programm zur Ermittlung der Fibonacci-Zahlen ist effizienter, da jede Fibonacci-Zahl bis zur n-ten nur einmal berechnet wird. Iterative Programme sind jedoch nicht
notwendigerweise effizienter als rekursive Programme.

Für beide Programme gilt, daß sie nicht enden, wenn sie mit einem nicht-ganzzahligen
Argument aufgerufen werden. Probieren sie jede Funktion mit den Argument 1.5 aus und
unterbrechen Sie nach einigen Sekunden. Betrachten Sie die Werte der lokalen Variablen
und schauen Sie sich das Ergebnis von)SIS nach jeder Unterbrechung an. Geben Sie
am Ende des Versuchs)RESET ein, um den Statusanzeiger zu löschen.

Eine geschlossene Formel

Es kommt manchmal vor, daß sowohl eine rekursive als auch eine iterative Version durch
eine geschlossene Formal ersetzt werden kann. Diese ist weder rekursiv noch iterativ - sie
ist einfach ein Ausdruck. Die nachstehende Formel ist die mathematische Schreibweise zur
Ermittlung der *n*-ten Fibonacci-Zahl:

$$FIB3(n) = \frac{1}{\sqrt{5}}\left(\left(\frac{1+\sqrt{5}}{2}\right)^{n+1} - \left(\frac{1-\sqrt{5}}{2}\right)^{n+1}\right)$$

Wenn man einen Ansatz zur Lösung eines Problems sucht, muß man alle Alternativen
betrachten und die für die gegebene Situation am besten geeignete auswählen.

Die Türme von Hanoi

Eine Legende über die Erschaffung der Welt erzählt folgendes: „Gott plazierte 64 goldene
Scheiben, die in der Mitte ein Loch hatten, auf eine von drei Nadeln. Die Scheibe mit dem
größten Durchmesser lag unten, gefolgt von der Scheibe mit dem nächstkleineren Durchmesser u.s.w. Die Scheibe mit dem kleinsten Durchmesser bildete den Abschluß. Dann
erhielten die Priester (und ihre Nachfolger) den Auftrag, die Scheiben auf eine der anderen
Nadeln zu plazieren. Dabei darf jeweils nur eine Scheibe bewegt werden und zu keinem

Zeitpunkt darf eine größere Scheibe über einer kleineren zu liegen kommen. Wenn alle Scheiben auf der neuen Nadel angeordnet sind, ist das Ende der Welt gekommen."

Diejenigen Leser, die über die möglichen Wahrheit der Geschichte besorgt sind, sollten sich vor Augen halten, daß $^-1+2*64$ Züge notwendig sind. Führt man diesen Prozeß manuell durch, benötigt er sehr lange Zeit. Der Einsatz eines leistungsfähigen Computers erhöht allerdings das Risiko des schnellen Eintritts der Vorhersage.

Wenn man ein Programm zur Lösung dieses Problems schreiben will, muß man sich zuerst über die Argumente der Funktion Klarheit verschaffen. Das nächste Beispiel zeigt den Kopf der Funktion und die Beschreibung der Argumente:

```
      ∇N HANOI NEEDLE
[1]   ⍝ N ist die Zahl der zu bewegenden Scheiben
[2]   ⍝ NEEDLE    ist ein Vektor mit drei Bestandteilen
[3]   ⍝     [1] Nadel mit Scheiben
[4]   ⍝     [2] Zielnadel
[5]   ⍝     [3] Zusaetzliche Nadel
[6]   ⍝ Programm zieht von [1] nach [2] ueber [3]
```

Wenn es nur noch eine Scheibe gibt, die von Nadel 1 nach Nadel 2 gebracht werden muß, sieht der Programmaufruf wie folgt aus:

```
      1 HANOI 1 2 3
```

Die Lösung besteht darin, die Scheibe von Nadel 1 nach Nadel 2 zu bringen; die zusätzliche Nadel wird nicht benötigt. Das Programm enthält deshalb folgende Zeile:

```
      'ZIEHE SCHEIBE' N 'VON' NEEDLE[1] 'NACH' NEEDLE[2]
```

Wenn man die Lösung für den einfachen Fall kennt, kann man einen komplizierteren Fall mit den Begriffen des einfachen Falls ausdrücken. Angenommen, man habe n Scheiben von Nadel 1 nach Nadel 2 zu bringen. Dann kann man n-1 Scheiben auf die zusätzliche Nadel 3 legen (unter der Annahme, daß der Fall für n-1 gelöst ist) und die letzte auf Nadel 2. Danach werden die n-1 Scheiben von der zusätzlichen Nadel 3 auf Nadel 2 gelegt. Diese Vorgehensweise stellt sicher, daß zu keinem Zeitpunkt eine größere Scheibe über einer kleineren Scheibe liegt.

Das vollständige Programm muß n-1 Scheiben von der Nadel 1 über die zusätzliche Nadel 3 nach Nadel 2 bringen. Das geschieht mit diesem Ausdruck:

```
      (N-1) HANOI NEEDLE[1 3 2]
```

Die übrige Scheibe wird auf ihre endgültige Nadel gelegt:

```
      'ZIEHE SCHEIBE' N 'VON' NEEDLE[1] 'NACH' NEEDLE[2]
```

Danach wird der Stapel mit n-1 Scheiben in die endgültige Position gebracht:

```
      (N-1) HANOI NEEDLE[3 2 1]
```

Die letzte Forderung besteht darin, die Rekursion zu beenden. Wenn N gleich null ist, müssen keine (weiteren) Scheiben bewegt werden und das Programm muß enden. Es folgt das vollständige, rekursive Programm zur Lösung des Problems der Türme von Hanoi:

```
        ∇N HANOI NEEDLE
[1]     →(N=0)/0
[2]     (N-1) HANOI NEEDLE[1 3 2]
[3]     'ZIEHE SCHEIBE' N 'VON' NEEDLE[1] 'NACH' NEEDLE[2]
[4]     (N-1) HANOI NEEDLE[3 2 1]
[5]     ∇
```

Die folgenden Zeile zeigen den Ablauf der Funktion
für $N{\leftarrow}3$.

```
        3 HANOI 1 2 3
ZIEHE SCHEIBE 1 VON  1 NACH 2
ZIEHE SCHEIBE 2 VON  1 NACH 3
ZIEHE SCHEIBE 1 VON  2 NACH 3
ZIEHE SCHEIBE 3 VON  1 NACH 2
ZIEHE SCHEIBE 1 VON  3 NACH 1
ZIEHE SCHEIBE 2 VON  3 NACH 2
ZIEHE SCHEIBE 1 VON  1 NACH 2
```

Rekursive Operatoren

Im Abschnitt „Ein Operator **Für jeden Bestandteil,** der rechtzeitig endet" wurde der Operator $UNTILV$ vorgestellt, mit dem die Iteration gesteuert wird. Es ist auch üblich, Operatoren zu schreiben, die die Rekursion steuern. So soll z.B. die Dimension jeder einfachen Strukturgröße (Tiefe 0 oder 1) in einer geschachtelten Strukturgröße ermittelt werden:

```
        G1←2 2ρ(3 4ρι12) 'TWO' (3 3ρ0) (3 4)
        DISPLAY G1
.→--------------------.
↓ .→--------.  .→--.
| ↓1   2   3   4|  |TWO|
| |5   6   7   8|  '---'
| |9  10  11  12|
| '~--------'
|
| .→----.        .→--.
| ↓0  0  0|       |3 4|
| |0  0  0|       '~--'
| |0  0  0|
| '~----'
'∈-------------------'
```

Im Fall einer einfachen Strukturgröße ist die Vorgehensweise bereits bekannt - man wendet die Funktion **Dimension Zeigen** (ρ) an. Am Anfang der rekursiven Funktion werden deshalb auch die Dimensionen der einfachen Strukturgrößen in einer geschachtelten Strukturgröße ermittelt:

```
        ∇Z←SIMPLESHAPE R
[1]     ⍝ Dimension jeder einfachen Strukturgroesse in R
        ...
[n]     Z←ρR
```

Nehmen wir an, wir seien in der Lage, ein Argument bis zur Tiefe $n\text{-}1$ behandeln zu können, indem wir die bekannte Methode zur Erstellung rekursiver Prozeduren benutzen. Für ein gegebenes Argument der Tiefe n kann man sie auf einfachere Fälle mit folgendem Ausdruck reduzieren:

```
      SIMPLESHAPE¨R
```

Die Operation **Für jeden Bestandteil** wirkt deshalb, weil eine Strukturgröße der Tiefe N mindestens eine Strukturgröße der Tiefe $N-1$ enthält, aber keine mit einer größeren Tiefe. Die vollständige rekursive Funktion, einschließlich der Ende-Bedingung, hat folgendes aussehen:

```
      ∇Z←SIMPLESHAPE R
[1]   ⍝ Dimension jeder einfachen Strukturgroesse in R
[2]   →(1<≡R)/L1          ⍝ Verzweigen, wenn geschachtelt
[3]   Z←⍴R               ⍝ Dimension, wenn R einfach
[4]   →0                 ⍝ Ende
[5]   L1:Z←SIMPLESHAPE¨R  ⍝ Rekursion
[6]   ∇
```

Die nächste Darstellung zeigt die Anwendung dieser Funktion auf ein gegebenes

```
      SIMPLESHAPE G1
  3  4   3
  3  3   2
```

```
      DISPLAY SIMPLESHAPE G1
.+-----------.
↓ .+--. .+.   |
| |3 4| |3|   |
| '~--' '~'   |
| .+--. .+.   |
| |3 3| |2|   |
| '~--' '~'   |
'∊-----------'
```

Die Funktion $SIMPLESHAPE$ erfüllt den beabsichtigten Zweck. Nehmen wir an, daß man auch eine Funktion benötigt, die jede einfache Strukturgröße aufreiht oder eine, die aus jeder einfachen Strukturgröße den ersten Bestandteil entnimmt. Dann würde man mehrere rekursive Funktionen schreiben und jede würde eine andere einstellige Funktion auf die einfachen Strukturgrößen in einer geschachtelten Strukturgröße anwenden. Alle diese rekursiven Funktionen sind identisch - mit Ausnahme der in Zeile [3] verwendeten Elementarfunktion und des Kommentars. Die Überlegung, eine derartige Serie von Funktionen schreiben zu müssen, ist ein Hinweis darauf, daß man einen definierten Operator verwenden sollte; dieser wendet dann die Funktion in der beschriebenen Weise auf das an.

Das nächste Beispiel zeigt einen definierten Operator, der eine beliebige einstellige Funktion rekursiv auf das Argument anwendet:

```
      ∇Z←(F MDEPTH)R
[1]   ⍝ Anwenden F auf jede einf. Strukturgr. in R
[2]   →(1<≡R)/L1   ⍝ Verzweigen, wenn geschachtelt
[3]   Z←F R        ⍝ Anwenden F auf einf. Strukturgr.
[4]   →0           ⍝ Ende
[5]   L1:Z←(F MDEPTH)¨R  ⍝ Rekursion
[6]   ∇
```

Der Name des Operators ist $MDEPTH$, sein Operand ist F. Der Rest der Definition gleicht der von $SIMPLESHAPE$, mit der Ausnahme, daß in Zeile [3] die Funktion F anstelle von **Dimension zeigen** angewendet wird.

Die beiden nächsten Beispiele zeigen die Anwendung des Operators - zuerst mit der
Funktion **Dimension zeigen** und danach mit der Funktion **Aufreihen**:

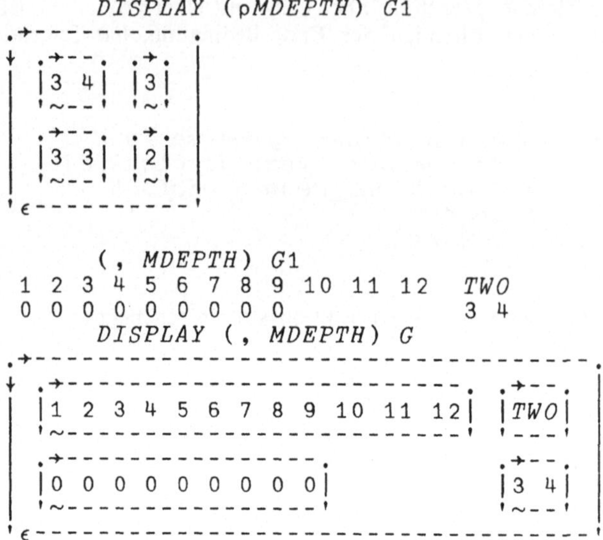


```
        (, MDEPTH) G1
 1 2 3 4 5 6 7 8 9 10 11 12   TWO
 0 0 0 0 0 0 0 0 0            3 4
        DISPLAY (, MDEPTH) G
```


Eine Erweiterung von $MDEPTH$ wäre es z.B., wenn man einen Operator $DDEPTH$ definiert,
der eine zweistellige Funktion auf die Argumente anwendet. Die Definition dieses Operators bleibt einer Übung vorbehalten.

Unbeabsichtigte Rekursion

Es kann vorkommen, daß man während des Testens eines Programms in eine rekursive
Situation gerät, die man nicht beabsichtigte. Ein derartiger Fall soll nun gezeigt werden.
Man definiert z.B. ein Programm zur Ermittlung des arithmetischen Mittelwerts:

```
        ∇Z←AVG R
[1]     Z←(+/R)÷ρR
[2]
```

Man will nun die Funktion testen und gibt ein:

```
[2]     AVG 1 3 5
[3]
```

Man hat jedoch versäumt, die Funktion vorher abzuschließen. Aus diesem Grund wird der
Ausdruck zum Testen der Funktion als Zeile [2] akzeptiert. Wenn man nun die Funktion
abschießt und sie dann aufruft, entsteht eine endlose Rekursion.

Immer dann wenn ein Programm ungewöhnlich lange läuft, sollte man es unterbrechen
und sich den Statusindikator ansehen. In diesem Fall zeigt ein Blick auf den Inhalt des
Statusindikators, daß eine Rekursion abläuft.

Übungen zu 7.7

1. Schreiben Sie ein Programm, daß auf der Basis eines Geldbetrages *AMT* und eines ganzzahligen Zinssatzes den Betrag errechnet und ausgibt, der nach Addition des Zinses entsteht. Das Programm soll eine endlose Schleife haben und die Beträge der aufeinanderfolgenden Jahre ausgeben.

2. Es gibt viele Möglichkeiten einen numerischen Vektor zu summieren:

  a. Schreiben Sie dafür eine rekursive Funktion.

  b. Schreiben Sie dafür eine iterative Funktion.

  c. Schreiben Sie einen Ausdruck in der Form einer geschlossenen Formel.

3. In Kapitel 6 wurde eine Formel zur Errechnung der Zinsen nach *N* Jahren vorgestellt. Diese Formel geht davon aus, daß keine Rundung stattfindet, wenn der Zins addiert wird.

  a. Schreiben Sie eine Schleife, in der diese Rechnung durchgeführt und jedesmal gerundet wird.

  b. Wenn man im Jahr 1776 einen Pfennig zu 5% Zins angelegt hat, wie hoch ist der Gelbetrag im Jahr 1987 - also 211 Jahre später? Der Zins soll jährlich gerundet und addiert werden.

  c. Wie hoch wäre der Betrag nach 211 Jahren, wenn man am Anfang 50 Pfennige angelegt hätte?

4. Schreiben Sie eine rekursive Funktion, die die einstellige Elementarfunktion **Indexvektor bilden** simuliert.

5. Schreiben Sie eine Funktion, die eine geschlossene Formel zur Ermittlung der n-ten Fibonacci-Zahl verwendet.

6. Schreiben Sie einen Ausdruck, der den Rang jeder einfachen Strukturgröße in einer geschachtelten Strukturgröße ermittelt. Verwenden Sie dazu *MDEPTH*.

7. Schreiben Sie eine rekursive Funktion, die die Funktion **Ersten Bestandteil entnehmen** (↑) auf jede einfache Strukturgröße einer geschachtelten Strukturgröße anwendet. Vergleichen Sie die Resultate mit denen, die sich aus der Anwendung von ↑*MDEPTH* auf die gleichen Argumente ergeben.

8. Modifizieren Sie *MDEPTH* so, daß die Funktion nicht mehr auf einfache Strukturgrößen, sondern auf Strukturgrößen der Tiefe *N* angewendet wird. *N* soll als Operand in der Kopfzeile auftreten.

9. Schreiben Sie einen definierten Operator *DDEPTHA*, der eine zweistellige Funktion auf
    jede einfache Strukturgröße der beiden geschachtelten Argumente anwendet. Wenn
    eines der Argumente geschachtelt ist, soll eine Rekursion stattfinden. Die nächste
    Darstellung zeigt einen Aufruf von *DDEPTHA*:

```
        X←( 4  5 )( 6( 7  'B' )) ( 10  11 )
        2 ( 2  3 ) 'A'  +NUMB DDEPTHA X
  6 7   8   10 B A
```

10. Schreiben Sie einen definierten Operator *DDEPTHB*, der eine zweistellige Funktion
    zwischen jeder jeder einfachen Strukturgröße des rechten Arguments und dem ge-
    samten linken Argument anwendet.

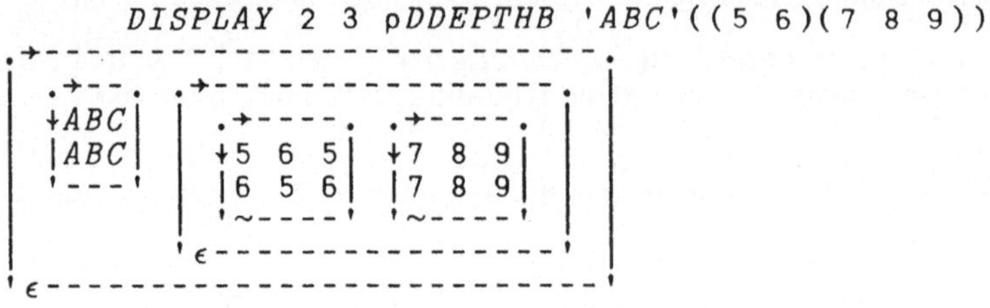

11. Schreiben Sie ein rekursives Programm zur Errechnung der Werte der Ackermann-
    Funktion für zwei ganzzahlige J und N; die Funktion ist wie folgt definiert:

```
        0  A  N   ↔   N+1
        J  A  0   ↔   (J-1) A 1
        J  A  N   ↔   (J-1) A (J A(N-1))
```

Kapitel 8 - Arbeiten mit Anwendungen

Viele Bestandteile von APL2 wurden bereits vorgestellt: Strukturgrößen, Funktionen und Operatoren. Die Grundlagen der Programmierung wurden auch behandelt. In diesem Kapitel wird die Entwicklung von Anwendungen gezeigt. Jede zeigt eine andere Möglichkeit im Umgang mit APL2.

Die erste Anwendung beschäftigt sich mit dem Sammeln von Zeitschriften. Sie ist eine praxisnahe Darstellung und demonstriert, wie einfach man eine kleine Anwendung erstellen kann.

Die zweite Anwendung simuliert einen Computer. Mit ihr wird die Eignung von APL2 für Zwecke der Simulation und Modellierung gezeigt.

Die letzte Anwendung verwendet geschachtelte Strukturgrößen und definierte Operatoren zur Darstellung von Spielen. In diesem Umfeld beweist APL2 seine Fähigkeit als Werkzeug der künstlichen Intelligenz.

Jeder Abschnitt beschreibt die drei Entwicklungsschritte, die zur Erstellung einer Anwendung erforderlich sind:

- Beschreibung der Anwendung.
- Entwurf der Anwendung.
- Implementierung der Anwendung.

8.1 Eine Zeitschriftensammlung

Die Anwendung erlaubt es, den Sammlern von Zeitschriften den Stand ihrer Sammlung
zu verfolgen und mit einfachen Abfragen verschiedene Informationen über ihre Sammlung
zu erhalten. Diese Techniken können auch für andere Sammlungen angewendet werden,
wie z.B. für Schallplatten oder Antiquitäten. In dieser Anwendung soll die Sammlung der
bekannten Monatszeitschrift *APL2 World* verwaltet werden.

Es gibt viele Möglichkeiten, eine Anwendung zu entwickeln. Die in diesem Abschnitt beschriebenen Programme stellen nur eine Möglichkeit dar, wie man die Anwendung zur
Verwaltung der Zeitschriftensammlung erstellen kann. Sie wurde so entworfen, daß sie
mit einfachen Ausdrücken, die im Ausführungsmodus eingegeben werden, läuft. Es gibt
kein Hauptprogramm, das die gesamte Anwendung steuert. Die meisten Programme führen keine oder nur einfache Plausibilitätsprüfungen durch. Wenn eine der Funktionen mit
einem falschen Argument aufgerufen wird, erfolgt eine Fehlermeldung und die Ausführung
wird unterbrochen.

Die Programme verwenden nur Funktionen und Einrichtungen, die in diesem Buch behandelt wurden. Einrichtungen, die in diesem Buch nicht vorgestellt wurden, könnten die
Dateneingabe und das Editieren vereinfachen. Die Einrichtungen zur Fehlerbehandlung
können eine Anwendung sicherer machen. Wenn Sie mehr über APL2 wissen, können Sie
diese weitergehenden Möglichkeiten in die Anwendung einbauen.

Die Beschreibung der Anwendung

Der Sammler will Informationen über jede Ausgabe der Zeitschrift speichern; wie z.B. die
Anzahl der Exemplare jeder Ausgabe, die er besitzt, den Einkaufspreis und den gegenwärtigen Wert je Exemplar. Es muß möglich sein, Informationen hinzuzufügen zu können,
wenn eine neue Ausgabe verfügbar ist und Untermengen der Daten auszuwählen. Es ist
notwendig, daß bestehende Informationen verändert werden können, um z.B. Fehler zu
korrigieren oder den gegenwärtigen Wert einzelner Ausgaben anzupassen.

Der Entwurf der Anwendung

Die wichtigste Entscheidung bei dieser Anwendung ist die Festlegung der Datenstruktur
zur Speicherung der Zeitschriften. Fast jede Funktion, die zu schreiben sein wird, greift auf
die Daten zurück. Eine übliche Methode zur Speicherung derartiger Daten ist ihre Darstellung in einer *Relationalen Struktur*. Eine relationale Struktur ist eine Matrix. Jede
Zeile der Matrix enthält alle Informationen über eine Ausgabe der Zeitschrift - ihren Preis,
die Anzahl der Ausgaben, die man besitzt, das Datum u.s.w.. Jede Spalte der Matrix
enthält gleichartige Informationen für jede Ausgabe der Zeitschrift - eine Spalte enthält
die Preise, eine andere die Angaben über das Erscheinungsdatum u.s.w..

Man muß festlegen, welche Daten in den einzelnen Spalten gespeichert werden sollen, ohne
daß man sich über die genaue Anordnung in der relationalen Struktur Gedanken machen
muß. Die erste wesentliche Information ist die Nummer der Ausgabe. Die meisten Zeitschriften werden fortlaufend numeriert - die erste Ausgabe erhält die Nummer 1, die zweite
Ausgabe die Nummer 2 u.s.w. Darüberhinaus werden periodisch erscheinende Zeitschriften in Bände zusammengefaßt. Nach jeweils sechs oder zwölf Ausgaben wird die Nummer
des Bandes um 1 erhöht. Die Numerierung der Ausgaben eines Bandes beginnt jeweils mit

1. Die nächste Abbildung zeigt des Impressum der ersten Ausgabe der *APL2 WORLD*, die zuerst als *The APL Gazette* erschien:

★★★★	**The APL Gazette**	**FINAL EDITION**
Forecast: Bright	Vol. I, No. 1 — Thursday Evening, June 28, 1928	Five cents

WORLD STUNNED BY APL

Time Clock Company Announces APL

ENDICOTT, NY— A small upstate New York firm grandiosely named "International Business Machines" has announced that it intends to develop the concepts of something it calls "A Programming Language." Industry speculation is that the company will use this "APL" as a control description for the card controlled calculating machines it has been developing for the Bureau of the Census. Rumors have circulated for some time that the census machines have become too complex for more than half-a-dozen men in the country to understand. If "APL" can come up to its early promise, it may then be useful in automating other quite disimilar industries such as textiles and milling machinery.

Unclassifieds:
Section D

The First Truly International Programming Language

ARMONK, NY— The world was truly stunned today with the announcement of APL, the first, and only, truly international programming language. The syntax of the language, formed with the use of traditional mathematical symbols and notation, spans the scope of the civilized world. Scientists and engineers from all foreign speaking peoples have recognized and applauded the power, flexibility, and *non-English* nature of this innovative and highly productive new language.

The innovative nature of the language does not stop at the syntax alone; this language is designed and intended to be *interactive!* One is expected to actually carry on a "dialog" with the execution of the language, which allows for clear error identification and correction. These "dialogs" can be combined into groupings, which are defined as functions by this new language. These functions are an encapsulation of a series of dialogs, thereby eliminating the necessity of respecifying the same sequence of syntactic elements— this is all referred to by a user defined name which associates these sequences of instructions to something the user can remember.

The basic content of the language is the real eye-cather, however. Data types are self-defining, translation to different types is all done by the language, without the user having to worry about it. Operations can be done against scalers, vectors, or arrays, and the language defines the basic mathematical operations against the various data types. As an example, if one desired to invert a 3 by *-Page 7*

Call 555-1050
for regular
home delivery

Math Professor Loses Touch

HARVARD— A mathematics professor at Harvard claims to have developed a notation which will unify applied mathematics. The Harvard doctor will be presenting his theory in a new course to be taught on the graduate level at Harvard.

Frankly, though, one glance at the maze of symbols that he uses would be enough to frighten any schoolboy out of his times tables. It would seem to us that applied mathematics ought to be accessible to more than just Harvard graduates.

Dr. Kenneth E. *-Page 3*

Watch Out, Esperanto!

MT. KISKO, NY— A group of scientists has announced what they claim is the first truly international language. We think the Esperanto and Interlingua fans might tend to dispute that claim, but we certainly agree that the new language, called "APL", has a simpler name; one which even suggests the origin of mankind. We do reserve a bit of skepticism, however. There is a rumor circulating that all of the advocates of APL are either Canadian or left-handed. The *-Page 9*

Sagging Stock Market Finally Rebounds

NEW YORK— The Dow Jones average bettered $\lceil$/(all previous) in a very heavy day of trading. Here are some selected stocks of localized interest from yesterday's trading:

	sales	low	high	Δ		sales	low	high	Δ
DIGI	3	10	16	–	QPW	10	79	390	⁻51
ORIG	1	–	–	–	QRL	5	˙7	168	07
QAI	1001	496	637	83	QTS	1928	6	27	16
QCT	–	–	1	E⁻13	QTT	–	1	2	–
QIO	0	–	–	–	QUL	67	5	53	24
QPP	1	10	18	2	WIDT	30	120	390	–

Inside Tonight's Paper

Die Ausgabe vom Januar 1987 trug die Nummer 618. Zur Speicherung aller Informationen über alle 618 Ausgaben ist eine Matrix mit 618 Zeilen erforderlich. Man könnte versucht sein, die Nummer der Ausgabe nicht zu speichern, sondern den Zeilenindex zur Darstellung der Nummer der Ausgabe zu verwenden - die Informationen über die Nummer 200 befinden sich in der Zeile 200 der Matrix. Dieser Ansatz ist ungeeignet, da später verschiedene Untermengen der Matrix gebildet werden. Man möchte z.B. die Matrix so sortieren, daß die wertvollste Ausgabe zuerst erscheint. Jede Zeile der Matrix muß identifizierbar sein, unabhängig von ihrer Position in der Matrix - aus diesem Grund muß eine Spalte der Matrix die Nummer der Ausgabe enthalten.

Andere Spalten enthalten die Nummer des Bandes, die Nummer der Ausgabe innerhalb des Bandes, das Erscheinungsjahr, den Monat der Veröffentlichung, den Verkaufspreis, den gegenwärtigen Wert, die Anzahl der Ausgaben, die man besitzt - eine Null bedeutet, daß diese Ausgabe in der Sammlung fehlt.

Die Matrix hat den Namen *MAG*. Die nächste Abbildung zeigt einen Ausschnitt aus *MAG* mit den neuesten Ausgaben:

```
Issue  Vol  No  Year  Mon  Price  Value  Own
 603    57   1  1985  OCT  1.95   1.95    1
 604    57   2  1985  NOV  1.95   1.95    1
 605    57   3  1985  DEC  1.95   1.95    1
 606    57   4  1986  JAN  1.95   1.95    1
 607    57   5  1986  FEB  1.95   1.95    1
 608    57   6  1986  MAR  1.95   1.95    1
 609    57   7  1986  APR  1.95   1.95    1
 610    57   8  1986  APR  1.95   1.95    1
 611    57   9  1986  JUN  1.95   1.95    1
 612    57  10  1986  JUL  1.95   1.95    1
 613    57  11  1986  AUG  1.95   1.95    1
 614    57  12  1986  SEP  1.95   1.95    1
```

Der Entwurf der Eingabe- und Editierfunktionen ist sehr wichtig, wenn man auf Programme wert legt, die einfach anzuwenden sein sollen.

In dieser Anwendung ist der Programmierer auch der spätere Anwender - aus diesem Grund sind einfache Eingabe- und Editierfunktionen ausreichend.

Wenn die Funktionen vorliegen, mit denen die Eingabe erfolgt, kann die Matrix im oben beschriebenen Format gefüllt werden.

Die weiteren Funktionen führen Berechnungen durch, ordnen Daten in anderer Form an, oder wählen Daten aus.

Wie bereits erwähnt, ist die Anwendung so entworfen, daß die Funktionen im Ausführungsmodus ausgeführt werden können. Die Funktionen sind so konstruiert, daß sie zusammen in einem Ausdruck verwendbar sind. Die folgende Aufstellung beschreibt die Funktionen, die dem Anwender zur Verfügung stehen:

1. Eine Umordnungsfunktion.

    Diese Funktion hat die Matrix *MAG* und einen Spaltennamen als Argument und liefert eine Matrix, in der die Zeilen entsprechend der angegebenen Spalte absteigend sortiert werden. Die bereitgestellte Funktion ist:

    *   *SORTDNBY.* Sortiert die Matrix in absteigender Folge über die angegebene Spalte.

2. Auswahl-Funktionen.

    Diese Funktionen haben als Argument die Matrix der Zeitschriften und, falls nötig eine Zahl, die eine Auswahl festlegt. Das Resultat ist eine Untermenge der Matrix:

    *   *NEED.* Die Funktion hat als Argument eine Matrix mit Zeitschriften. Das Resultat ist eine Untermenge dieser Matrix und enthält nur Zeilen, in denen die Anzahl der eigenen Kopien gleich null ist.

    *   *VOLUME.* Die Funktion hat als Argument die Nummer eines Bandes und den Namen der Matrix der Zeitschriften. Das Resultat ist eine Untermenge der Matrix und enthält nur die Zeilen, die mit der Nummer des Bandes übereinstimmen.

3. Rechen-Funktionen.

    Diese Funktionen haben als Argument eine Matrix der Zeitschriften und führen einige Berechnungen durch:

- *COST*. Die Funktion hat als Argument eine Matrix der Zeitschriften. Das Ergebnis ist der Betrag, der zu ihrer Anschaffung aufgewendet wurde.

- *WORTH*. Die Funktion hat als Argument eine Matrix der Zeitschriften. Das Resultat ist der gegenwärtige Wert der Zeitschriften.

4. Editier-Funktionen.

Diese Funktionen modifizieren oder löschen Zeilen in der Zeitschriften-Matrix oder fügen neue Zeilen hinzu.

- *ADD*. Neue Zeilen werden zur Matrix der Zeitschriften hinzugefügt.

- *EDIT*. Ändert die Inhalte von Zeilen in der Matrix der Zeitschriften.

Zusätzlich gibt es die Funktion *LISTMAG*; sie gibt eine Matrix der Zeitschriften aus, in der die einzelnen Spalten mit Überschriften versehen sind.

Diese Funktionen können in Ausdrücken miteinander kombiniert werden, so daß ein gewünschtes Ergebnis entsteht; diese Ausdrücke werden im Ausführungsmodus ausgewertet. Die Matrix *MAG* enthalte alle Ausgaben der **APL2 World** bis zur Nummer 618. Es folgen einige beispielhafte Ausdrücke, die man eingeben kann:

- Anzeigen aller Ausgaben des Bandes mit der Nummer 41:

```
      LISTMAG VOLUME 41 MAG
 Issue Vol No Year Mon Price Value Own
   400  41  1 1972 OCT  0.95  5.25   2
   401  41  2 1972 NOV  0.95  5.25   0
   402  41  3 1972 DEC  0.95  5.25   0
   403  41  4 1973 JAN  0.95  5      0
   404  41  5 1973 FEB  0.95  5      1
   405  41  6 1973 MAR  0.95  5      0
   406  41  7 1973 APR  0.95  5      0
   407  41  8 1973 APR  0.95  5      1
   408  41  9 1973 JUN  0.95  5      1
   409  41 10 1973 JUL  0.95  5      2
   410  41 11 1973 AUG  0.95  5      0
   411  41 12 1973 SEP  0.95  5      0
```

- Was kosteten die Ausgaben des Bandes 41, die sich in der Sammlung befinden?

```
      COST VOLUME 41 MAG
6.65
```

- Welchen Wert haben die Ausgaben des Bandes 41, die sich in der Sammlung befinden, heute?

```
      WORTH VOLUME 41 MAG
35.5
```

- Welche Ausgaben des Bandes 41 fehlen in der Sammlung?

```
      LISTMAG NEED VOLUME 41 MAG
 Issue Vol No Year Mon Price Value Own
   401  41  2 1972  11  0.95  5.25   0
   402  41  3 1972  12  0.95  5.25   0
   403  41  4 1973   1  0.95  5      0
   405  41  6 1973   3  0.95  5      0
   406  41  7 1973   4  0.95  5      0
   410  41 11 1973   8  0.95  5      0
   411  41 12 1973   9  0.95  5      0
```

- Welche sind die fünf wertvollsten Ausgaben?

```
      LISTMAG 5↑[1] SORTDNBY VALUE MAG
 Issue Vol No Year Mon Price Value Own
     1   1  1 1928 JUN  0.05   625   1
     2   1  2 1928 AUG  0.05   600   1
     3   1  3 1928 OCT  0.05   550   1
     4   1  4 1928 DEC  0.05   500   1
     5   1  5 1929 JAN  0.05   500   1
```

Diese Beispiele liefern eine gute Vorstellung davon, wie die einzelnen Funktionen zusammenwirken, bevor sie selbst geschrieben worden sind. Das angestrebte Ziel, die Funktionen in der gezeigten Weise einsetzen zu können, beeinflußt sehr stark die Definition der Argumente.

Die Implementierung der Anwendung

Man hat nun eine gute Vorstellung über das, was die Anwendung leisten soll. Die wesentlichen Funktionen, die geschrieben werden müssen, wurden vorgestellt und ihre Wirkung wurde an Beispielen erläutert. Nun ist es Zeit, diese Programme zu schreiben.

Die Erstellung und Verwendung der Zeitschriften-Matrix

Da die Matrix *MAG* eine relationale Struktur hat, bezieht sich nahezu jede Funktion auf die Spalten der Matrix. Die Reihenfolge der Spalten wurde bereits festgelegt - die Nummer der Ausgabe in Spalte 1, die Bandnummer in Spalte 2 u.s.w.; daher könnte man die Spaltennummern in den Programmen verwenden. Dabei ergeben sich aber zwei Probleme. Wenn man erstens die Spalten der Matrix in eine andere Folge bringen will, z.B. durch Einfügen einer neuen Spalte in die Mitte der Matrix, muß man alle Programme ändern. Selbst wenn man, zweitens, die Spaltendefinitionen nicht ändert, sind Zahlen nicht aussagefähig. Es ist wesentlich einprägsamer, sich z.B. auf eine Spalte mit dem Namen *VOL* zu beziehen und nicht mit der Nummer 2; die Bezeichnung *VOL* erinnert an den Zweck der Spalte. Aus diesem Grund ist zuerst eine Funktion zu definieren, die nur dann ausgeführt wird, wenn sich die Spaltendefinitionen ändern. Bei der Eingabe von Daten kommen auch Monatsnamen vor, daher ist es sinnvoll, globale Abkürzungen für die Monatsnamen festzulegen. Die Funktion enthält somit die Spaltendefinitionen der Matrix und die Abkürzungen der Monatsnamen:

```
        ∇DEFINECOLUMNS
[1]     ISSUE←1
[2]     VOL←2
[3]     NO←3
[4]     YEAR←4
[5]     MON←5
[6]     PRICE←6
[7]     VALUE←7
[8]     OWN←8
[9]     ⍝
[10]    JAN←'JAN'
[11]    FEB←'FEB'
[12]    MAR←'MAR'
[13]    APR←'APR'
[14]    MAY←'MAY'
[15]    JUN←'JUN'
[16]    JUL←'JUL'
[17]    AUG←'AUG'
[18]    SEP←'SEP'
[19]    OCT←'OCT'
[20]    NOV←'NOV'
[21]    DEC←'DEC'
[22]    ⍝
[23]    END←'END'
[24]  ∇
```

In der Funktion werden acht globale Variable definiert, die den Spalten der Matrix Namen
zuordnen; es werden zwölf globale Variable mit den Monatsnamen angelegt, die bei der
Dateneingabe verwendet werden; eine Variable wird gebildet, die benutzt wird, um das
Editieren zu beenden. Sollte man später eine weitere Spalte in die Matrix einfügen, genügt
es, diese Funktion zu editieren und einen weiteren globalen Variablennamen hinzuzufügen.
Danach führt man die Funktion erneut aus. Die meisten anderen Funktionen brauchen
nicht oder nur geringfügig geändert werden, wenn sie die neue Matrix verwenden.

Im Kapitel 3 wurde im Abschnitt „Gute APL2-Programmierpraktiken" geraten, globale
Variable zu vermeiden. Die in der Funktion definierten Variablen sind Erklärungen. Sie
sind globalen Konstanten ähnlich. Im Verlauf der Anwendung ändern sie sich nicht. Man
könnte auch sicherstellen, daß die Werte der Namen nicht von Programmen verändert
werden, indem man sie in definierten Anweisungsfolgen festlegt. Die nächste Funktion ist
ein Beispiel dafür:

```
        ∇Z←ISSUE
[1]     ⍝ Definiert die Spalte fuer 'AUSGABE'
[2]     Z←1
[3]   ∇
```

Durch die Verwendung einer definierten Anweisungsfolge zur Festlegung einer globalen
Konstanten wird sichergestellt, daß ISSUE nicht durch eine Zuweisung geändert werden
kann; eine solcher Versuch führt zu einem Fehler:

```
        ISSUE←2
SYNTAX ERROR
        ISSUE←2
        ∧       ∧
        →
```

Der nächste Schritt besteht darin, die Matrix *MAG* zu initialisieren, natürlich hat *MAG* keine
Zeilen:

```
      MAG←0 8ρ0
```

Nun kann eine Funktion geschrieben werden, die eine Zeitschriften-Matrix mit Spaltenüberschriften versieht:

```
      ∇Z←LISTMAG R
[1]   ⍝ R enthaelt Zeilennummern aus MAG-Matrix
[2]   ⍝ Z enthaelt Zeilen aus MAG plus Ueberschriften
[3]    R←(¯2↑1,ρR)ρR        ⍝ Erzeuge Matrix
[4]    Z←'Issue' 'Vol' 'No' 'Year' 'Mon' 'Price' 'Value' 'Own'
[5]    Z←Z,[1]R[;ISSUE VOL NO YEAR MON PRICE VALUE OWN]
[6]   ∇
```

Die Funktion *LISTMAG* gibt Untermengen der Zeitschriften-Matrix aus und bereitet sie
als Bericht auf.

Es ist eine Funktion erforderlich, die eine neue Zeile an die Matrix anhängt und eine
Funktion, die eine bestehende Zeile verändert. Dazu könnte man einfach zwei Funktionen
definieren: *ADD* zum Einfügen neuer Daten und *EDIT* zum Editieren bestehender Eintragungen. In der Funktion *ADD* muß sichergestellt werden, daß es die einzufügende Zeile
noch nicht in der Matrix gibt und in der *EDIT*-Funktion muß geprüft werden, daß es die
zu editierende Zeile gibt. Anstatt diese Prüfungen in zwei Funktionen durchzuführen, kann
man eine Funktion schreiben, die vom Benutzer die Nummer der Zeitschriftenausgabe
verlangt und *ADD* oder *EDIT* aufruft, je nachdem, ob die Ausgabennummer in der Matrix
MAG existiert oder nicht. Eine derartige Funktion sieht wie folgt aus:

```
      ∇MAGAZINE;DIS
[1]   L1:'Nummer oder END eingeben'
[2]    DIS←□                         ⍝ Eingabeanforderung
[3]    →(DIS≡END)/0                  ⍝ Eingabe = END ?
[4]    →((ρDIS)≡(⍳0))/OK             ⍝ Muss Skalar sein
[5]    'Nummer muss eine ganze Zahl sein'
[6]    →L1
[7]   OK:→(DIS∊MAG[;ISSUE])/L2  ⍝ Verzweige, wenn Nummer existiert
[8]    ADD DIS                   ⍝ Einfuegen neue Nummer
[9]    →L1
[10]  L2:EDIT DIS                ⍝ Ausgeben existierende Nummer
[11]   →L1
[12]  ∇
```

Die Funktionen *ADD* und *EDIT* wurden noch nicht definiert; trotzdem kann die Funktion
MAGAZINE getestet werden. Zu diesem Zweck schreibt man diese beiden Funktionen in
folgender Form:

```
      ∇ADD R
[1]   'ADD ROUTINE'
[2]   ∇
```

```
      ∇EDIT R
[1]   'EDIT ROUTINE'
[2]   ∇
```

Wenn beim Testen der Funktion *MAGAZINE* eine dieser beiden Funktionen aufgerufen
wird, erscheint die entsprechende Meldung.

Diesen Programmierstil, bei dem die übergeordneten Funktionen zuerst erstellt werden, bezeichnet man als *top-down*-Programmierung.   Im Gegensatz dazu steht der *bottom-up*-Programmierstil, bei dem die Funktionen der untersten Stufe zuerst programmiert werden. Die Verwendung des *top-down* Ansatzes bietet drei Vorteile:

1.   Man kann die Anwendung im Zusammenspiel der Komponenten bereits testen, bevor man alle Funktionen endgültig codiert hat.

2.   Man kann zusätzliche Funktionen einfügen, wenn man während des Tests die Notwendigkeit erkennt.

3.   Man kann dem späteren Anwender den Ablauf der Anwendung frühzeitig vorführen und mit ihm zusammen notwendige Änderungen diskutieren.

Nachdem man das Programm *MAGAZINE* abschließend getestet hat, kann man die Funktionen *ADD* und *EDIT* schreiben:

```
        ∇ADD R;IN
[1]     ⍝ R ist neue Nummer
[2]     L1:'Alle Angaben zu dieser Nummer ' R
[3]     '     ' 'Vol' 'No' 'Year' 'Mon' 'Price' 'Value' 'Own'
[4]     IN←⎕                     ⍝ Eingabeanforderung
[5]     →((,7)≡⍴IN)/OK           ⍝ Es muessen 7 Elemente sein
[6]     'Fehler- es muessen 7 Elemente sein'
[7]     →L1
[8]     OK:MAG←MAG,[1]R,IN       ⍝ Einfuegen neue Zeile
[9]     ∇
```

Obwohl die Monatsnamen aus Zeichenfolgen bestehen, brauchen sie nicht in Hochkommata eingegeben zu werden, da sie global definiert wurden.

```
        ∇EDIT DIS;RIDX;CIDX;VAL
[1]     ⍝ Editieren existierende Daten
[2]     RIDX←MAG[;ISSUE]⍳DIS ⍝ Finden Zeile
[3]     'Vorhandene Daten'
[4]     LISTMAG MAG[RIDX;]      ⍝ Ausgeben Zeile
[5]     'Was wollen Sie aendern ?'
[6]     CIDX←⎕                  ⍝ Eingabe Spaltennummer
[7]     'Neuen Wert eingeben'
[8]     VAL←⎕                   ⍝ Eingabe neuer Wert
[9]     MAG[RIDX;CIDX]←VAL      ⍝ Ersetzen alten Wert
[10]    'Neuer Inhalt'
[11]    LISTMAG MAG[RIDX;]      ⍝ Anzeigen geaenderte Zeile
[12]    ∇
```

Die Auswahl von Untermengen aus der Zeitschriften-Matrix

Alle Funktionen, mit denen Untermengen ausgewählt werden, sehen gleich aus. Man wählt eine Spalte der Matrix aus und führt einige Vergleichsoperationen durch, die ein Muster erzeugen; eine 1 im Muster bedeutet, daß die entsprechende Zeile ausgewählt werden soll. Zur Auswahl der Zeilen wird **Wiederhohlen** eingesetzt.

Die erste Funktion wählt die Zeilen aus, die die Aussage enthalten, daß die entsprechende Ausgabe nicht in der Sammlung enthalten ist. Dazu wird die Spalte *OWN* auf Nulleinträge geprüft.

```
      ∇Z←NEED R
[1]   ⍝ R ist Magazin-Matrix
[2]    Z←(R[;OWN]=0)/R
[3]   ∇
```

Die zweite Funktion wählt die Zeilen aus, die eine bestimmte Bandnummer enthalten:

```
      ∇Z←VOLUME R;N
[1]   ⍝ R enthaelt Bandnummer und Matrixname
[2]    (N Z)←R
[3]    Z←(Z[;VOL]=N)/Z
[4]   ∇
```

Das Umordnen der Zeitschriften-Matrix

Wenn man die Matrix umordnen will, wählt man die entsprechende Spalte aus und wendet
darauf die Funktion **Sortierindex bilden - absteigend** an; dadurch erhält man die Zeilenin-
dizes der sortierten Matrix:

```
      ∇Z←SORTDNBY R;N
[1]   ⍝ R enthaelt Sortierspalte und Matrixname
[2]    (N Z)←R
[3]    Z←Z[⍒Z[;N];]
[4]   ∇
```

Berechnungen mit der Zeitschriften-Matrix

Die für diese Anwendung notwendigen Berechnungen erfordern lediglich die Auswahl der
Daten und die Durchführung der gewünschten Berechnungen. Die nächste Funktion addiert die Kosten aller Zeitschriften der Matrix im rechten Argument der Funktion:

```
      ∇Z←COST M
[1]   ⍝ Errechnen Gesamtkosten
[2]    Z←+/×/M[;PRICE OWN]
[3]   ∇
```

Die folgende Funktion ermittelt den gegenwärtigen Wert der Zeitschriften, die als Matrix
im rechten Argument der Funktion stehen:

```
      ∇Z←WORTH M
[1]   ⍝ Errechnen Gesamtwert
[2]    Z←+/×/M[;VALUE OWN]
[3]   ∇
```

Man kann diese Anwendung um weitere Eigenschaften erweitern, indem man z.B. den
Gesamtwert je Band graphisch darstellt oder die Berichte besonders gefällig aufbereitet.

Übungen zu 8.1

1. Definieren Sie eine Variable *DESCRIBE*, die Erläuterungen enthält, wie die Zeitschriften-Anwendung zu benutzen ist.

2. Schreiben Sie eine Funktion, die eine bestimmte Spalte aufsteigend sortiert.

3. Schreiben Sie eine Funktion *GAIN*, die den prozentualen Wertzuwachs aus einer Untermenge der Matrix ermittelt. Ein beispielhafter Aufruf von *GAIN* kann wie folgt aussehen:

```
      GAIN VOLUME 41 MAG
   4.32
```

4. Modifizieren Sie die Funktion *ADD* so, daß **Fenster-Hochkomma** für die Eingabe und **Aktivieren** zur Konvertierung der Eingabe von Zahlen verwendet wird.

5. Ändern Sie die Funktion *EDIT* so, daß eine geänderte Zeile angezeigt und der Benutzer aufgefordert wird, die Änderung als richtig zu bestätigen, bevor die Matrix *MAG* verändert wird.

6. Ändern Sie die Anwendung so, daß eine zusätzliche Spalte in die Matrix eingefügt wird; diese Spalte soll Kommentare aufnehmen, wie z.B. „Diese Ausgabe wurde nie veröffentlicht" oder „Dieses ist die letzte Ausgabe unter dem ursprünglichen Namen". Modifizieren Sie die Funktionen *DEFINECOLUMNS*, *ADD*, *EDIT* und *LISTMAG*. Ändern Sie auch die Dokumentation in *DESCRIBE*. Schreiben Sie eine Funktion, die die bestehende Matrix *MAG* in die neue Form überführt.

7. Mit dem Erscheinen der Ausgabe 300 änderte sich der Name der Zeitschrift. Ändern Sie die Funktion *LISTMAG* so, daß alle Ausgaben der Nummern 1 bis 299 mit den Buchstaben *GAZ* vor der Nummer der Ausgabe ausgegeben werden; alle anderen Ausgaben sollen mit den Buchstaben *WORLD* versehen werden.

8.2 Die Simulation eines Vektorrechners

Man kann APL2 zur Simulation eines Computers verwenden. In diesem Abschnitt wird gezeigt, wie man eine derartige Simulation schreiben kann.

Es gibt viele Möglichkeiten, eine Computerarchitektur zu betrachten. Wenn man die Fragen der Eingabe und Ausgabe vernachlässigt, kann man vier Gesichtspunkte herausstellen:

1. Eine Anwendungsarchitektur.

    Man kann den Rechner als eine Maschine betrachten, auf der eine bestimmte Anwendung verfügbar ist. Kassenterminals oder Bankterminals sind Beispiele für derartige Spezialmaschinen. Unter diesem Blickwinkel betrachten jene Benutzer die Maschinen, die es nicht interessiert, wie sie arbeiten.

2. Eine Architektur für höhere Programmiersprachen.

    Man kann einen Computer als eine Einheit ansehen, die Strukturgrößen und Programme speichert und auf der eine höhere Programmiersprache eingesetzt wird, wie z.B. APL2. Dieser Aspekt wird in diesem Buch behandelt. Man benötigt nur geringe Kenntnisse über einen bestimmten Computer, um APL2 auf diesem Rechner einsetzen zu können.

3. Eine Maschinensprachen-Architektur.

    Man kann einen Rechner auch als eine Einheit betrachten, mit der Zahlen gespeichert, miteinander kombiniert und daraus neue Zahlen erzeugt werden können. Dieser maschinensprachliche Gesichtspunkt stellt die niedrigste Stufe dar, auf der ein Anwender normalerweise mit einem Computer umgehen kann.

4. Eine Architektur elektronischer Schaltkreise.

    Man kann einen Computer auch als eine Menge von elektronischen Schaltungen ansehen, die aus bi-stabilen Relais und elektronischen Verbindungen zwischen den Schaltkreisen besteht. Elektronikingenieure, die sich mit der Konstruktion von Rechnern beschäftigen, betrachten Computer unter diesem Blickwinkel.

Für jede dieser vier Ebenen kann man Programme erstellen, die einen Computer simulieren. Die Zeitschriften-Anwendung ist der Ebene der Anwendungsarchitektur zuzurechnen. Diese Anwendung simuliert einen Rechner, der eine Zeitschriften-Matrix speichert und manipuliert. Weil sich APL2-Programme wie elementare Funktionen und Operatoren verhalten, entspricht die Programmierung in einem gewissen Sinn dem Computerentwurf auf der zweiten Stufe - man erweitert die APL2-Sprache um einige Einrichtungen, die die APL2-Entwickler nicht zur Verfügung stellen.

In diesem Abschnitt wird eine Simulation eines Computers auf der Ebene der Maschinensprache entwickelt. Die simulierte Computerarchitektur ist APL2 ähnlich, da sich die zugrundeliegende Arithmetik auf Vektoren bezieht. Obwohl der in diesem Beispiel behandelte Computer eine Fiktion ist, ist er der IBM 3090 Vektoreinrichtung sehr ähnlich. Sie stellt die erste Computerarchitektur dar, die den Anschein erweckt, als sei sie für APL2 entwickelt worden.

Beschreibung der Vektorarchitektur

Man kann sich den Hauptspeicher eines Rechners als eine geordnete Liste von Speicher-
zellen vorstellen, die fortlaufend numeriert sind. Man kann einen Computer so auslegen,
daß die Berechnungen im Hauptspeicher stattfinden und auch die Resultate im Hauptspeicher abgelegt werden. Tatsächlich verfügen die meisten Computer über spezielle
Hochgeschwindigkeitsspeicher, die als *Register* bezeichnet werden und in denen die meisten
Berechnungen stattfinden. Diese Hochleistungsspeicher sind zu teuer , um als Hauptspeicher verwendet werden zu können. Aus diesem Grund verfügen Großrechner über viele
Millionen von Hauptspeicherzellen, aber nur wenige Register (16 in der Serie IBM 370).

Da für die Argumente und die Resultate von Berechnungen nur so wenig Speicher zur
Verfügung steht, laden Programme bei diesen Rechnern skalare Werte in die Register,
führen Berechnungen durch, legen das Resultat im Hauptspeicher ab und führen diesen
Vorgang iterativ in einer Schleife für viele Daten aus. Es ist nicht erstaunlich, daß Programmiersprachen für diese Rechnerarchitektur so ausgelegt sind, daß sie Skalare bearbeiten und verschiedene Konstrukte zur Schleifensteuerung enthalten. Dagegen ist APL2
eine Sprache, mit der man beliebige Strukturgrößen ohne explizite Schleifenprogrammie-
rung bearbeiten kann.

Es gibt heute Vektorarchitekturen, die gleichzeitig mehrere Bestandteile von Strukturgrößen bearbeiten können. Diese Architekturen haben einen Satz von Vektorregistern, Instruktionen, mit denen Werte aus dem Hauptspeicher in die Vektorregister übertragen
werden und solche, die Berechnungen mit dem Inhalt der Vektorregister ausführen und
solche, die die Resultate in den Hauptspeicher zurückübertragen. Zusätzlich gibt es einige
Steuerregister, in denen die Anzahl der Datenelemente in den Vektorregistern und andere
Informationen festgehalten werden.

Mit APL2 kann man leicht die Struktur dieser Vektorarchitekturen nachbilden.

Der Entwurf der Rechnerarchitektur

Die Festlegung eines guten Namens ist einer der ersten Schritte beim Entwurf einer neuen
Maschine. Die Rechnerfamilie IBM 360 erhielt diesen Namen, weil ein Kreis 360 Grad hat
und diese Serie „den ganzen Kreis von Computereinsatzsanforderungen abdeckte". Unsere
Maschine soll den Namen APL 181 erhalten. Die Zahl 181 ist ein Palindrom, sowohl in
der horizontalen als auch in der vertikalen Schreibweise. (Ein Palindrom ist ein Wort, eine
Zahl oder ein Satz, dessen Bedeutung auch dann unverändert bleibt, wenn man ihn um-
kehrt.) Ein zweidimensionales Palindrom ist eine geeignete Zahl für eine Maschine, die
Strukturgrößen gleichzeitig bearbeiten kann.

Das vorgestellte Maschinenmodell soll nur Vektoren verarbeiten können. Auf der Ebene
der Maschinensprache werden die Programme geschrieben, die höherrangige Strukturgrößen verarbeiten. Eine interessante Aufgabenstellung wäre ein Rechnerentwurf, mit dem
Strukturgrößen beliebigen Ranges bearbeitet werden können.

Bei der Modellierung einer Rechnerarchitektur besteht die erste Aufgabe darin, die Da-
tenarchitekturen festzulegen. Die geplante Architektur muß folgende Elemente aufweisen:

- Hauptspeicher (Main memory)
- Skalarregister (Scalar registers)
- Vektorregister (Vector registers)
- Steuerregister (Control registers)

Der Hauptspeicher kann mit APL2 als ein langer Vektor dargestellt werden. Die einzelnen Speicherelemente können durch Indizieren adressiert werden.

Die Skalarregister können als kürzere Vektoren abgebildet werden. Das einfache Modell, das in diesem Abschnitt behandelt wird, benötigt keine Skalarregister. Ein vollständiger Entwurf würde aber auf Skalarregister nicht verzichten können.

Man kann die Vektorregister als einfache Matrix darstellen, mit einer Zeile je Register und einer Spalte je Registerbestandteil. Alternativ dazu kann man auch einen geschachtelten Vektor verwenden, in dem jeder Bestandteil ein Register repräsentiert. In diesem Fall ist es nahezu gleichgültig, welche Darstellung man wählt. Als Daumenregel für Datenstrukturen gilt jedoch: Wenn Daten in einer rechteckigen Struktur angeordnet werden können, sollte man es tun. Trotz dieser Regel könnte man den geschachtelten Vektor dann vorziehen, wenn man jedes Vektorregister als Einheit betrachten will. In diesem Modell werden Vektorregister als einfache Matrix und nicht als Vektor von Vektoren dargestellt. Für eine Maschine mit mehreren Vektorregistern unterschiedlicher Länge würde man keine einfache Matrix verwenden, sondern einen Vektor von Vektoren.

Es werden zwei Steuerregister benötigt. Das erste legt die Länge jedes Vektorregisters fest und wird als *Sektionsgröße* (section size) im Sinn der Rechner IBM 3090 bezeichnet. Für einen bestimmten Rechner ist diese Zahl konstant. Bei einem anderen Rechnermodell kann die Sektionsgröße eine andere konstante Größe sein. Das zweite Steuerregister enthält die Zahl der Bestandteile, die sich gegenwärtig in dem Vektorregister befinden. Diese Zahl kann zwischen null und der Sektionsgröße liegen und wird *Vektorzähler* (Vector count) genannt.

Die Programme für die Maschine APL 181 würden in Wirklichkeit im Hauptspeicher gespeichert; dieser Aspekt des Computers ist für das Modell nicht von Interesse. Hier interessiert nur das Zusammenspiel der Programme mit den Daten im Hauptspeicher und den Vektorregistern.

Nehmen wir an, daß sich zwei Vektoren im Hauptspeicher befinden und daß sie addiert werden sollen. Wie müßte der Rechner APL 181 programmiert werden, um diese Berechnung auszuführen? Nehmen wir an, daß jeder Vektor in ein Vektorregister paßt (d.h. daß die Länge des Vektors nicht größer als die Sektionsgröße ist). Das Programm sieht wie folgt aus:

- Der Vektorzähler wird auf die Länge der Vektoren gesetzt.
- Jeder Vektor wird in ein Vektorregister geladen.
- Die Vektorregister werden addiert.
- Das Resultat wird im Hauptspeicher abgelegt.

Der Hauptspeicher enthalte folgende Informationen:

- Adresse 2 — Länge der Vektoren.
- Adresse 3 — Adresse des linken Arguments.
- Adresse 4 — Adresse des rechten Arguments.
- Adresse 5 — Adresse für das Resultat.

Das nächste Programm führt die Vektoraddition durch:

```
      ∇EXAMPLE1
[1]      LOADVCT  2        ⍝ Laden Vektor-Zaehler
[2]      LOADV  2  3  1    ⍝ Laden linkes Argument
[3]      LOADV  3  4  1    ⍝ Laden rechtes Argument
[4]      ADDV  1  2  3     ⍝ Addieren Vektoren
[5]      STOREV  1  5  1   ⍝ Speichern Resultat im Hauptspeicher
[6]   ∇
```

Jede Zeile stellt eine Maschineninstruktion für die APL 181, in Form einer einstelligen APL2 Funktion, dar.

In Zeile [1] steht die Maschineninstruktion, die den Vektorzähler mit der Zahl lädt, die sich auf der Hauptspeicheradresse 2 befindet. Der Vektorzähler steuert die Zahl der Bestandteile, die von jeder der nachfolgenden Instruktionen bearbeitet werden.

Zeile [2] lädt das Vektorregister 2 mit den Daten, die in Hauptspeicheradresse 3 stehen. Die dritte Zahl im Argument von LOADV gibt den Abstand zwischen den Bestandteilen im Hauptspeicher an. Eine 1 bedeutet, daß die Bestandteile in nebeneinanderliegende Speicheradressen geladen werden. (Man nennt das häufig die *Schrittweite* oder im Englischen *stride*.)

In Zeile [3] wird das rechte Argument der Addition in das Vektorregister 3 geladen.

In Zeile [4] wird der Inhalt der Vektorregister 2 und 3 addiert; das Ergebnis wird in Vektorregister 1 gespeichert.

In Zeile [5] wird der Inhalt von Vektorregister 1 - das Ergebnis - in den Hauptspeicher ab Adresse 5 mit der Schrittweite von 1 übertragen.

Wenn die Vektoren länger als die Sektionsgröße sind, muß man folgende Schleife programmieren:

1. Der Vektorzähler wird auf das Minimum der Sektionsgröße und die Anzahl, der noch in den Vektoren zu bearbeitenden Bestandteile, gesetzt.

2. Die Schleife wird verlassen, wenn der Vektorzähler 0 ist.

3. Laden der nächsten Vektorabschnitte in die Vektorregister.

4. Addieren der Vektorregister.

5. Speichern des nächsten Abschnitts des Resultats im Hauptspeicher.

6. Verzweigen zum Anfang der Schleife.

```
      ∇EXAMPLE2
[1]      LOOP:LOADVCT  2     ⍝ Laden Vektor-Zaehler
[2]      →(0=VCT)/0          ⍝ Ende, wenn Zaehler = 0
[3]      LOADV  2  3  1      ⍝ Laden linkes Segment
[4]      LOADV  3  4  1      ⍝ Laden rechtes Segment
[5]      ADDV  1  2  3       ⍝ Addieren Segmente
[6]      STOREV  1  5  1     ⍝ Speicher Resultat
[7]      →LOOP              ⍝ Verzweigen
[8]   ∇
```

Dieses Programm gleicht im wesentlichen *EXAMPLE1*, aber es zeigt auch, daß einige Instruktionen in ihrer Wirkung erweitert wurden. *LOADVCT* muß den Vektorzähler auf die kleinere der beiden Zahlen der Sektionsgröße und des Inhalts von Adresse 2 setzen. Es muß die Zahl in Adresse 2 um die Zahl vermindern, die dem Vektorzähler zugewiesen wurde. Angenommen die Vektorlänge betrage 8 und die Sektionsgröße 5. Wenn *LOADVCT* zum ersten Mal aufgerufen wird, wird der Vektorzähler auf 5 und der Inhalt der Adresse 2 auf 3 gesetzt. Wenn das Programm zum zweiten Mal ausgeführt wird, wird der Vektorzähler auf 3 und der Inhalt von Adresse 2 auf 0 gesetzt.

Die beiden *LOADV*-Instruktionen müssen auch mehr tun, als nur Daten aus dem Hauptspeicher in die Vektorregister zu übertragen. Sie müssen auch die Adressen so verändern, daß bei der nächsten Ausführung der nächste Abschnitt des Vektors geladen wird. Angenommen, daß das linke Argument auf der Speicheradresse 26 beginnt. Bei der ersten Ausführung von *LOADV* werden fünf Zahlen in das Vektorregister geladen. Die Speicheradresse wird auf 31 geändert. Wenn *LOADV* erneut ausgeführt wird, werden drei Zahlen in das Vektorregister geladen und die Speicheradresse auf 34 gesetzt. Die Funktion *STOREV* muß in gleicher Weise die Speicheradresse ändern.

Mit diesen Festlegungen für den Hauptspeicher und die Register und für die Eigenschaften der Maschinenbefehle kann das Modell nun implementiert werden.

Die Implementierung der Vektorarchitektur

Obwohl der Rechner einen riesigen Hauptspeicher, viele Register und lange Vektorregister haben könnte, kann das Modell als wesentlich bescheidenere Maschine realisiert werden. Das nächste Programm definiert eine Maschine mit einem Hauptspeicher der Länge 100, sechs Skalarregistern und vier Vektorregistern mit der Sektionsgröße von fünf:

```
      ∇ DEFINEMACHINE
[1]    ⍝ Definieren des Vektorrechners
[2]      MM←100ρ'.'      ⍝ Hauptspeicher
[3]      SR←6ρ'.'        ⍝ 6 Skalarregister
[4]      SS←5            ⍝ Sektionsgroesse
[5]      VR←(4 SS)ρ'.'   ⍝ 4 Vektorregister
[6]      VCT←0           ⍝ Vektorzaehler
[7]    ∇
```

Der Hauptspeicher und die Register werden mit '.' initialisiert, so kann man leicht erkennen, welche Bestandteile bereits verwendet wurden und welche noch nicht. In einer echten Maschine wären die Anfangswerte wahrscheinlich Nullen.

Ein Vektor der Länge 100 wird zur Darstellung des Hauptspeichers (*MM*) und ein Vektor der Länge 6 zur Darstellung der Skalarregister (*SR*) verwendet. Eine Matrix (*VR*) mit 4 Zeilen und einer Spaltenzahl, die der Sektionsgröße (*SS*) entspricht, stellt die 4 Vektorregister dar. Führt man dieses Programm aus, wird die Maschine definiert:

```
      DEFINEMACHINE
```

Das Programm ist eine definierte Anweisungsfolge; es erzeugt kein explizites Resultat.

Wenn man die Programme zum Laden, Speichern und Durchführen der arithmetischen Instruktionen entwickelt, benötigt man eine Möglichkeit, sich den Inhalt der Maschine ansehen zu können. Das folgende Programm erfüllt diesen Zweck:

```
       ∇ SHOWMACHINE;R;N
 [1]     N←'MAIN MEMORY' 'VCT'
 [2]     R←↑(ρMM)÷25
 [3]     N,[.5]((R 1ρ1+25×¯1+ιR),':',R 25ρMM)VCT
 [4]     ' '
 [5]     N←'SCALAR REGS' 'VECTOR REGS'
 [6]     N,[.5](('S',⍕6 1ρι6),SR)(('V',⍕4 1ρι4),VR)
 [7]   ∇
```

Die Ausführung dieses Programms zeigt den Inhalt der Maschine:

```
         SHOWMACHINE
 MAIN MEMORY                              VCT

    1 :.........................          0
   26 :.............................
   51 :.............................
   76 :.............................

 SCALAR REGS   VECTOR REGS

 S1.           V1.....
 S2.           V2.....
 S3.           V3.....
 S4.           V4.....
 S5.
 S6.
```

Diese Maschine beschäftigt sich nicht mit Verfahren, die Informationen in den Hauptspeicher übertragen oder aus ihm auszulesen. Die vorgestellten Programme für die Maschine APL 181 gehen davon aus, daß der Hauptspeicher die korrekten Anfangswerte enthält. Die nächste Funktion überträgt die Werte in den Hauptspeicher, beginnend ab einer bestimmten Adresse:

```
       ∇ A SETMEMORY R
 [1]    ⍝ Speichere R im Hauptspeicher ab Adresse A
 [2]    R←,R                      ⍝ Vernachlaessige Dimension
 [3]    ((ρR)↑(A-1)↓MM)←R         ⍝ Uebertrage Daten in Speicher
 [4]   ∇
```

Zwei Vektoren sollen addiert werden:

```
       10 9 8+1 2 3
 11 11 11
```

Zu diesem Zweck muß der Hauptspeicher initialisiert werden. Zuerst werden die Vektorinhalte in den Hauptspeicher ab Adresse 26 und 51 übertragen:

```
       26 SETMEMORY 10 9 8
       51 SETMEMORY 1 2 3
```

Zusätzlich muß die Länge der Vektoren irgendwo gespeichert werden; in diesem Fall auf Adresse 2:

```
       2 SETMEMORY 3
```

Zum Schluß müssen die Adressen der Argumente und des Resultats festgelegt werden. Die Adressen der Argumente werden auf die Speicherplätze 3 und 4, die Adresse des Resultats auf den Speicherplatz 5 gebracht:

```
3 SETMEMORY 26
4 SETMEMORY 51
5 SETMEMORY 76
```

Der Speicher hat nun folgenden Inhalt:

```
        SHOWMACHINE
MAIN MEMORY                                         VCT

  1 :   . 3 26 51 76 ....................         0
 26 : 10 9  8  .   . ..................
 51 :  1 2  3  .   . ..................
 76 :  . .  .  .   . ..................


SCALAR REGS    VECTOR REGS

S1.            V1.....
S2.            V2.....
S3.            V3.....
S4.            V4.....
S5.
S6.
```

Bevor die Beispielprogramme laufen können, müssen noch die Programme für jede der benötigten Maschineninstruktionen $LOADVCT$, $LOADV$, $ADDV$ und $STOREV$ definiert werden.

$LOADVCT$ muß das Minimum zwischen der Sektionsgröße (SS) und der Vektorlänge ermitteln und im Vektorzähler (VCT) speichern. Um diesen Betrag wird die Länge verringert:

```
      ∇ LOADVCT A
[1]     ⍝ Laden Vektorzaehler von Speicherstelle A
[2]       VCT←SS⌊MM[A]        ⍝ Bilde Minimum
[3]       MM[A]←MM[A]-VCT     ⍝ Vermindere Zaehler
[4]     ∇
```

$LOADV$ und $STOREV$ haben als Argument einen Vektor der Länge 3. Der erste Bestandteil ist die Nummer des zu ladenden oder zu speichernden Vektorregisters; der zweite Bestandteil ist der Hauptspeicherplatz, der die Adresse enthält, von wo die Daten geholt oder wohin sie gespeichert werden sollen. Der dritte Bestandteil enthält die Schrittlänge. Sie gibt den Abstand zwischen den Bestandteilen im Speicher an. Die Schrittlänge von 1 verursacht die Adressierung eines zusammenhängenden Speicherbereichs. Eine Schrittlänge von 2 bewirkt die Adressierung jedes zweiten Speicherplatzes. Man kann Schrittlängen, die größer als 1 sind, dazu verwenden ,um eine Matrixspalte zu laden oder zu speichern; die Zeilen der Matrix sind dabei nacheinander im Hauptspeicher angeordnet. Die Spalte einer 4 mal 3-Matrix kann z.B. geladen werden, indem man die Schrittlänge 3 verwendet. Es folgen die Definitionen der Programme $LOADV$ und $STOREV$:

```
        ∇ LOADV R;V;A;S
[1]       (V A S)←R
[2]     ⍝ Lade Vektorregister V
[3]     ⍝   von Adresse A mit Schrittlaenge S
[4]       VR[V;⍳VCT]←MM[MM[A]+S×¯1+⍳VCT]
[5]       MM[A]←MM[A]+VCT
[6]     ∇


        ∇ STOREV R;V;A;S
[1]       (V A S)←R
[2]     ⍝ Speichere Vektorregister V
[3]     ⍝   in Addresse A mit Schrittlaenge S
[4]       MM[MM[A]+S×¯1+⍳VCT]←VR[V;⍳VCT]
[5]       MM[A]←MM[A]+VCT
[6]     ∇
```

Die arithmetischen Funktionen benötigen nur den Zugriff auf die Vektorregister. Die
beiden nächsten Programme führen die Addition und die Multiplikation durch. Jedes
Programm hat als Argument einen Vektor der Länge drei: die Registernummer für das
Resultat, die Registernummer des linken Arguments und die Registernummer des rechten
Arguments:

```
[0]       ADDV R;V1;V2;V3
[1]       (V1 V2 V3)←R
[2]     ⍝ Addieren Vektor in V2 mit Vektor in V3
[3]     ⍝ speichern Resultat in Vektor V1
[4]       VR[V1;⍳VCT]←VR[V2;⍳VCT]+VR[V3;⍳VCT]
[5]     ∇


        ∇ MULTV R;V1;V2;V3
[1]       (V1 V2 V3)←R
[2]     ⍝ Multiplizieren Vektor in V2 mit Vektor in V3
[3]     ⍝ speichern Resultat in Vektor V1
[4]       VR[V1;⍳VCT]←×/VR[V2 V3;⍳VCT]
[5]     ∇
```

Nun stehen alle Komponenten bereit, die zur Ausführung des ersten Beispiels benötigt
werden:

```
        ∇EXAMPLE1
[1]       LOADVCT 2      ⍝ Laden Vektor-Zaehler
[2]       LOADV 2 3 1    ⍝ Laden linkes Argument
[3]       LOADV 3 4 1    ⍝ Laden rechtes Argument
[4]       ADDV 1 2 3     ⍝ Addieren der Vektoren
[5]       STOREV 1 5 1   ⍝ Speichern Resultat im Hauptspeicher
[6]     ∇
```

Das Programm erzeugt keine Ausgabe, es verändert jedoch die Register und den Hauptspeicher der Maschine. Statt das Programm einfach auszuführen und dann den Endzustand zu betrachten, kann man nach der Ausführung jeder Instruktion einen Stopp setzen:

```
        S∆EXAMPLE1←2 3 4 5
        EXAMPLE1
EXAMPLE1[2]
```

Der Vektorzähler wird von der Adresse 2 geladen und der Inhalt der Adresse 2 wird auf
0 vermindert:

```
            SHOWMACHINE
MAIN MEMORY                                              VCT

   1 :   . 0 26 51 76 ...................                 3
  26 : 10  9  8  .  . ....................
  51 :  1  2  3  .  . ....................
  76 :  .  .  .  .  . ....................

SCALAR REGS   VECTOR REGS

S1.           V1.....
S2.           V2.....
S3.           V3.....
S4.           V4.....
S5.
S6.

        →2
EXAMPLE1[3]
```

Die Wiederaufnahme von *EXAMPLE1* führt zum Stopp nach der Ausführung des Ladens
des linken Arguments. Das Vektorregister 2 enthält das linke Argument und die Adresse
des linken Arguments wird verändert:

```
            SHOWMACHINE
MAIN MEMORY                                              VCT

   1 :   . 0 29 51 76 ...................                 3
  26 : 10  9  8  .  . ....................
  51 :  1  2  3  .  . ....................
  76 :  .  .  .  .  . ....................

SCALAR REGS   VECTOR REGS

S1.           V1  . . . ..
S2.           V2 10 9 8 ..
S3.           V3  . . . ..
S4.           V4  . . . ..
S5.
S6.

        →3
EXAMPLE1[4]
```

Wird die Ausführung nun wieder aufgenommen, führt das zum Stopp, nachdem das rechte
Argument geladen wurde. Das Vektorregister 3 enthält das rechte Argument und die
Adresse des rechten Arguments wird verändert:

```
        SHOWMACHINE
MAIN  MEMORY                                           VCT

   1 :    .  0  29  54  76  .....................        3
  26 : 10  9   8    .   .  .....................
  51 :  1  2   3    .   .  .....................
  76 :  .  .   .    .   .  .....................

SCALAR REGS      VECTOR REGS

S1.              V1   .  .  .  ..
S2.              V2  10  9  8  ..
S3.              V3   1  2  3  ..
S4.              V4   .  .  .  ..
S5.
S6.

        →4
EXAMPLE1[5]
```

Die Wiederaufnahme der Ausführung führt zu einem Stopp, nachdem die Vektoren addiert wurden. Das Resultat steht in Vektorregister 1:

```
        SHOWMACHINE
MAIN  MEMORY                                           VCT

   1 :    .  0  29  54  76  .....................        3
  26 : 10  9   8    .   .  .....................
  51 :  1  2   3    .   .  .....................
  76 :  .  .   .    .   .  .....................

SCALAR REGS      VECTOR REGS

S1.              V1  11  11  11  ..
S2.              V2  10   9   8  ..
S3.              V3   1   2   3  ..
S4.              V4   .   .   .  ..
S5.
S6.

        →5
```

Nimmt man jetzt die Ausführung wieder auf, wird die Instruktion *STROEV* abgearbeitet und das Programm beendet. Das Resultat steht nun im Hauptspeicher und die Adresse des Resultats ist verändert worden:

```
        SHOWMACHINE
MAIN MEMORY                                          VCT

   1 :  .   0  29  54  79 ....................        3
  26 : 10   9   8   .   . .....................
  51 :  1   2   3   .   . .....................
  76 : 11  11  11   .   . .....................

SCALAR REGS       VECTOR REGS

S1.               V1  11  11  11  ..
S2.               V2  10   9   8  ..
S3.               V3   1   2   3  ..
S4.               V4   .   .   . ..
S5.
S6.
```

Man beachte, daß jede Vektoroperation vom Vektorzähler gesteuert wird. Deshalb wurden von jeder Instruktion nur drei Zahlen bearbeitet, obwohl das Vektorregister fünf Zahlen aufnehmen kann.

Das Programm *EXAMPLE2* zeigt, wie die Maschine Vektoren behandelt, die länger sind als die Sektionsgröße. Das Programm wird nachstehend noch einmal dargestellt:

```
        ∇EXAMPLE2
[1]     LOOP:LOADVCT 2    ⍝ Laden Vektor-Zaehler
[2]     →(0=VCT)/0        ⍝ Ende, wenn Zaehler = 0
[3]     LOADV 2 3 1       ⍝ Laden linkes Segment
[4]     LOADV 3 4 1       ⍝ Laden rechtes Segment
[5]     ADDV 1 2 3        ⍝ Addieren Segmente
[6]     STOREV 1 5 1      ⍝ Speichern Segmente
[7]     →LOOP             ⍝ Verzweigen
[8]     ∇
```

Nun wird *DEFINEMACHINE* wieder ausgeführt, um die Maschine wieder in den Anfangszustand zu bringen:

```
        DEFINEMACHINE
```

Es sollen zwei Vektoren addiert werden, die länger sind als die Sektionsgröße:

```
      10  9  8  7  6  5  4 + 1  2  3  4  5  6  7
  11  11  11  11  11  11  11
```

Zuerst muß wieder der Hauptspeicher initialisiert werden. Dazu werden die Vektoren, beginnend ab Stelle 26 bzw. 51, in den Speicher gebracht:

```
      26 SETMEMORY 10 9 8 7 6 5 4
      51 SETMEMORY 1 2 3 4 5 6 7
```

Die Vektorlänge von 7 wird in Adresse 2 gespeichert:

```
      2 SETMEMORY 7
```

Schließlich werden die Adressen der Argumente und des Resultats in den Adressen 3, 4 und 5 gespeichert:

        3 *SETMEMORY* 26
        4 *SETMEMORY* 51
        5 *SETMEMORY* 76

Der Stoppvektor wird auf 2 gesetzt: so kann man den Zustand der Maschine nach jedem Schleifendurchlauf betrachten:

        $S \Delta EXAMPLE2 \leftarrow 2$

Nun wird *EXAMPLE2* ausgeführt:

        EXAMPLE2
  EXAMPLE2[2]

Nur der Vektorzähler wird geladen. Die ursprüngliche Vektorlänge im Hauptspeicher wird um die Sektionsgröße vermindert:

```
          SHOWMACHINE
    MAIN MEMORY                                        VCT

     1 :   .  2 26 51 76 .  . ................... .       5
    26 : 10 9  8  7  6 5 4 ...................
    51 :  1 2  3  4  5 6 7 ...................
    76 :   .  .  .  .   .  .  . ...................

    SCALAR REGS   VECTOR REGS

    S1.           V1.....
    S2.           V2.....
    S3.           V3.....
    S4.           V4.....
    S5.
    S6.
          →2
  EXAMPLE2[2]
```

Ein Schleifendurchlauf ist vollendet. Der Vektorzähler wurde auf die Zahl der noch zu bearbeitenden Bestandteile gebracht. Die Speicheradressen für die Argumente und das Resultat wurden verändert:

```
            SHOWMACHINE
MAIN MEMORY                                                          VCT

   1  :   .   0  31  56  81  .  . .................                    2
  26  :  10   9   8   7   6  5  4 ....................
  51  :   1   2   3   4   5  6  7 ....................
  76  :  11  11  11  11  11  .  . .................

SCALAR REGS      VECTOR REGS

S1.              V1  11  11  11  11  11
S2.              V2  10   9   8   7   6
S3.              V3   1   2   3   4   5
S4.              V4   .   .   .   .   .
S5.
S6.
        →2
EXAMPLE2[2]
```

Das vollständige Resultat befindet sich im Hauptspeicher, das Vektorregister steht auf 0 und das Programm endet:

```
            SHOWMACHINE
MAIN MEMORY                                                          VCT

   1  :   .   0  34  59  84   .   . .................                  0
  26  :  10   9   8   7   6   5   4 ....................
  51  :   1   2   3   4   5   6   7 ....................
  76  :  11  11  11  11  11  11  11 ....................

SCALAR REGS      VECTOR REGS

S1.              V1  11  11  11  11  11
S2.              V2   5   4   8   7   6
S3.              V3   6   7   3   4   5
S4.              V4   .   .   .   .   .
S5.
S6.
        →2
```

In diesem Abschnitt wurden einige Funktionen dargestellt, die die Simulation einer einfachen Vektormaschine gestatten. In der Realität würde ein Vektorrechner viel mehr Instruktionen aufweisen.

Übungen zu 8.2

1. Schreiben Sie ein Programm, das die Instruktion zur Multiplikation von Vektoren simuliert.

2. Schreiben Sie ein Programm zur Simulation des Ladens und Speicherns eines Skalarregisters.

3. Schreiben Sie ein Programm, das eine „Additions-Reduktions" - Instruktion simuliert und den Inhalt eines Vektorregisters addiert und die Summe zum Inhalt des Skalarregisters addiert.

4. Benutzen Sie die neuen Skalarinstruktionen und die Reduktionsinstruktionen; schreiben Sie eine Schleife, in der eine „Additions-Reduktion" eines langen Vektors im Hauptspeicher durchgeführt wird.

5. Fügen Sie der Maschine ein weiteres Register hinzu; es soll die gleiche Länge wie die Vektorregister haben und als Maskenregister dienen. Schreiben Sie eine vektorielle Vergleichsinstruktion, die im Maskenregister eine 1 setzt, wenn die Zahl in einem Vektorregister kleiner ist, als die entsprechende Zahl im anderen Vektorregister.

8.3 Ein Programm zur Lösung eines Geschicklichkeitsspieles

Die „Künstliche Intelligenz" (KI) versucht das Verhalten von Menschen mit Hilfe von Computerprogrammen nachzubilden. Die Forschungsbereiche umfassen die Erkennung geschriebener oder gesprochener Texte, die Bilderkennung, den Entwurf „intelligenter" Roboter und die Gestaltung von Expertensystemen. Derartige Programme sind kompliziert, da das Verhalten von Menschen sehr komplex und bisher nicht vollständig erforscht ist.

In diesem Abschnitt werden Programme für Ein-Personen-Spiele entwickelt. Theoretisch könnten diese Programme - ausgehend von einer gegebenen Position - alle Spielzüge durchprobieren und schließlich die Lösung finden. Für derartig einfache Spiele, wie sie hier betrachtet werden, würde dies auch funktionieren. Für realistischere Spiele gibt es keinen Computer, der in annehmbarer Zeit alle erforderlichen Berechnungen ausführen könnte. Somit bedarf es gewisser Strategien, um den Rechenaufwand zu verringern. Derartige Programme können sehr kompliziert werden, da auch derartige Strategien häufig noch nicht vollständig erforscht sind.

APL2 ist gut zum Schreiben von Programmen geeignet, die sich mit der Lösung von Spielen beschäftigen. In diesem Abschnitt werden einige einfache Programme zur Lösung von Geschicklichkeitsspielen vorgestellt; sie sind allgemein genug gehalten, um für die meisten Spiele dieser Kategorie gelten zu können. Eine Version führt alle möglichen Spielzüge durch; eine andere Version benutzt einige Strategien zur Lösungsfindung.

Die Programmbeschreibung

In diesem einachen Geschicklichkeitsspiel sind zwei weiße Kugeln (W) und zwei blaue
Kugeln (B) auf einem Brett mit fünf Löchern in beliebiger Folge angeordnet:

```
.+----.
|WW_BB|
'-----'
```

Der Unterstrich kennzeichnet die freie Position.

Das Ziel des Spieles ist es, die Kugeln - unter Einbezug der freien Position - in eine bestimmte, vorgegebene Reihenfolge zu bringen, wie z.B.:

```
.+----.
|BBWW_|
'-----'
```

Es gibt 30 verschiedene Möglichkeiten zur Anordnung der Kugeln ((! 5) ÷ (! 2) × ! 2), von
der jede eine Ausgangs- oder Zielposition sein kann. Das führt zu 900 unterschiedlichen
Spielmöglichkeiten.

Aus der Startposition ergeben sich vier mögliche Züge. Aus jeder der nun erreichten Position sind wieder vier Züge möglich u.s.w.. Auf jeder nachfolgenden Stufe sind viermal mehr
Positionen möglich, als auf der vorangegangenen Stufe. Diese Aussage kann durch eine
umgekehrte Baumstruktur anschaulich dargestellt werden:

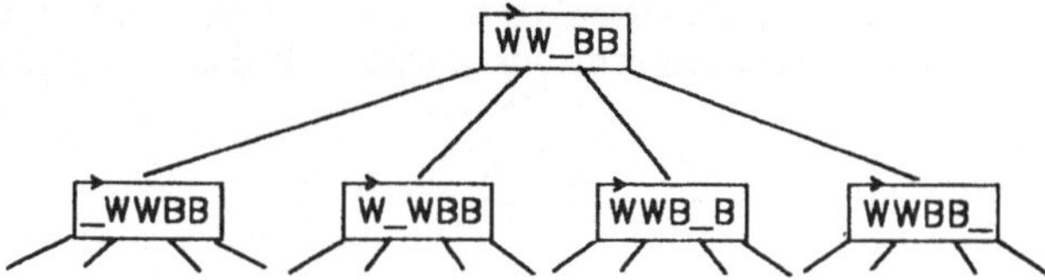

Daraus ergeben sich schließlich einige Pfade in der Baumstruktur, die zum gewünschten
Ziel führen.

Die nächste Abbildung zeigt zwei Zugfolgen. Die Ausgangslage steht jeweils links und der
Endzustand rechts; es wurde jeweils eine Kugel in einem Zwischenschritt bewegt:

```
.+----.   .+----.   .+----.   .+----.   .+----.
|WW_BB|   |_WWBB|   |BWW_B|   |B_WWB|   |BBWW_|
'-----'   '-----'   '-----'   '-----'   '-----'

.+----.   .+----.   .+----.   .+----.   .+----.   .+----.
|WW_BB|   |_WWBB|   |BWWB_|   |B_WBW|   |BBW_W|   |BBWW_|
'-----'   '-----'   '-----'   '-----'   '-----'   '-----'
```

Die Aufgabe besteht darin, ein Programm zu schreiben, das von einer vorgegebenen Ausgangsposition einen Pfad zur vorgegebenen Zielposition ermittelt. Zu diesem Zweck könnte
man sich wahrscheinlich eine effiziente Strategie erarbeiten und diese in das Programm
einbauen - dann aber wäre das Programm nur zur Lösung dieses Spiels geeignet.

Statt dessen wird ein allgemeingültigeres Lösungsschema implementiert, das wahrscheinlich weniger effizient ist, aber für jedes Spiel dieser Art eingesetzt werden kann - also auch für solche, für die man keine Lösungsstrategie besitzt.

Der Programmentwurf

Die Parameter des Programms sind die Ausgangsposition, die Zielposition und eine Funktion, die aus einer gegebenen Position alle möglichen nachfolgenden Positionen ermittelt. Da einer der Parameter eine Funktion ist, muß das Programm eine definierter Operator sein.

Der Operator speichert die Pfade, die bisher bearbeitet wurden. Der erste dieser Pfade wird daraufhin geprüft, ob er bereits zum Ziel führt. Wenn nicht, wird die Funktion aufgerufen und der Pfad wird nun um die nächsten vier möglichen Züge erweitert; diese werden an das Ende der Pfadliste gesetzt. Dadurch entsteht schließlich ein Pfad, der zum Ziel führt; dieser wird dann das explizite Resultat des Programms. Dieser Pfad ist dann derjenige mit der kürzesten Pfadlänge (eventuell einer von vielen kürzesten Pfaden).

Dieser Operator ist absolut allgemeingültig, da er keine Angaben über den Aufbau des Spiels, die Auswahl der Spielzüge oder die Spielstrategie enthält. Alle spielspezifischen Informationen werden dem Operator als Parameter übergeben.

Die Datenstruktur des Spiels ist ein einfacher Zeichenvektor mit fünf Bestandteilen:

```
BEGIN←'WW_BB'
END←'BBWW_'
```

Die freie Position wird durch einen Unterstrich dargestellt.

Das Programm, das die nächsten Spielzüge ermittelt, erhält als Argument eine Position (einen Zeichenvektor mit fünf Bestandteilen) und erzeugt alle folgenden Positionen und gibt sie als Resultat aus:

Innerhalb des Programms ist eine komplexere Datenstruktur erforderlich, um mehrere, noch unvollständige Pfade speichern zu können. Diese können in einem geschachtelten Vektor gespeichert werden; jeder Bestandteil enthält alle Positionen - von der Ausgangsposition bis zur gegenwärtig erreichten Position. Die nächste Abbildung zeigt den Inhalt des Vektors, nachdem der erste Zug ausgeführt wurde:

```
      ρMAT
4
      DISPLAY¨4 1ρMAT
```

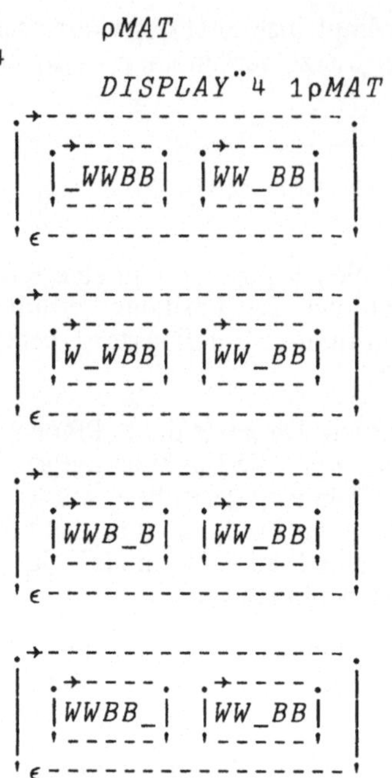

Man beachte, daß die Pfade in umgekehrter Reihenfolge gespeichert werden; die Ausgangsposition ist der zweite Bestandteil, und jede mögliche Folgeposition ist der erste Bestandteil. Diese Anordnung wurde gewählt, damit der Operator das aktuelle Ende des
Pfades mit der Funktion **Ersten Bestandteil entnehmen** (↑) auswählen kann. Jeder Bestandteil besteht aus zwei Bestandteilen, da erst ein Spielzug ausgeführt wurde. Im allgemeinen haben die Bestandteile des Vektors unterschiedliche Längen.

Die Programmimplementierung

Für jedes Spiel, das mit einem Computer gelöst werden soll, muß ein Programm erstellt
werden, das auf der Basis einer bestimmten Ausgangslage eine Folge neuer Spielpositionen
erzeugt. Im Fall des Kugelspiels erzeugt die Funktion immer vier neue Spielpositionen, indem sie jede der Kugeln auf die leere Position setzt. Es gibt viele verschiedene Möglichkeiten, dieses Programm zu implementieren. Das folgende Programm ist eine recht un-
komplizierte Lösung des Problems:

```
      ∇ Z←MOVECOLOR M;BLI
[1]    ⍝ Erzeugen der Zuege
[2]    BLI←('_'=M)/⍳ρM ⍝ Bestimmen Indexposition d. Leerstelle
[3]    Z←(2ρρM̄)ρM
[4]    (1 1⍉Z)←M[BLI] ⍝ Finde alle Permutationen
[5]    Z[;BLI]←M       ⍝ von BLI
[6]    Z←(⊂[2]Z)~⊂M    ⍝ Entferne Startposition
[7] ∇
```

In Zeile [2] wird die Indexposition der freien Position ermittelt.

In Zeile [3] wird eine quadratische Matrix durch fünfmalige Wiederholung der Position der Ausgangslage erzeugt:

```
      Z←(2ρρM)ρM
      Z
WW_BB
WW_BB
WW_BB
WW_BB
WW_BB
```

In Zeile [4] wird die Leerposition in jede mögliche Position gebracht; das wird für jede Zeile der quadratischen Matrix durchgeführt:

```
      (1 1⍉Z)←M[BLI]
      Z
_W_BB
W__BB
WW_BB
WW__B
WW_B_
```

In Zeile [5] werden die Zeichen, die durch den Unterstrich überlagert wurden, auf die Positionen gesetzt, in denen vorher der Unterstrich stand. Dadurch wird die Leerposition mit jeder anderen Position vertauscht:

```
      Z[;BLI]←M
      Z
_WWBB
W_WBB
WW_BB
WWB_B
WWBB_
```

Schließlich wird in Zeile [6] ein Vektor mit diesen fünf Positionen erzeugt; die Eingabeposition wird daraus entfernt und die vier verbleibenden Positionen bilden das explizite Ergebnis.

Die Funktion *MOVECOLOR* kann Spielbretter beliebiger Länge behandeln; man könnte z.B. 11 Positionen und 10 Kugeln haben. Es empfiehlt sich jedoch, mit kleineren Spielen zu experimentieren, da die Anzahl von Zügen bei großen Spielen sehr groß werden kann.

Auf der Grundlage der Datenstrukturen und des soeben beschriebenen Programms *MOVECOLOR* kann ein allgemeingültiges Suchprogramm mit wenigen Zeilen dargestellt werden. Der Aufruf des Programms hat folgendes Aussehen:

```
      DISPLAY¨BEGIN(MOVECOLOR SEARCH1)END
 .+----.  .+----.  .+----.  .+----.  .+----.
 |WW_BB|  |_WWBB|  |BWW_B|  |B_WWB|  |BBWW_|
 '-----'  '-----'  '-----'  '-----'  '-----'
```

Die Definition des Suchoperators hat folgenden Inhalt:

```
      ∇ Z←STRT(MOVE SEARCH1)G;B;M;NEWP
[1]   ⍝ Finde Pfad vom Start zum Ziel
[2]   ⍝ STRT ↔ Startposition
[3]   ⍝ G ↔ Zielposition
[4]   ⍝ MOVE ↔ Programm ermittelt naechste Positionen
[5]    M←,⊂,⊂STRT              ⍝ Anfangspfad ist STRT
[6]    Z←⍳0                    ⍝ Leervektor, wenn erfolglos
[7]   LOOP:→(0=⍴M)/0           ⍝ Ende, wenn kein weiterer Pfad
[8]    →(G≡B←↑↑M)/DONE         ⍝ Ziel erreicht
[9]    NEWP←MOVE B             ⍝ Errechnen neue Positionen
[10]   NEWP←(~NEWP∊↑,/M)/NEWP  ⍝ Merken neue Positionen
[11]   M←(1↓M),(⊂¨NEWP),¨M[1]  ⍝ Anhaengen an Pfad
[12]   →LOOP                   ⍝ Bearbeiten naechsten Pfad
[13]  DONE:Z←⌽↑M              ⍝ Ausgeben Pfad
[14]∇
```

In Zeile [5] wird die interne Liste der Teilpfade mit der Startposition *STRT* initialisiert.

In Zeile [6] wird das explizite Resultat als Leervektor erzeugt; das geschieht dann, wenn alle Teilpfade abgearbeitet sind und keine Lösung gefunden wurde. In dem vorliegenden einfachen Spiel kann dieser Fall nicht auftreten, aber generell ist er nicht auszuschließen.

In Zeile [7] wird das Programm dann beendet, wenn kein weiterer Pfad zu bearbeiten ist.

In Zeile [8] wird geprüft, ob der Pfad am Anfang der Liste als Bestandteil das Ziel enthält. Das erste ↑ entnimmt den ersten Pfad aus dem Vektor. Das zweite ↑ wählt die erste Position aus dem ersten Pfad aus.

In Zeile [9] wird die Funktion *MOVE* aufgerufen; sie ermittelt die neue Endposition des Pfades. Der Name *MOVE* ist der Platzhalter für die Funktion *MOVECOLOR*, mit der der Operator *SEARCH1* im Aufruf angewendet wird.

In Zeile [10] wird geprüft, ob eine der neu ermittelten Positionen bereits in einem der Pfade vorkommt. Es werden nur Positionen behalten, die es bisher noch nicht gab. Diese Zeile enthält einen interessanten Unterausdruck.   *M* ist ein Vektor von Vektoren, die die Positionen enthalten. Zur Feststellung, ob die neuen Positionen bereits existieren, wird die Existenzprüfung auf den Positionsvektor *M* angewendet. Der Vektor von Vektoren wird in einen Vektor umgeformt, indem man die **Verkette-Reduktion** anwendet. Da jede Reduktion eines Vektors einen Skalar erzeugt, ist das Resultat ein eingeschlossener Vektor. Mit der Funktion **Ersten Bestandteil entnehmen** (↑) wird der Vektor ausgewählt. Daher hat der Ausdruck, der den Vektor von Vektoren mit den Positionen umformt,das Aussehen: ↑,/.

In Zeile [11] werden die neuen Positionen an den Anfang des alten Pfades angehängt. Die **Klammer-Indizierung** wird verwendet, da sie einen Skalar liefert, mit dem - durch skalare Erweiterung - jede neue Position verkettet wird. Danach wird der alte Pfad aus der Liste entfernt.

In Zeile [12] wird zum Anfang der Schleife verzweigt und der nächste erste Bestandteil der Liste wird bearbeitet.

In Zeile [13] wird der Pfad, der zum Ziel führt, ausgegeben. Er wird nur deshalb gespiegelt, um die Anfangsposition auf der linken Seite und die Endposition auf der rechten Seite der Ausgabe darzustellen.

Anmerkung: Die Tatsache, daß das Spiel mit einem Vektor der Länge fünf gespielt wird, spielt innerhalb des Programms keine Rolle. Die Ausgangs- und Zielposition könnten auch eine Matrix oder eine andere Strukturgröße sein. Solange es gelingt, eine Funktion zu definieren, die aus einer gegebenen Position die nächsten erzeugen kann, solange findet das Suchprogramm die Lösung - sofern sie existiert. Wenn es keine Lösung gibt, endet das Programm, wenn kein weiterer Pfad mehr zu bearbeiten ist oder es läuft in einer endlosen Schleife. Wenn es nur eine endliche Zahl von Positionen im Spiel gibt, ist eine endlose Schleife ausgeschlossen.

Man kann *SEARCH1* ohne Änderung für andere Spiele dieser Art einsetzen. Dazu legt man die Ausgangs- und Zielposition fest, schreibt das Programm zur Durchführung der Züge und der Operator *SEARCH1* löst das Problem.

Die in *SEARCH1* implementierte Strategie wird als „Breitensuche" bezeichnet. Dabei werden alle möglichen Pfade verfolgt, bis der Pfad, der die Lösung enthält, gefunden wird. Die Methode gewährleistet, daß eine Lösung gefunden wird, falls es eine gibt; diese Vorgehensweise ist jedoch äußerst ineffizient. Die Lösung des obigen Beispiels erfordert 26 Schleifendurchläufe - kein schlechter Wert. Wenn man das Spiel mit mehr Kugeln spielt oder ein komplizierteres Spiel implementiert, steigt die Anzahl der Schleifendurchläufe drastisch an.

Im nächsten Abschnitt wird gezeigt, daß man durch den Einsatz einer Suchstrategie den Rechenaufwand verringern kann.

Die Verwendung einer Lösungsstrategie

Es ist möglich, ein Suchprogramm zu schreiben, das noch allgemeingültig ist, aber Wissen über das Problem nutzt, um die Anzahl der zu untersuchenden Pfade zu verringern. In vielen Fällen führt dieser Weg erst zur Lösung des Problems, das ohne eine Strategie einen nicht akzeptablen Rechenaufwand erfordern würde. Ein solches Suchprogramm, das eine Strategie beinhaltet, wird nun vorgestellt.

Betrachtet man, ausgehend von einer Spielposition, alle Folgezüge, so kann man erwarten, daß einige von ihnen näher zum Ziel hinführen, andere vom Ziel wegführen und die dritte Gruppe ohne Auswirkung bleibt. Obwohl es häufig nicht möglich ist, eine genaue Angabe zur Zielerreichung zu machen, genügt es, in vielen Fällen mit Schätzwerten zu arbeiten. Selbst eine schlechte Schätzfunktion kann die Zahl der zu untersuchenden Spielpositionen drastisch verringern. Eine gute Schätzfunktion prüft nur wenige Positionen, die nicht zum Ziel führen; eine perfekte Schätzfunktion führt direkt zum Ziel.

Wenn man in der Lage ist, ein Programm zu schreiben, das die Entfernung zum Ziel abschätzt, kann man dieses Programm als Operand des Suchprogramms verwenden.

Im Fall des Kugelspiels ermittelt eine einfache Schätzfunktion die Zahl der Kugeln, die noch nicht ihre endgültige Position erreicht haben. Die Schätzfunktion liefert eine 0, wenn das Ziel erreicht ist. Im folgenden Programm ist diese Schätzfunktion dargestellt:

```
      ∇ Z←GOAL ESTC THIS
[1]   ⍝ GOAL   ist das Ziel
[2]   ⍝ THIS   ist die Position, die geschaetzt wird
[3]     Z←+/GOAL≠THIS
[4]   ∇
```

Die Funktion zählt einfach die Kugeln, die noch nicht auf der endgültigen Position liegen.

Die Schätzfunktion zeigt, daß bei Spielbeginn keine Kugel auf ihrer endgültigen Position
liegt:

```
      GOAL ESTC BEGIN
  5
```

Wendet man die Funktion auf die Positionen nach dem nächsten Spielzug an, liefert sie
die entsprechenden Schätzwerte:

```
      DISPLAY¨ MOVECOLOR BEGIN
  .+----.      .+----.       .+----.       .+----.
  |_WWBB|      |W_WBB|       |WWB_B|       |WWBB_|
  '-----'      '-----'       '-----'       '-----'

        (⊂END)ESTC¨MOVECOLOR BEGIN
   4  4  5  4
```

Man beachte, daß die Funktion **Einschließen** die skalare Erweiterung im Aufruf von *ESTC*
bewirkt.

Die Schätzfunktion liefert nicht exakt die Zahl der Züge, die zum Erreichen des Ziels noch
erforderlich sind; sie ist somit keine perfekte Schätzfunktion. Aus diesem Grund muß man
erwarten, daß das Programm einige Spielpositionen auswertet, die nicht direkt zum Ziel
führen. Es ist auch möglich, daß das Program nicht den kürzesten Weg zum Ziel findet.

Die zweite Version des Suchprogramms verwendet eine zweispaltige Matrix. Die erste
Spalte enthält, wie vorher, die Pfade. Die zweite Spalte enthält die Schätzung des Abstands
vom Ziel. Die nächste Abbildung zeigt den Inhalt der Matrix nach dem ersten Spielzug:

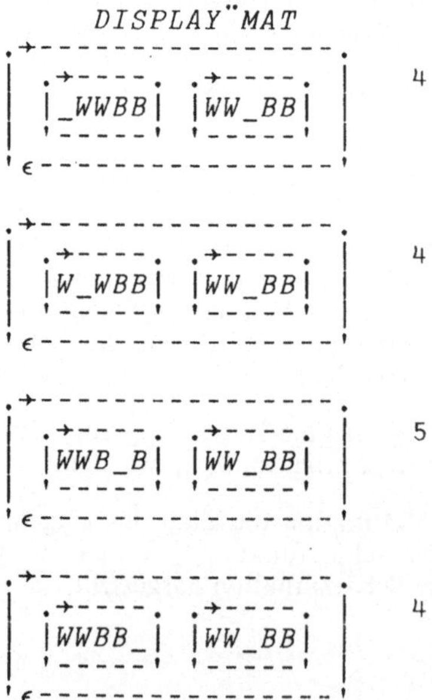

Bei jedem Schleifendurchlauf wird der Pfad mit dem kleinsten Schätzwert ausgewählt und
nicht die erste Zeile der Matrix. Diese Auswahl erhöht die Wahrscheinlichkeit, daß jeder
Zug näher zum Ziel führt. Das vollständige Suchprogramm hat folgenden Inhalt:

```
      ∇ Z←STRT(MOVE SEARCH2 EST)G;B;T;M;NP;IX
[1]   ⍝ Finde Pfad vom Start zum Ziel
[2]   ⍝ STRT  ↔ Startposition
[3]   ⍝ G ↔ Zielposition
[4]   ⍝ MOVE ↔ Programm ermittelt naechste Positionen
[5]   ⍝ EST ↔ Program schaetzt Entfernung zum Ziel
[6]    M←1 2ρ(,⊂STRT)(G EST STRT) ⍝ STRT + Schaetzung
[7]    Z←ι0                       ⍝ Leervektor, wenn erfolglos
[8]  LOOP:→(0=↑ρM)/0              ⍝ Ende, wenn kein weiterer Pfad
[9]    IX←M[;2]ιL/M[;2]           ⍝ Index der letzten Schaetzung
[10]   →(G≡B←↑IX⊃M[;1])/DONE ⍝ Ziel erreicht
[11]   NP←MOVE B                  ⍝ Finde neue Positionen
[12]   NP←(~NP∊↑,/M[;1])/NP ⍝ Merken neue Positionen
[13]   T←((⊂¨NP),¨M[IX;1]),[1.5](⊂G)EST¨NP
[14]   M←M[(ι↑ρM)~IX;],[1]T ⍝ Anhaengen an Pfad
[15]   →LOOP                      ⍝ Bearbeiten naechsten Pfad
[16] DONE:Z←φ↑M[IX;]             ⍝ Ausgeben Pfad
[17]   ∇
```

Setzt man *SEARCH2* zur Lösung der obigen Aufgabe ein, wird der gleiche Pfad wie beim Einsatz von *SEARCH1* erzeugt; es werden aber nur 5 und nicht 26 Schleifendurchläufe benötigt:

```
      DISPLAY¨BEGIN (MOVECOLOR SEARCH2 ESTC) END
 .→----.   .→----.   .→----.   .→----.   .→----.
|WW_BB|   |_WWBB|   |BWW_B|   |B_WWB|   |BBWW_|
'-----'   '-----'   '-----'   '-----'   '-----'
```

Die Geschwindigkeitssteigerung von *SEARCH2* gegenüber von *SEARCH1* ist noch eindrucksvoller, wenn das Programm auf kompliziertere Spiele angewendet wird. Die Aufgabe besteht darin, gute Schätzfunktionen zu entwickeln.

Übungen zu 8.3

1. Modifizieren Sie die Suchprogramme so, daß sie die Anzahl der Schleifendurchläufe zählen und ausgeben, die zur Erreichung des Ziels notwendig sind.

2. Modifizieren Sie *SEARCH1* derart, daß das Programm nach jeweils 20 Schleifendurchläufen anhält und den Benutzer fragt, ob er fortsetzen möchte.

3. Ändern Sie *SEARCH2* so, daß es die Anzahl der Züge speichert und somit die nächste Position auf der Basis der Züge und der geschätzten Kosten ermittelt. Als gegenwärtige Kosten soll die Zahl der bisherigen Züge gewählt werden.

Die Übungen 4 bis 7 behandeln ein Spiel, das das „Achter-Puzzle" genannt wird. Es ist eine kleinere Ausführung des bekannten „Fünfzehner-Puzzle". Das „Achter-Puzzle" hat acht quadratische Spielsteine, die auf einem 3×3 Spielbrett angeordnet sind. Eine der Positionen auf dem Brett ist leer. Eine Spielposition könnte wie folgt aussehen:

```
 .→--.
↓283|
|164|
|7 5|
'---'
```

Das Ziel des Spiels besteht darin, die Spielsteine unter der Nutzung der Leerposition so zu
ziehen, bis folgende Situation erreicht ist:

```
.+--.
+123|
|8 4|
|765|
'---'
```

4. Schreiben Sie eine Funktion, die von einer Position ausgehend, die nächsten Positio-
    nen ermittelt.

5. Wieviele Schleifendurchläufe benötigt $SEARCH1$ um zum Ziel zu kommen?

6. Schreiben Sie eine Schätzfunktion, die die Anzahl der Steine errechnet, die noch nicht
    in der endgültigen Position sind. Wieviele Schleifendurchläufe benötigt $SEARCH2$ um
    zum Ziel zu gelangen, wenn die Schätzfunktion eingesetzt wird?

7. Schreiben Sie eine weitere Schätzfunktion, die die horizontale plus der vertikalen Di-
    stanz jedes Steins von seiner endgültigen Position ermittelt. In der Ausgangslage liefert
    diese Funktion für den Stein 8 die Zahl 2 (1 in horizontaler und 1 in vertikaler Rich-
    tung). Wieviele Schleifendurchläufe benötigt $SEARCH2$ mit dieser Schätzfunktion,
    um zum Ziel zu gelangen?

Nachtrag: Erweitern Sie Ihr APL2-Wissen

In diesem Buch wurden die wichtigsten Konzepte von APL2 vorgestellt. Sie sollten nun in der Lage sein, nützliche Programme zu schreiben. In einem Buch dieses Umfangs könnten einige andere Programmiersprachen vollständig dargestellt werden - aber nicht APL2, dessen Funktionsumfang und Mächtigkeit den anderen Programmiersprachen fehlt.

In diesem Nachtrag werden einige Bereiche kurz dargestellt, die in diesem Buch nicht behandelt wurden. Das Literaturverzeichnis enthält zusätzliche und weiterführende Informationen.

Systemfunktionen und Systemvariable

Systemfunktionen sind häufig Schnittstellen zur Implementierung oder zum System. So ist z.B. die Systemfunktion $\square DL$ eine Zeitverzögerungsfunktion. Mit der Funktion $\square EX$ können Objekte gelöscht werden; in ihrer Wirkung ist sie der Systemanweisung $)ERASE$ sehr ähnlich.

Die Systemvariablen stellen eine Möglichkeit dar, um mit dem System zu kommunizieren und sie können oft vom Benutzer beeinflußt werden. So kann man z.B. mit $\square PW$ die Breite der Ausgabe festlegen; $\square TS$ ist die Zeitangabe.

Die Namen aller Systemfunktionen und Systemvariablen beginnen mit dem Zeichen $\square$.

Ereignis-Behandlung

Jedes Ihrer Programme kann einen Fehler enthalten. Selbst wenn Sie überzeugt sind, daß das Programm keinen logischen Fehler enthält, so kann doch ein Anwender das Programm falsch einsetzen. In manchen Fällen möchte man nicht alle Ausnahmebedingungen prüfen, die auftreten können. Man verzichtet z.B. auf die Prüfung, ob eine Zahl im korrekten Format vom Benutzer als Antwort auf eine Eingabeanforderung eingetippt wurde. APL2 stellt dem Programmierer einige Möglichkeiten zur Verfügung, mit denen Fehler unter Programmkontrolle abgefangen werden können. Dadurch wird verhindert, daß ein Anwender mit APL2-Fehlermeldungen konfrontiert wird, die er nicht versteht.

Die wichtigste Ereignis-Behandlungsmöglichkeit in APL2 ist die einstellige Systemfunktion $\square EC$. Das Argument der Funktion ist ein APL2-Ausdruck in Form einer Zeichenkette; $\square EC$

wertet den Ausdruck aus und gibt entweder das Resultat des Ausdrucks zurück oder eine Information über die Art des erkannten Fehlers.

Komplexe Zahlen

Die komplexen Zahlen sind eine Verallgemeinerung der reellen Zahlen. Sie werden häufig zur Lösung elektrotechnischer Aufgaben verwendet und sie können zur Erzeugung und Bearbeitung zweidimensionaler Graphiken eingesetzt werden. Diejenigen APL2-Implementierungen, die komplexe Zahlen unterstützen, erweitern den Gültigkeitsbereich der meisten arithmetischen Funktionen auf komplexe Zahlen.

Grenzfälle

Es gibt eine Algebra für leere Strukturgrößen; diese verwendet APL2 zur Behandlung von Grenzfällen. Im allgemeinen ist es nicht nötig, spezielle Prüfungen auf leere Argumente in APL2-Programmen vorzusehen. Ohne besondere Vorkehrungen seitens des Programmierers arbeiten die Programme meistens auch wie gewünscht, wenn sie auf leere Strukturgrößen angewendet werden.

Gemeinsame Variable

Die Namen in einem Programm können Daten oder Programme enthalten. APL2 gestattet es, daß zwei Programme unabhängig voneinander laufen, die einen Variablennamen gemeinsam enthalten; diese Variable heißt „gemeinsame Variable". Die Verwendung von gemeinsamen Variablen macht es möglich, daß zwei Programme, die in verschiedenen aktiven Arbeitsbereichen unabhängig voneinander ausgeführt werden, untereinander Informationen austauschen; der Wert, den ein Programm der Variablen zuweist, kann vom anderen Programm benutzt werden.

Hilfsprozessoren

Anwendungen müssen häufig auf Daten zugreifen, die sich nicht ein einem APL2-Arbeitsbereich befinden. Es kann auch nötig sein, daß ein APL2-Programm derartige Daten erstellt oder verändert. Das APL2-System verwendet zum Lesen und Schreiben von Dateien Programme, die als „Hilfsprozessoren" bezeichnet werden. Diese Programme kommunizieren mit dem APL2-Programm über gemeinsame Variable. Die Hilfsprozessoren können asynchron zu den Programmen im Arbeitsbereich laufen.

Externe Namen und assoziierte Prozessoren

Man kann APL2 in Verbindung mit Programmen, die in anderen Programmiersprachen geschrieben wurden, einsetzen. Diese Programme werden durch externe Namen dargestellt - Namen, deren Definitionen sich nicht im Arbeitsbereich befinden. So kann eine Anwendung überwiegend aus APL2-Programmen bestehen, einige Programme sind jedoch in FORTRAN oder einer anderen Sprache geschrieben. Man kann auf vorhandene Programmbibliotheken zugreifen, die Programme in anderen Sprachen enthalten und diese Programme wie APL2-Programme verwenden. Jeder APL2-Operator kann mit diesen Programmen verwendet werden.

Man kann externe Namen auch dazu einsetzen, um auf andere APL2-Programme zuzugreifen. Dadurch ist es möglich eine APL2-Anwendung zu nutzen, ohne sie in den eigenen aktiven Arbeitsbereich bringen zu müssen; es können auch Namenskonflikte mit den eigenen definierten Objekten vermieden werden.

Assoziierte Prozessoren stellen den Informationsaustausch zwischen APL2 und den Programmen in anderen Sprachen sicher. Assoziierte Prozessoren unterscheiden sich von den Hilfsprozessoren dadurch, daß sie völlig synchron arbeiten.

Anhang A: Die Funktion *DISPLAY*

Die folgende Darstellung zeigt die Funktion *DISPLAY*, wie sie von IBM mit dem APL2 Release 2, Programm-Nummer 5668-899 ausgeliefert wird.

In den meisten APL2-Systemen, die die *DISPLAY*-Funktion enthalten, ist diese in der Bibliothek 1 verfügbar und kann mit der folgenden Systemanweisung in den aktiven Arbeitsbereich kopiert werden:

```
)COPY 1 DISPLAY DISPLAY
```

Diese Funktion verwendet den APL2-Zeichensatz zum Zeichnen der Rahmen. In einigen APL2-Systemen ist zusätzlich in der Bibliothek 1 eine Funktion *DISPLAYG* enthalten; sie verwendet graphische Symbole, die nicht im APL2-Zeichensatz enthalten sind und erzeugt damit qualitativ bessere Rahmen auf entsprechend ausgerüsteten Terminals.

```
     ∇ D←S DISPLAY A;⎕IO;R;C;HL;HC;HT;HB;VL;VB;V;W;N;B
[1]   ⍝  (C) SEE COIBM.   5668-899 DISPLAY (DISPLAY)
[2]   ⍝  NORMAL CALL IS MONADIC.  DYADIC CALL USED ONLY IN
[3]   ⍝  RECURSION TO SPECIFY DISPLAY RANK, SHAPE, AND DEPTH.
[4]    ⎕IO←0
[5]    ⍎(0=⎕NC 'S')/'S←⍴A'
[6]    R←↑⍴,S                   ⍝ PSEUDO RANK.
[7]    C←'..''''               ⍝ UR, UL, LL, AND LR CORNERS.
[8]    HL←'-'                   ⍝ HORIZONTAL LINE.
[9]    HC←HL,'⊖→',HL,'~↑∊'      ⍝ HORIZONTAL BORDERS.
[10]   HT←HC[(0<R)×1+0<↑¯1↓,S]
[11]   W←,0≡¯↑0⍴⊂(1⌈⍴A)↑A
[12]   HB←HC[3+3⌊(∨/W)+(∧/0 1∊W)+3×1<⍴⍴S]
[13]   VL←'|'                   ⍝ VERTICAL LINE.
[14]   VB←VL,'⌽↑'               ⍝ VERTICAL BORDER.
[15]   V←VB[(1<R)×1+0<¯1↑¯1↓,S]
[16]   ⍎(0∊⍴A)/'A←(1⌈⍴A)⍴⊂↑A'   ⍝ SHOW PROTOTYPE OF EMPTIES.
[17]   →(1<≡A)/GEN
[18]   →(2<⍴⍴A)/D3
[19]   D←⍕A                     ⍝ SIMPLE ARRAYS.
[20]   W←1↑⍴D←(¯2↑1 1,⍴D)⍴D
[21]   N←¯1+1↑⍴D
[22]   →(0=⍴⍴A)/SS
[23]   D←(C[1],V,((W-1)⍴VL),C[2]),((HT,N⍴HL),[0]D,[0]HB,N⍴HL),C[0],(W⍴VL),C[3]
[24]   →0
[25] SS:HB←((0 ' ')=↑0⍴⊂A)/' -'
[26]   D←(B,B,((W-1)⍴B),B),(((((⍴HT)⍴B),N⍴B),[0]D,[0]HB,N⍴B),B,(W⍴B),B←' '
[27]   →0
[28] GEN:D←⍕DISPLAY¨A           ⍝ ENCLOSED ...
[29]   N←D∨.≠' '
[30]   D←(N∨~1⌽N)/D
[31]   D←(∨/~' '≤D)/D
[32]   D←((1,⍴S)⍴S)DISPLAY D
[33]   →(2≥⍴,S)↓D3E,0
[34] D3:D←0 ¯1↓0 1↓⍕⊂A          ⍝ MULT-DIMENSIONAL ...
[35]   W←1↑⍴D
[36]   N←¯1+1↑⍴D
[37]   D←(C[1],V,((W-1)⍴VL),C[2]),((HT,N⍴HL),[0]D,[0]HB,N⍴HL),C[0],(W⍴VL),C[3]
[38] D3E:N←¯2↑⍴,S
[39]   V←C[N⍴1],[0]VB[1+0<¯2↓,S],[0](((¯3+↑⍴D),N)⍴VL),[0]C[N⍴2]
[40]   D←V,D
[41]   ∇
```

Anhang B: Editieren mit dem Nabla Editor

In diesem Anhang wird dargestellt, wie man APL2-Programme eingibt und ändert. Die folgende Beschreibung bezieht sich auf definierte Funktionen, sie gilt aber auch für definierte Operatoren und definierte Anweisungsfolgen. Einige Editoren gestatten auch das Editieren von Strukturgrößen.

Die Auswahl eines Editors

APL2 stellt zwei Editoren, auch „Nabla Editoren" genannt, zur Verfügung und gestattet die Verwendung einer Vielzahl anderer Editoren. Wenn Sie bereits mit einem der Editoren vertraut sind, die mit Ihrem Computersystem geliefert werden, können Sie diesen benutzen und brauchen sich nicht mit einem weiteren zu beschäftigen.

Mit der Systemanweisung *)EDITOR* wählt man den Editor aus, den man mit APL2 verwenden will. Wenn z.B. der Systemeditor den Namen XEDIT hat, gibt man die folgende Systemanweisung ein:

```
)EDITOR XEDIT
```

Von nun an wird in der APL2-Sitzung XEDIT dann als Editor benutzt, wenn mit Nabla (∇) in den Definitionsmodus übergegangen wird.

Einen Nachteil kann die Verwendung eines allgemeinen Systemeditors haben, er kann sich von System zu System unterscheiden. Die APL2-Nabla-Editoren sind auf allen unterstützten Systemen gleich. Die Nabla-Editoren sind untereinander ähnlich, sie unterscheiden sich u.a. dadurch, daß Editor 1 als Zeileneditor ausgelegt ist und nur eine Zeile je Arbeitsschritt editiert. Der Editor 2 ist ein Seiteneditor, mit dem mehrere Zeilen je Arbeitsschritt editiert werden können.

Die Systemanweisung *)EDITOR* 1 wählt den Zeileneditor und die Anweisung *)EDITOR* 2 den Seiteneditor aus.

Der gegenwärtig aktive Editor ist der, der mit der letzten *)EDITOR*-Systemanweisung in der laufenden APL2-Sitzung ausgewählt wurde. Wird kein Editor ausgewählt, wählt das System einen Editor von sich aus, normalerweise den Editor 1. Den gegenwärtig aktiven Editor kann man wie folgt abfragen:

```
      )EDITOR
IS 1
```

Die Ausgabe einer existierenden Definition

Unabhängig vom ausgewählten Editor, möchte man sich häufig die Definition einer existierenden Funktion ansehen. In jedem Editor wird die Anzeige einer bestehenden Funktion wie folgt angefordert:

```
     ∇MYCOST[□]∇
```

Der Aufruf des Definitionsmodus im aktiven Editor

Der Aufruf ist für alle Editoren gleich. Ein existierendes Programm wird durch die Eingabe des Zeichens (∇) und des Funktionsnamens editiert:

```
     ∇MYCOST
```

Die Ausgabe hängt vom ausgewählten Editor ab.

Das Editieren einer neuen Funktion geschieht durch Eingabe des Zeichens Nabla (∇) und der Kopfzeile der Funktion:

```
     ∇Z←NEWFN X;Y
```

Auch hier hängt die Ausgabe vom ausgewählten Editor ab.

Der APL2-Seiteneditor:)EDITOR 2

Nach dem Aufruf des Seiteneditors werden so viele Zeilen der Definition angezeigt, wie auf den Bildschirm passen (das ganze Programm, wenn es kurz genug ist). Wenn man ein neues Programm definiert, werden nur eine Informationszeile, die mit den drei Zeichen [ʀ] beginnt und die Kopfzeile, beginnend mit den drei Zeichen [0] angezeigt.

Das nächste Beispiel zeigt die Ausgabe eines existierenden Programms:

```
[ʀ]
[0]   Z←EXISTINGFN X
[1]   ʀ eine einfache Funktion
[2]   bestehende Zeile 2
[3]   bestehende Zeile 3
[4]   bestehende Zeile 4
```

Wenn man eine vorhandene Zeile ändern will, überschreibt man diese, ohne die Zeilennummer zu ändern und drückt dann die Taste „Datenfreigabe".

```
[ß]
[0]   Z←EXISTINGFN X
[1]   ß eine einfache Funktion
[2]   geaenderte Zeile 2
[3]   bestehende Zeile 3
[4]   bestehende Zeile 4
```

Eine Zeile wird durch Eingabe von [Δ*Zeilennummer*] an dem linken Rand des Bildschirms gelöscht. Man kann diese Eingabe irgendwo am linken Bildschirmrand vornehmen, es ist jedoch sinnvoll, diese Eingabe in der zu löschenden Zeile vorzunehmen (Der Editor gestattet es nicht, eine Löschung rückgängig zu machen.). Das nächste Beispiel zeigt einen Bildschirminhalt mit einer Löschanweisung; das übernächste Beispiel zeigt den Bildschirminhalt, nachdem die Taste „Datenfreigabe" gedrückt und die Löschung durchgeführt wurde:

Die Löschanweisung wurde nach Zeile [2]eingegeben:

```
[ß]
[0]   Z←EXISTINGFN X
[1]   ß eine einfache Funktion
[2]   geaenderte Zeile 2
[Δ3]  bestehende Zeile 3
[4]   bestehende Zeile 4
```

Nach dem Betätigen der Taste „Datenfreigabe":

```
[ß]
[0]   Z←EXISTINGFN X
[1]   ß eine einfache Funktion
[2]   geaenderte Zeile 2
[4]   bestehende Zeile 4
```

Wenn man am Ende der Funktion neue Zeilen anfügen will, gibt man sie nach der letzten Zeile ein. Die Eingabe von Zeilennummern ist nicht nötig, da APL2 diese vergibt. Das nächste Beispiel zeigt einen Bildschirminhalt mit zusätzlichen Zeilen am Funktionsende; das übernächste Beispiel zeigt den Inhalt des Bildschirms nach dem Drücken der Taste „Datenfreigabe":

Die neuen Zeilen:

```
[ß]
[0]   Z←EXISTINGFN X
[1]   ß eine einfache Funktion
[2]   geaenderte Zeile 2
[4]   bestehende Zeile 4
neue Zeile 5
neue Zeile 6
```

Nach dem Betätigen der Taste „Datenfreigabe":

```
[ß]
[0]   Z←EXISTINGFN X
[1]   ß eine einfache Funktion
[2]   geaenderte Zeile 2
[4]   bestehende Zeile 4
[5]   neue Zeile 5
[6]   neue Zeile 6
```

Wenn man innerhalb der Funktion neue Zeilen einfügen will, z.B. zwischen Zeile 4 und
Zeile 5, so überschreibt man Zeile [5] und die folgenden Zeilen (einschließlich der Zeilennummern). Die überschriebenen Zeilen bleiben unverändert.

Die eingefügten Zeilen:

```
[A]
[0]   Z←EXISTINGFN X
[1]   A eine einfache Funktion
[2]   geaenderte Zeile 2
[4]   bestehende Zeile 4
eingefuegte Zeile 1
eingefuegte Zeile 2
```

Nach dem Betätigen der Taste „Datenfreigabe":

```
[A]
[0]     Z←EXISTINGFN X
[1]     A eine einfache Funktion
[2]     geaenderte Zeile 2
[4]     bestehende Zeile 4
[4.1]   eingefuegte Zeile 1
[4.2]   eingefuegte Zeile 2
[5]     neue Zeile 5
[6]     neue Zeile 6
```

Wenn man das Zeichen Nabla (∇) eingibt, werden die Änderungen der Funktion wirksam
und der Editiermodus wird verlassen. (In einigen Systemen kann man durch Betätigen einer Programmfunktionstaste den gleichen Effekt erzeugen.) Will man den Editiermodus
verlassen, ohne daß die Änderungen wirksam werden, gibt man die drei Zeichen [→] am
linken Rand des Bildschirms ein.

Weitere Einrichtungen des Editors 2, die nicht in diesem Buch behandelt werden, sind im
„APL2 Language Reference Manual" dargestellt, das zusammen mit dem System ausgeliefert wird. Einige der dort beschriebenen Möglichkeiten sollen hier nur kurz angedeutet
werden. Jede dieser Eingaben muß am linken Rand des Bildschirms erfolgen:

- [□3-5] — Anzeige der Zeilen 3 bis 5.

- [/ABC/] — Anzeige aller Zeilen, die die Zeichenfolge *ABC* enthalten.

- [/ABC/DEF/] — In allen Zeilen wird das erste Auftreten von *ABC* in *DEF* geändert.

- [/ABC/DEF/¨] — Die Zeichenkette *ABC* wird überall in *DEF* geändert.

- [/ABC/DEF/3-] — Die Zeichenkette *ABC* wird ab Zeile [3] und allen folgenden
  Zeilen in *DEF* geändert.

- [∇] — Die Änderungen im Programm werden wirksam, der Definitionsmodus wird
  jedoch nicht verlassen.

- ∇ — Die Definition eines anderen Programms wird begonnen. Der Bildschirm wird
  geteilt und zwei Funktionen werden gleichzeitig editiert.

- [⍎] — Ein Ausdruck wird ausgewertet und sein Resultat angezeigt.

Der APL2-Zeileneditor:)*EDITOR* 1

Der Zeileneditor ist dem Seiteneditor sehr ähnlich; mit ihm kann man allerdings nur jeweils eine Zeile bearbeiten. Wenn man den Zeileneditor mit Angabe des Programmnamens aktiviert, gibt er eine neue Zeilennummer aus. Die Funktion *EXISTINGFN* soll das Aussehen haben, das sie zu Beginn des letzten Abschnitts hatte. Der Editor verlangt dann die Eingabe der Zeile [5]. Die nächsten Beispiele zeigen die Entwicklung während mehrerer Editiervorgänge. Die Veränderungen stehen jeweils am Ende des Beispiels:

```
      ∇EXISTINGFN
[5]
```

Wenn man eine neue Zeile am Ende der Funktion anfügen will, gibt man sie nach der Eingabeanforderung für die neue Zeile ein:

```
      ∇EXISTINGFN
[5]    neue Zeile 5
[6]    neue Zeile 6
[7]
```

Wenn man eine Zeile zwischen bereits vorhandene Zeilen einfügen will, muß man eine gebrochene Zahl, innerhalb eckiger Klammern, und danach die Zeile selbst eingeben. Im vorliegenden Beispiel bewirkt die Eingabe von [4.1], daß eine Zeile zwischen den Zeile [4] und [5] einzufügen ist:

```
      ∇EXISTINGFN
[5]    neue Zeile 5
[6]    neue Zeile 6
[7]    [4.1] eingefuegte Zeile 1
[4.2]
```

Die nächste Eingabeanforderung zeigt dann die nächstgrößere gebrochene Zahl.

Wenn man eine Zeile löschen will, gibt man das Zeichen Delta (Δ) und die Zeilennummer in eckigen Klammern ein:

```
      ∇EXISTINGFN
[5]    neue Zeile 5
[6]    neue Zeile 6
[7]    [4.1] eingefuegte Zeile 1
[4.2] [Δ3]
[3]
```

Der Editor fordert immer die Eingabe einer weiteren Zeile an. Man kann darauf mit einer Zeilennummer in eckigen Klammern antworten; diese Zeile ist diejenige, die dann hinzugefügt, gelöscht oder eingefügt wird.

Wenn man die gesamte Funktion sehen will, gibt man das Zeichen □ in eckigen Klammern ein:

```
       ∇EXISTINGFN
[5]    neue Zeile 5
[6]    neue Zeile 6
[7]    [4.1] eingefuegte Zeile 1
[4.2] [Δ3]
[3] [□]
[0]    Z←EXISTINGFN X
[1]    ⍝ eine einfache Funktion
[2]    bestehende Zeile 2
[4]    bestehende Zeile 4
[4.1] eingefuegte Zeile
[5]    neue Zeile 5
[6]    neue Zeile 6
[7]
```

Zum Verlassen des Editors gibt man Nabla (∇) ein; damit werden alle Programmänderungen wirksam. Wenn man den Editor verlassen will, ohne daß die Programmänderungen wirksam werden, gibt man die drei Zeichen [→] ein.

Anhang C: APL Blossom Time

APL2 führt die reiche Tradition der Programmiersprache APL fort, die zuerst von Kenneth Iverson und Adin Falkhoff definiert und implementiert wurde und zu deren Team auch Larry Breed und Dick Lathwell gehörten. Die Anhänger von APL und APL2 verbindet ein gemeinsamer Geist, der auch im folgenden Lied von Michele Montalbano zum Ausdruck kommt.

Dieses Lied beschreibt die frühen Jahre von APL und wurde während der APL-Konferenz 1981 vorgetragen. Die Anhänger von APL und APL2 haben jährlich die Gelegenheit, ihre Ideen und Erfahrungen während einer internationalen Konferenz auszutauschen.

Dedicated to the pioneers of APL
with respect and affection

by

J.C.L. Guest

To the tune of "The Battle of New Orleans"

Back in the old days, in 1962,
A feller named Ken Iverson decided what to do.
He gathered all the papers he'd been writing for a spell
and he put them in a little book and called it APL.

Welll..
    He got him a jot and he got him a ravel
    and he revved his compression up as high as she could go
    And he did some reduction and he did some expansion
    And he sheltered all his numbers with a ceiling and a flo'.

Now Sussenguth and Falkoff, they thought it would be fine
To use the new notation to describe the product line.
They got with Dr. Iverson and went behind the scenes
And wrote a clear description of a batch of new machines.

Welll..
    They wrote down dots and they wrote down squiggles
    And they wrote down symbols that they didn't even know.
    And they wrote down questions when they didn't know the answers
    And they made the Systems Journal in nineteen sixty-fo'.

Now writing dots and squiggles is a mighty pleasant task
But it doesn't answer questions that a lot of people ask.
Ken needed an interpreter for folks who couldn't read
So he hiked to Californ-i-a to talk to Larry Breed.

Oh!..
    He got Larry Breed and he got Phil Abrams
    And they started coding FORTRAN just as fast as they could go
    And they punched up cards and ran them through the reader
    In Stanford, Palo Alto, on the seventy-ninety-oh.

Well, a FORTRAN batch interpreter's a mighty awesome thing
But while it hums a pretty tune, it doesn't really sing.
The thing that we all had to have to make our lives sublime
Was an interactive program that would let us share the time.

Oh!..
>   They got Roger Moore and they got Dick Lathwell,
>   And they got Gene McDonnell with his carets and his sticks,
>   And you should've heard the uproar in the Hudson River valley
>   When they saved the first *CLEANSPACE* in 1966.

Well, when Al Rose saw this he took a little ride
In a big station wagon with a typeball by his side.
He did a lot of teaching and he had a lot of fun
With an old, bent, beat-up 2741.

Oh!..
>   It typed out starts and it typed out circles
>   An it twisted and it wiggled just like a living thing.
>   Al fed it a tape when he couldn't get a phone line
>   And it purred like a tiger with its trainer in the ring.

Now there's much more to the story, but I just don't have the time
(And I doubt you have the patience) for an even longer rhyme.
So I'm ending this first chapter of the tale I hope to tell
Of how Iverson's notation blossomed into APL.

So!..
>   Keep writing nands when you're not writing neithers,
>   And point with an arrow to the place you want to be,
>   But don't forget to bless those early APL sources
>   Who preserved the little seedling that became an APL tree.

•

Live performance at the APL81 Conference in San Francisco by L. Breed,
J. Brown, J. Bunda, D. Dloughy, A. O'Hara, R. Skinner, and 900 atten-
dees.

45-RPM recording by J. Brown, M. Wheatley, J. Bunda, and B. Duff.

Anhang D: The Great Empty-Array Joke Contest

(Der große Spaßwettbewerb zum Thema leerer Strukturgrößen)

Leere Strukturgrößen sind für einige Menschen schwierig zu begreifen - besonders dann, wenn leere Strukturgrößen eine Struktur enthalten. Der nächste Spaß wurde in vielen Vorträgen verwendet, um ein besseres Verständnis für leere Strukturgrößen in APL2 zu vermitteln. Dieser Wettbewerb hat zum Ziel, neue Späße über leere Strukturgrößen zu erhalten, um den gleichen Spaß nicht immer vortragen zu müssen. Die ersten Ergebnisse des Wettbewerbs wurden in *APL Quote Quad* gesammelt, der Zeitschrift der „APL special interest group (SIGAPL) of the Association for Computing Machinery". Der folgende Nachdruck ist eine gekürzte Version dieser Sammlung.

APL Quote Quad, Vol. 11, No. 4: June 1981

ANNOUNCEMENT

The Great Empty-Array Joke Contest

I am searching to find the world's best empty-array jokes. They will be edited into a priceless collection (it doesn't seem appropriate to have a non-empty price). Many submissions will be printed in these very pages (or ones similar to these) along with your name (so beware).

Example:

Man in restaurant: May I have coffee without cream?
Waiter: We don't have cream. You can have it without milk!

Entries will be judged according to my mood on the day they are received. Cash prizes (not to exceed $10 each) will be awarded and —best of all—there is no time limit on submissions; take as long as you wish. Submit jokes to:

Jim Brown
APL Joke Editor
P.O. Box 20937
San Jose, Calif. 95169
U.S.A.

APL Quote Quad, Vol. 12, No. 2: December 1981

Empty-Array Joke Column

The Great Empty-Array Joke Contest was announced at SHARE 57 in Chicago and in the pages of this publication, Vol. 11, No. 4. The fact that the table of contents said page 22 while the announcement was on page 26 does not constitute an entry to the contest. Since then, the number of people submitting jokes has been astonishing; they are outnumbered only by the people who did not. Vol. 12, No. 1 contained the first collection of jokes, but unfortunately there were none at that time. Here's the next batch.

Almost before the contest began (that is, only three weeks afterward), I received twelve entries from one (misguided?) person. Here are two of them; you'll be blessed (?) with others in issues to come.

1. First is another version of the sample joke given at the time of the announcement of the contest:

    Customer: I'd like to have strawberries without cream.
    Waiter: We haven't any cream.
    Customer: Do you have any yogurt?
    Waiter: Sure, we have yogurt.
    Customer: Okay, I'll have them without yogurt.

    —E. E. McDonnell

2. I heard the following joke at about the same time as number 1, and have repeated it almost as many times.

    Lady: What price are your pork chops?
    Butcher: $5.98 per pound.
    Lady: That's outrageous! Mr. Schmidt down the street only charges $3.98 per pound.
    Butcher: Why don't you buy them from Mr. Schmidt, then?
    Lady: He's all out of them today.
    Butcher: Lady, when I'm all out of chops, I charge only $2.98 for them.

    —E. E. McDonnell

3. Next is the first submission that involves a nested empty array—an empty vector of two-element vectors.

    Man to lady at party: Didn't I meet you in Zanzibar last year?
    Lady: No, I've never been to Zanzibar.
    Man: Neither have I. It must have been two other people.

    —Dan Moore

4. The following story was submitted by several people (including Glenn Schneider ... who labeled the envelope "One Empty-Array Joke", but I think he miscounted). This version was the first one I received.

    —D. O. Smith

5. This next joke is questionable, in that only the punch line is empty. I had to include
    it because every collection of jokes must have one of this type.

        How many empty arrays does it take to screw in a light bulb?

—Joe Baginski

That's it for this issue. In review, the rules of the contest are as follows:

* Any story dealing with emptiness, nothingness, the absence of something, something
  left out, or zeroness (as in the shape of an empty vector) is acceptable.
* Pictures, drawings, and cartoons are acceptable, if not copyrighted....
* Cash prizes will not exceed ten dollars.
* I am the sole judge of the contest.
* There is no time limit on entries.

Keep them coming!

APL Quote Quad, Vol. 12, No. 3: March 1982

Empty-Array Joke Column

The response to the empty-array joke contest continues to be unbelievable; at least, I can-
not find anyone who believes it! Duplicate stories are starting to show up as expected. One
I didn't expect was Number 5 from the last issue (How many empty arrays does it take to
screw in a light bulb?). Jeff Shallit turned in the same one before the first one reached
publication. I guess there is no accounting for taste.

6. This entry comes from a person who is editor of a publication which would not con-
    sider publishing columns like this one (unless that publication were exactly like this
    one).

        Customer: Your prices are very reasonable. How do you make a profit?
        Store Owner: We don't make money on any individual item, but we make up for
            it in volume.

—Art Anger

7. In the last issue we had a joke with an empty punch line. This one apparently does
    not have an empty punch line. I'm awaiting (breathlessly) the receipt of the punch
    line.

        Q: How do you keep a turkey in suspense?

—Zeke Hoskins

8. This is a second submission by someone bent on doing better than his first one (Number 3), which should be easy.

> **Boy:** Mom, I saved 50 cents today!
> **Mother:** How did you do that?
> **Boy:** Instead of taking the bus to school today, I ran behind it.
> **Mother:** Silly, you should have run behind a taxi!

—Dan Moore

9. This story puts I. P. Sharp well in the lead with the number of stories. You others need to try harder!

> **98-lb. weakling** (after bully kicks sand in his face and steals his girlfriend): What a show-off! I feel like punching him in the nose again.
> **Incredulous Friend:** You punched him in the nose before?
> **98-lb. weakling:** No. I *felt* like punching him in the nose before.

—E. E. McDonnell

10. Finally, we close with a talking-dog story.

> **Boy:** My dog can do arithmetic.
> **Friend:** Oh yeah? Let's see!
> **Boy (to dog):** How much is 2 minus 2?
> **Dog:**

—Otto Mond

•

Keep those jokes coming. I don't want to run out of them.

Anhang E: Der APL2-Zeichensatz

Der vollständige Satz darstellbarer APL2-Zeichen ist auf der nächsten Seite abgebildet; zu jedem Zeichen ist die Bezeichnung angegeben. Diese Bezeichnungen sind nur die Namen der Zeichen selbst und nicht notwendigerweise die der Funktion, die sie repräsentieren.

Eine von vielen APL2-Tastaturen

A B C D E F G H I J K L M N O P Q R S T U V W X Y Z
A̲ B̲ C̲ D̲ E̲ F̲ G̲ H̲ I̲ J̲ K̲ L̲ M̲ N̲ O̲ P̲ Q̲ R̲ S̲ T̲ U̲ V̲ W̲ X̲ Y̲ Z̲
a b c d e f g h i j k l m n o p q r s t u v w x y z
0 1 2 3 4 5 6 7 8 9

` Accent grave ★
⍺ Alpha ★
! Ausrufungszeichen
¢ Cent ★
∆ Delta
⍋ Delta mit senkrechtem Strich
⍙ Delta mit Unterstreichung
÷ Divisionszeichen
$ Dollar-Zeichen ★
⌹ Domino
: Doppelpunkt
[Eckige Klammer auf
] Eckige Klammer zu
∊ Epsilon
⍷ Epsilon mit Unterstreichung
⎕ Fenster
⍞ Fenster mit Hochkomma
⌼ Fenster mit Kreis ★
⍂ Fenster mit Schrägstrich links ★
⌷ schmales Fenster
? Fragezeichen
{ Geschweifte Klammer auf ★
} Geschweifte Klammer zu ★
= Gleichheitszeichen
≡ Gleichheitszeichen mit Unterstreichung
≥ Größer-gleich-Zeichen
> Größer-Zeichen
○ Großer Kreis
⊖ Großer Kreis mit Minus-Zeichen
⍉ Großer Kreis mit Schrägstrich links
⌽ Großer Kreis mit senkrechtem Strich
⍟ Großer Kreis mit Stern
⌊ Haken abwärts
⌈ Haken aufwärts
' Hochkomma
" Doppeltes Hochkomma ★
⍳ Jota
⍸ Jota mit Unterstreichung ★
≤ Kleiner-gleich-Zeichen
∘ Kleiner Kreis
< Kleiner-Zeichen
, Komma
Leerzeichen
× Mal-Zeichen
- Minus-Zeichen
∇ Nabla
⍒ Nabla mit senkrechtem Strich
⍫ Nabla mit Tilde
¬ Nicht ★
∨ Oder-Zeichen
⍱ Oder-Zeichen mit Tilde
⍵ Omega ★
← Pfeil nach links
↑ Pfeil nach oben
→ Pfeil nach rechts
↓ Pfeil nach unten
Pfund ★
+ Plus-Zeichen
% Prozent ★
. Punkt
⍴ Rho
(Runde Klammer auf
) Runde Klammer zu
\ Schrägstrich links
⍀ Schrägstrich links mit Minus-Zeichen
/ Schrägstrich rechts
⌿ Schrägstrich rechts mit Minus-Zeichen
| Senkrechter Strich
¦ Geteilter senkrechter Strich ★
* Stern
; Strichpunkt
⊢ T-Träger links ★
⊤ T-Träger oben
⊣ T-Träger rechts ★
⊥ T-Träger unten
⍕ T-Träger oben mit kleinem Kreis
⍎ T-Träger unten mit kleinem Kreis
⌶ Doppel T-Träger ★
~ Tilde
¨ Trema
⍤ Trema mit Punkt ★
¯ Überstreichung
∧ Und-Zeichen
⍲ Und-Zeichen mit Tilde
& Kommerzielles Und ★
≠ Ungleich-Zeichen
_ Unterstreichung
@ zu ★
⊂ Zunge links
∩ Zunge oben ★
⍝ Zunge oben mit kleinem Kreis
⊃ Zunge rechts
∪ Zunge unten ★

★ Diese Zeichen haben gegenwärtig in APL2 keine Bedeutung; sie können jedoch als Zeichen in Strukturgrößen auftreten.

Anhang F: Neue Funktionen im APL2 Release 3

Im November 1987 kündigte die Firma IBM APL2 Release 3 an, das u.a. zwei neue Elementarfunktionen enthält:

- **Indizieren**
- **Gruppieren**

Dieser Anhang enthält eine kurze Beschreibung dieser Funktionen. Weitergehende Informationen über diese Funktionen und die anderen Erweiterungen von APL2 Release 3 findet man in: APL2 *Programming: Language Reference* (IBM Bestellnummer SH20-9227).

Indizieren

Die Funktion **Indizieren** gleicht der Funktion **Klammer-Indizieren** mit der Ausnahme, daß sie syntaktisch eine zweistellige Funktion ist und zusammen mit Operatoren eingesetzt werden kann. Grundsätzlich gilt, daß Indizes, die innerhalb von eckigen Klammern und getrennt durch Semikolons angegeben werden, bei der Funktion **Indizieren** als linkes Argument (ohne eckige Klammern und Semikolons) auftreten. Das rechte Argument ist die zu indizierende Strukturgröße.

        A[I;J;K]

wird in der Syntax von Indizieren wie folgt dargestellt

        I J K ⌷ A

Die Länge des vektoriellen linken Arguments der Funktion **Indizieren** muß mit der Anzahl der Koordinaten der zu indizierenden Strukturgröße übereinstimmen. Zur Indizierung einer Strukturgröße vom Rang 3 ist ein linkes Argument der Länge 3 erforderlich, wie z.B.:

```
        B←2 3 4ρι24

        B
  1   2   3   4
  5   6   7   8
  9  10  11  12

 13  14  15  16
 17  18  19  20
 21  22  23  24

        B[2 1;1;3 1]
 15  13
  3   1

        (2 1) 1 (3 1) ⌷ B
 15  13
  3   1
```

Da die Funktion **Indizieren** zusammen mit Operatoren verwendet werden kann, ist es
möglich, verschiedene Indizes unabhängig voneinander auf eine Strukturgröße anzuwenden:

```
        (1 1 1)(2 1 3)⌷¨⊂B
  1 15
```

Man bezeichnet das auch manchmal als „Streuindex" (engl.: scatter index) im Gegensatz
zu den rechteckigen Ausschnitten aus Strukturgrößen.

Man kann jeden Bestandteil einer Strukturgröße mit dem gleichen Index indizieren:

```
        (⊂(2 1) 1 (3 1)) ⌷¨ B (10×B) (100×B)
 15 13      150 130      1500 1300
  3  1       30  10       300  100
```

Ist das rechte Argument ein Vektor, dann wird ein skalares linkes Argument so behandelt,
als ob es ein Vektor der Länge 1 sei:

```
        V←'ABCDEFGHI'
        3⌷V
  C
```

Gewisse Sorgfalt ist nötig, wenn man mehrere Bestandteile aus einem Vektor auswählen
will. Zur Auswahl des dritten und des vierten Bestandteils aus dem Zeichenvektor V
könnte man versucht sein, den folgenden Ausdruck zu schreiben:

```
        3 4⌷V
  RANK ERROR
        3 4⌷V
        ^   ^
        +
```

Die Auswertung dieses Ausdrucks führt zum Fehler, da mit dem linken Argument der
Länge 2 nur eine Strukturgröße vom Rang 2 indiziert werden kann. In diesem Fall ist ein
geschachteltes linkes Argument erforderlich:

```
      (⊂3 4)⎕V
CD
```

Die Funktion **Indizieren** läßt eine Koordinatenangabe zu; damit ist es möglich, Indexangaben auszulassen. Die folgenden Beispiele stellen die Funktion **Indizieren** und **Klammer-Indizierung** einander gegenüber:

```
      B←2 3 4ρι24
      B
 1  2  3  4
 5  6  7  8
 9 10 11 12

13 14 15 16
17 18 19 20
21 22 23 24

      B[2 1;;3 1]
15 13
19 17
23 21

 3  1
 7  5
11  9

      (2 1) (3 1) ⎕[1 3] B
15 13
19 17
23 21

 3  1
 7  5
11  9
```

Gruppieren

Der Zweck der Funktion **Gruppieren** (⊂) besteht darin, das rechte Argument so aufzuteilen, daß je Gruppierungsangabe ein Bestandteil im Resultat gebildet wird. Im folgendem Beispiel wird die Funktion **Gruppieren** dazu verwendet, aus einem einfachen Zeichenvektor einen geschachtelten Vektor mit vier Namen zu bilden:

```
      LIST←'JIM,JOHN,GEORGE,FRED'
      M←LIST≠','
      M
1 1 1 0 1 1 1 1 0 1 1 1 1 1 1 0 1 1 1 1

      M⊂LIST
JIM JOHN GEORGE FRED

      DISPLAY M⊂LIST
```

```
.→---------------------------------------.
| .→---.  .→----.  .→------.  .→----.     |
| |JIM|   |JOHN|   |GEORGE|   |FRED|      |
| '----'  '-----'  '-------'  '-----'     |
'∊---------------------------------------'
```

Eine Aufteilung im linken Argument wird durch eine Erhöhung des Wertes ausgedrückt.
Immer dann, wenn im linken Argument ein Bestandteil größer ist als der vorangegangene,
beginnt eine neue Aufteilung. Bestandteile im rechten Argument werden dann nicht in das
Resultat übernommen, wenn der zugehörige Bestandteil im linken Argument eine Null ist.
Die Größe der Werte im linken Argument hat auf die Operation keinen Einfluß; nur das
Vorhandensein einer positiven Differenz zum vorherigen Wert ist relevant:

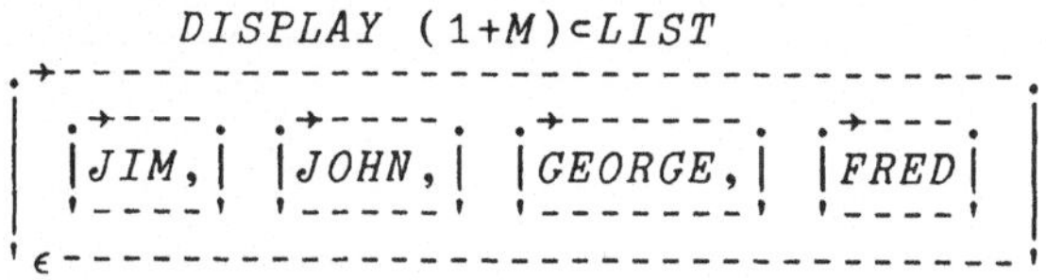

```
        DISPLAY (2×M)⊂LIST
.+-------------------------------------.
|                                       |
| .+--. .+---. .+------. .+---.         |
| |JIM| |JOHN| |GEORGE| |FRED|          |
| '---' '----' '------' '----'          |
|                                       |
'∈-------------------------------------'
```

Wenn das linke Argument keine Nullen enthält, erscheinen alle Bestandteile des rechten
Arguments im Resultat:

```
        DISPLAY (1+M)⊂LIST
.+-----------------------------------------.
|                                           |
| .+---. .+----. .+------. .+---.           |
| |JIM,| |JOHN,| |GEORGE,| |FRED|           |
| '----' '-----' '-------' '----'           |
|                                           |
'∈-----------------------------------------'
```

Eine gute Methode, sich die Wirkungsweise der Funktion zu merken, besteht darin, sich
einzuprägen, daß ein Progressionsvektor im linken Argument zu einem Resultat führt, das
aus Vektoren der Länge 1 besteht:

```
        (ι5)⊂'ABCDE'
A  B  C  D  E
        DISPLAY (ι5)⊂'ABCDE'
.+-----------------------------.
|                               |
| .+. .+. .+. .+. .+.           |
| |A| |B| |C| |D| |E|           |
| '-' '-' '-' '-' '-'           |
|                               |
'∈-----------------------------'
```

Anhang G

(Anmerkung des Übersetzers:
Dieser Abschnitt ist im Original nicht vorhanden. Er ist für diejenigen Leser gedacht, die weiterführende, englischsprachige APL-Literatur lesen wollen.)

Dieser Anhang enthält:

- die Systemanweisungen in Englisch und in Deutsch

- die Systemmeldungen in Englisch und in Deutsch

- ausgewählte Systemmeldungen und mögliche Ursachen

- die APL2-Operationsbezeichnungen in Englisch und in Deutsch

Die Systemanweisungen in Englisch und Deutsch

Englisch	Deutsch
)CLEAR	)LEERE
)CONTINUE [HOLD]	)WEITER [HALTE]
)COPY	)KOPIERE
)CS	)VG
)DROP	)ENTFERNE
)EDITOR	)EDITOR
)ERASE	)LÖSCHE
)FNS	)FUN
)HOST	)WIRT
)IN	)EIN
)LIB	)BIBL
)LOAD	)LADE
)MCOPY	)ÜKOPIERE
)MORE	)MEHR
)MSG [ON OFF]	)NACHRICHT [AN AUS]
)MSGN	)MITTEILUNG
)NMS	)NAM
)OFF [HOLD]	)ENDE [HALTE]
)OPR	)OPRNACHRICHT
)OPRN	)OPRMITTEILUNG
)OPS	)OPE
)OUT	)AUS
)PBS [ON OFF]	)RSZ [AN AUS]
)PCOPY	)SKOPIERE
)QUOTA	)QUOTEN
)RESET	)GRUNDSTELLUNG
)SAVE	)SICHERE
)SI	)SI
)SINL	)SINL
)SIS	)SIA
)SYMBOLS	)SYMBOLE
)TIME	)ZEIT
)VARS	)VAR
)WSID	)ABNAHME

Die Systemmeldungen in Englisch und Deutsch

Englisch	Deutsch
☐__FEHLER	☐__FEHLER 1)
AXIS ERROR	KOORDINATENFEHLER
CLEAR WS	AB OHNE NAMEN
CONNECTED	ANGESCHLOSSEN
CPU TIME	CPU-ZEIT
DEFN ERROR	DEFINITIONSFEHLER
DOMAIN ERROR	UNGÜLTIGES ARGUMENT
ENTRY ERROR	UNGÜLTIGES ZEICHEN
FREE	FREI
GMT	WEZ
IMPROPER LIBRARY REFERENCE	UNERLAUBTER BIBLIOTHEKSZUGRIFF
INCORRECT COMMAND	UNGÜLTIGE SYSTEMANWEISUNG
INDEX ERROR	INDEXFEHLER
INTERRUPT	UNTERBRECHUNG
IS	IST
IS OFF	IST AUS
LENGHT ERROR	LÄNGENFEHLER
LIB	BIBL
LIBRARY I/O ERROR	E/A FEHLER BEI BIBLIOTHEKSZUGRIFF
LIBRARY NOT AVAILABLE	BIBLIOTHEK NICHT VERFÜGBAR
MAX	MAX
NOT COPIED	NICHT KOPIERT
NOT ERASED	NICHT GELÖSCHT
NOT FOUND	NICHT GEFUNDEN
NOT SAVED, LIBRARY FULL	NICHT GESICHERT, BIBLIOTHEK VOLL
NOT SAVED, THIS IS CLEAR WS	NICHT GESICHERT, AB HAT KEINEN NAMEN
NOT SAVED, WS IS	NICHT GESICHERT, AB NAME IST
NOT SENT	NICHT GESENDET
RANK ERROR	RANGFEHLER
SAVED	GESICHERT-
SENT	GESENDET
SI WARNING	SI WARNUNG
SIZE	GRÖSSE
SV	GV
SYNTAX ERROR	SYNTAXFEHLER
SYSTEM ERROR	SYSTEMFEHLER
SYSTEM LIMIT	SYSTEMBESCHRÄNKUNG
TO DATE	AUFGELAUFEN
VALENCE ERROR	FALSCHE ARGUMENTANZAHL
VALUE ERROR	NAME OHNE WERT
WAS	WAR
WS	AB
WS CANNOT BE CONVERTED	AB KANN NICHT UMGEWANDELT WERDEN
WS CONVERTED, RESAVE	AB UMGEWANDELT, SICHERE
WS DUMPED, ID:	AB AUSZUG, NAME:
WS FULL	AB VOLL
WS INVALID	AB UNGÜLTIG
WS LOCKED	AB GESPERRT
WS NOT FOUND	AB NICHT GEFUNDEN

1)   Die Unterstriche stehen für:
 CT; FC; IO; PP; PR; RL

Ausgewählte Systemmeldungen und mögliche Ursachen

$\square$__*ERROR*

Die beiden Unterstriche stehen für insgesamt sechs Fehlernachrichten; diese sind:

$\square$*CT ERROR*

Ursache: Es wurde versucht, eine Elementarfunktion auszuführen, die die Systemvariable $\square CT$ als implizites Argument verwendet. $\square CT$ enthält keinen oder einen ungültigen Wert.

Maßnahme: Prüfen Sie den Wert von $\square CT$ und weisen Sie eine gültigen Wert zu. Wenn kein besonderer Wert erforderlich ist, sollte $1E^-13$ verwendet werden, der auch die Standardannahme des Systems ist.

$\square$*FC ERROR*

Ursache: Es wurde versucht:

- eine Elementarfunktion auszuführen, die die Systemvariable $\square FC$ als implizites verwendet. $\square FC$ enthält keinen oder einen ungültigen Wert.

- eine negative Zahl (mit der Elementarfunktion $L \ast R$) anzuzeigen und $\square FC[6]$ enthält keinen oder einen unzulässigen Wert.

Maßnahme: $\square FC$ kann auf die Standardannahme des Systems durch Zuweisung eines Leervektors zurückgesetzt werden ($\square FC \leftarrow '\,'$).

$\square$*IO ERROR*

Ursache: Es wurde versucht, eine Elementarfunktion auszuführen, die $\square IO$ als implizites Argument verwendet. $\square IO$ hat keinen oder einen ungültigen Wert.

Maßnahme: Weisen Sie $\square IO$ die Zahl 0 oder 1 zu.

$\square$*PP ERROR*

Ursache: Es wurde versucht:

- eine Elementarfunktion auszuführen, die die Systemvariable $\square PP$ als implizites Argument verwendet, wobei $\square PP$ keinen oder einen ungültigen Wert enthält.

- eine Strukturgröße auszugeben, wobei $\square PP$ keinen oder einen ungültigen Wert enthält.

Maßnahme: Prüfen Sie den Wert von $\square PP$. Wenn kein besonderer Wert erforderlich ist, sollte man der Wert auf 10 setzen, der auch die Standardannahme des Systems ist.

□PR ERROR

Ursache: Es wurde versucht, die Systemvariable □ zu verwenden, um eine Eingabeauf-
forderungstext auszugeben, dem unmittelbar eine Eingabeaufforderung folgt. Die Systemvariable □PR hat keinen oder einen ungültigen Wert.

Maßnahme: Prüfen Sie den Wert von □PR. Wenn die Situation keinen besonderen Wert
für □PR erfordert, sollten Sie □PR ein Leerzeichen zuweisen: □PR←' '. Dieser Wert ist
auch die Standardannahme des Systems.

□RL ERROR

Ursache: Es wurde versucht, eine Elementarfunktion auszuführen, die die Systemvariable
□RL als implizites Argument verwendet, wobei □RL keinen oder einen ungültigen Wert
enthält.

Maßnahme: Prüfen Sie den Wert von □RL. Wenn die Situation keinen besonderen Wert
erfordert, sollten Sie □RL den Wert 16807 zuweisen. Dieser Wert ist auch die Standardannahme des Systems.

Anmerkung: Wird eine der oben genannten Systemvariablen im Kopf einer definierten
Operation lokal gemacht, muß dieser Systemvariablen im Körper der definierten Operation
ein gültiger Inhalt zugewiesen werden. Das muß geschehen, bevor eine Elementaroperation
ausgeführt wird, die die Systemvariable als implizites Argument benutzt.

AXIS ERROR

Ursache: Es trat eines der folgenden Probleme auf:

• Für die Operation ist keine Koordinatenangabe zulässig.

• Die Koordinatenangabe enthält das Zeichen Strichpunkt.

• Die Dimension der Koordinatenangabe ist für diese Funktion oder diesen Operator
  unverträglich.

• der Wert der Koordinatenangabe ist mit der Dimension des Arguments unverträglich.

Maßnahme: Überprüfen Sie die Funktion oder den Operator, der unmittelbar links von
der Koordinatenangabe steht; nur φ θ ↑ ↓ ⊂ ⊃ , / ⌿ \ ⍀ □ sind gültig. Stellen
Sie sicher, daß innerhalb der eckigen Klammern kein Strichpunkt vorkommt.

DEFN ERROR

Ursache: Ein syntaktisch fehlerhafter ∇ oder ⍫ Ausdruck wurde zu Beginn des Editiermodus eingegeben.

Maßnahme: Schauen Sie die syntaktisch richtige Form im APL2 Language Reference
Manual nach.

Ursache: Es wurde versucht, ein Objekt zu editieren, das nicht editierbar ist, wie z.B. eine
verdeckte Funktion oder eine Variable, wenn sie mit dem Editor 1 editiert werden soll.

Maßnahme: Geben Sie dem zu definierenden Objekt einen anderen Namen. Eine verdeckte Funktion kann nicht editiert oder angezeigt werden; sie kann nur gelöscht und danach neu definiert werden.

Ursache: Mit dem Editor 1 wurde ein ∇ oder ⍹ auf einer nicht numerierten Zeile eingegeben, um die Funktion abzuschließen.

Maßnahme: Geben Sie ∇ oder ⍹ in einer numerierten Zeile ein.

Ursache: Es wurde versucht, einem Objekt einen Namen zu geben, der bereits im aktiven Arbeitsbereich bekannt ist.

Maßnahme: Verwenden Sie einen anderen Namen oder löschen Sie das existierende Objekt.

DOMAIN ERROR

Ursache: Der Datentyp, die Tiefe der Schachtelung oder die Anzahl der Argumente ist für diese Funktion ungültig.

Maßnahme: Lesen Sie die Beschreibung für die Elementarfunktion im APL2 Language Reference Manual nach.

Ursache: Ein Operand oder ein Argument ist mit diesem Operator unverträglich.

Maßnahme: Lesen Sie die Beschreibung für diesen Elementaroperator im APL2 Language Reference Manual nach.

INCORRECT COMMAND

Ursache: Die eingegebene APL2-Systemanweisung ist ungültig oder enthält ungültige Argumente.

Maßnahme: Die Beschreibung der entsprechenden Systemanweisung und ihrer Argumente entnehmen Sie bitte dem APL2 Language Reference Manual.

INDEX ERROR

Ursache: Der in L angegebene Index für den Klammerindex ($R[L]$) oder für die Funktion Indizieren ($L⌷R$) oder für die Funktio Bestandteil auswählen ($L⊃R$) ist, in Bezug auf die Strukturgröße R, ungültig.

Maßnahme: Korrigieren Sie die Indexangabe; die Regeln zur Spezifikation finden Sie im APL2 Language Reference Manual.

LENGTH ERROR

Ursache: Das Argument einer Elementarfunktion oder der Operand eines Elementaroperator hat eine Koordinatenlänge, die nicht mit der des anderen Arguments oder Operanden verträglich ist.

Maßnahme: Lesen Sie im APL2 Language Reference Manual nach, welche Argumente oder Operanden für die fragliche Operation verträglich sind.

NOT COPIED: Objektname(n)

Ursache: Die angezeigten Objekte wurden nicht durch die Anweisung)*PCOPY* kopiert, da sie bereits im aktiven Arbeitsbereich existieren.

Maßnahme: Keine. Die Nachricht dient nur der Information. Wenn man jedoch ein Objekt im aktiven Arbeitsbereich ersetzen will, muß man dazu)*COPY* verwenden.

Ursache: Die angezeigten Objekte wurden mit)*COPY*,)*PCOPY* oder)*IN* nicht in den aktiven Arbeitsbereich kopiert, da nicht mehr genug Platz zur Verfügung steht.

Maßnahme: Löschen Sie mit)*ERASE* nicht benötigte Objekte aus dem aktiven Arbeitsbereich oder starten Sie APL2 mit einer größeren *WS SIZE* Angabe neu, damit dem aktiven Arbeitsbereich mehr Platz zur Verfügung gestellt wird.

NOT ERASED: Objektname(n)

Ursache: Die angezeigten Objekte wurden von der Systemanweisung)*ERASE* nicht gelöscht, da sie nicht als globale Namen im aktiven Arbeitsbereich existieren.

Maßnahme Lassen Sie sich mit)*NMS* die richtige Schreibweise der zu löschenden Objekte anzeigen. Geben Sie)*ERASE* mit dem korrekten Objektnamen nochmals ein.

Wenn es sich um lokale Objekte einer hängenden oder unterbrochenen Funktion handelt, werden diese mit)*NMS* nicht angezeigt und können nicht mit)*ERASE* gelöscht werden. Dazu muß die Systemfunktion $\Box EX$ verwendet werden.

RANK ERROR

Ursache: Eine Strukturgröße, die als Argument einer Funktion oder als Operand eines Operators angegeben wurde, hat einen Rang, der nicht mit dem anderen Argument oder dem anderen Operanden übereinstimmt. Wenn es eine geschachtelte Strukturgrößen ist, kann die Unverträglichkeit unterhalb der obersten Ebene der Struktur auftreten.

Maßnahme: Die Regeln für zulässige Strukturgrößen im Zusammenhang mit den einzelnen Funktionen und Operatoren entnehmen Sie bitte dem APL2 Language Reference Manual.

SI WARNING

Ursache: Die gegenwärtig unvollständige Ausführung einer Arbeitseinheit kann nicht so fortgesetzt werden, wie es ursprünglich beabsichtigt war. Man unterscheidet drei Fälle:

1. Eine hängende oder unterbrochene definierte Operation wurde ersetzt und die neue Kopie unterscheidet sich in einzelnen Zeilen. Diese Meldung erscheint während)*COPY* oder nach Beendigung des Editierens mit Nabla (∇); sie erscheint wieder, wenn man versucht die Verarbeitung am Punkt der Unterbrechung mit →ι0 wieder aufzunehmen.

2. Eine hängende oder unterbrochene definierte Operation wurde ersetzt und die neue Kopie unterscheidet sich in der Kopfzeile oder es wurden Markennamen hinzugefügt oder entfernt. Diese Meldung erscheint bei)*COPY* oder nach Beendigung des Editierens mit Nabla (∇); sie erscheint wieder, wenn man versucht, die Verarbeitung durch die Eingabe einer Verzweigung wieder aufzunehmen.

3. Während der Ausführung wurde ein Fehler festgestellt, aber der Arbeitsbereich ist so
    voll, daß der auszuführende Ausdruck nicht mehr dem „Ausführungs-Keller" hinzu-
    gefügt wird.

Maßnahme: Geben Sie eine oder mehrere der Systemanweisungen $)SI$, $)SINL$ oder
$)SIS$ ein, um die Zeile zu prüfen, in der die definierte Operation hängt oder unterbrochen
ist.

Die angezeigten Zeilen haben

- eine negative Zeilennummer oder

- keine Zeilennummer.

Wenn keine Zeilennummer angezeigt wird, kann die Verarbeitung der Operationen nicht
wieder aufgenommen werden. Man kann dann eine der folgenden Aktionen ausführen:

- Verlassen der Operation durch Verzweigen zu einer Zeilennummer, die außerhalb der
  Definition liegt (Mit $\rightarrow\Box LC$ kann das erfolgen, da der erste Bestandteil von $\Box LC$ auf
  0 gesetzt wurde).

- Verwenden Sie $)RESET$ oder $\rightarrow$ ohne Argument.

SYNTAX ERROR

Ursache: Der ausgegebene APL2-Ausdruck ist syntaktisch falsch.

- Eine einstellige oder zweistellige Funktion wurde ohne rechtes Argument oder ein
  Operator wurde ohne Operanden aufgerufen.

- In dem APL2-Ausdruck stimmen die Anzahl der runden oder eckigen Klammern
  nicht überein oder es liegt eine ungerade Anzahl von Hochkommata vor.

- Die Zeichen „:" oder „;" wurden unrichtig verwendet.

- Eine Zuweisung erfolgt nicht auf eine Variable oder einen unbenutzten Namen.

Maßnahme: Wenn Sie sich den aufgetretenen Fehler nicht erklären können, lesen Sie das
Kapitel "Syntax and expressions" im APL2 Language Reference Manual.

WS FULL

Ursache: Es wurde versucht, eine Operation durchzuführen, die mehr Hauptspeicher erfordert als gegenwärtig verfügbar ist. Dieser Fehler kann auch von einem externen Pro-
zessor signalisiert werden oder von einer definierten Funktion oder von einem definierten
Operator.

Reaktion des Systems: Die Systemvariable $\Box ET$ wird auf 1 2 gesetzt; der Punkt der Unterbrechung wird gekennzeichnet und der Benutzer wird zur Eingabe einer Anweisung
aufgefordert.

Maßnahme: Eine der folgenden Antworten kann erforderlich sein:

- Führen Sie die Systemanweisung $)RESET$ aus, um den Statusanzeiger zu löschen.

- Führen Sie die Systemanweisung $)ERASE$ aus, um nicht benötigte Objekte aus dem
  aktiven Arbeitsbereich zu entfernen.

- Überarbeiten Sie die Operation(en) so, daß sie weniger Hauptspeicher benötigen.

- Sichern Sie den aktiven Arbeitsbereich mit)*SAVE* und rufen Sie das APL2-System mit größerem Hauptspeicher auf.

VALENCE ERROR

<u>Ursache:</u> Es wurde ein linkes Argument für eine einstellige Funktion oder kein für eine einstellige oder eine zweistellige Funktion angegeben.

<u>Maßnahme:</u> Geben Sie die richtige Anzahl der Argumente an. Die korrekte Anzahl der Argumente für Elementarfunktionen entnehmen Sie dem APL2 Language Reference Manual.

VALUE ERROR

<u>Ursache:</u> Während der Ausführung eines APL2-Ausdrucks wird der Wert einer Strukturgröße benötigt. Der Wert ist jedoch nicht vorhanden.

<u>Reaktion des Systems:</u> Die Systemvariable $\Box ET$ wird auf 3 *n* gesetzt, wobei *n* den Fehler näher eingrenzt.

<u>Maßnahme:</u> Lassen Sie sich den Inhalt von $\Box ET$ anzeigen.

$\Box ET$ enthält 1 3, wenn ein Name in einem APL2-Ausdruck auftritt, der im aktiven Arbeitsbereich nicht definiert wurde. Der Name kann falsch geschrieben sein oder er wurde versehentlich gelöscht oder er wurde in einer definierten Operation lokal gemacht, ohne daß ihm ein Wert zugewiesen wurde.

Mit)*NMS* können Sie sich die globalen Namen anzeigen lassen. Verwenden Sie)*SINL*, um sich anzeigen zu lassen, in welcher hängenden Funktion der Name lokal ist.

$\Box ET$ enthält 3 2, wenn eine definierte Operation so aufgerufen wird, daß ihr explizites Resultat weiter verwendet wird. Die definierte Operation liefert jedoch kein explizites Resultat. Überprüfen Sie die Definition der Operation.

Die APL2-Operationsbezeichnungen in Englisch und Deutsch

Englisch	**Deutsch**
Add	Addieren
And	Logisches Und
Binomial	Binominialkoeffizient bilden
Bracket Index	Klammer-Index
Catenate	Verkette
Ceiling	Aufrunden
Circle Functions	Kreisfunktionen
Compress	Komprimieren
Conjugate	Konjugieren
Deal	Stichprobe nehmen
Decode	Entschlüsseln
Depth	Tiefe zeigen
Direction	Richtung
Disclose	öffnen
Divide	Dividieren
Drop	Entfernen
Each (Dyadic)	Für jeden Bestandteil (zweistellig)
Each (Monadic)	Für jeden Bestandteil (einstellig)
Enclose	Einschließen
Encode	Verschlüsseln
Enlist	Einfach aufreihen
Equal	Prüfen auf gleich
Execute	Aktivieren
Expand	Expandieren
Exponential	Potenzieren zur Basis e
Factorial	Fakultät bilden
Find	Muster suchen
First	Ersten Bestandteil entnehmen
Floor	Abrunden
Format (Default)	Formatieren
Format by Example	Formatieren mit Darstellungsbeispiel
Format by Specification	Formatieren mit numerischer Breitenangabe
Grade down (Monadic)	Sortierindex bilden absteigend (einstellig)
Grade down (Dyadic)	Sortierindex bilden absteigend (zweistellig)
Grade up (Monadic)	Sortierindex bilden aufsteigend (einstellig)
Grade up (Dyadic)	Sortierindex bilden aufsteigend (zweistellig)
Greater then	Prüfen auf größer
Greater then or equal	Prüfen auf größer oder gleich
Index	Indizieren
Index of	Index zeigen
Inner Product	Inneres Produkt
Interval	Indexvektor bilden
Laminate	Schichten
Less then	Prüfen auf kleiner
Less then or equal	Prüfen auf kleiner oder gleich
Logarithm	Logarithmieren

Magnitude	Absolutbetrag bilden
Match	Prüfen auf Identität
Matrix Divide	Matrizendivision
Matrix Inverse	Matrix invertieren
Maximum	Maximum bilden
Member	Existenz prüfen
Minimum	Minimum bilden
Multiply	Multiplizieren
Nand	Negiertes logisches Und
Natural Logarithm	Natürlichen Logarithmus bilden
Negative	Vorzeichen umkehren
Nor	Negiertes logisches Oder
Not	Logisch negieren
Not equal	Prüfen auf ungleich
Or	Logisches Oder
Outer Product	Äußeres Produkt
Partition	Gruppieren
Pi Times	Multiplizieren mit der Zahl Pi
Pick	Bestandteil auswählen
Power	Potenzieren
Ravel	Aufreihen
Reciprocal	Kehrwert bilden
Reduce	Reduktion
Reduce N-Wise	N-fache Reduktion
Replicate	Wiederholen
Reshape	Strukturieren
Residue	Divisionsrest bilden
Reverse	Parallel spiegeln
Roll	Zufallszahl auswählen
Rotate	Rotieren
Scan	Aufstufen
Shape	Dimension zeigen
Subtract	Subtrahieren
Take	Entnehmen
Transpose (Dyadic)	Transponieren (zweistellig)
Transpose (Monadic)	Transponieren (einstellig)
Without	Eliminieren

Glossar

Abgeleitete Funktion
(derived function)
Eine Funktion, die durch die Anwendung eines Operators auf seine Operanden gebildet wird.

Achtungssignal
(attention signal)
Aufforderung an ein laufendes Programm, am Ende der aktuellen Zeile anzuhalten.

Aktiver Arbeitsbereich
(active workspace)
Arbeitsbereich, in dem APL2-Objekte überprüft und Ausdrükke ausgeführt werden.

Algorithmus
(algorithm)
Eine abstrakte Beschreibung eines Programms. Die Darstellung eines Prozesses oder einer Prozedur.

Anweisung
(command)
Eine Zeile, die mit einer rechten runden Klammer beginnt.

Anzahl
(count)
Anzahl von Bestandteilen in einer Strukturgröße

Arbeitsbereich
(workspace)
Ein Bereich des Hauptspeichers (aktiver Arbeitsbereich) oder des externen Speichers (Bibliotheksarbeitsbereich), der die Definitionen von Variablen und Programmen enthält.

Argument
(argument)
Eine Strukturgröße, die die Eingabe für eine Funktion darstellt.

Ausdruck
(expression)
Ansammlung von Symbolen, die ausgeführt werden können, um eine Strukturgröße, eine Funktion oder ein Operator zu erzeugen.

Ausführungsmodus **(Immediate execution** **mode)**	Der Zustand, in dem ein eingegebener Ausdruck sofort ausgeführt wird.
Bibliothek **(library)**	Eine Ansammlung von gespeicherten Arbeitsbereichen.
Boolesche Funktion **(boolean function)**	Eine Funktion, die Boolesche Argumente aufnimmt und ein Boolesches Resultat erzeugt.
Boolesche Strukturgröße **(boolean array)**	Eine Strukturgröße, die nur 1 und 0 enthält
Definierte Anweisungsfolge **(defined sequence)**	Ein Programm, das wie eine Konstante benutzt wird.
Definierte Funktion **(defined function)**	Ein Programm, das wie eine Elementarfunktion benutzt wird.
Definierter Operator **(defined operator)**	Ein Programm, das wie ein Elementaroperator benutzt wird.
Definitionsmodus **(definition mode)**	Der Zustand, in dem ein eingegebener Ausdruck Bestandteil eines Programms wird und für eine spätere Ausführung gespeichert wird.
Einfache Strukturgröße **(simple array)**	Eine Strukturgröße, in der jeder Bestandteil ein einfacher Skalar ist.
Einfacher Skalar **(simple scalar)**	Eine einzige Zahl oder ein einziges Zeichen mit dem Rang null.
Einfacher Vektor **(simple vector)**	Ein Vektor von einfachen Skalaren.
Einstellige Funktion **(monadic function)**	Eine Funktion, die im Kontext auf eine Strukturgröße als Argument angewendet wird.
Einstelliger Operator **(monadic operator)**	Ein Operator, der auf einen Operanden angewendet wird.
Elementaroperation **(primitive)**	Eine Funktion oder ein Operator, der als Teil der APL2-Sprache definiert und immer verfügbar ist - sogar im leeren Arbeitsbereich.
Explizites Resultat **(explicit result)**	Eine Strukturgröße, die von einer Funktion erzeugt wird. Sie kann als Argument einer anderen Funktion benutzt, einem Namen zugewiesen oder angezeigt werden.

Externer Name **(external name)**	Operator, Funktion oder Strukturgröße, die im aktiven Arbeitsbereich benutzt werden können, die aber außerhalb des Arbeitsbereiches definiert wurden.
Funktion **(function)**	Eine Operation, die auf Daten angewendet wird und neue Daten erzeugt.
Geschachtelte Strukturgröße **(nested array)**	Eine Strukturgröße, die mindestens einen Bestandteil enthält, der kein einfacher Skalar ist.
Geschachtelter Skalar **(nested scalar)**	Eine Strukturgröße ohne Koordinaten, deren einziger Bestandteil kein einfacher Skalar ist.
Geschachtelter Vektor **(nested vector)**	Lineare Anordnung von Daten, worin wenigstens ein Bestandteil kein einfacher Skalar ist.
Globale Variable **(global variable)**	Eine Variable, deren Wert außerhalb jeder definierten Operation besteht.
Konstante **(constant)**	Ein Objekt, das immer mit demselben Wert verbunden ist.
Koordinate **(axis)**	Eine der Richtungen, in der die Daten angeordnet sind.
Leere Strukturgröße **(empty array)**	Eine Strukturgröße, die mindestens entlang einer Koordinate null Bestandteile enthält.
Lokale Variable **(local variable)**	Eine Variable, die nur innerhalb einer definierten Operation definiert ist.
Maske **(mask)**	Ein Boolescher Vektor, der zur Steuerung der Anwendung einer Funktion benutzt wird.
Matrix **(matrix)**	Eine Strukturgröße mit zwei Koordinaten.
Operand **(operand)**	Eine Strukturgröße oder Funktion, die einem Operator als Eingabe mitgegeben wird.
Operator **(operator)**	Eine Operation, die auf Funktionen und / oder Strukturgrößen angewendet wird und als Resultat eine neue Funktion erzeugt (die abgeleitete Funktion).
Programm **(program)**	Eine Funktion, ein Operator oder eine Anweisungsfolge, die vom Benutzer definiert wird.
Rang **(rank)**	Die Anzahl der Koordinaten einer Strukturgröße.
Selektive Zuweisung **(selective assignment)**	Eine Zuweisung, die auf der linken Seite des Zuweisungssymbols einen selektiven Ausdruck enthält.

Skalar
(scalar)

Eine Strukturgröße mit null Koordinaten.

Skalare Funktion
(scalar function)

Eine Funktion, die unabhängig auf jeden einfachen Skalar in dem oder den Argument(en) wirkt.

Statusindikator
(state indicator)

Der Bereich, in dem das System die Ausdrücke und Programme vermerkt, deren Ausführung begonnen, aber nicht beendet wurde.

Strukturgröße
(array)

Eine rechteckige Anordnung von null oder mehr Bestandteilen, die entlang von null oder mehr Koordinaten angeordnet sind. Jeder Bestandteil einer Strukturgröße ist eine einzige Zahl, ein einziges Zeichen oder irgendeine andere Strukturgröße.

Tiefe
(depth)

Der Grad der Schachtelung einer Strukturgröße.

Unterbrechung
(interrupt)

Die Aufforderung an ein Programm, seine Ausführung sofort zu unterbrechen.

Variable
(variable)

Ein Name, dem eine Strukturgröße als Wert zugewiesen wurde.

Vektor
(vector)

Eine eindimensionale Strukturgröße.

Vektorschreibweise
(vector notation)

Bei Abwesenheit von Funktionen oder Operatoren bilden zwei oder mehr Strukturgrößen, die nebeneinander geschrieben werden, die Bestandteile eines Vektors.

Verdeckter Name
(shadowed name)

Der Name eines globalen Objekts, das durch ein lokales Objekt gleichen Namens verdeckt wird.

Vergleichsfunktion
(relational function)

Eine Funktion, die Vergleiche zwischen Strukturgrößen ausführt.

Zeilen-Hauptreihenfolge
(row-major order)

Eine Auflistung aller Bestandteile einer Strukturgröße in der Form, daß die Zeile i vor der Zeile i+1 ausgegeben wird. *Aufreihen* listet die Bestandteile einer Strukturgröße in dieser Reihenfolge auf.

Zuweisung
(assignment)

Die Verbindung eines Namens und einer Strukturgröße.

Zweistellige Funktion
(dyadic function)

Eine Funktion, die zwei Strukturgrößen als Argument benötigt.

Zweistelliger Operator
(dyadic operator)

Ein Operator, der zwei Operanden benötigt.

Literaturverzeichnis

Dieses Literaturverzeichnis enthält ausgewählte Titel zu APL2 und Arbeiten, die im Text zitiert wurden. Es enthält keine Einträge, die sich mit der geschichtlichen Entwicklung und anderen APL-Implementierungen befassen.

Brown, James A., "The Principles of APL2," IBM Santa Teresa Technical Report (TR 03.247) (March 1984).

Brown, James A., "Inside the APL2 workspace," *APL Quote Quad*, Vol. 15, No. 4 (1985).

Brown, James A., "A Development of APL2 Syntax," *IBM Journal of Research and Development*, Vol. 29, No. 1 (January 1985).

Brown, James A., "Why APL2: A discussion of Design Principles", *APL Quote Quad*, Vol. 17, No. 4 (1987)

Brown, James A. and Manuel Alfonseca, "Solutions to Logic Problems in APL2", *APL Quote Quad*, Vol. 17, No. 4 (1987)

Brown, James A., Edward V. Eusebi, Janice Cook, and Leo Groner, "Algorithms for Artificial Intelligence in APL2", IBM Santa Teresa Technical Report (TR 03.281) (May 1986).

Crowder, Harlan and James A. Brown, "Graphics Applications using Complex Numbers in APL2", IBM Santa Teresa Technical Report (TR 03.265) (March 1985).

Eusebi, Edward V., "Operators for Program Control." *APL Quote Quad*, Vol. 15, No. 4 (1985).

Eusebi, Edward V., "Operators for Recursion", *APL Quote Quad*, Vol. 15, No. 4 (1985).

Eusebi, Edward V. and James A. Brown, "APL2 and AI: A study of Search," *APL Quote Quad*, Vol. 16, No. 4 (1986).

Gamow, George, "*One Two Three... INFINITY*", The New America Library, Mentor Books, New York (1947).

Graham, Alan, "Examples of Event Handling in APL2", APL Quote Quad, Vol. 13, No. 3, (1983)

Graham, Alan, "Idioms and Problem Solving Techniques in APL2", *APL Quote Quad*, Vol. 16, No. 4 (1986).

Groner, Leo. and Janice Cook, "Modelling the Arithmetic of Statistical Distributions", *APL Quote Quad, Vol. 16*, No. 4 (1986).

Haspel, Charles and Alphonse Thomas Vasquez, "N-dimensional Geometry Using APL2", *APL Quote Quad*, Vol. 15, No. 4 (1985).

Mayhew, Loren B., "Increasing Productivity with ISPF/APL2", *APL Quote Quad*, Vol. 16, No. 4 (1986).

Polivka, Raymond P., "The Impact of APL2 on Teaching APL", APL Quote Quad, Vol. 14, No. 4 (1984)

Polivka, Raymond P., "APL2 - An Introduction (Concepts and Principles)" APL Quote Quad Vol. 16, No. 4, (1986)

Thomson, Norman," APL2 - A Mathematician's Delight", *APL Quote Quad*, Vol. 16, No. 4 (1986).

Thomson, Norman, "A Guide to Using APL2 Nested Arrays", *Vector: Journal of the British APL Society*, Vol. 2, No. 1 (July 1985).

Thomson, Norman, "A Guide to Using Operators in APL2", *Vector: Journal of the British APL Society*, Vol. 2, No. 3 (Jan. 1986).

Thomson, Norman, "APL2 - A Very Superior Fortran", *APL Quote Quad*, Vol. 17, No. 4 (1987)

Vilenkin, N. Ya, "Combinatorics", Academic Press, 1971.

An neuer deutschsprachiger Literatur stehen unter anderem folgende Titel zu Verfügung:

Hahn, W. und Mohr, K., „APL/PCXA", Hanser Verlag 1988, ISBN 3-446-15264-4

Lochner, H., „APL2 Handbuch", Springer-Verlag 1989, ISBN 3-540-50677-2

Lösungen zu ausgewählten Problemen

In den gezeigten Lösungen werden runde Klammern zur Darstellung der Schachtelung von Strukturgrößen verwendet. Sie können in Ihren Lösungen statt dessen auch Leerzeichen verwenden, wie es APL2 bei der Darstellung der Resultate macht. Sie sollten jedoch immer darauf achten, daß Ihre Darstellung eindeutig ist.

Für viele Aufgaben kann es mehr als eine Lösung geben; das liegt am großen Funktionsumfang von APL2. Wenn Sie eine andere Lösung als die gezeigte gefunden haben, sollten Sie jedoch immer sicher sein, daß Ihre Antwort mindestens ebenso gut ist, wie die hier angegebene.

Kapitel 1: Arbeiten mit APL2

1.1 - Gewöhnliche Arithmetik

```
2.  a.  100
    b.  10
    c.  1
    d.  0.1
    e.  1400
    f.  ¯314159
```

1.2 - Strukturgrößen-Arithmetik

```
2.  a.  21
    b.  110 160
```

Sie sollten diese Ergebnisse erzielen, obwohl die Struktur des Resultats noch nicht behandelt wurde.

```
    c.  315

4.  a.  X+Y
    b.  X-Y
```

1.3 - Daten speichern

2. a. *X* ist 3
   b. Keine Veränderung
   c. *Y* wird 4
   d. Keine Veränderung
   e. *Y* wird 3

1.4 - Die Auswertung von Ausdrücken

2. a. 30
   b. 5
   c. ⁻1
   d. 5   Redundant
   e. 13
   f. 20
   g. 30
   h. 30 Rechtes Paar redundant
   i. 28
   j. 28
   k. 58 Äußeres Paar redundant

4. a. 10.1 10.2 10.5
   b. 10.1 20.2 30.5
   c. (10.1 20.1) 30.2 (40.5 50.5 60.5)
   d. (10.1 20.2) 30.5
   e. 10.1 (20.2 30.5)
   f. (10.1 20.1) (30.2 30.5)

6. a. (2 3) 4 ((1 5)(6 7))
   b. (3 4)(2 3)
   c. (2 3) 10
   d. (1 2) 9
   e. (2 3) 9
   f. 4 5 6
   g. 4 5 6
   h. ((1 5)(6 7)) 2 ((1 5)(6 7))
   i. (12 13) 14
   j. (4 6) 8

8. a. 1 2 3××/186281 365 24 60 60
   b. 1 2 3××/1.6 186281 365 24 60 60

10. 100×7 7.5 8.2×24

12. ×/PRICE QTY (1+.01×STAX)

14. (A B)←B A   or   (B A)←A B

1.6 - Fehler

2. a. Drei Sterne
    b. Zwei Sterne
    c. leer
    d. leer

Kapitel 2: Arbeiten mit Vektoren

2.1 - Funktionen zur Erzeugung von Vektoren

2. a. 24 35
    b. 24 35
    c. 20 34 35
    d. 20 34 35
    e. 20 34 35
    f. 24 35
    g. 24 35
    h. 44 55
    i. 14 55

4. $^-1+2\times\iota10$

6. `MONTHS+MONTHS,65`

2.2 - Zeichendaten

2. `'I''VE GOT IT'`

4. Alle Resultate sind Vektoren mit 1 Bestandteil

    a. 2
    b. 7
    c. 2
    d. 2
    e. 7
    f. 2
    g. 2
    h. 8
    i. 7

2.3 - Leere Vektoren

2. $P \iota 0$

2.4 - Funktionen, die Vektoren bearbeiten

2. a. 2
    b. 1 4
    c. 2 3
    d. 3 1
    e. 3 2 1

4. a. *DE* 463
    b. 463
    c. 87
    d. *FGHI*
    e. *G*
    f. *ABC* 25
    g. *ABC*
    h. 25
    i. *FGHI* 87 12

6. '*TRIBUTARY*'[4 5 6]   oder   3↑3↓'*TRIBUTARY*'

2.5 - Skalarfunktionen

2. $- | V$

4. a. 3 2 (Vektor mit 2 Elementen)
    b. 12 (Skalar)
    c. (Leervektor)
    d. 10 20 (Vektor mit 2 Elementen)
    e. 10 (Vektor mit 1 Element)
    f. (Leervektor)
    g. 10 (Skalar)

6. a. ⌊80×5×7 ↔ 57
    b. ⌊80×2×7 ↔ 22
    c. ⌊5×(80-32)÷9 ↔ 26

8. 2.5⌈×/.02 100 1.5

10. a. 1500×(2+.09÷4)*2×4
    b. (5000×(1+12÷4)*3×4)-5000

12. *AGE*⌊39

14. a. keiner
    b. zweite –
    c. zweite |
    d. beide
    e. ⌊
    f. – und zweite ×

16. a. $(×/R1\ R2)\div+/R1\ R2$
    b. $(×/R)\div+/R$

Kapitel 3: Arbeiten mit Programmen

3.1 - Operatoren wirken auf Funktionen

2. a. 10
   b. 4 6 (Skalar)
   c. 3 7 (einfach)
   d. 1 2 3 4
   e. 3 3 4
   f. 8 9 (Skalar)

4. ×/300000 365 24 60 60

3.2 - Programme speichern Ausdrücke

2.
```
      ∇ Z←PERDED DENTAL COST;PER;DED
[1]   ⍝ Ermitteln Zahnarztkosten
[2]     (PER DED)←PERDED    ⍝ Aufteilen linkes Arg.
[3]     Z←⌊PER×COST-DED      ⍝ Versicherungsanteil
[4]     Z←(COST-Z)Z
      ∇
```

4.
```
      ∇ Z← MC CHARGE DIMEN;UC
[1]   ⍝ Errechnen Versandkosten
[2]   ⍝ MC ist Minimalkosten und Preis je Einheit
[3]   ⍝ DIMEN enthaelt Abmessungen in Zoll
[4]     (MC UC)←MC
[5]     Z←MC⌈UC××/DIMEN÷12
[6]   ∇
```

6.
```
      ∇ Z← PERCENT V
[1]     ⍝ Ermitteln Prozentverteilung
[2]     ⍝ V - Vektor der Antworten
[3]     ⍝ Z - Vektor der Prozentsaetze
[4]     Z←⌊100×V÷+/¨V
[5]     ∇
```

8.
```
      ∇ Z←L PLUS R
[1]     Z←L+R           ⍝ Addition
[2]   ∇
      ∇ Z←WHAT R
[1]     Z←R             ⍝ Tue nichts
[2]   ∇
      ∇ Z←IS R
[1]     Z←R             ⍝ Tue nichts
[2]   ∇
```

10. Gegeben seien 3 Variable AMT, $YEARS$, und $RATE$.

```
      AMT←1+YEARS×RATE×.01
```

12. XX Ist eine definierte Anweisungsfolge mit explizitem Resultat und keine Variable

Kapitel 4: Arbeiten in der APL2-Umgebung

4.1 - Die Bibliotheken

2. 1-i
    2-f
    3-p
    4-d
    5-n
    6-l
    7-h
    8-a
    9-m
    10-r
    11-g
    12-q
    13-j
    14-c
    15-e

Kapitel 5: Arbeiten mit Strukturgrößen

5.1 - Die Eigenschaften von Strukturgrößen

2. a. einfach, Dimension 3, Tiefe 1
    b. einfach, Dimension 2, Tiefe 1
    c. einfach, Dimension leer, Tiefe 0
    d. einfach, Dimension 4, Tiefe 1
    e. geschachtelt, Dimension 2, Tiefe 2
    f. geschachtelt, Dimension 2, Tiefe 3
    g. geschachtelt, Dimension 2, Tiefe 4

4. Ja—Skalar, der eine leere Strukturgröße enthält

5.2 - Der Aufbau und die Anzeige von Strukturgrößen

2. 5 0ρ0

4. a. R Cρ0
    b. ((ρD),3)ρ0

6. 2 3ρ (ι0)(ι0)

    Rechtes Argument kann eine nicht-leere Struktur sein, die nur leere Strukturen enthält.

5.3 - Strukturgrößen messen

2. a. (ι0)ρ(ι0)(ι0)
        Skalar, der einen Leervektor enthält.
    b. (ι0)(ι0)
    c. (ι0)(ι0)(ι0)
    d. (ι0)(ι0)
    e. (ι0)ρ(ι0)(ι0)
        Skalar, der einen Leervektor enthält.
    f. (ι0)(ι0)(ι0)
    g. (ι0)(ι0)(ι0)(ι0)
    h. (1ρ3)(1ρ2)
    i. (1ρ3)(ι0)
    j. (1ρ2)(ι0)
    k. (1ρ2)(ι0)

4. Tiefe ist 1. Der Rest des Resultats hängt vom Argument ab.

5.4 - Entstrukturieren und geschachteltes Strukturieren von Strukturgrößen

2. a. Dimension 2, Tiefe 2
   b. Dimension 3, Tiefe 2
   c. Dimension leer, Tiefe 3
   d. Dimension leer, Tiefe 4
   e. Dimension leer, Tiefe 3
   f. Dimension 2 3, Tiefe 1
   g. Dimension 3 4, Tiefe 1
   h. Dimension 3, Tiefe 1
   i. Dimension 2 3 4, Tiefe 1

4. $2\ 3\rho\subset'RAY'$

6. $V[2]\leftarrow\subset M$ or $(2\supset V)\leftarrow M$

5.5 - Bearbeiten einer Strukturgröße entlang einer Koordinate

2. a. Dimension $N\ M$, Rang 2, Tiefe 1
   b. Dimension $M\ N$, Rang 2, Tiefe 1
   c. $AXIS\ ERROR$
   d. $AXIS\ ERROR$
   e. $AXIS\ ERROR$
   f. Dimension $L\ I\ M\ J\ N\ K$, Rang 6, Tiefe 1
   g. Dimension $M\ I\ L\ J\ N\ K$, Rang 6, Tiefe 1

4. a. $I\ J$
   b. $J\ K$
   c. $I\ J$
   d. $AXIS\ ERROR$
   e. $AXIS\ ERROR$

6. $A\leftarrow'AB'\ 'CDE'$

8. a. $^-1\uparrow[1]M$
   b. $1\uparrow[2]M$
   c. $^-1\uparrow[1]M$
   d. $^-1\ ^-1\uparrow[1\ 2]M$
   e. $^-1\ ^-1\ 2\uparrow[1\ 2\ 3]M$ oder $.1\ .1\ 2.M$

10. a. Dimension 3 3, Wert:

    ```
    11  12  13
    24  25  26
    37  38  39
    ```

    b. Dimension 3 3, Wert:

    ```
    11  22  33
    14  25  36
    17  28  39
    ```

    c. $RANK\ ERROR$

d. Dimension 2 4 3, Wert:

```
 110   220   330
 410   520   630
 710   820   930
1010  1120  1230

1310  1420  1530
1610  1720  1830
1910  2020  2130
2210  2320  2430
```

e. Dimension 2 4 3, Wert:

```
 101   202   303
 404   505   606
 707   808   909
1010  1111  1212

1301  1402  1503
1604  1705  1806
1907  2008  2109
2210  2311  2412
```

f. Dimension 2 4 3, Wert:

```
 101   202   303
 404   505   606
 707   808   909
1010  1111  1212

1301  1402  1503
1604  1705  1806
1907  2008  2109
2210  2311  2412
```

12. $\subset[2]\supset[1]\ D$ oder $\subset[1]\supset[2]\ D$

14.

```
      ∇ Z←APPEND R;MAT;S;AXIS
[1]   ⍝ Verketten mit Skalar auf jeder Seite
[2]    (MAT S AXIS)←R              ⍝ Argument aufteilen
[3]    Z←S,[AXIS]MAT,[AXIS]S    ⍝ verketten mit Skalar
[4]   ∇
```

16. $M×[1]V$

18. $M⌊[2]V$

5.6 - Weitere Funktionen für höherrangige Strukturgrößen

2. $\uparrow \rho M$

4. a. Dimension 4, Tiefe 3
   b. Dimension 4, Tiefe 1
   c. Dimension leer, Tiefe 2
   d. Dimension 2 3, Tiefe 1
   e. Dimension leer, Tiefe 0
   f. Dimension leer, Tiefe 0
   g. Dimension leer, Tiefe 2
   h. *INDEX ERROR*
   i. Dimension leer, Tiefe 0

6. a. `'APL2' (10 20 30)`
   b. `6 'APL2' (10 20 30)`

5.7 - Weitere Elementaroperatoren

2. a. Dimension 3 4, Tiefe 1, Wert:
```
3  9 18 19
8 10 14 18
9 16 21 24
```

   b. Dimension 3 4, Tiefe 1, Wert:
```
3 ‾3  6 5
8  6 10 6
9  2  7 4
```

   c. Dimension 3 4, Tiefe 1, Wert:
```
 3  6  9 1
11  8 13 5
20 15 18 8
```

   d. Dimension 3 4, Tiefe 1, Wert:
```
_3  6  9 _1
‾5  4  5 ‾3
 4 11 10  0
```

4. a. Dimension 1, Tiefe 2, Wert:
```
22 44 66 88
11 33 55 77
99 22 44 66
88 11 33 55
```

b. Dimension 2, Tiefe 2, Wert:

```
 6  10  14      60  100  140
 4   8  12      40   80  120
11   6  10     110   60  100
 9   4   8      90   40   80
```

c. Dimension 2, Tiefe 2, Wert:

```
 3   7  11  15      30   70  110  150
10   5   9  13     100   50   90  130
17   3   7  11     170   30   70  110
```

d. Dimension leer, Tiefe 2, Wert:

```
0  0  0
0  0  0
0  0  0

0  0  0
0  0  0
0  0  0

0  0  0
0  0  0
0  0  0
```

e. Dimension leer, Tiefe 2, Wert:

```
0  0  0
0  0  0
0  0  0

0  0  0
0  0  0
0  0  0

0  0  0
0  0  0
0  0  0
```

f. Dimension 2, Tiefe 2, Wert:

```
 6  15  24      -6  -15  -24
33  42  51     -33  -42  -51
60  69  78     -60  -69  -78
```

g. Dimension 2, Tiefe 2, Wert:

```
30  33  36     -30  -33  -36
39  42  45     -39  -42  -45
48  51  54     -48  -51  -54
```

h. Dimension 2, Tiefe 2, Wert:

```
12  15  18     -12  -15  -18
39  42  45     -39  -42  -45
66  69  72     -66  -69  -72
```

i. Dimension 2, Tiefe 2, Wert:

```
 3  5      ¯3  ¯5
 9 11      ¯9 ¯11
15 17     ¯15 ¯17

21 23     ¯21 ¯23
27 29     ¯27 ¯29
33 35     ¯33 ¯35

39 41     ¯39 ¯41
45 47     ¯45 ¯47
51 53     ¯51 ¯53
```

j. Dimension 2, Tiefe 2, Wert:

```
11 13 15    ¯11 ¯13 ¯15
17 19 21    ¯17 ¯19 ¯21
23 25 27    ¯23 ¯25 ¯27

29 31 33    ¯29 ¯31 ¯33
35 37 39    ¯35 ¯37 ¯39
41 43 45    ¯41 ¯43 ¯45
```

k. Dimension 2, Tiefe 2, Wert:

```
 5  7  9     ¯5  ¯7  ¯9
11 13 15    ¯11 ¯13 ¯15

23 25 27    ¯23 ¯25 ¯27
29 31 33    ¯29 ¯31 ¯33

41 43 45    ¯41 ¯43 ¯45
47 49 51    ¯47 ¯49 ¯51
```

6.

```
      ∇Z←CHECK M
[1]   ⍝ 1 dann, wenn Zeile in aufstg. Folge
[2]   Z←∧/M=⌈\M
[3]   ∇
```

8. `N,/⍳S`

10. `63360 36 12 1 +.× 3 6 2 7`

12. a. Dimension 3 3, Wert:

```
 2    4     8
 5   25   125
10  100  1000
```

b. Dimension 3 4, Wert:

```
1 2 3 4
2 2 3 4
3 3 3 4
```

c. Dimension 4 3, Wert:

```
1  1  1
1  2  2
1  2  3
1  2  3
```

d. Dimension 3 2, Wert:

```
5   6  4
7   7  7
8   8  8
```

e. Dimension 2 3, Wert:

```
5 7   6 7   3 9
8 5   8 4   8 9
```

f. Dimension 3 2, Wert:

```
A    10
BC   30  40
AB   10  20
```

g. Dimension 3 2, Wert:

```
AX
BY
CZ
```

h. Dimension 3 2, Wert:

```
1  AB   1  CDE
2  AB   2  CDE
3  AB   3  CDE
```

i. Dimension 3 2, Wert:

```
1  AB    1  CDE
2  AB    2  CDE
3  AB    3  CDE
```

14. a. Dimension 3 3, Wert:

```
1  2  3
4  5  6
7  8  9
```

b. Dimension 3 3, Wert:

```
1 0 0 0   2 0 0 0   3 0 0 0
0 4 0 0   0 5 0 0   0 6 0 0
0 0 7 0   0 0 8 0   0 0 9 0
```

Kapitel 6: Der Umgang mit Daten

6.1 - Vergleiche

2. $A-2\times(A<0)\times A$

4. $+/RETAIL<10$

6. Nur die erste 1

8.
  a. Dimension 5, Tiefe 1, Wert: 1 1 1 1 1
  b. Dimension 5, Tiefe 1, Wert: 1 1 0 1 1
  c. $LENGTH\ ERROR$ (Skalarfunktion)
  d. Dimension leer, Tiefe 0, Wert: 1
  e. Dimension leer, Tiefe 0, Wert: 0
  f. Dimension leer, Tiefe 0, Wert: 0
  g. Dimension leer, Tiefe 0, Wert: 1
  h. Dimension leer, Tiefe 0, Wert: 0
  i. Dimension leer, Tiefe 0, Wert: 1
  j. Dimension leer, Tiefe 0, Wert: 0
  k. Dimension leer, Tiefe 0, Wert: 1
  l. Dimension leer, Tiefe 0, Wert: 0
  m. Dimension 2, Tiefe 2, Wert: 1 1 0 1 1 1 1 1
  n. Dimension leer, Tiefe 0, Wert: 0
  o. Dimension 2, Tiefe 1, Wert: 0 1
  p. Dimension 2, Tiefe 2, Wert: 1 0 1 0 0 1 0

10. $M+M=0$

6.2 - Die Auswahl von Untermengen aus Strukturgrößen

2. $TM[1]$ ist immer ein Skalar. $\uparrow TM$ ist, im allgemeinen, eine beliebige Struktur und hier ist es eine 2 2 Matrix.

4. $INVENTORY\sim INVENTORY\sim RLIST$

6. $((,M\neq N)/,N)\leftarrow'\ '$

8.
  a. Tiefe 1, Wert: EE
  b. Tiefe 1, Wert: leer
  c. Tiefe 1, Wert: $BYBY$
  d. Tiefe 1, Wert: $BYEBYE$
  e. Tiefe 2, Wert: $BYEBYE$
  f. Tiefe 2, Wert: $CAB\ DAD$
  g. Tiefe 2, Wert: $CB\ DAD$
  h. Tiefe 2, Wert: $CAB\ DAD$
  i. Tiefe 2, Wert: $C\ DD$

10. a. *A   PL*
    b. 10 0 0 20 30
    c. *A B C D E F*
    d. *AB C D*
        AB C D
        AB C D

    e. 1 2 3 4
        0 0 0 0
        0 0 0 0
        1 2 3 4
        0 0 0 0
        1 2 3 4

    f. *LENGTH ERROR*; Länge des rechten Arguments ist nicht die Summe des linken
        Arguments.
    g. 0
    h. 0 0; Skalar; enthält zwei Nullen
    i. $(' ' 0)$
    j. $(0 ' ')$
    k. *'ABC' '   ' (ι4) '   ' ('A' 4)*
    l. $(\iota4)$ $(0 0 0 0)$ *'ABC'* $(0 0 0 0)$ *('A' 4)*
    m. *('A' 4)* $(' ' 0)$ $(\iota4)$ $(' ' 0)$ *'ABC'*
    n. *(4 'A')* $(0 ' ')$ $(\iota4)$ $(0 ' ')$ *'ABC'*

12. $(,M)\leftarrow12$

6.3 - Suchen und Sortieren

2. $(0\neq\epsilon A)/\epsilon A$

4. $((\sim(,A)\epsilon\subset'N/A')/,A)\leftarrow100$

6.
```
      ∇ Z← I RECEIPT STOCK;T
[1]   ⍝ Z:   Matrix mit Namen und Preisen
[2]   ⍝        der Artikelnummern in I
[3]   ⍝ STOCK:  Vektor von Vektoren, jeder Bestandteil enthaelt:
[4]   ⍝   (Artikel-Nr.)(Artikel-Name)(Artikel-Preis)
[5]   ⍝ Annahme: Alle Werte von I  sind in Matrix enthalten
[6]    T←↑¨STOCK
[7]    Z←⊃1↓¨ STOCK[T⍳I]
[8]   ∇
```

8. a. ⍉*M*
    b. φ*M*
    c. ⊖*M*

10. a. ϕA
    b. ΘA
    c. $\phi\Theta A$
    d. $1\phi A$
    e. $2\phi A$
    f. $0\ 1\ 2\phi A$
    g. $1\ 0\ 3\phi A$
    h. $1\ 0\ 2\ 0\Theta A$

12. a. $(1\ 1\between M)\leftarrow 0$
    b. $(1\ 1\between M)\leftarrow 'Z'$
    c. $(1\ 1\between M)\leftarrow Z'DIAG'$

14. $\wedge/,S=\between S$

16. a. $(\subset[2]M)\epsilon\subset[2]N$
    b. $(\subset[2]N)\iota\subset[2]M$

18. $(\subset[2]M)\iota^{\cdots}S$ oder $1++/.\neq M.S$

20. a. $6\ 5\ 3\ 1\ 2\ 4$
    b. $4\ 2\ 1\ 3\ 5\ 6$
    c. $9\ 12\ 17\ 20\ 23\ 30$
    d. $30\ 23\ 20\ 17\ 12\ 9$
    e. $4\ 5\ 3\ 6\ 2\ 1$

22. $(\rho A)\rho V\underline{\epsilon},A$

6.4 - Berechnungen

2. a. $A\times.95*5$

    (Wenn man das sechste Land erreicht, hat man fünf Grenzen passiert).

    b. 90

4. $((\lceil 2\circledast N)\rho 2)\top N$

6. $'0123456789ABCDEF'[1+(8\rho 16)\top N]$

8. a. $\circ 2\times 45$
    b. $\circ(2\times 45+10)-2\times 45$ oder $\circ 20$
    c. $\circ 20$

10. $0\ 24\ 60\ 60\ \top 800\times 800\times 8\times 6000\div 2.16E4$

12. a. $\begin{array}{cccc} {}^-1 & 0 & 0 & 0 \\ {}^-1 & {}^-1 & 0 & 0 \\ 0 & {}^-1 & {}^-1 & 0 \\ 0 & 0 & {}^-1 & 1 \end{array}$

    b. 1 ⁻1   0   0
        0   1 ⁻1   0
        0   0   1 ⁻1
        0   0   0   1

14. a. 2705
    b. 94
    c. 70
    d. 88
    e. 888
    f. 136
    g. 71
    h. 71
    i. 71
    j. 27
    k. 194
    l. 69 156 234
    m. 27 13
    n. 5445

6.5 - Die Erzeugung von Zufallszahlen

2. a. ?6 6 6 6
    b. 5?52
    c. 2 3 5 7 11 13[?6]
    d. (?10)ρ?25
    e. ?3 4ρ99
    f. .01×?99

Kapitel 7: Arbeiten mit Programmsteuerung

7.1 - Die Steuerung der Ausführung : Verzweigen

2. a. →(I=1 2 3)/L1 L2 L3
    b. →(L1 L2 L3)[I]

4. a. A einfach
    b. N ganzzahlig
    c. Erste drei Zeichen von ANS sind 'END'
    d. C ist 5
    e. C ist nicht 5
    f. $WORD$ enthält Vokal
    g. Verzweigung bei negativ, null oder positiv (wenn die Namen Markennamen sind)
    h. ANS ist leer

360

7.2 - Fehlerbereinigung in Programmen

2. Nur für Versuche des Lesers.

7.3 - Die Eingabeanforderung

2. `⍎¨⊂[2]M`

4. `⍎(∊N),'←⍎¨N'`

6. a. `⊃⍎¨⊂[2]M`
    b. keine— kürzere Zeile wird aufgefüllt

7.4 - Ausgabe mit Fenster und Fenster-Hochkomma

2. `⎕←AVER←(+/X)÷ρX←⎕`

7.5 - Die Steuerung der Ausgabe

2.
```
      ∇ Z←NUMBER A;R
[1]     R←↑ρA
[2]     Z←⊃[2]'[',¨(⊂[2]↑(R,1)ρ⍳R),¨']',¨⊂[2]A
[3] ∇
```

4. (**Anmerkung:** „~" gibt an, wo im Resultat Leerzeichen erscheinen.)

    Für: `W←93.725  ¯27.8  ¯192.83  6754`

    a. Dimension 40:
```
        '-5,551.55 '⍕W
        93.73      -27.8      -192.83   6,754
      ~~~~       ~~~~       ~~~~       ~~      ~~~~
```
    b. Dimension 48:
```
        '$5,551.50CR '⍕W
        93.73       $27.80CR    $192.83CR  6,754.00
      ~~~~       ~~~~~~       ~~~       ~~        ~~~
```
    c. Dimension 52:
```
        '$_5,553.10CR '⍕W
        $ 93.⁻73        $ 27.80CR    $ 192.83CR $ 6,754.00
      ~~~ ~        ~~~~~~ ~         ~~~ ~         ~ ~         ~~~
```
    d. Dimension 48:
```
        '$ -5,551.55 '⍕W
      $      93.73 $      -27.8  $      -192.83 $  6,754
      ~~~~       ~ ~~~~        ~~ ~~~          ~ ~~       ~~~~
```
    e. Dimension 48:
```
        '$_-5,551.55 '⍕W
        93.⁻73      $ -27.8      $ -192.83     6,754
      ~~~~~        ~~~ ~         ~~~~ ~         ~~~~       ~~~~
```

f. Dimension 56:

```
        '$_5,554.10_CR '⍕W
  $      93.⁻73      $      27.80 CR $     192.83 CR $ 6,754.00
  ~~~~        ~~~~ ~~~~       ~  ~ ~~~       ~  ~ ~            ~~~~
```

g. Fehler:

```
        '5,555.55 '⍕W
```
DOMAIN ERROR (Kein negatives Vorzeichen vorgesehen)

7.6 - Die Steuerung der Ausführung : Die Iteration

2.

```
        ∇ Z←INTERVAL N;I
  [1]    ⍝ Indexvektor bilden
  [2]     Z←⍳0
  [3]     I←1
  [4]   L1:→(I>N)/0
  [5]     Z←Z,I
  [6]     I←I+1
  [7]     →L1
  [8] ∇
```


7.7 - Die Steuerung der Ausführung : Die Rekursion

2. a.

```
        ∇ Z←ADDREC R
  [1]    ⍝ Rekursives Programm zur Addition von Zahlen
  [2]     Z←R
  [3]     →(2>⍴R)/0
  [4]     Z←ADDREC(R[1]+R[2]),2↓R
  [5] ∇
```

b.

```
        ∇ Z←ADDLOOP R;I
  [1]    ⍝ Iteratives Programm zur Addition von Zahlen
  [2]     I←Z←0
  [3]   L1:I←I+1
  [4]     →(I>⍴R)/0
  [5]     Z←Z+R[I]
  [6]     →L1
  [7] ∇
```

(Es ist effizienter, Indizieren zu verwenden, statt ↑R und 1↓R.)

c. +/R

4.

```
        ∇ Z←INTERVALR N;I
  [1]    ⍝ Rekursives Programm; simuliert Indexvektor bilden
  [2]     Z←⍳0
  [3]     →(N≤0)/0
  [4]     Z←(INTERVAL N-1),N
  [5] ∇
```

6. `⍴MDEPTH ⍴MDEPTH A`

8.

```
     ∇ Z←(F MDEPTH1 N)R
[1]   ⍝ Anwenden F auf jede Strukturgroesse der Tiefe N
[2]    →(N<≡R)/L1        ⍝ Verzweige bei groesserer Tiefe
[3]    Z←F R                         ⍝ Wende F an
[4]    →0                            ⍝ Ende
[5]   L1:Z←(F MDEPTH1 N)¨R           ⍝ Rekursion
[6]   ∇
```

10.

```
     ∇ Z←L(F DDEPTHB)R
[1]   ⍝ Anwenden F auf jede einfache Strukturgroesse in R
[2]    →(1<≡R)/L1        ⍝ Verzweige, wenn R geschachtelt
[3]    Z←L F R                       ⍝ Anwenden F
[4]    →0                            ⍝ Ende
[5]   L1:Z←(⊂L)(F DDEPTHB)¨R         ⍝ Rekursion
[6]   ∇
```

Kapitel 8: Arbeiten mit Anwendungen

8.1 - Eine Zeitschriftensammlung

2.

```
     ∇ Z←SORTUPBY R;N
[1]   ⍝ R enthaelt Sortierspalte und Matrix
[2]    (N Z)←R
[3]    Z←Z[⍋Z[;N];]
[4]   ∇
```

4.

```
     ∇ADD R;IN
[1]   ⍝ R ist die Nummer der neuen Ausgabe
[2]   L1:'Werte eingeben fuer Ausgabe-Nummer ' R
[3]    '      ' 'Vol' 'No' 'Year' 'Mon' 'Price' 'Value' 'Own'
[4]    IN←⍎⎕                                 ⍝ Lesen Eingabe
[5]    →((,7)≡⍴IN)/OK        ⍝ Muss 7 Bestandteile enthalten
[6]    'error - enter 7 items'
[7]    →L1
[8]   OK:MAG←MAG,[1]R,IN              ⍝ Neue Zeile anfuegen
[9]   ∇
```

8.2 - Die Simulation eines Vektorrechners

2.

```
      ∇ LOADS R;V;A;S
[1]     (V A)←R
[2]   ⍝ Laden Skalarregister V von Adresse in A
[3]    SR[V]←MM[A]
[4] ∇


      ∇ STORES R;V;A
[1]     (V A)←R
[2]   ⍝ Speichern Skalarregister V in Adresse A
[3]    MM[A]←SR[V]
[4] ∇
```

4.

```
      ∇ VPROBLEM4
[1]     26 SETMEMORY 10 9 87 6 5 4 3
[2]      3 SETMEMORY 26
[3]      4 SETMEMORY 7
[4]      1 SETMEMORY 0
[5]     LOADS 2 1
[6]  LOOP:LOADVCT 4
[7]     →(0=VCT)/0
[8]     LOADV 4 3 1
[9]     PLUSREDUCE 4 2
[10]    →LOOP
[11] ∇
```

8.3 - Ein Programm zur Lösung eines Geschicklichkeitsspieles

2.

```
      ∇ Z←STRT(MOVE SEARCH1CHK)G;B;M;NEWP;CNT
[1]   ⍝ Finden Pfad vom Start zum Ziel
[2]   ⍝ STRT ↔ Startposition
[3]   ⍝ I ↔ Anzahl Schleifendurchlaeufe
[4]   ⍝ G ↔ Zielposition
[5]   ⍝ MOVE ↔ Programm, ermittelt naechste Positionen
[6]    M←,⊂,⊂STRT                    ⍝ Anfangspfad ist STRT
[7]    Z←⍳0                         ⍝ Leervektor, wenn erfolglos
[8]    I←0                          ⍝ Zaehler setzen
[9]   LOOP:→(0=ρM)/0                 ⍝ Ende, wenn kein weiterer Pfad
[10]   →(G≡B←↑↑M)/DONE               ⍝ Ziel erreicht
[11]   NEWP←MOVE B                   ⍝ Errechnen neue Positionen
[12]   NEWP←(~NEWP∊↑,/M)/NEWP        ⍝ Merken neue Positionen
[13]   M←(1↓M),(⊂¨NEWP),¨M[1]        ⍝ Anhaengen an Pfad
[14]   I←I+1                         ⍝ Zaehler erhoehen
[15]   →(0≠20|I)/LOOP                ⍝ Weiter, wenn nicht 20 Schleifen
[16]   ⎕←I 'LOOPS - CONTINUE? (Y/N)'
[17]   →('Y'∊⎕)/LOOP                 ⍝ Bearbeiten naechsten Pfad
[18]   →0                           ⍝ Ende
[19]  DONE:Z←⌽↑M                     ⍝ Ausgeben Pfad
[20]∇
```

4.

```
      ∇ Z←MOVE8 M;IB;MI;IN
[1]   ⍝ Erzeugen Zuege fuer 8-Puzzle
[2]    IB←(,M∊' ')/,MI←(⍳3)∘.,⍳3
[3]    IN←(IN∊MI)/IN←,(0 1)(0 ¯1)(1 0)(¯1 0)∘.+IB
[4]    Z←IN RMOVE8 ¨⊂M
[5]    Z←Z (Z≡¨⊂3 3ρ'1238 4765')
[6]   ∇
```

```
      ∇Z←RMOVE8 M
[1]   ⍝ Rekursive Ersetzung, Unterfunktion von MOVE8
[2]    (IB⊃Z)←(⊂I)⊃Z←M
[3]    ((⊂I)⊃Z)←' '
[4]   ∇
```

6.

```
      ∇Z←EST1 P
[1]   ⍝ Schaetzfunktion fuer 8-Puzzle
[2]    Z←+/,P≠3 3ρ'1238 4765'
[3]   ∇
```

Stichwortverzeichnis